军事科学院·军事理论著作

军事系统学

周赤非　陈庆印　田　尧　等著

军事科学出版社

图书在版编目（CIP）数据

军事系统学 / 周赤非等著 . —北京：军事科学出版社，2023. 1（2023.12 重印）

ISBN 978-7-80237-955-8

Ⅰ . ①军… Ⅱ . ①周… Ⅲ . ①军事系统 Ⅳ . ① E0

中国版本图书馆 CIP 数据核字（2022）第 145814 号

书　　名：军事系统学

作　　者：周赤非　陈庆印　田　尧 等
责任编辑：刁川夏
封面设计：纪　奕
出版发行：军事科学出版社（北京市海淀区青龙桥　100091）

标准书号：ISBN 978-7-80237-955-8
经 销 者：全国新华书店
印 刷 者：中煤（北京）印务有限公司
开　　本：700 毫米 ×1000 毫米　1/16
印　　张：31.5
字　　数：420 千字
版　　次：2023 年 1 月北京第 1 版
印　　次：2023 年 12 月第 2 次印刷
定　　价：110.00 元

销售热线：（010）62882626　55475305（兼传）
网　　址：http://www.jskxcbs.top
电子邮箱：jskxcbs@163.com

前　言

军事系统学是研究军事系统特点和规律的学科。经过多年的理论研究和实践总结，军事系统学的理论体系不断完善，形成了军事系统学的基本概念、基本理论和应用方法的基本框架，在军事战略研究、联合作战筹划、作战决策分析、作战能力评估、武器装备建设、军事设施评估、远程战略投送研究等方面发挥重要作用。

本书是军事系统学理论研究和实践经验的总结，是前期教程、专著等成果的积累和完善，是军事运筹学专业研究生教学经验的总结。在《军事系统学基础教程》和《军事系统学概论》的基础上，完善了理论架构和内容，进行了实践经验的总结和提炼，提供了经过检验的应用方法，有助于军事人员学习军事系统学的理论，掌握军事系统学的应用方法，发挥军事系统学的理论方法作用，更好地解决复杂的军事问题。

本书内容分为基础理论和应用方法上下两篇。上篇为基础理论，内容是第一章到第十一章，主要阐述军事系统学的概念、形成与展望、与其他学科关系、军事系统基本概念和数学描述等方面的理论研究和经验总结，以及分形理论、突变理论、混沌理论、自组织理论、系统动力学理论、复杂网络理论、复杂适应系统理论、综合集成理论等方面分析和军事应用。下篇为应用方法，内容是第十二章到第十九章，主要阐述军事问题的系统研究、联合作战辅助决策研究、联合作战筹划研究、作战风险分析研究、军事基地规划研究、装备体系论证研究、军事设施体系保障效能评估研究、远程战略投送研究等方面的实践经验和方法总结。

本书由周赤非主持撰写，并负责完成大部分章节的写作、修改和全书的统稿。陈庆印撰写第八章、第十九章，及第十一章的部分内容，参与书稿的校对修订。褚睿、田尧、李丽分别参与第十五章、第十六章、第十七章的写作。张立韬、王亮、马骏等参与前期准备工作。

在本书撰写过程中，得到了各级领导的关心和帮助，参考和借鉴了同行专家的有关学术研究成果，军事科学院、国防大学和空军指挥学院的评审专家提出了宝贵的意见和建议，在此一并表示诚挚的谢意。本书的写作得到国家社会科学基金军事学项目的支持，本书的出版得到了军事科学出版社总编、责任编辑和相关同志的大力支持和帮助，在此表示衷心感谢。军事系统学的理论体系和实践经验总结还处在研究和探索之中，本书难免会存在疏漏和欠缺，敬请广大读者批评指正。

作　者

2021 年 5 月

目　录

上篇　基础理论

下篇 应用方法

上　篇

基础理论

第一章

军事系统学概述

军事系统学来源于军事实践，也得益于系统科学理论的发展。重大军事问题的研究和解决、重点军事项目的规划和实施、重要军事系统的建设和应用，都为军事系统学的形成和发展提供了经验和实践基础。系统科学的观点、理论、方法和技术在军事领域的应用，推动了军事系统学理论方法的发展和完善。军事运筹学、军事信息学、军事控制学等学科的成熟和发展，也促进了军事系统学的发展。本章的基本内容包括军事系统学的概念、研究方法、形成和发展，以及军事系统学与军事系统工程、军事运筹学、军事信息学、军事控制学等学科的关系等。

第一节　军事系统学的概念

军事系统学的概念是正确理解和认识军事系统学的基础，有助于把握军事系统学的定位，明确军事系统学在研究军事问题方面的重要作用。军事系统学的准确界定需要清晰阐述军事系统学概念的内涵和外延，给出军事系统学的定义、研究对象、研究任务、研究方法和作用。

一、军事系统学的定义

军事系统学是研究军事系统特点和规律的学科。主要是运用军事系统的理论和方法，揭示各种军事系统的结构、功能及其运行规律，为科学地建立和管理军事系统，以及有效解决军事问题、提高军事系统的效益，提供理论依据。研究领域涉及军事战略、国防建设、作战指挥、军事训练、武器装备、军队组织编制、军队管理、后勤与装备技术保障等各个方面的军事系统建设和管理，其目的是运用军事系统学的理论和方法，揭示军事系统规律，有效利用资源，提高军事系统效能，取得尽可能满意的军事活动效果。

军事系统学是军事实践活动的经验总结，经过大量的军事活动，逐渐形成军事系统的思想和方法。系统科学的形成和发展及其在军事领域的应用，为建立军事系统学的理论体系奠定了基础。军事运筹学和军事系统工程的产生与发展，也为军事系统学的发展提供了理论方法和实践经验。军事系统是军事领域中具有系统现象和特征的事物，需要我们加以关注和正确认识。为了更好地发挥军事系统的作用，既需要总结军事系统建设和应用的实践经验，也需要军事系统学理论方法的具体指导。

军事系统学界定了军事系统的概念，提供了研究军事系统的方法和手段，揭示了军事系统的特点和规律，展现了军事系统的研究成果。随着军事系统研究的不断深入，人们对于军事系统特点和规律的认识也更加清晰，军事系统学的理论体系也在不断完善。

军事领域的现实需求是军事系统学形成和发展的主要动力。我们研究信息化条件下的作战问题，需要对信息系统有更清晰的认识和更好的把握，需要运用军事系统学相关理论和方法。我们研究体系作战能力，认识到体系是由系统组成，也可以说是系统的系统，表现为一种更复杂的系统。如果对体系作战能力进行研究，不可避免地要对体系进行分析，这就需要借助军事系统学的有力支持。

军事系统的研究开发是军事系统学形成和发展的实践基础。军事系统研究使人们更加熟悉军事系统，形成了对军事系统的认识，促进了军事系统思想的广泛传播和应用。军事系统的开发也促使人们在实践中不断总结经验，形成新的理论和方法，进一步支撑军事系统的开发。

系统科学的理论方法是军事系统学形成和发展的理论支撑。系统科学的形成和发展,为军事系统的研究提供了丰富的理论和方法,这些理论和方法在军事领域中的应用加深了人们对军事系统的认识和理解。同时，系统科学在其他领域的实践经验为军事系统的研究提供了借鉴，相关的应用成果也为军事系统学的产生和发展提供了素材。

综上所述，军事系统学是在一定的条件下形成和发展的，符合其自身规律特点，是军事科学发展的必然结果，是不以人的意志为转移的。军事系统学是顺应时代发展而产生的，在不断应用中逐渐成熟；同时，也有效地促进了军事科学的发展。

二、军事系统学研究对象和任务

军事系统学研究的对象是军事系统，是军事领域中具有系统现象和特征的事物。研究军事系统学的目的，是为了更好地认识军事系统、把握军事系统、应用军事系统，进而更好地发挥军事系统的作用。军事系统多种多样，研究军事系统的角度也各有不同，得到的研究结果也从不同侧面反映了军事系统的特点和规律。

军事系统的现象和特征在军事领域随处可见，可以从各种角度对军事系统进行归纳、梳理和总结。对军事系统的理解和认识，影响着军事理论的研究，也影响着军事斗争准备实践，需要提高对军事系统研究的重视。

在战略层次,军事战略决策决定战争的成败,也决定国家的命运。军事战略的提出和实施，需要经过周密的分析和研究，从系统的角度研究军事战略是重要的方法之一。军事战略涉及面广，各种因素之间相互作用的情况复杂，只有从整体上把握军事战略的意义和作用，才能制定出满足国家安全战略需求、顺应军队建设和发展的战略决策。

在战役层次,关注的重点是某一次战役行动能否达成作战目的。为了有效达成战役目的，可以从不同角度、运用各种方法研究战役行动，分析可能的战役结果。单就一次战役行动涉及的敌情、我情和战场环境等因素，可以视为一个军事系统，系统中各种因素的相互作用影响着战役行动的结果。因此，对于战役行动的分析，需要从军事系统的角度深入研究。

在战术层次，一次战斗的各个组成部分也构成一个军事系统。交战双方的兵力是构成系统的主要因素，双方的武器装备、所处的地形和当时的天候等条件也都是需要认真分析的因素，这些因素的相互作用决定着战斗胜负。从系统的角度分析战斗的可能结果，可以加深对战斗规律特点的认识，更好地把握战斗的组织实施。

军事系统也可以从作战训练、政治工作、后勤保障、装备建设等方面进行分类。在作战训练方面，指挥信息系统是常见的系统，也是重要的系统。在政治工作方面，人员的培养和合理使用是人员系统规划的重要内容，涉及军事能力的发展和提升。在后勤保障方面，后勤保障系统关系到战争的胜负，在“打仗就是打后勤”的新时代，后勤保障系统所具备的能力是需要关注的重点。在装备建设方面，武器系统发挥重要的作用，不同武器系统的相互配套也是重要的研究内容。当然，这四个方面可在更高层次上构成一个更大的军事系统，这就需要运用系统的思维、从更宏观的视角研究它们的相互作用。

总之，在军事领域中军事系统现象和特征呈现于各个方面，军事系统与军事领域中的重要问题密切相关，研究和把握军事系统特点，有助于我们对军事领域问题进行深入研究、形成清晰认识，有助于我们发挥军事系统的作用，进而解决重要的军事问题。

军事系统学的研究任务是揭示军事系统的特点和规律，用于指导军事系统的研究和建设，使其更好地发挥作用。军事系统学的研究内容主要包括军事系统的本质特点、构成要素、运行规律、理论方法，以及应用军事系统学理论方法的途径和手段等。

研究军事系统的本质是揭示军事系统规律的前提。军事系统的本质体现于各个军事子系统中，为了认识军事系统的本质，需要研究各领域不同的军事子系统，分析和研究出其共同属性，并进行概括和总结，形成对军事系统本质的认识。这就需要耐心、细致地分析和研究，才能得到正确的结论。

研究军事系统的要素是把握军事系统规律的条件。军事系统的要素是军事系统的组成部分，只有对其有了清晰认识，才能够把握军事系统的结构，进而可以分析军事系统中各个要素之间的相互作用，最终才可能揭示军事系统的规律。

研究军事系统的规律是军事系统学的主要研究目的。军事系统的规律可以指导军事系统的研究，推动军事系统的开发，促进军事系统的应用。对于军事系统规律的认识是一个不断深入的过程，只有经过持续的努力，不断发现规律、把握规律和应用规律，才能在实践中更好地掌握和运用军事系统。

军事系统学的理论方法是研究军事系统的有力保障。军事系统学的理论方法来源于军事实践，是军事系统实践经验的总结和提炼，也是军事系统研究和开发的指导和保障，可以更好地解决军事系统问题。军事系统学的理论方法可以加深对军事系统的认识，提供研究军事系统的有效方法，有助于形成科学的研究结论。在军事系统的研究和实践过程中，军事系统学需要不断总结经验，形成新的理论方法。

军事系统学理论方法的应用是对军事系统学的有效检验，也是军事系统学作用的体现。如何发挥军事系统学的作用，也是军事系统学研究的重要任务，需要探索应用的途径和手段，给出应用的步骤和方法，使人们方便地运用军事系统学研究解决问题。

三、军事系统学研究方法

在军事系统学的研究中，要对军事系统有清晰的认识，准确揭示军事系统现象的本质和规律，得到正确的研究结果，保证研究活动的高效率，就需要采用科学、合理和有效的研究方法。研究方法是人们为了认识事物所采取的方式、途径、程序和手段的总和。军事系统学的研究要根据研究对象的特点，主要采取理论分析、建模仿真、应用检验、案例研究和成果借鉴等研究方法，提高研究的效率。

（一）理论分析

理论分析是一个学习、思考、抽象和加工的过程，是在军事系统的实践经验和其他学科的理论成果基础上，总结出军事系统学的一般原理。理论分析是对占有的资料，运用系统的观点精心研究，去伪存真，取其精华，由此及彼、由表及里地考察，借助逻辑思维的方法，诸如具体与抽象、分析与综合、归纳与演绎等，通过判断、推理和概括，总结出军事系统学的理论方法。

理论分析要主题鲜明、观点正确、论据翔实、定性分析与定量分析相结合，具有一定的理论高度和深度，能够准确阐述军事系统学的内容。表述要注意结构严谨，逻辑合理，用语准确，文字规范，简明生动，通俗易懂。理论分析的结果要准确透彻和有说服力，可以使更多的人理解、牢记和应用军事系统学的理论方法。

（二）建模仿真

建模仿真是定量研究军事系统学问题的重要方法，是提高军事系统学研究水平的重要渠道。系统建模是对一切可控系统按其最本质的特征，根据总体最优化的目标，对其进行物理抽象和数学抽象的过程。系统仿真是用能代表所研究系统的模型，结合实际的或模拟的环境条件进行研究、分析和试验，以了解系统的行为或评估系统运用的各种策略的方法。

系统建模是技术，也是一种艺术，建模者必须具有深厚的专业基础，广博的科技、经济、社会等方面的知识，丰富的想象力和较强的抽象力，较好的逻辑思维和实际动手能力。为了更好地建模，需要注意以下四个方面：一是熟练地掌握计算机的应用，特别是计算机的系统建模技术；二是尽可能多地熟悉各种应用数学分支；三是富于直观想象，重视图形和数量及它们之间的相互转换在建模中的作用；四是学会定性和定量相结合的综合分析方法。

系统仿真作为一种研究方法和试验技术，可直接应用于系统研究。系统仿真技术实质上就是建立仿真模型和进行仿真试验的技术，也是一门多学科的综合技术。它以控制论、系统论、相似原理和信息技术为基础，以计算机和专用设备为工具，利用各种系统模型，常用的模型有数学模型、物理模型、计算机模型和部分实物模型等，对实际的或设想的系统进行动态试验或训练。

系统建模与系统仿真的有效结合，可以从定量分析的角度深入研究军事系统学问题，得到更加符合实际的结论和具有可操作性的对策。

（三）应用检验

应用检验是保障军事系统学研究成果质量的重要方法，是促进军事系统学发展和完善的必要途径。在应用检验中要注意把握研究成果的特点、作用和适用范围，选择合适的军事系统研究和建设问题，进行深入细致的应用研究。在应用检验中，既要总结研究过程中成功的一面，也要发现研究中存在的问题，及时进行修改完善，进一步提高研究成果的质量和效益。

在应用检验中要注意创造良好的检验环境和条件，使得应用检验的结果能够真实反映研究成果的实际情况。应用检验的准备要充分，需要考虑到应用过程中可能出现的各种问题，以保证检验过程的完成。检验的程序要合理，能够突出研究成果的特点。检验的手段要科学，收集的资料和数据能够反映研究成果的实际情况。检验结果的分析要准确，能够全面、客观和真实地反映研究成果的意义和作用。

（四）案例研究

军事系统实践案例是军事系统研究和研制活动的再现，是军事系统学理论方法产生和发展的源泉。案例研究可以重温他人的做法，直接感受实践活动的情况，梳理和分析生动的和符合实际的材料，通过推理和判断，得出正确的概念和理论。

案例研究中需要正确选择案例，要从军事系统实践的案例中，选择那些具有典型性和代表性的案例。选择案例可按不同的区分方式，按作战规模区分，有战略、战役和战术等不同层次的案例；按作战体系区分，有侦察预警、指挥控制、兵力机动、精确打击和综合保障等体系组成的案例；按军种区分，有陆军、海军、空军等军种的案例。选择案例还要根据研究课题的需要，既要选择我军的案例，突出我军的特点；也要选择外军相关的案例，借鉴外军的经验。既要选择成功的案例，也要选择失败的案例，通过总结正反两方面的经验来提高认识。要注意选择最新的案例，能够反映军事系统新的特点，把握军事系统新的发展方向。

案例研究中，要对不同领域、不同体系、不同类型的案例进行深入探索和分析，揭示军事系统中各个要素的特点以及相互之间作用的关系，发现特定军事系统的特点和规律，从中抽象出一般军事系统的特点和规律，形成军事系统学的理论方法。研究案例时要注意全面、客观、准确地理解和把握实际情况，得出正确的研究结果，形成前人未有的观点，完善军事系统学的理论方法。

（五）成果借鉴

成果借鉴是学习其他相关学科理论方法的重要渠道，是促进军事系统学理论方法发展的重要动力。随着科学技术的发展和军事变革的兴起，不同军事学科之间的关系越来越密切，相关军事学科的理论方法在军事系统的研究和建设中运用越来越多，也促进了军事系统学理论方法的发展。系统科学的应用范围不断扩大，理论体系不断完善，在军事领域的应用也不断深入，对军事系统学的借鉴作用也更加明显。

对相关成果的学习和借鉴要采取审慎、认真和务实的态度。需要对成果进行深入的分析、全面的研究，准确把握成果的特点和作用，明确界定成果应用方式和适用范围，结合与成果相关的案例，加深对成果的理解和认识。还要对成果进行全面、细致和科学的检验，在军事系统的研究和建设中运用相关成果，总结成功的经验，发现存在的问题，对相关的成果修改完善，使其成为军事系统学的组成部分。

军事系统学的研究方法还有很多，在此只是从中择取几个常用方法进行介绍和说明。研究人员可以根据研究任务，结合自己的知识结构和研究背景，采用适合自己的方法和手段，进行深入的分析和研究。

四、军事系统学的作用

军事系统学是研究军事系统问题的重要方法，是建设军事系统的理论指导，是认识军事系统特点和规律的重要成果。军事系统学为研究军事问题提供了一种新的视角、新的方法和新的手段，可以使研究人员从整体的、全面的和系统的角度研究重大问题，可以从整体和局部两个方面，加强对问题的认识和把握，寻找更好的问题解决方法。

军事系统学完善了军事系统科学的理论体系。军事系统学是军事系统科学的基础理论，军事系统科学的应用理论有军事运筹学、军事信息学和军事控制学等，军事系统科学的工程技术是军事系统工程，军事系统学与军事系统科学的应用理论和工程技术一起构成了军事系统科学。军事系统学的建立和发展促进了军事系统科学的发展，同时也推动了军事科学的发展。

军事系统学作为军事科学的新分支，运用军事系统的思想，采用军事系统学的理论方法，从军事系统的角度研究军事领域的重要问题,可以取得重要的研究成果。其他军事学科与军事系统学的观点、思想和方法有所不同，从各自的角度、采用不同的方法，得到不同的研究成果。这些研究成果的综合，可以使我们对于重要问题的认识更加全面，使得解决问题的措施更加有效。总之，军事系统学与其他军事学科交织发展，能够更加有效地解决重要问题，更好地发挥军事科学的整体作用。

军事系统学为军事问题的研究提供方法支持。军事领域的许多重大问题都具有军事系统的特征，从军事系统的角度去研究这些问题，能够更加清楚地认识到问题的本质，可以更好地把握问题的规律，可以得到更好地解决问题的办法。军事系统学的理论方法与军事运筹学、军事系统工程等学科内容相互融合，可以从系统的角度，采用定性定量相结合的方法，有效地解决军事领域的重大问题，发挥军事系统学的支持作用。

军事系统学为军事系统的建设提供理论指导。军事系统的建设是一项重要的任务，指挥信息系统的建设与指挥效能密切相关，武器系统的建设也关系到武器装备效能的发挥，每一个军事系统都是关系到战争成败的一个重要方面。在军事系统的建设中，研究军事系统的功能和作用，分析军事系统中的重要组成单元，研究各单元之间的相互联系，以及军事系统与环境之间的相互作用，都需要运用军事系统学的理论方法，为军事系统的设计、研制和应用提供理论方法的支持，在军事系统的建设中发挥着理论指导作用。

军事系统学为其他军事学科的发展提供思维借鉴。军事运筹学是定量研究军事问题的学科，军事系统学可以从整体上把握军事运筹学的应用。军事信息学是研究军事信息问题的学科，军事系统学可以从军事系统的角度，帮助研究人员加深对军事信息的认识。军事控制学是研究军事系统的控制和反馈问题的学科，可以对军事系统的结构和功能进行深入的分析和研究。军事系统学研究得出的军事系统特点和规律，可以帮助军事控制学更好地开展研究工作。还有许多军事学科与军事系统学有着千丝万缕的联系，军事系统学都可以为其提供理论与方法的支持和帮助。随着军事系统学研究的不断深入、应用范围的持续扩展，军事系统学的作用将会得到更多的体现。

第二节　军事系统学的发展

军事系统学的形成和发展有其必然性，是客观规律发展的必然结果。通过认真梳理军事系统学的相关内容，了解军事系统学的学科基础、形成条件和发展趋势，可以对其形成一个清晰、完整的认识。

一、军事系统学的奠基

从军事系统的角度研究和分析军事问题的做法由来已久，许多思想和做法经过不断继承和发展，形成了新的理论和方法，并得到广泛的应用，为军事系统学的形成奠定了雄厚的基础，也为军事系统学的发展提供了可以借鉴的经验和做法。

中国古代的军事家孙武在《孙子兵法》中，运用了系统分析的思想，从天时、地利、将帅等方面分析战争全局，研究战争制胜的决定性因素。西方参谋机关的出现是通过构建一个指挥班子，以弥补指挥员个人能力的不足,从整体上发挥指挥机关全体人员的作用，提高作战组织指挥的能力和效率。

第二次世界大战中，出现了许多新的武器装备。为了充分发挥这些武器装备的作用，一些国家组织各个领域的很多科学家研究武器装备的作战使用问题。英国著名的实验物理学家、诺贝尔物理学奖获得者 Patrick Blackett 负责一个研究小组，从系统的角度研究雷达与高射炮的配合使用，使击落一架敌机的炮弹平均消耗量从 2 万发下降到 4000 发，从而节省了大量弹药，为英军有效抗击德军的空中打击发挥了重要作用。

第二次世界大战以后，为了解决国防建设、作战指挥、武器运用和后勤保障等方面的复杂困难问题，各个国家组织军事人员、科学家和工程师开展了广泛和深入的研究,形成了武器装备研制系统、作战指挥系统、后勤保障系统和军事行政系统等军事领域的重要系统。这些军事系统实践经验的总结和升华，形成了军事系统学的理论方法，在后续的军事系统建设中发挥了重要的作用。

中国于20世纪50年代在军事院校中开展军事系统工程的研究。60 年代，科学家钱学森倡导在武器装备发展规划和经济规划中运用系统分析的方法，并首先在导弹研究部门设立总体设计部，采用计划评审的方法。后续又成立了许多研究机构，推动了军事系统工程在武器装备方案论证、作战模拟以及战略战术研究方面的应用。近年来，军事研究机构和军队院校依托相关军事学会，通过举办学术年会的形式,开展军事系统的理论和应用研究,取得一系列研究成果。

系统科学的形成和发展也为军事系统学提供了理论基础和实践经验。系统科学是研究系统的结构、演化和控制规律的科学，它是一门新兴的、综合性、交叉性学科。系统科学是从事物的部分与整体、局部和全局以及层次关系的角度来研究客观世界的。系统的思想和方法是在人类千百年来的生产实践活动中逐步形成和发展的。

20世纪40年代到60年代是系统科学形成和发展时期，由于生产力的巨大发展，出现了许多大型的、复杂的工程技术问题和社会经济问题，它们都以系统的面貌出现，要求从整体上加以优化解决。由于当时社会需要的巨大推动力，具有科学形态的系统思想涌现出来，横跨自然科学、社会科学和工程技术，从系统的结构和功能角度研究客观世界中的系统现象，分析和解决系统的协调、控制、演化等方面的问题。这时，系统科学便应运而生了，其标志是理论生物学家贝塔朗菲提出“一般系统论”的概念。

随着科学技术的不断发展，系统已经成为一个科学概念，而系统科学作为一门独立的学科已成为现代科学的重要组成部分。系统科学对复杂系统性质和演化规律的探讨，目的在于揭示各种系统的共性和在演化过程中所遵循的共同规律，进而为系统科学在科学技术、生物、经济、社会等领域的应用提供理论依据。作为一个学科内涵正在不断丰富和发展的新兴学科，系统科学加深了人们对现实世界的认识。

我国系统科学理论的研究开始于20世纪70年代末。1978年9月，钱学森等提出了利用系统思想把运筹学和管理科学统一起来的见解，迅速产生了强烈的反响，这是在我国推广应用系统工程出现新局面的标志。1979年10月，北京举行了系统工程学术讨论会，钱学森在这次会上作了“大力发展系统工程，尽早建立系统科学的体系”的重要报告，这个报告提出了我国发展系统科学和系统工程的基本途径。

从 1986 年 1 月起，在钱学森的倡议和指导下，开始了“系统学讨论班”的学术活动，这个学术活动坚持了多年。并且，钱老在讨论班上亲自做了关于建立系统学的第一次学术报告。在这个讨论班的基础上，系统学的研究又进一步。钱学森提出了开放的复杂巨系统概念，以及处理这类系统的方法论，即从定性到定量的综合集成法，还有综合集成法的实践形式，即从定性到定量综合集成研讨厅体系，这是从整体上研究和解决问题的方法。对一个复杂事物的分析和研究，就是要把事物的各个方面综合起来，在整体上从系统的角度认识事物，得到一个比较客观、有效的结果。

多年来，国内学术界在众多领域，对系统科学进行了多方面多层次的研究、推广和应用，取得了可喜的成绩，出版了大量的文献资料，为我国发展系统科学和系统工程奠定了坚实的基础，并在系统科学研究的前沿提出了独创性的理论。

二、军事系统学的形成

军事系统学作为一门学科需要有外在的需求、内在的认识和形成的基础。现实军事问题的研究对军事系统学的需求非常明显，军事人员对军事系统学的认识也在不断加深，重大军事问题的研究和解决、军事系统的建设和使用也为军事系统学的形成提供了良好的基础。

现实的军事需求催生了军事系统学的产生。在军事领域许多重大问题的研究中都需要采用系统学的观点和方法，研究人员认识到，从整体角度可以更好地把握问题的本质，提出对解决问题更加有效的措施和方法。其中，对于作战问题的研究已经从作战系统的层次上升到作战体系的程度，认为作战体系是由作战诸要素构成的有机整体，其作战效能的发挥依赖于各个构成实体作用的发挥，但又不简单等于各构成实体作战效能的总和。

作战体系通常由侦察预警、指挥控制、兵力机动、火力打击、全维防护和综合保障等系统组成。侦察预警系统是为作战部队提供预警探测实时情报信息的系统，是作战体系中其他系统发挥作用的前提条件。指挥控制系统是对部队和武器系统实施指挥控制的系统，是作战体系的主要组成部分。兵力机动系统是适时将作战力量投向所需方向的系统，是作战体系灵活性的体现。火力打击系统是以各种兵器实施突击的系统，是作战体系最重要的组成部分。全维防护系统是为避免或减少对方武器的杀伤和破坏而提供安全保护措施的系统，是作战体系中其他系统功能发挥的前提。综合保障系统是为作战体系顺利遂行作战任务提供物质、信息、能量的系统，可为作战体系始终保持作战能力提供保障条件。

在信息化条件下的联合作战，有可能是战略层次的作战，也可能是战役战术层次的作战，通常都是多军兵种联合作战，是由一系列的作战系统密切配合、相互协同的结果，都是作战体系能力的体现。为了更好地发挥作战系统和作战体系的作用，并在系统建设和体系构建方面发挥作用，需要军事系统学提供理论指导和方法支持，这也促进了军事系统学的产生。

系统科学的理论方法和实践经验为军事系统学的形成提供了借鉴和帮助。系统科学的形成和发展与近代科学技术的发展密切相关，系统论、运筹学、控制论、信息论是早期的系统科学理论，而同时期出现的系统工程、系统分析、管理科学则是系统科学的工程应用。一般系统论、运筹学、控制论、信息论，以及系统工程、系统分析和管理科学，相互渗透融合，让系统科学从自然界扩展到人类社会，从基础理论扩展到工程应用。

系统自组织理论、耗散结构理论、协同理论、突变论、超循环理论等理论方法的建立，对系统科学的发展具有重要意义，使人们对系统有了更加深入的认识。非线性和复杂性研究的兴起对系统科学的发展起了积极推动作用，计算机技术与网络的发展，使系统科学的发展有了质的飞跃。

系统科学是从系统的角度研究不同类型系统的规律，以及系统不同层次变化发展的规律，主要研究工具是近代数学方法、模拟仿真、科学计算等。由于在许多学科领域，如物理、化学、生物学、经济学、工程技术等，其研究对象包括各种类型的复杂系统，所以系统科学需要对复杂系统进行深入的研究，并通过对复杂系统的结构、功能及其演化性质的研究，寻求复杂系统的一般机理与运动规律。

系统科学的新思想和新方法又深刻地影响着许多实际系统的研究，涉及自然科学和社会科学的许多领域，成为一些工程技术科学发展的理论基础，在控制科学与工程、管理的科学化、生态和环境的保护等方面发挥着重要作用，对国民经济以及与人类生活有关的重要应用领域作出了直接贡献。系统科学的理论方法也广泛应用于军事领域重大问题的研究，取得的重要成果和总结的实践经验也为军事系统学的形成提供了重要帮助。

军事系统的研究和实践为军事系统学的形成提供了必要的前提。对于军事领域的重大问题已经开始从体系和系统的角度进行深入研究，并取得了重要的成果。例如，从体系对抗的角度研究联合作战的效果，比较分析敌对的作战体系中各个相同作战要素的强弱点，研究关键要素对于体系对抗产生的影响，从某些要素中寻找到突破口，通过加强这些要素的建设，可以提高其作战能力，形成有利于己方的体系对抗态势。

军事系统的建设也在国防建设和军队发展中全面展开，有力促进了国防建设水平的提高和军队战斗力的提升。指挥信息系统建设是军队信息化建设的重要内容，各个军兵种和各种层次的指挥系统不断出现，为发挥部队的作战能力提供了保障。新型武器系统不断建成并装备部队，也提升了部队的作战能力。后勤保障系统的建设和完善也使部队的持续作战能力得到很大的提高。这些系统的研制也为军事系统学的形成提供了实践经验。

军事系统学的构建是一项重要的工作，也是一项艰巨的工作，需要持续不断开展研究工作，需要对军事系统理论和实践工作进行研究、分析和梳理，开展广泛讨论，逐渐形成共识，不断完善军事系统学的框架和内容，形成军事系统学的理论体系。

三、军事系统学的展望

随着人类社会由工业时代进入信息时代并走向智能时代，以人工智能为核心的军事变革在世界范围内迅速发展，军事领域的各个方面都在发生深刻变化，军事系统的研究和建设受到世界多数国家的普遍重视,军事系统的实践经验也促进了军事系统学的快速发展。因此,军事系统学的发展前景广阔,其发挥的作用也会越来越明显。

军事系统学在军事系统实践中不断完善。开展军事系统实践活动，需要理论先行，这是军事系统实践的必然需求，也是军事系统学作用的体现。随着军事领域新军事变革的兴起，呈现出指挥控制自动化、作战空间多维化和作战样式体系化等特征，对武器装备的发展、体制编制的调整、战争形态的变化和军事理论的创新等都有很大影响，军事系统问题涉及军事领域的各个方面，需要创新的军事系统理论提供有效的论证方法支持。军事系统学是顺应军事变革需要而产生的，也在支持重大军事系统问题的研究中不断发展和成熟。

军事系统学更加关注军事系统未来发展的需求。随着时代进步和科技发展，影响军事系统的要素越来越多，军事系统涉及面越来越广，军事系统也越来越复杂。军事系统学不仅要解决好现在的军事系统问题，也要关注未来军事系统问题的研究，采用多种技术和手段，预测和把握军事系统的发展趋势，使得军事系统的研究成果和建设成果能够灵活应对不断变化的军事形势，有效支持国防建设和联合作战的需要。

军事系统学与军事技术的结合更加密切。随着高新技术的发展，信息技术、人工智能技术、生物技术、新材料技术、海洋技术和空间技术等在军事领域的应用不断扩展，促进了军事技术向高技术方向发展，也推动了军事系统学在军事领域应用空间的扩大。军事信息技术、精确制导技术、隐形技术、军事航天技术和新概念武器技术的研发和应用，改变了军事系统的基础条件和表现方式，引起军事系统的研制和运用样式的变化，需要军事系统学关注军事技术的应用情况和发展方向，使得军事系统学能够有效应对可能的变化。

军事系统学与其他学科的联系更加紧密。随着高技术战争不断出现和国防军队建设实践活动的深入展开，军事研究工作的分工越来越细。随着研究人员对现有军事学科认识的不断深入，实践经验的不断总结，也推动了新的军事学科的不断出现。军事系统学的发展来源于相关军事学科的支持和帮助，随着其他军事学科的发展和新的军事学科的出现和推广，这些帮助的作用也会充分体现。同时，军事系统学的发展也促进相关军事学科的变化和发展，军事系统学的作用也将在具体实践中不断体现。

为了应对新军事变革提出的挑战，军事系统学的研究要紧紧围绕军事系统的需求，关注军事技术的发展，加强与相关军事学科的联系。在军事系统问题的研究和军事系统建设的实践中，充分发挥军事系统学的指导作用，有效解决军事领域中出现的重大军事系统问题。在军事系统问题研究过程中，军事系统学的体系和框架不断得到检验，理论方法也不断得到发展和完善。

军事系统学是军事科学新的分支，是军事系统科学的重要内容，也体现为军事科学研究内容的拓展和研究水平的提高。在军事学诸多知识门类中，军事系统学都可以发挥重要作用。军事系统学可以丰富军事思想，用于研究战略、联合作战、国防建设、军事后勤、军事装备、军事环境等许多门类中的系统问题，可以促进这些门类中相关学科的发展。

第三节　军事系统学与相关学科的关系

军事系统学是军事系统科学的组成部分，是军事系统科学的基础理论。一般认为军事系统科学分为哲学、基础科学、技术科学和工程技术四个层次，哲学层次是军事系统观，基础科学层次是军事系统学，技术科学层次包括军事运筹学、军事控制学和军事信息学等，工程技术层次包括军事系统工程、自动化技术、信息技术等。军事系统学与军事运筹学、军事信息学、军事控制学、军事系统工程等构成军事系统科学的有机整体。军事系统学对军事系统科学的技术科学层次和工程技术层次的发展具有重要的指导作用。

一、与军事运筹学的关系

军事运筹学是军事系统学理论方法的重要来源。军事运筹学的许多理论和方法可以用于研究军事系统中的一些组成部分、分析军事系统的一些方面、认识军事系统的一些现象，为军事系统的研究提供了方法和手段，也丰富了军事系统学的理论和方法。

军事运筹学是定量研究军事问题的理论和方法的学科，是军事科学的组成部分，是一门横跨多门基础理论学科的交叉学科。主要是通过运用数学模型、电子计算机技术和定量分析等方法，揭示各种军事系统的结构、功能及其运行规律，为科学地进行军事实践活动提供一定的理论依据。研究领域涉及军事战略、国防建设、作战指挥、军事训练、武器装备、军队组织编制、军队管理、后勤与装备技术保障等各个方面的军事运筹活动。其目的是运用军事运筹学的理论和方法揭示军事活动规律,科学辅助军事决策,合理利用资源，提高军事效能，取得尽可能满意的军事活动效果。

军事运筹学的理论方法经过多年发展取得了丰硕成果，内容涉及军事领域的各个方面。在解析理论方面，其中著名的内容是兰彻斯特方程。它是由著名的英国汽车工程师、流体力学家和运筹学家F.W. 兰彻斯特创立。兰彻斯特是第一个对战斗过程中敌对双方的力量关系系统地进行数学分析的科学家。他为了描述和预测战斗过程的发展趋势，在一些简化假设的前提下，建立了一系列描述交战过程中双方兵力变化数量关系的微分方程组，也就是兰彻斯特方程。

作战效能分析是定量分析作战行动和应用武器系统遂行给定作战任务的有效程度的方法，主要是为作战理论研究、作战方法总结和作战实践应用，以及武器系统规划、设计、使用、管理的研究和决策提供理论指导与数据依据。作战效能分析是军事运筹学研究的重要内容，也是军事运筹学研究的出发点和归宿。

作战模拟是指运用各种手段，对作战环境、作战行动和作战过程进行模仿的技术、方法和活动，是研究军事活动中数量关系的基本方法，它揭示了军事活动中的量变过程，发现由量变到质变的界限，与定性研究相辅相成。作战模拟分析主要是运用作战模拟方法研究和分析重要的军事问题，在定量研究军事问题中发挥重要的作用。

作战实验是根据自然科学有关的实验理论和方法，运用军事理论和数学方法，采用模拟仿真和计算机技术，从定性和定量相结合的角度研究军事问题，得到的研究成果用于具体指导军队的作战指挥、军事训练和后勤保障，用于指导军队的建设和发展。我军已经开展作战实验的研究和应用工作，取得了初步的认识和进展。美军的作战实验工作在美军的转型方面发挥了重要作用，有许多经验可以学习和借鉴。

二、与军事信息学的关系

军事信息学是军事系统学研究的重要支撑。军事信息学是应用信息论的基本思想、原理、方法等，研究军事信息的规律，包括军事信息系统的信息获取、传递、处理等理论和实践的一门学科，是信息论的重要分支。研究内容主要有：军事信息的概念，军事信息与国防建设、军队发展和作战行动的关系，军事信息系统的建设，军事信息系统与军队指挥、控制、通信的相互关系等。军事信息学与军事系统学的关系密切，军事信息学中信息和信息系统的相关内容，对军事系统学相关理论方法的研究和具体实践应用都起着支撑作用。

军事信息学研究军事信息的现象、内容、获取、传递、处理和安全，研究军事信息的地位、作用、意义、对抗、谋略和使用，研究军事信息的理论与方法及其发展规律。军事信息学与军事系统学密切相关，其研究对象军事信息是在军事系统中流动，其理论方法在军事系统的研制和应用中发挥作用，军事信息系统更是军事信息学与军事系统学结合的范例。

军事信息学研究军事信息运动规律，目的是发挥军事信息的功能和作用。军事信息学是一门全新的军事学科，其特点是内容涉及军事科学、社会科学、自然科学、思维科学和技术科学的多种学科领域，与现有的军事理论学科和军事技术学科相比，在许多方面都有突破。军事信息学是信息时代军事科学和技术发展的必然产物；研究和发展军事信息学，是建设信息化军队和打赢信息化战争的客观需求。

军事信息学的研究内容涉及许多相关学科，主要有信息作战学、军事通信学、军事情报学、军事密码学和军事信息系统等理论，涉及军事信息领域的作战和建设应用。军事信息学从一个新的角度，研究军事信息在军事领域的活动规律、活动特点以及具体应用，这一研究领域所涵盖的内容将更广泛、更深入，对信息化战争的准备与实践更具指导意义。

三、与军事控制学的关系

军事控制学可为军事系统学实践提供重要帮助。在一个军事系统运行中，军事系统的控制是一个重要方面，军事控制学的理论方法可以发挥重要的作用，提高军事系统的效益和水平。军事控制学的理论方法对于军事系统学的理论方法研究也有很大的帮助。

军事控制学是运用控制论的思想、方法和技术，分析军事系统的控制过程和规律的学科。研究内容主要有：军事控制论的基础理论和方法，军事系统的结构、功能、运用方式及其内部要素和控制状态，军事系统的智能控制等。

控制论是研究系统内部或彼此之间的控制和通信的科学。系统为了达到预期目标，必须由施控主体对受控客体施加控制作用，而控制的实现依赖于良好的通信。控制论的基本任务是研究各类系统中控制和通信的共同规律，在理论上找到人造系统与生物系统在某些功能上的相似性、统一性，以便研制出模拟智能的技术系统，即自动机或控制论机器。控制论为军事系统学的发展和应用提供了理论和技术的支持。

第二次世界大战期间，诺伯特·维纳、J.H. 别格罗等人参加改进防空武器的研究,为了研制能够模拟人的某些智能行为的自动机，需要从理论上探讨动物和机器中的控制和通信是否具有相似性和共同规律的问题。维纳与墨西哥神经生理学家 A. 罗森布卢埃特合作，对这一课题进行了长达 10 多年的研究，发现并证实了在动物体内也存在着信息反馈，终于找到了控制论的核心问题：信息与反馈，形成了控制论的基本思想。

控制论的基本概念是控制、信息与反馈，核心问题是信息。为了改善某个或某些对象的功能或发展，需要对该对象施加控制。控制是以获得并使用信息为基础、由施控主体对受控客体施加的一种能动作用。控制作用是施控主体的一种有目的的行为，即施控主体在受控客体发展变化的各种因果可能性中选择出来的达成预期目标的行动。

四、与军事系统工程的关系

军事系统工程是军事系统学实践的重要基础。军事系统工程是军事系统科学的工程技术层次，是军事系统学的观点、理论和方法在工程领域的具体应用，是军事系统学基础理论的具体实践，是军事系统学理论的检验，也是军事系统学理论发展的基础。军事系统学可以从军事系统工程的实践中不断总结经验，提炼和升华一些具体手段和方法,形成新的理论和方法,促进军事系统学的发展和完善。

军事系统工程是运用军事系统学的理论和定性、定量分析的方法，对军事系统实施合理的筹划、研究、设计、组织、指挥和控制，使各个组成部分和保障条件综合集成为一个协调的整体，以实现军事系统功能与组织最优化的技术。

军事系统工程是在军事实践中形成的，是在军事上应用的系统工程，在作战理论、武器装备、部队训练、指挥系统和后勤系统等军事运筹活动中应用广泛，是作战模拟、组织谋划和信息技术密切结合的体现，广泛用于国防工程、武器研制、军队作战、后勤保障、军事行政等领域。军事系统工程综合运用了各种理论、方法和技术，有效解决了军事系统建设中存在的各种问题，提高了军事系统建设的效益和水平。

军事系统工程的基本内容涉及重要的科学理论、关键技术、常用方法，在具体的某项系统工程建设中，将许多学科的知识和技术综合起来，有效地实现预定的军事系统建设目标。重要的科学理论有系统学、运筹学、信息论、控制论、心理学和国防经济学等，重要的技术有预测技术、建模技术、优化技术、计算机仿真和信息技术等,常用的方法有系统分析、规划计划预算、网络管理、作战模拟等。

军事系统工程的实施步骤，根据不同的军事项目可能有着不同的工作程序。例如，武器研制的系统工程一般需要经过武器系统概念研究、先期技术演示与验证、武器系统工程研制、武器系统生产与部署等阶段。国防系统分析则贯穿于军事系统建设的全过程。

军事系统学作为一门新兴学科，有其自身的特点、规律和作用，也与其他许多军事学科都有密切的联系，上述内容只是说明了军事系统科学范畴所属学科之间的相互关系。在军事系统科学之外，军事系统学与军事科学中的许多学科也有着密切的关系。军事系统学在军事战略学的研究中发挥着重要的作用，可以使研究人员从军事系统的角度、在整体上加深对军事战略问题的研究，也可以更好地把握军事战略的发展方向。在其他学科的研究和应用方面，都有许多运用军事系统学的成功经验和典型案例。

军事系统学在其他军事学科的研究中发挥着重要的作用，促进了其他学科的发展。同时，军事系统学在这些研究和应用中不断总结经验,也从其他军事学科取得了有益的经验,形成了新的理论方法。军事系统学与其他军事学科相互结合、共同发展，一起为军事科学的不断发展发挥着重要作用。

第二章

军事系统基本概念

军事系统在军事领域中随处可见，许多军事领域的重要问题也可以从军事系统的角度进行分析研究，有助于加深对军事问题的理解和认识，为有效解决与军事系统相关的重大问题奠定重要的基础，对于国防建设和军队发展具有重要的意义。为了正确认识和把握军事系统，需要从军事系统的概念入手，理解军事系统描述的内容，认识军事系统涌现的特点，了解军事系统演化的过程，掌握军事系统研究的方法论。

第一节　军事系统的描述

对军事系统的清晰认识应该从军事系统的定义开始。对军事系统定义的准确阐述，可以加深对军事系统的理解；有关军事系统的结构、军事系统的子系统、军事系统环境和军事系统功能的分析和说明，可以加深对军事系统特点的认识。

一、军事系统的定义

军事系统是由多个相互联系的军事单元组成的一个有机整体。军事单元是军事系统中的基本元素，是给定的军事系统中不可再细分的部分，是组成军事系统的重要部分。在一个军事系统中，军事单元的数量需要有两个或两个以上，军事单元的数量决定了军事系统的规模。军事系统由各种不同类型的军事单元组成，体现了军事单元的多样性、多元性和差异性，也说明了各种不同的军事单元可以在一定条件下形成一个整体。

军事系统也可以用数学的方法表示。设军事系统为 S，多个军事单元组成的集合为 A，各个军事单元相互关系的集合为 R，则军事系统可以表示为：

$$S=(A,\ R) \tag{2.1.1}$$

上式是军事系统的数学方法描述，说明军事系统是由多个军事单元和各个军事单元的相互关系所组成的。通过对军事系统的数学描述，也为我们研究军事系统提供了手段和方法，可以从定量分析的角度研究军事系统，提高解决实际问题的能力。

军事系统的概念可以用联合作战集团的组成和作用来说明。联合作战集团是指两个以上的军种或两个以上国家、政治集团的军队。联合作战是联合作战集团按照总的企图和统一计划，在联合指挥机构的统一指挥下共同进行的作战，通常为战役以上规模。从军事系统科学的角度看，联合作战集团构成了一个军事系统，而且是一个典型和重要的军事系统。联合作战集团中的军事单元可能是陆军、海军、空军和火箭军等军兵种部队，也可能是不同国家的军队。这些军事单元相互作用，构成了重要的军事系统。

联合作战集团建立了一定的指挥机构，规范了指挥流程，明确了各个军事单元不同的作战任务，确定了相互之间的联系，在统一指挥下密切配合，共同完成作战任务，构成了一个有效的军事系统。联合作战集团所担负的联合作战任务，是由所有军事单元共同参与和发挥作用的整体作战，体现出联合作战集团的状态、功能和作用。

军事系统组成的关键是不同军事单元之间的相互联系和作用。在同一个军事系统中，各个军事单元之间是相互影响、相互制约、相互补充、相互依存和相互激励的，其中的每个军事单元都是与其他军事单元存有联系的。军事系统的重要特点是军事系统的整体性，是由不同的军事单元组成的一个整体，主要体现在军事系统的结构、状态、功能和作用上。

军事系统的对抗性也是军事系统的一个重要特点，体现在军事系统内部不同军事单元之间的对抗性，也体现在军事系统与外部环境之间的对抗性。在军事系统内部，军事单元代表敌、我、友等多方的情况，敌我的交战和各种对抗行动，是敌我不同军事单元的关系体现，由其所构成的军事系统就具有明显的对抗性。参战的任意一方部队都构成一个军事系统，而环境对其作战行动具有重要影响，这说明军事系统与环境之间也存在对抗性。总之，根据描述问题的角度不同，军事系统的对抗性可能体现在系统的内部或者外部。

二、军事系统的结构

军事系统的结构是军事系统中各个军事单元相互关系的总和。军事系统的结构通常是各个军事单元相互之间相对比较稳定和有一定规则的联系，可以进行描述和分析。在公式（2.1.1）中，R 就是表述军事系统的结构。

系统的结构方式是多种多样的，一般可以从 4 个方面对系统的结构进行分类：一是框架结构，为军事系统处于尚未运行或停止运行的状态时，各个军事单元之间的基本联系方式；二是运行结构，为军事系统处于运行过程中所体现出来的各个军事单元之间相互依存、相互支持和相互制约的方式；三是空间结构，为军事系统的各个军事单元在空间的排列或配置方式；四是时间结构，为军事系统的各个军事单元在时间流程中的关联方式。在某些军事系统中，经常会出现系统同时呈现时间结构和空间结构,也可以称为时空结构。

军事系统中各个军事单元之间相互联系的方式不同，相互作用的结果也不一样，因此，可以从不同的角度研究和分析军事单元之间的联系。例如，空间联系、时间联系，持续联系、间断联系，确定性联系、不确定性联系，等等。研究各种各样的联系方式，可以了解军事系统中各个军事单元的相互关系，这些关系决定了军事系统的特点、功能和作用，也成为军事系统的研究重点。

军事系统中各个军事单元之间的相互联系，决定了军事系统的不同功能和作用。例如，在联合作战集团中，尽管同时存在陆军、海军、空军和火箭军部队，但是在担负不同的作战任务时，各个军种的地位和作用是不一样的，所呈现出的相互关系也不一样。比如：在承担火力打击任务时，主要以火箭军和空军的力量为主，海军和陆军进行配合；在进行海上封锁作战时，主要以海军和空军的作战力量为主，火箭军和陆军配合封锁作战行动。此时，各个军种之间的相互关系同样决定了联合作战集团这一系统的功能和作用。

为了深入研究军事系统的结构，需要引入军事子系统的概念。军事子系统是一个军事系统的组成部分，是这个系统的军事单元，本身也具有系统的特点。在一个军事系统中，某个军事单元也可能是一个系统，也就是一个给定的军事系统中的子系统。如果多个军事单元都是系统，则是多个子系统组成一个大系统，每个子系统也是由不同的军事单元组成，形成了军事单元、子系统和大系统 3 层系统结构。军事系统与子系统的关系可以用数学方法描述如下。

给定军事系统 S，如果它的军事单元集合 S_i 是军事系统 S 的一部分，即满足条件：$S_i \subset S$；S_i 本身是一个军事系统，满足系统的要求，则称 S_i 为军事系统 S 的一个子系统。此时，军事系统 S 称为 S_i 子系统的总系统或母系统。

根据军事子系统的定义，军事子系统是给定军事系统的一部分，是局部不是全部；军事子系统是一个系统，具备系统的特点和作用。军事子系统和军事单元是从不同的角度描述军事系统的组成部分，当军事子系统作为军事系统的组成部分时，军事子系统还可以分解为军事单元；当军事单元作为军事系统的组成部分时，军事单元就不能再分解。

军事子系统概念的引入，对于分析复杂的军事系统发挥着重要的作用。在一个复杂的军事系统中，一些军事单元可以组成一个军事子系统，不同类型的军事单元可以组成不同的军事子系统，可以降低军事系统的复杂性，更好地分析复杂军事系统的特点和作用。一个军事系统可以按照不同的标准划分子系统，这样可以从不同的侧面了解系统的结构。例如，联合作战部队按照军种和作战集团来划分子系统，就可以从两种角度认识该系统的特点。按照同一标准划分的子系统具有可比性,按照不同标准划分的子系统没有可比性,而且容易引起误解。

复杂的军事系统可以通过军事子系统的描述和刻画，从不同的角度去观察和认识。例如，联合作战部队按照军种划分，可以分为陆军、海军、空军和火箭军等子系统，每个子系统又由若干部队组成。陆军子系统一般由步兵、炮兵、装甲兵等兵种组成，海军子系统可能由水面舰艇、潜艇、海军航空兵等组成，空军子系统一般由歼击航空兵、轰炸航空兵、雷达兵、地空导弹兵等组成。也可以按照作战集团分为陆上作战集团、海上作战集团、空中作战集团等子系统，其中每个子系统按照作战编成包含许多相互密切联系的军事单元，由这些军事单元组成一个大的军事系统。

三、军事系统的环境

军事系统的环境，是军事系统外部对军事系统有影响的各种事物和因素的总和。对于军事系统的描述不能只局限于军事系统本身，还需要对军事系统的外部进行分析和描述。了解军事系统的外部环境，理解军事系统与环境的相互作用，可以加强对军事系统全面和深入的认识。军事系统的环境可以用数学方法描述如下。

军事系统 S 的环境 E，是指 S 之外一切与 S 有联系的事物集合。即：

$$E_S = \{x | x \notin S\text{且与}S\text{有联系}\} \quad (2.1.2)$$

军事系统的环境是该军事系统外部与它相关联的事物构成的集合。军事系统的环境具有相对性，根据不同的研究目的或者对于不同的研究者，同一军事系统的环境划分也有所不同。任何军事系统都是在一定环境中产生出来的，又在一定的环境中运行、延续、演化，不存在脱离环境的系统。军事系统的结构、状态、属性、行为等或多或少都与环境有关,这也可以称为军事系统对环境的依赖性。环境与军事系统之间的相互关系是军事系统的外部规定性。同样的军事单元在不同环境中按照不同方式整合，形成具有不同结构的军事系统，有些军事单元的性质也随着环境的变化而有所变化。

与军事系统相比，组成环境的元素之间相互联系一般较弱，不够规则，系统性较差，这为系统趋利避害、保护并发展自己提供了可能性。但同一军事系统的环境中的不同事物之间总有这样或那样的联系，并且通过与该军事系统的联系而形成某种更大的系统。应当用军事系统观点认识环境，要看到有些军事系统的环境有很强的系统性。把军事系统的环境当作系统来分析，可以加深对军事系统自身的理解。

军事系统的边界是区分军事系统和环境的标志。从空间上看，边界是把系统与环境分开来的所有点的集合。从逻辑上看，边界是军事系统的相互关系从起作用到不起作用的界限，规定了军事系统中军事单元之间特有的关联方式起作用的最大范围。边界的存在是客观的，凡军事系统都有边界。但有些系统具有明确的边界，有些系统的边界并不明确。比如说，按照军种分类，陆军、空军、海军、火箭军分别组成系统的边界是明确的；按照作战任务分类，陆上作战集团、海上作战集团、空中作战集团所组成系统的边界是不明确的。在有些情况下,不同系统在其相邻部分相互渗透,表现为“你中有我，我中有你”，无法通过有限的步骤明确地划分开来。

从事物相互联系的观点看，任何军事系统都是从环境中相对划分出来的。在科学层面上，首先应当承认军事系统与环境之间划分的确定性，军事系统内部与外部差别的确定性，但这种确定性的程度又有所不同，导致军事系统与环境的划分也存在相对性。对于具有明确边界的军事系统，可以不考虑这种划分的相对性。对于边界不明确的军事系统,考虑这种相对性是必要的。为准确描述军事系统，就要使其能够从互相联系的事物中相对孤立出来，作为独立的研究对象，这就需要运用军事系统的理论和方法。对于军事系统的划分常常因人而异，需特别谨慎，力求最大限度地排除主观因素。

军事系统与环境的相互联系、相互作用是通过交换物质、能量、信息实现的。军事系统能够同环境进行交换的属性称为开放性，军事系统阻止自身同环境进行交换的属性称为封闭性。这两种性质对军事系统的生存发展都是必要的。对于军事系统，特别是部队、指挥机关、院校、科研院所等机构系统，只有对环境开放，同环境相互作用，同外部交换物质、能量、信息，才能生存和发展。在一定条件下，开放得越充分有效，越有利于系统的生存发展；开放程度不够，系统生存发展将受到影响，严重时能使军事系统处于病态或者解体。

封闭性也是军事系统生存发展的必要条件，军事系统的构成和要求与外界有许多不同，这需要军事系统相对独立于周边的环境，封闭性不是单纯的消极因素，而是军事系统存在的条件。军事系统和环境之间的交流需要管理控制，环境向军事系统输入的内容、数量和方式需要控制，保证对军事系统有利；同样，军事系统向外界输出的内容、数量和方式也需要管理，保证军事系统正常运作。

为了军事系统的健康发展，军事系统的开放性与封闭性都需要具备和保持，达到一种有效的平衡状态，以利于军事系统与环境融合发展。

按照军事系统与环境的联系，可以把军事系统分为两类：与环境有物质、能量、信息等方面交换的是开放系统，与环境没有任何交换的是封闭系统。实际系统或多或少都同环境有交换，因而都是开放系统。但有些系统与环境的交换极其微弱，可以忽略不计，看作封闭系统。边界概念有助于帮助理解开放军事系统与封闭军事系统的区别。封闭的军事系统边界是连续的，是完全封闭的，没有可以进出的通道；开放的军事系统边界往往有间断点，具有可以进出的通道。封闭的军事系统边界具有刚性和不可渗透性；开放的军事系统边界具有柔性和可渗透性。军事系统学主要研究开放的军事系统，不涉及封闭的军事系统。

四、军事系统的功能

军事系统的功能是军事系统行为所引起的、作用于外部事物的、有利于环境中某些事物乃至整个环境存续与发展的作用。其中，被作用的外部事物，称为军事系统的功能对象。功能是军事系统行为对其功能对象生存发展所作的贡献。功能是刻画军事系统行为，特别是军事系统与环境的重要概念。

军事系统的行为是军事系统相对于它的环境所表现出来的变化，是从外部可以了解的军事系统的变化。军事系统的行为是军事系统自身的变化，是军事系统自身特性的表现，但又同环境有关，反映环境对军事系统的作用或影响。不同军事系统有不同的行为，同一军事系统在不同情况下也有不同的行为。军事系统有各种各样的行为，如发展行为、学习行为、适应行为、演化行为、自组织行为、局部行为、整体行为等，军事系统的任何行为都会对环境产生影响。

军事系统的功能是其存在的价值体现。联合作战集团的功能是执行联合作战任务，军队院校的功能是为军队培养人才和提供科研成果。军事系统作为整体所具有的功能，是军事系统中军事单元所不具备的，整体的功能不等于部分的功能之和。一般来说，整体应具有部分及其总和所没有的新功能。功能是一种整体特性，只要把军事单元整合为军事系统，就具有所有军事单元的总和所不具备的功能。

从功能的角度研究军事系统，就可以得到关于军事系统作用的认识，可以认为军事系统是由相互作用的各个军事单元组成的具有一定功能的整体。功能概念也常用于军事子系统，指的是军事子系统对军事系统整体的持续发展所负责任和所作贡献。如果子系统是按照它们在军事系统中的不同功能划分出来的，按照各自的功能相互关联、相互作用、相互制约，共同维持军事系统整体的生存发展，那么就可以把功能子系统的划分及其相互关联方式称为军事系统的功能结构。

复杂军事系统都有自己的功能结构，了解功能结构是把握军事系统特性的重要方面。各军兵种都是典型的具有功能结构的复杂军事系统，了解这类军事系统的属性和行为，必须了解它的功能子系统。简单军事系统的子系统可以不按功能来划分，将简单军事系统划分出各个子系统，仅仅是由于其规模太大，亦即军事单元太多，为了便于对各军事单元进行区分和研究，而将其划分为若干子系统。

应当区分军事系统的功能与性能。性能指军事系统在内部相互作用和与外部联系中表现出来的特性和能力。性能一般不是功能，功能是一种特殊的性能。作战系统可以打击目标是它的性能，利用这种性能来打击敌方的目标就是它的功能。性能是功能的基础，提供了军事系统发挥功能的客观依据；功能是性能的外在表现，只能在军事系统行为过程中表现出来，在军事系统作用于对象的过程中进行观测评价，而性能可以在军事系统与对象分离的条件下观测评价。同一军事系统有多种性能，每一种性能都可能用来发挥相应的功能，或综合几种性能来发挥某种功能。军事系统性能的多样性决定了军事系统功能的多样性。

军事系统的功能由结构和环境共同决定，而不是由结构单独决定的。简单地断言结构决定功能，容易造成误解，因为军事系统的功能与环境有很大关系，其中军事系统作用对象的选择是一个重要的条件，只有正确选择军事系统的作用对象，军事系统才能发挥应有的功能。如果没有正确地选择作用的对象，军事系统一般无法充分发挥其功能。所以，军事系统需要用于正确的时间、地点和对象。

军事系统功能的发挥还需要环境提供各种适当的条件、氛围，为充分发挥军事系统功能，需要适当选择、营造、改善环境。只有当环境给定后，才可说结构决定功能。军事系统组建常常是在军事单元和环境都给定的情况下设计或运营的，能够发挥人的能动性的主要是设计、改造军事系统的结构，结构的优劣就成为评价系统的决定性因素。同样的军事单元通过不同的结构方案，可能制造或组建出功能显著不同的军事系统。

第二节　军事系统的涌现

军事系统的涌现是军事系统的重要概念，是对军事系统重要特点的认识，是理解和认识军事系统需要把握的内容。在研究军事系统时，通过对军事系统涌现的分析，可以把握问题的关键，明确军事系统的特点、规律和功能，更好地解决军事系统问题，有效发挥军事系统的作用。

一、军事系统涌现的概念

军事系统的涌现是军事系统作为一个整体时所具有的和表现出来的特性。军事系统所属的军事单元按照一定的结构组合成一个整体，就会产生出整体具有的特点，如整体的形态、整体的功能、整体的行为等。这种整体性的特点是军事系统的军事单元或部分军事单元所不具备的，如果把军事系统分解为各个军事单元，军事系统的整体特点就不存在了。军事系统与军事单元或者子系统相比，具有本质的区别，有新的变化和特点。

军事系统的涌现，可以简单表述为系统的整体与系统的部分的不同之处，可以在系统整体中发现在系统的组成部分中看不到的属性和特征。一般情况下，整体与部分是不能比较的，因为整体和部分不是同样性质的东西。在特殊情况下，当整体与部分具有同质的特性，且可以进行量的比较时，整体涌现就是“整体不等于部分之和”，可以用数学公式表示为：

$$W \neq \sum p_i \qquad (2.2.1)$$

其中，W代表整体，$\sum$为加和符号，p_i代表系统的第i个部分。上述公式表示整体不等于部分之和。

合理的结构方式产生正的结构效应，整体将大于部分之和。即：

$$W > \sum p_i \qquad (2.2.2)$$

不合理的结构方式产生负的结构效应，整体将小于部分之和。

即：

$$W < \sum p_i \qquad (2.2.3)$$

每个军事系统都表现出特有的、能与其他军事系统区分开来的整体涌现。研究军事系统，就是要了解军事系统特有的整体性质。整体观点是系统思想最核心的观点，军事系统学是军事领域中研究整体性的军事学科。

例如，由侦察预警、指挥控制、兵力机动、火力打击、综合防护和后装保障等作战力量组成一个军事系统，该系统可以利用侦察预警力量发现对手的作战企图，利用指挥控制力量调动所属部队，利用机动力量完成作战部署，利用打击力量消耗对手力量，利用防护力量减少己方损失，利用保障力量维持己方的战斗力，形成一个完备的作战力量体系，以完成上级下达的作战任务。但是，如果只具有打击力量，没有侦察预警和指挥控制力量，就不能发现目标，不能控制和协调打击力量。由此可说，上述相互补充的作战力量所组成的军事系统具有整体涌现，而单个或部分作战力量不具备该系统的功能。

二、军事系统涌现的产生

军事系统所处的环境是决定军事系统整体涌现的重要因素。在一定的环境条件下，军事系统只有涌现出特定的整体性，才能与环境相适应，形成稳定的系统与环境依存关系。随着环境的改变，军事系统要产生新的整体涌现，以达成新的系统与环境依存关系。环境复杂性是造成军事系统复杂性的重要根源。因此，研究军事系统必须研究系统的环境，以及系统与环境的相互作用，明确军事系统的环境对军事系统涌现的影响。

军事系统的规模也可以产生军事系统的涌现。军事系统中军事单元的数量是军事系统的规模。规模大小不同所带来的系统性质的差异，称为规模效应。军事系统达到一定的规模以后才会产生规模效应，所以整体涌现也是一种规模效应。从小系统到大系统，规模的增大导致系统性质的显著差别，描述和处理的方法有明显的不同。当规模增大到巨系统时，即使军事单元之间的关系非常简单，也会出现一些本质上全新的系统特性和行为。例如，在一定的历史时期，一个国家军队的规模不断增大，人员数量不断增多，对这个国家产生的影响也就会不断增长。当军队达到一定的规模后，就会对国家的社会生活、文化和体制等都产生影响，而这些影响反过来也会导致军队呈现出新的特点和行为。

军事系统的结构也可以产生军事系统的涌现。军事系统的整体涌现主要是由它的军事单元按照系统的结构方式相互作用、相互补充、相互制约而产生的，是军事单元之间相互作用的效应，即结构效应、组织效应。不同的结构方式，即军事单元之间不同的相互作用、相互制约方式，产生不同的整体涌现。联合作战集团由陆军作战集团、海军作战集团、空军作战集团和火箭军作战集团组成，针对不同的作战任务可以选择相应的组织结构，因而产生不同的作战效果。例如，以火箭军和空军作战集团构成的组织结构可以用于火力打击的作战样式，而海上封锁作战就应该采用以海军作战集团为主的组织结构。这样就可以使同样的联合作战集团产生不同的系统涌现，充分发挥系统的作用。军事系统的整体涌现也可以由规模效应和结构效应共同产生，其中起决定作用的是结构效应。

军事系统的涌现与整体性总是同时产生的，军事系统只要形成就会立即涌现出其整体特性，军事系统如果解体就会立即丧失其整体特性。整体性与涌现是军事系统同时具有的性质。军事系统的整体涌现是军事单元本身或者部分军事单元之和所不具有的性质。即军事系统整体具有的特性，在将其分解为军事单元后，军事单元就不再具有军事系统的特性。同时，军事系统的整体性通过部分军事单元的简单相加也无法得到。但是，在一些特殊条件下，有些军事系统的部分特征可能表现为军事单元相加的特点。例如，联合作战集团兵力的数量是陆军、海军、空军和火箭军等作战集团各自兵力数量之和。由此可见，涌现都是整体属性，但整体性不一定是涌现。

由于军事单元的特点不同、数量各异，特别是军事系统的结构方式不同，整体涌现在质和量上呈现出千差万别，产生出各种不同的军事系统。也就是说，军事系统的多样性来源于军事系统整体涌现的差异,而军事系统整体涌现的差异又主要取决于军事单元特性、军事系统规模和军事系统结构的不同，其中军事系统结构起主要作用。总之，军事系统科学是探索整体涌现产生的条件、机制、规律，用以研究军事系统，从而提高军事能力的理论方法体系。

三、军事系统层次的涌现

军事系统的层次是在军事系统中按照不同的等级或者关联程度对军事系统中的各军事单元或子系统进行分类。军事系统的涌现也可以用军事系统的层次来说明，即具有高层次的军事系统会表现出具有低层次的军事系统所没有的特性。每个层次的出现和确认决定于该层次的涌现，各个不同层次有着各自不相同的涌现。简单的军事系统由军事单元层次和军事系统层次组成，军事单元之间的相互作用可以直接涌现出军事系统整体特性，不需要经过中间层次的整合。

复杂的军事系统不可能一次完成从军事单元性质到系统整体性质的涌现，需要通过一系列中间等级的整合而逐步涌现出来。每个涌现等级代表一个层次，也就是说，每经过一次涌现形成一个新的层次。从军事单元层次开始，由低层次到高层次逐步整合、发展，最终形成军事系统的整体层次。其中，层次是军事系统由军事单元整合为整体过程中的涌现等级，不同性质的涌现形成不同的层次，不同层次表现不同性质的涌现。

一般来说,低层次隶属和支撑高层次,高层次包含或支配低层次。高层次必有低层次所没有的涌现，一旦还原为低层次，这种涌现就不复存在。多层次是复杂军事系统所具有的一种组织方式，层次结构是系统复杂性的基本来源之一。简单的军事系统无须划分层次就可以把它的各部分有效地组织起来。复杂的军事系统必须按层次方式由低级到高级逐步进行整合，首先对军事单元整合，形成许多子系统，再对这些子系统进行整合，形成较高一级的子系统，逐级整合直至形成系统整体。在按照多个层次组织起来的系统中，不同层次的子系统具有高低不同的涌现，较大的子系统一般也分层次。在这种系统中，层次提供了一个参照系，讨论问题首先要明确是在哪个层次上，在相同层次的子系统上讨论问题，避免出现问题的模糊。

军事系统出现新的涌现不一定产生新的层次。军事系统在内外因素作用下改变了结构，就失去原结构所对应的涌现，出现由新结构决定的另一种涌现，而没有形成新的层次。例如，联合作战集团的任务由“火力打击”改为“海空封锁”，为完成新的作战任务，就要对其内部力量结构进行调整，组成以海军和空军为主的联合作战集团。联合作战集团本质没有发生变化，仍属于原来的层次，但其表现出新的涌现，这就是新的结构形成新的涌现。

第三节　军事系统的演化

军事系统是不断变化的，准确描述军事系统的演化是清晰认识军事系统的前提条件。对于军事系统变化的认识可以从军事系统的状态开始，逐步认识军事系统状态的描述，理解状态的演化特点，掌握军事系统状态的演化过程。

一、军事系统的状态

军事系统的状态是指军事系统中那些可以观察和识别的情况、态势、特征等内容。例如，部队有平时状态与战时状态、训练状态与休整状态、集结状态与分散状态等，火力打击系统有静止状态和机动状态、射击状态和隐蔽状态等。能够正确区分和描述这些状态，就是把握了军事系统。状态一般是刻画军事系统的定性性质，但状态有时可以用若干称为状态量的军事系统定量特性来表征。一个作战系统的状态可以用侦察预警、指挥控制、火力打击、兵力机动、综合防护、后装保障等指标来衡量。

军事系统的状态量可以取不同的数值，称为状态变量。最简单的军事系统可以用一个状态变量描述，但一般军事系统需要同时用若干状态变量来描述。给定状态变量的一组数值就是给定一个军事系统状态，不同组的数值代表军事系统的不同状态。一般来说，同一军事系统可以用不同的状态变量组描述，状态变量的选择有一定的自由度。所选择的状态变量必须具有特定的军事系统意义，能表征所研究军事系统的基本特性和行为，因而随军事系统的不同而对状态变量有不同的选择结果。

军事系统状态变量的选择应满足以下一般要求：一是完备性，状态变量足够多，能够全面刻画军事系统状态；二是独立性，任一状态变量都不能表示为其他状态变量的函数。军事系统的状态变量总是在一定的范围内变化的，也就是指在定义域内变化时可以取不同的数值。

军事系统的状态变量不一定随时间而变化，状态变量不随时间而变化的军事系统，称为静态军事系统；状态变量随时间而变化的军事系统，可以表示为时间 t 的函数 $x(t)$，称为动态军事系统。一般来说，只要时间尺度足够大，总可以观察到状态变量随时间而改变，因而一切军事系统都是动态的。但就给定的研究问题和条件来说，如果军事系统的特征时间尺度比所研究的具体问题的特征时间尺度大得多，在研究和解决问题期间军事系统状态没有呈现明显变化，就应当把军事系统看作静态的，这样可以大大简化对军事系统的描述。

静态军事系统是基于这样一个假设而对军事系统的简化描述：在状态空间中从一个状态向另一个状态的转移无须耗费时间，可以瞬间完成。动态军事系统的特点是，在状态空间中从一个状态向另一个状态的转移不可能瞬间完成，必须耗费一定的时间，即呈现出状态随时间而变化的特征。这种变化在样式、特征、程度、速度等方面都表现出无穷多样性，使得动态军事系统理论比静态军事系统理论的内容丰富、多样、复杂得多。刻画动态特性要比刻画静态特性困难得多。军事系统学的理论，本质上是研究军事系统动态特性。

从动态特性的角度，可以得到军事系统中军事单元之间的联系是内在的、有凝聚力的、协调一致的。特别强调这种联系是动态的而非静态的。军事系统整体所显示的一切动态性质首先来自军事系统内部，来自军事单元之间的动态相互作用。同时也来自环境的动态变化，来自军事系统与环境的动态相互作用。军事单元之间的动态相互作用、环境的动态变化必然通过军事系统整体的状态、特性、行为表现出来。直接刻画军事单元之间的动态相互作用几乎是不可能的，可行的做法是刻画军事系统的整体状态、行为、特性的动态变化。

二、军事系统的演化特点

军事系统的演化是指军事系统的结构、状态、特性、行为、功能等随着时间的推移而发生变化。演化性是军事系统的普遍特性，只要在足够大的时间尺度上看，任何军事系统都处于或快或慢的演化之中，都是演化着的军事系统。有些军事系统在一定研究范围内看不到变化，只需研究这些军事系统时间不变时的特征，可以当作非演化军事系统。

军事系统演化有两种基本定义。狭义的演化仅指军事系统由一种结构或形态向另一种结构或形态的转变。广义的演化包括军事系统从无到有的形成，从不成熟到成熟的发展，从一种结构或形态到另一种结构或形态的转变，以及老化或退化、从有到无的消亡等。军事系统的存续也属于广义演化，因为存续期间军事系统虽然固有的性质没有改变，但是定量特征的变化是不可避免的。

军事系统演化的动力来自军事系统的内部和外部。军事系统内部的演化动力来自军事单元之间的合作、竞争、矛盾等，导致军事系统规模改变，特别是军事单元关联方式的改变，进而引起军事系统功能及其他特性的改变。军事单元的增加，军事系统规模的增大，也要引起军事单元关联方式，包括关联程度的改变。军事系统外部的演化动力来自外部环境，环境的变化及环境与军事系统相互联系和作用方式的变化，都会在不同程度上导致军事系统内部发生变化，包括军事单元特性、结构方式的改变，甚至包括军事单元的新陈代谢，最终导致军事系统整体特性和功能的变化。一般来说，军事系统的演化是由内部动力和外部动力共同作用的结果。

军事系统的演化有两种基本方向：一种是由低级到高级、由简单到复杂的进化，另一种是由高级到低级、由复杂到简单的退化。现实世界的军事系统既有进化，也有退化，两种演化又是互补的。军事系统进化的总方向是越来越复杂，从简单军事系统进化到复杂军事系统，关键是潜在的中间稳定形态的数目和分布。先产生稳定的中间形态，再逐步产生更复杂的形态，是实现可能性最大的进化方式。

三、军事系统的演化过程

军事系统的演化，通常都要经历产生、成长、成熟、老化、消亡的过程，是从一种结构变为另一种结构的过程。只要观察的时间尺度足够大，就可以看到任何军事系统的演化过程。从军事系统的生存延续、军事系统的运行、军事系统功能的发挥中，都可以看到军事系统的演化过程。就这个意义而言，军事系统的研究可以通过军事系统演化过程的研究来实现。在具体情况下，即特定的时间尺度下，有些军事系统变化显著，可以通过研究军事系统的演化过程，把握军事系统的规律；但有些军事系统几乎看不到明显的变化，无法通过研究演化过程把握军事系统的主要特征，演化过程就不是研究重点。

军事系统演化过程的研究中，时间是一个至关重要的因素。演化过程是在时间维中展开的，时间是一种重要因素，一切事物都与时间密切相关，在时间因素的作用下发生变化。在各种军事系统中，有着不同意义上的时间界定。时间概念在军事领域中具有重要的作用，对于研究军事系统演化至关重要，因为军事系统演化是有方向的，时间指向于军事系统演化的方向。

军事系统的演化过程可以按照军事系统的数学特性进行分类。军事系统的各种数学模型具有一定的特征，军事系统演化过程可能表现为连续过程与离散过程、线性过程与非线性过程、确定性过程与随机过程、平稳过程与非平稳过程、记忆过程与无记忆过程等。从系统的可逆与否角度来看，军事系统学主要研究不可逆过程，军事系统演化理论是关于不可逆过程的理论。

军事系统的演化过程具有一定的结构，包括阶段、步骤、程序等内容。每个过程都由若干子过程组成，子过程还可能进一步划分，一直到不能再分的过程元素，称为动作。不同子过程、不同动作之间的基本关系，就是如何排列前后次序及相互衔接，形成某种过程结构。

复杂的过程包括大量不同的子过程、程序、动作，其中有些可以同时进行，有些可以穿插进行，有些允许中间有停顿，形成纵横交错的复杂网络结构。整体性观点应用于军事系统的过程，就是全过程观点。综合考虑全过程的特点，协调各个动作、程序、阶段、子过程的关系，可使全过程运行得到优化。

第四节　军事系统研究的方法论

在军事系统的研究中，需要运用系统的思维，采用科学的方法，注意系统分析与系统综合相结合、定性分析与定量研究相结合、还原论与整体论相结合，全面、客观和准确地认识军事系统的特点和规律，取得正确的研究结果。

一、系统分析与系统综合相结合

在军事系统研究中，需要应用系统分析的方法认识和把握系统的特点和规律。一要弄清军事系统由哪些军事单元构成；二要确定军事系统中的军事单元按照什么样的方式相互关联起来并形成一个统一整体；三要进行环境分析，明确军事系统所处的环境和功能对象，军事系统和环境如何互相影响，环境的特点和变化趋势。

通过系统分析得到的理解和认识，还需要运用系统综合的方法形成对军事系统的整体认识，是军事系统研究的重要内容。首先是信息的综合，即如何综合对部分的认识以求得对整体的认识，或综合对低层次的认识以求得对高层次的认识，综合的任务是把握军事系统的整体涌现。从整体出发进行分析，根据对部分的数学描述直接建立关于整体的数学描述，是直接综合。简单军事系统就是可以进行直接综合的军事系统。军事简单巨系统由于规模太大，微观层次的随机性具有本质意义，无法运用直接综合的方法，因而可行的办法是统计综合。军事复杂巨系统连统计综合也无能为力，需要更复杂的综合方法，即从定性到定量的综合集成。

二、定性分析与定量研究相结合

任何军事系统都有定性特性和定量特性两方面，定性特性决定定量特性，定量特性表现定性特性。定性描述是定量描述的基础，定性认识不正确，不论定量描述多么精确都没有用，甚至会把认识引向歧途。定量描述也非常重要，只有定性描述，对军事系统行为特性的把握难以深入准确。定量描述是为定性描述服务的，借助定量描述能使定性描述深刻化、精确化。定性描述与定量描述相结合，是军事系统研究的基本方法之一。

在军事系统研究中应用定量化方法，首先要形成对军事系统的定性认识，要对军事系统有一个定性的描述；然后研究军事系统的定量特性，确定军事系统的定量描述；最后选择合适的定量研究方法，获得科学合理的研究结果。因此，有了对军事系统的定性认识，才能确定军事系统定量描述的方法，构建军事系统的定量描述体系，开展定量研究。

在军事系统的研究中，定量方法越来越受到重视，应用范围不断扩大，作用也越来越明显。但是，随着军事系统越来越复杂，定量化描述的困难越来越大，就需要定性分析的方法继续发挥应有的作用。在军事系统的研究中要重视定量研究，也要重视通过定性分析形成对军事系统的正确认识，反对片面地追求定量研究的精确化和数量化，形成对军事系统的错误理解。那种不能反映对象真实特性的定量描述不是科学的描述，在军事系统研究中需要的是能够反映军事系统特征的定量描述。因此，在军事系统的研究中，要注意定性分析与定量研究的相互结合和平衡。

三、还原论与整体论相结合

还原论是把军事系统的整体分解为军事单元去研究，整体论是把军事系统作为整体去研究。军事系统的研究需要把还原论与整体论相结合，从微观和宏观两方面分析具体的军事系统，完整、准确地理解和把握军事系统的特点和规律。

从还原论角度研究军事系统,需要将军事系统分解为军事单元，研究军事单元的性质。通过军事单元的性质认识军事系统的整体性质，就是从对组成部分的分析，获得对军事系统整体的认识。用还原论的方法研究简单的军事系统一般还是有效的，但是，面临复杂军事系统问题时，军事单元认识累加的结果与军事系统整体特征差距比较大，还原论方法就不适用了。从整体论角度研究军事系统，可以将军事系统作为一个整体，研究军事系统的整体性质，分析军事系统的整体状态，把握复杂军事系统发展和变化的规律。越是复杂的军事系统，越是需要从整体角度认识和把握，局部的研究很难得到全局的认识。

军事系统的研究采用还原论与整体论相结合的方法，还原到军事系统的军事单元层次，可以了解局部的精细结构，形成直观的和清晰的认识。同时，回到整体的角度，从整体上把握军事系统的发展规律，可以寻找解决问题的有效方法。

军事系统研究的方法是军事系统实践经验的总结和提炼，是系统科学方法的应用和发展，军事系统研究的方法不能脱离现代科学成果凭空创造，只能对现有科学方法加以吸收、提炼和改造，在现有科学方法的基础上，结合实际军事问题总结和创建出来。学习军事系统研究方法，既要注意这种联系，更要把握其间的区别，只有在思想上有了创新精神，才易于掌握和发展军事系统研究的科学方法。

第三章

军事系统数学描述

在军事系统的研究中引入数学方法，可以使其向精确化、定量化和科学化发展，运用定量研究的方法和手段，可以加深对军事系统的认识和把握。军事系统的数学描述从军事系统数学方程开始，逐步深化认识，说明军事系统的状态描述和稳定性分析，支持军事系统研究的深入。

第一节　军事系统数学方程

军事系统的定量研究从军事系统的数学方程开始，首先根据军事系统的不同类型，确定军事系统数学描述的方法，然后用合适的数学方程描述和刻画军事系统问题，通过求解数学方程得到结果，分析军事系统问题并得出结论。一些军事系统现象可以用线性方程和非线性方程描述，通过方程求解，得到研究结果。

一、线性动态系统

在纷繁复杂和性质各异的军事系统中，有些军事系统具有线性动态系统的性质和特点，可以运用线性动态系统的分析方法进行深入研究。线性系统是能够用线性数学模型描述的系统，线性系统的基本特性，如输出响应特性、状态响应特性、状态转移特性等都满足叠加原理。满足叠加原理是线性系统区别于非线性系统的基本标志。

连续动态系统的数学模型是微分方程，用于描述系统的动态变量对状态变量的依存关系以及状态变量之间的相互影响。如果状态变量只是时间的函数，与空间分布无关，则系统称为集中参数系统，用常微分方程描述。

线性连续动态系统的数学模型为线性常微分方程，可以使用一元高阶方程，也可以使用多元一阶联立方程组。一般来说，这两种形式是等价的，可以互换。联立方程组描述的线性动态系统，其数学模型具有以下一般形式：

$$\begin{cases} x_1' = a_{11}x_1 + \cdots + a_{1n}x_n \\ \qquad \cdots \\ x_n' = a_{n1}x_1 + \cdots + a_{nn}x_n \end{cases} \quad (x' = dx/dt) \tag{3.1.1}$$

系数矩阵为：

$$A = \begin{bmatrix} a_{11} & \cdots & a_{\mathrm{ln}} \\ \vdots & & \vdots \\ a_{n1} & \cdots & a_{nn} \end{bmatrix} \tag{3.1.2}$$

令：

$$X = (x_1, x_2, \cdots, x_n)^T \tag{3.1.3}$$

记为状态向量，动态方程（3.1.1）可表示为以下向量矩阵形式：

$$X' = AX \tag{3.1.4}$$

如果系数矩阵 $A = (a_{ij})$ 不随时间而变化，即 a_{ij} 为常数，称为常系数方程。如果系数为时间 t 的函数 $a_{ij}(t)$，系数矩阵记为 $A(t)$，称为变系数方程。在此只说明常系数方程。

数学模型（3.1.1）描述的系统有两个基本假设：

（1）许多系统的非线性因素微弱，允许忽略不计，近似满足叠加原理，根据相关学科的基本原理直接建立线性方程（3.1.1）。

（2）许多系统具有较强的非线性因素，线性假设不成立，根据基本原理只能建立非线性数学模型；但如果我们关心的主要是系统的局部性质，非线性模型又满足连续性和光滑性要求，就可以在该点附近把它线性化，得到线性模型（3.1.1），可用它来近似描述系统的局部行为。

数学模型隐含的假设是动力学方程包含军事系统行为特性的信息，体现在数学方程的结构和系数中。对于线性系统，这些信息都包含在系数矩阵之中，只要求得方程的解析解，就可以把握军事系统的全部行为特性。线性系统存在通用的求解方法。

例如，二维系统：

$$\begin{cases} x_1' = a_{11}x_1 + a_{12}x_2 \\ x_2' = a_{21}x_1 + a_{22}x_2 \end{cases} \tag{3.1.5}$$

它的系数矩阵为：

$$A = \begin{pmatrix} a_{11} & a_{12} \\ a_{21} & a_{22} \end{pmatrix} \tag{3.1.6}$$

特征方程为：

$$|A - \lambda I| = \begin{vmatrix} a_{11} - \lambda & a_{12} \\ a_{21} & a_{22} - \lambda \end{vmatrix} = 0 \tag{3.1.7}$$

I 为单位矩阵。将（3.1.7）展开得：

$$\lambda^2 - \tau\lambda + \mu = 0 \tag{3.1.8}$$

其中，

$$\tau = a_{11} + a_{22} \tag{3.1.9}$$

$$\mu = a_{11}a_{22} - a_{12}a_{21} \tag{3.1.10}$$

是两个重要参数。解特征方程（3.1.8），得到两个特征根：

$$\lambda_1, \lambda_2 = \frac{\tau \pm \sqrt{\tau^2 - 4\mu}}{2} \tag{3.1.11}$$

一般情形下，$\lambda_1 \neq \lambda_2$。任意给定初态：

$$X_0 = C_1V_1 + C_2V_2 \tag{3.1.12}$$

C_1 和 C_2 是两个给定的常数，V_1 和 V_2 是两个线性无关的特征向量，分别对应于 λ_1 和 λ_2，则通解为：

$$X(t) = C_1e^{\lambda_1 t}v_1 + C_2e^{\lambda_2 t}v_2 \tag{3.1.13}$$

分析这个解，即可把握系统的行为特性。

描述 n 维线性系统的微分方程组（3.1.1）的特征方程为：

$$\lambda^n + a_{n-1}\lambda^{n-1} + \cdots a_1\lambda + a_0 = 0 \quad (3.1.14)$$

令 $\lambda_1, \lambda_2, \cdots, \lambda_n$ 记为 n 个特征根，则（3.1.1）的通解为：

$$X(t) = \sum_{k=1}^{n} C_k e^{\lambda_k t} p_k(t) \quad (3.1.15)$$

C_k 是由初值决定的实常数，$p_k(t)$ 为多项式，由微分方程和初态决定。

二、非线性动态系统

在军事系统研究中，如果发现该系统具有非线性动态系统的性质和特点，就可以运用非线性动态系统的数学方法进行深入的分析和研究。现实系统的多样性、差异性和复杂性是非线性特点产生的主要根源。

非线性动态系统数学方程一般表示为以下方程组：

$$\begin{cases} x_1' = f_1(x_1, \cdots, x_n; c_1, \cdots, c_m) \\ x_2' = f_2(x_1, \cdots, x_n; c_1, \cdots, c_m) \\ \quad\cdots \\ x_n' = f_n(x_1, \cdots, x_n; c_1, \cdots, c_m) \end{cases} \quad (3.1.16)$$

$f_1, f_2, \cdots, f_n$ 中至少应有一个为非线性函数。将控制参量表示为向量形式：

$$C = (c_1, c_2, \cdots, c_m) \quad (3.1.17)$$

称为控制向量。令 F 记：

$$F = (f_1, f_2, \cdots, f_n) \quad (3.1.18)$$

则方程组（3.1.16）获得如下向量形式：

$$X' = F(X, C) \quad (3.1.19)$$

方程组（3.1.1）是方程组（3.1.16）的特例，方程（3.1.4）则是方程（3.1.19）的特例。在军事系统领域的研究中，系统方程（3.1.1）、

（3.1.4）、（3.1.16）和（3.1.19）通常称为军事系统的数学方程。根据数学方程可以进行方程的求解，常用的方法有解析方法、几何方法和数值计算方法，根据求解的结果可以得到非线性系统的行为特性。

（1）解析方法。解析方法是根据微分方程理论，求解非线性方程（3.1.16）。由于方程（3.1.16）表示的非线性函数具有无穷多种形式，反映出该方程描述的非线性系统可能有无穷多种不同性质，运用一般的解析方法求解方程（3.1.16）所描述的系统是不可能的。即使最简单的一维非线性系统：

$$x'=f(x) \tag{3.1.20}$$

函数$f(x)$仍有无穷多种不同形式，一般的解析求解也不可能。只有在某些特殊情形下，即在给定的条件下可以得到解析解。例如，当$f(x)$具有适当形式时，能用分离变量法获得解析解。

（2）几何方法。几何方法是运用空间概念和直观图像，分析非线性方程（3.1.16）的性质，研究该方程描述的非线性系统的性质。运用几何方法分析非线性方程时，不用求解方程而是直接分析方程的结构和参数，从而得到方程所描述系统的信息。在系统的维数较低时，可以借助直观图像获得对该系统的清晰认识。例如，二维系统可以在平面中分析军事系统的主要性质，三维系统可以观察军事系统在空间中的主要情况，得到对相关系统的直观认识。在低维系统研究的基础上，可以推理得到高维系统的性质。

（3）数值计算方法。数值计算方法是利用计算机对非线性方程（3.1.16）进行数值计算，求得方程的近似解，从而研究该方程描述的非线性系统的性质。使用计算机进行数值计算为人们研究非线性方程提供了工具，根据数值计算的结果，可以对系统进行实验研究，获得该非线性系统的性质，数值计算方法在研究非线性方程中发挥越来越重要的作用。

在用非线性方程描述的军事系统中，如果非线性方程的非线性特征比较少，可以用线性方程反映非线性方程的主要特点，就可以研究由该线性方程所描述的军事系统，来类比和推理用非线性方程描述的军事系统。

例如，一些非线性系统可以用线性化方法研究系统的局部行为特性，即用线性方程的理论研究非线性方程的性质也是非常有效的。设 $f(x)$ 在 x_0 处连续可微，按泰勒公式展开得：

$$f(x)=f(x_0)+f'(x_0)(x-x_0)+h(x) \quad (3.1.21)$$

$h(x)$ 为高次项，即非线性余项。只要 $x-x_0$ 足够小，非线性项可以忽略不计。将（3.1.21）代入（3.1.20），略去高次项 $h(x)$，得到非线性系统在 x_0 点附近的线性近似表达式：

$$x'=f(x_0)+f'(x_0)(x-x_0)=ax+b \quad (3.1.22)$$

其中，$a=f'(x_0)$，$b=f'(x_0)-x_0f'(x_0)$。由于满足连续光滑性要求，线性系统（3.1.22）可以足够精确地刻画非线性系统（3.1.20）的局部性质。

我们就 $n=2$ 的情形讨论（3.1.16），即非线性系统：

$$\begin{cases} x_1'=f_1(x_1,x_2) \\ x_2'=f_2(x_1,x_2) \end{cases} \quad (3.1.23)$$

不失一般性，设 f_1，f_2 在（x_{10}，x_{20}）附近连续可微，将（3.1.23）展开为：

$$\begin{pmatrix} x_1' \\ x_2' \end{pmatrix}=\begin{pmatrix} \dfrac{\partial f_1}{\partial x_1} & \dfrac{\partial f_1}{\partial x_2} \\ \dfrac{\partial f_2}{\partial x_1} & \dfrac{\partial f_2}{\partial x_2} \end{pmatrix}\begin{pmatrix} x_1 \\ x_2 \end{pmatrix}+\text{高次项}=\begin{pmatrix} a_{11} & a_{12} \\ a_{21} & a_{22} \end{pmatrix}\begin{pmatrix} x_1 \\ x_2 \end{pmatrix}+\text{高次项} \quad (3.1.24)$$

此处，$a_{11}=\dfrac{\partial f_1}{\partial x_1}$，$a_{12}=\dfrac{\partial f_1}{\partial x_2}$，$a_{21}=\dfrac{\partial f_2}{\partial x_1}$，$a_{22}=\dfrac{\partial f_2}{\partial x_2}$。在（$x_{10}$，$x_{20}$）附近略去高次项，得到与（3.1.5）形式相同的线性方程组及其系数矩阵，可以作为描述非线性系统（3.1.23）的线性模型。

非线性方程的局部线性化处理有广泛的应用。如果非线性方程在某一点附近满足连续性、光滑性要求，可以将非线性方程展开，去掉非线性方程中的非线性项后，就得到一个线性方程，利用线性系统理论来分析该方程，可以得到对非线性系统在该点行为特性的分析。这时，在一个给定的点附近，非线性方程描述的军事系统就可以用线性方程的军事系统来近似描述。

线性化加微扰方法也是研究非线性方程的主要手段。可以把非线性方程中的非线性项作为一个线性方程的扰动因素，对线性方程的分析结果加以修正，就可以得到比较近似的非线性方程的研究结果，对于一些非线性方程能够得到一个比较满意的结论。线性化加微扰仍属于线性系统理论的方法，不能用于处理具有间断点、不光滑点的非线性问题，线性化方法只适用于分析非线性系统的局部性质，不能用于该系统大范围问题的研究。

非线性系统采用线性方法进行研究，实质是遇到难于求解的非线性系统问题时，可以忽略非线性因素，采用线性系统的研究方法。因为线性系统理论比较成熟，构造非线性方程的解要利用线性方程的解，线性稳定性分析是研究非线性系统稳定性的重要内容，非线性问题的研究可以利用线性问题的分析取得更多的成果，线性理论的结论和方法在解决非线性问题中发挥重要作用。

第二节　军事系统状态描述

军事系统的状态是军事系统在一定的时间和空间表现出来的形态，是军事系统研究的基础和依据。军事系统经过建模分析，得到描述军事系统的方程。如果能够求出某个军事系统方程的解，在给定的初始条件下，就可以观察该系统未来可能出现的状态，或者是过去出现的所有状态,达到对该系统行为特性的全面而定量的把握。

一、状态空间与参量空间

由于描述非线性军事系统的非线性方程很难得到方程的解，从而很难对该系统进行深入的分析和全面的把握，这时可以采用定性描述的方法，对一般非线性系统进行定性描述，即在非线性方程的状态空间和参量空间中，用几何方法进行研究。

系统的状态空间是由系统所有状态构成的集合，空间的每个点称为状态点。设系统有 n 个独立状态变量，记作 $x_1, x_2, \cdots, x_n$。以状态变量为轴支撑起来的几何空间，就是系统的状态空间。状态变量的每一组具体数值（$x_1, x_2, \cdots, x_n$），代表系统的一个具体状态。n 是状态空间的维数，可以取任何正整数，不同的取值有不同的状态空间。一维状态空间是直线或直线段，二维状态空间是平面的，三维状态空间是立体的，这些状态空间都可以用图形表现出来，四维以上的状态空间是抽象的，无法用图形直接表达，由此可见，维数是决定系统行为特性的重要参数。在状态空间描述系统，可以根据系统的演化方程，区分不同的维数，确定不同类型的状态，描述系统的状态转移规律。

非线性系统方程（3.1.16）中每个解 $X(t)$ 代表状态空间的一个点集合，称为一条轨道。状态在状态空间沿轨道运动可以看作飞机在空中沿着航线飞行，每一个解就是一条航线。方程（3.1.16）有无穷多解，空间的轨道或空中的航线也有无数条。状态空间方法不是分别研究每个轨道，而是考察全部可能轨道及其分布，从而达到整体把握系统（3.1.16）的动态特性。

参量空间是以控制参量 $c_1, c_2, \cdots, c_m$ 为坐标轴构造的 m 维空间。参量空间的每个点都对应一个确定的非线性方程（3.1.16）描述的系统，所以在参量空间研究的是方程结构相同的无穷多系统构成的系统族。确定的控制参量决定了状态空间的建立，控制参量的变化有时引起系统行为特性的量变，有时导致系统行为特性的质变。

在状态空间和参量空间中描述系统，统称为状态空间方法。有时，研究系统还需要同时在状态空间和参量空间中进行，即以全部状态变量和控制参量为轴支撑起来的高维空间，称为乘积空间。当只有一个状态变量 x 和一个控制参量 c 时，给定的系统就可以在比较简单的乘积空间内进行研究，即在 x–c 平面上研究系统状态的情况。

二、系统的暂态与定态

根据状态空间的定义，系统的所有可能状态都在状态空间中体现，同时系统动态特性的所有信息也蕴藏在状态空间中。一般状态空间中有无穷多个状态，但是根据系统显示的不同性质，从系统的角度可以划分为很少的几类，它们代表系统的行为特征。在状态空间研究系统归结为划分不同类型的状态，描述各类状态的特征，确定不同类状态在空间的分布，阐明不同状态之间的联系，特别是如何从一个状态向另一个状态转移的规律。

动态系统有两类可能的状态：一是系统在某个时刻可能到达但不借助外力就不能保持或不能回归的状态或状态集，称为暂态；二是系统到达后若无外部作用驱使将保持不变的状态或反复回归的状态集，称为定态。定态是由状态空间中的一些点集合描述的，最简单的定态只是空间的一个点。状态空间几乎全是由暂态点填充的，定态只是其中极其微小的一部分。图 3.2.1 是一个直观的例子，状态空间是曲线上所有点的集合，其中 A、B、C 3 个点代表定态，其余无穷多点均代表暂态。把一个小球放在 A、B、C 中任一点，只要没有外来扰动，小球始终停留在该点不动。把小球放在这三点之外的任何位置，只要没有外力支撑，小球将立即离开远去。

系统的定性性质是由定态决定的，不同的定态代表不同的定性性质，暂态只是系统为了确立某种定性性质所必需的量的积累，不能表现系统的本质特征。从一种定态到其他定态的变化，反映的是系统从一种定性性质向另一种定性性质的转变，叫作系统的相变。

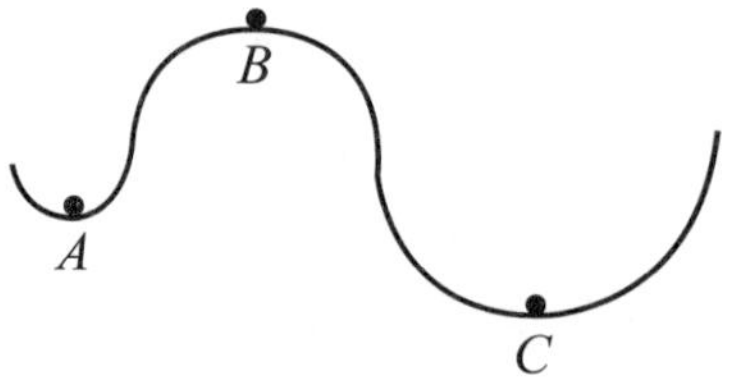

图 3.2.1　定态的状态空间表示

系统演化理论主要是关于定态的理论。动态系统的定态主要有平衡态、周期态和拟周期态等。

平衡态是最简单的一类定态，在数学上由不动点来描述。系统方程（3.1.16）的不动点指满足以下条件的状态点：

$$x_1' = x_2' = \cdots = x_n' = 0 \tag{3.2.1}$$

（3.2.1）称为系统（3.1.16）的不动点方程。在这种点上，所有状态变量的导数，即变化率都为 0，状态不再发生变化，表明系统处于平衡运动。

周期态是系统方程有一个以 T 为周期的周期解。设 $\varphi(t)$ 是系统方程（3.1.16）的一个解，满足条件：

$$\varphi(t+T) = \varphi(t) \tag{3.2.2}$$

T 为某个常数，则称 $\varphi(t)$ 是方程（3.1.16）的一个以 T 为周期的周期解。周期解由状态空间的一条闭曲线表示，代表系统的一条周期轨道，数学上称为极限环，特点是当 $t \to \infty$ 或 $t \to -\infty$ 时，附近的相轨道以该闭曲线为极限。图 3.2.2 是二维空间的极限环，图 3.2.3 是三维空间的极限环。

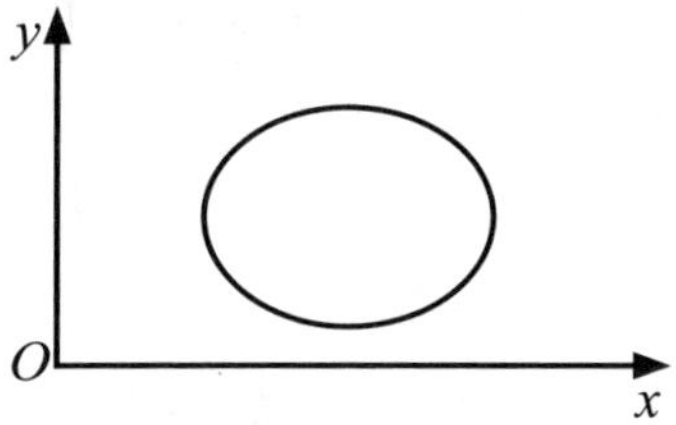

图 3.2.2　平面极限环

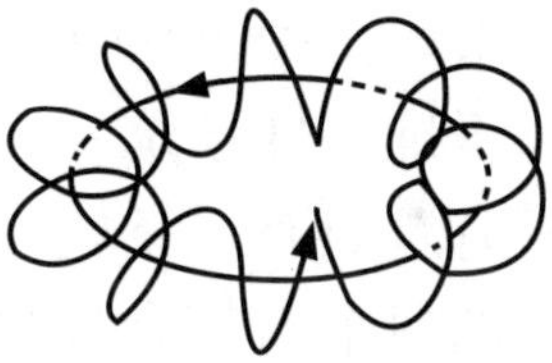

图 3.2.3　空间极限环

拟周期态是由多个不同周期且周期比为无理数的周期运动叠加在一起形成的复杂运动形式，称为拟周期运动，由三维或高维空间的环面描述。图 3.2.4 为一个三维环面，拟周期运动由环面上的一条非闭曲线表示。

系统的定态在不同的系统空间维数下有着不同的表现形式。一维空间的系统状态只能在一条线上变换、转移，系统的定态用不动点表示，即系统处于平衡运动的状态。二维空间的系统状态可以在平面上转移和变换，系统定态的性质比一维系统更丰富，有

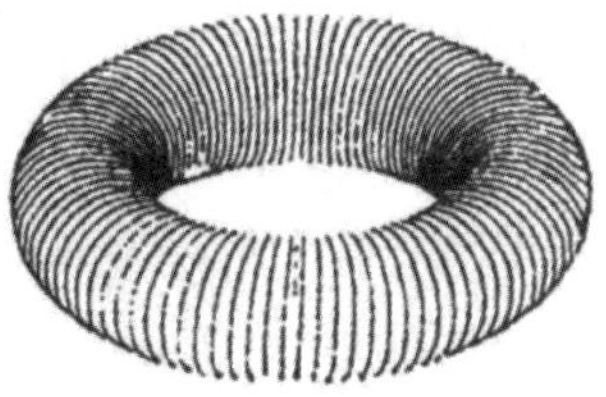

图 3.2.4　环面

不动点，可以作平衡运动，还可能有极限环，作周期运动。但二维空间的系统定态与三维空间的系统定态相比还不够多，三维和高维空间的系统状态可以在立体上或多维空间中进行转移和变换，为系统定态的展示提供了充分的舞台，可以形成各种可能的定态，呈现出各种行为特性，因此，系统状态空间的维数 n 是决定系统性质的重要参数。

三、系统的初态与终态

系统的初始状态是系统行为过程的起始时刻，系统的起始时刻记为 t_0，一般取 $t_0=0$，系统的初始状态表示为向量形式 $X_0=X(t_0)$。对系统状态的研究主要关注两个方面：一是看在任意给定的初态扰动下系统的行为特性；二是看系统运动规律决定的系统行为特性。系统的非线性方程（3.1.19）的每个解 $X(t)$ 都代表系统的一个行为过程，轨道是初态和所有后续时刻 t 的状态 $X(t, X_0)$ 组成的集合，描述了系统在时间维中的状态转移过程。

对于确定性系统，根据微分方程的存在唯一性定理，从每个初态出发有且只有一条轨道。状态空间的每个点都可以作为初态，通过空间的每个点都有且只有一条相轨道，状态空间充满轨道，不同轨道互不相交。一条轨道代表系统的一种可能行为过程，反映状态变量之间的相互依存关系，即状态转移规律。

充满状态空间的无穷多条轨道由两大类组成。一类是由定态组成的轨道。每种定态都是一条轨道，一个不动点是一条只包含一个点的特殊轨道，表示系统在那个状态上“待着不动”。连续系统的一个极限环是一条包含无限多个状态的闭合轨道，表示系统沿着极限环作周期运动。混沌定态则代表系统的一个轨道丛。

另一类轨道由暂态组成，称为暂态轨道。一旦系统在 t_0 时刻取得初态 $X_0=(x_{10}, x_{20}, \cdots, x_{n0})$，就会启动一个动态过程，系统沿着通过 X_0 的那条暂态轨道 $X(t, X_0)$ 运动。暂态轨道又分为两类：

（1）当 $t\to\infty$ 时，$X(t, X_0)$ 存在有限极限，即以某条定态轨

道为极限状态；

（2）当 $t \to -\infty$ 时，$X(t, X_0)$ 发散，不存在有限极限状态。

暂态轨道 $X(t, X_0)$ 当 $t \to \infty$ 时系统的极限状态，即终了时刻 t_∞ 到达的状态 X_∞，称为系统的终态。研究非线性动态系统，主要关注的是系统的终态，包括系统有无终态、终态的类型、各类终态的特性、如何向终态过渡等，都是非线性系统运动变换情况研究的重要问题。

第三节　军事系统稳定性分析

军事系统的稳定性是指军事系统的结构、状态、行为的稳定性，即军事系统具有抗干扰能力，在一定外部条件的影响下系统的结构、状态、行为能够保持稳定。军事系统会受到来自环境或系统自身各种情况的影响，影响一般都会使系统的结构、状态、行为有所偏离，出现偏离后系统能否恢复原样，就是稳定性研究要回答的基本问题。如果影响引起的偏离足够小，系统是稳定的；如果影响引起的偏离超出允许范围，甚至偏离不断增大，出现大范围的振荡，或向无穷发散，系统是不稳定的。

军事系统的稳定性是军事系统维持运行的重要条件，军事系统的稳定性好，军事系统的维持运行能力就强。一个系统的稳定性体现在该系统的状态空间中的稳定定态，如果系统的稳定性不存在，系统就一直处于变化之中，无法描述系统运行的特点和规律，也就无法运用系统的理论和方法开展研究。

军事系统的不稳定性也是军事系统发展的重要前提。从军事系统的演化角度看，如果一个系统的所有状态在所有条件下都是稳定的，它就没有变化、发展、创新的可能。只有原来的结构、状态、行为模式在一定条件下失去稳定性，系统才可能向新的结构、状态、行为模式演化，即系统有发展创新的可能。

军事系统的稳定性和不稳定性在军事系统运行和发展中扮演不同角色。军事系统首先需要具有稳定性，可以保证军事系统的运行，发挥军事系统的功能和作用。军事系统还需要存在不稳定性，军事系统向新的结构和状态过渡，使军事系统具有新的功能和作用。不稳定性在系统演化过程中具有非常积极的、建设性的作用。新系统也需要具有稳定性，从而能够保持刚刚建立起来的结构和特性，使新系统能够取代旧系统，提高系统的功能和作用。

军事系统行为的描述可以运用系统状态空间的方法进行分析，系统状态空间的稳定性能够用数学方法描述。在军事系统理论的稳定性研究中，引入状态以及由状态构成的轨道这两个概念，在此基础上开展后续的研究。状态或轨道是否稳定，能够间接反映军事系统的军事单元相互联系的方式和整体行为模式是否稳定，可以根据状态或轨道的稳定性，分析和判断军事系统结构或行为模式的稳定性，开展军事系统稳定性问题的研究。

一、稳定性的数学定义

在军事系统的稳定性研究中，引入稳定性的数学定义是重要步骤，通过稳定性的定量描述，可以开展对军事系统稳定性的深入研究。由于军事系统由非线性方程描述，因而可以在状态空间研究军事系统的轨道或者方程解的稳定性。军事系统的不动点是一个点，但它代表一条特定的轨道，是系统方程的一个解，存在稳定性问题。关于系统稳定性的定义有几十种，通常采用李雅普诺夫定义，具体内容如下所述。

（1）令 $\Phi(t)$ 是向量微分方程（3.1.19）的一个解，$X(t)$ 为任何初态扰动 $X_0 = X(t_0)$ 引起的解。如果对于每个足够小的 $\varepsilon > 0$，总有 $\delta(\varepsilon) > 0$，使得只要在 $t = t_0$ 时满足：

$$|X_0 - \Phi(t_0)| < \delta \quad (3.3.1)$$

就有：

$$|X(t) - \Phi(t)| < \varepsilon \quad (3.3.2)$$

对所有 $t \geqslant t_0$ 成立，则称解 $\Phi(t)$ 是李雅普诺夫稳定的。否则，称 $\Phi(t)$ 为李雅普诺夫不稳定的。

（2）设方程（3.1.19）的解 $X=\Phi(t)$ 是李雅普诺夫稳定的，并且：

$$\lim |X(t)-\Phi(t)|=0 \qquad (3.3.3)$$

则称 $\Phi(t)$ 是李雅普诺夫意义下渐近稳定。

根据定义的内容可知，满足系统的稳定性就是要求当系统的初始状态偏离小于 δ 时，系统的非线性方程的原来的解和扰动后解的差距要小于 ε。从系统的李雅普诺夫稳定来看，系统运行的状态在初始状态受到扰动后也发生了变化，只是要求初态扰动足够小，满足方程（3.3.1）的要求，所引起解的偏离也足够小，满足方程（3.3.2）的条件。小扰动只能引起小偏离，这样的系统有能力保存自己并发挥功能。图 3.3.1 示意了李雅普诺夫稳定。

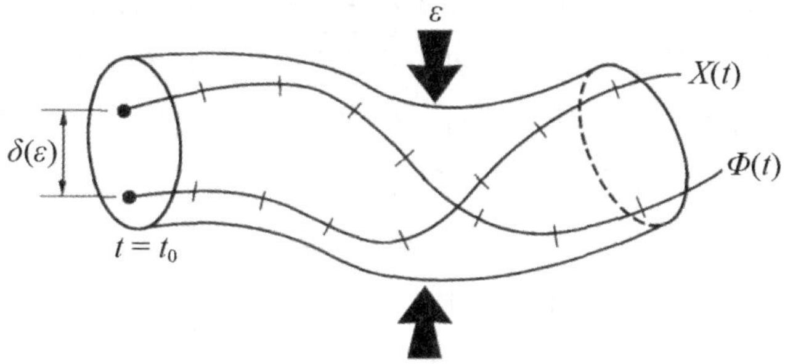

图 3.3.1　李雅普诺夫稳定

系统关于李雅普诺夫稳定是说明系统的运行状态可以产生一定的偏离，即系统的非线性方程解在初始状态的扰动下发生偏离，这种偏离要限制于一定范围内，也没有要求这种偏离最终要消失。与之相比，李雅普诺夫渐近稳定是对稳定性更严格的要求。方程（3.3.3）表示随着系统走向终态，非线性方程解的偏离将消失，回到扰动前的状态。随意平衡是李雅普诺夫稳定的例子，存在摩擦、黏滞等现象的阻尼运动是李雅普诺夫渐近稳定的例子。图 3.2.1 中的 A 和 C 是两个渐近稳定的定态，B 为不稳定定态。

系统的李雅普诺夫稳定要求比较严格，其表示在 t 的同一时刻，两个解 $\Phi(t)$ 和 $X(t)$ 必须相互接近在一定的范围内。系统也可以采用类似的稳定性定义，如果选择比李雅普诺夫稳定宽松的条件，使定义能够包含一类重要的稳定性，就有必要说明庞加莱意义下的稳定性。

（1）令 Γ 为动力学方程解 $\Phi(t)$ 对所有 t 定义的轨道，Γ′ 为解 $X(t)$ 对所有 t 定义的轨道。如果对于任意 $\varepsilon>0$，存在 $\delta(\varepsilon)>0$，使得只要：

$$|\Phi(t)-X(\tau)|<\delta(\varepsilon) \tag{3.3.4}$$

对某个 τ 成立，就存在某个 $t(t')$ 使得：

$$|\Phi(t)-X(t')|<\varepsilon \tag{3.3.5}$$

对所有 $t>0$ 成立，则称 Γ 是轨道稳定的。

（2）如果当 $t\to\infty$ 时 Γ′ 趋向于 Γ，就称轨道 Γ 是渐近稳定的。

系统关于庞加莱意义下轨道稳定性的含义是，非线性方程的两个解的轨道都经过了相同的时间段，两个轨道的时间尺度可能不同，两个轨道的时间对应关系为 $t(t')$。如图 3.3.2 所示，两条轨道有不同的瞬时时间密度。以上定义的稳定性属于系统的局部性质，因为系统的稳定性只对一定范围内的初态偏离成立，称为局部稳定性。要研究系统在大范围内的稳定性，就要取消初始状态在一定范围内偏离的限制，研究在任何初态扰动下的系统都能保持稳定运行的行为。

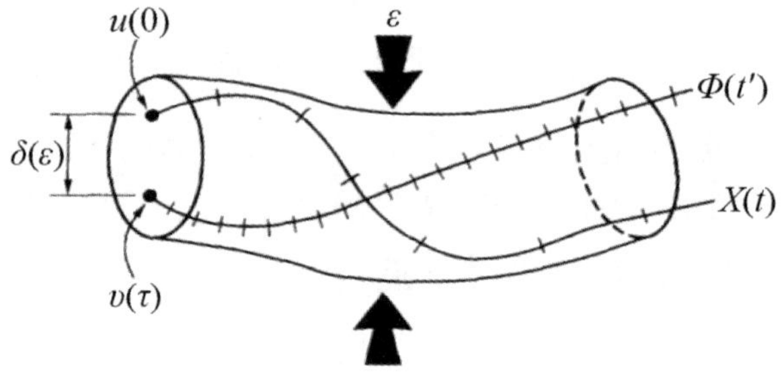

图 3.3.2　庞加莱意义下的轨道稳定性

二、定态的稳定性

从状态空间看，一个定态的稳定性问题也就是它附近轨道的稳定性问题。所以，轨道的稳定性主要指的是定态的稳定性。由于把稳定性界定为系统行为在受到扰动后能否消除偏离的性能，因而一个定态是否稳定可以通过它周围所有轨道的终态走向来判别。首先考察不动点的稳定性。我们就二维系统来讨论。数学分析判定，存在四种类型的不动点，其中两类又分为稳定的与不稳定的两种。从简化角度考虑，不动点都放在坐标原点。

（一）焦点型不动点

焦点型不动点周围布满螺旋形的相轨道，从附近任一初态开始的轨道都是以不动点为极限点的螺旋线。又分稳定与不稳定两种情形。图 3.3.3 为稳定焦点，左图为相轨道，轨道螺旋式地向不动点收缩。右图为状态变量 $x_2(t)$ 在时间域上的行为，随着 $t\to\infty$ 振荡式地衰减为 0。图 3.3.4 为不稳定焦点，左图为相轨道，轨道螺旋式地远离不动点而去，右图为状态变量 $x_1(t)$ 在时间域上的行为，随着 $t\to\infty$ 振荡式地向无穷发散。

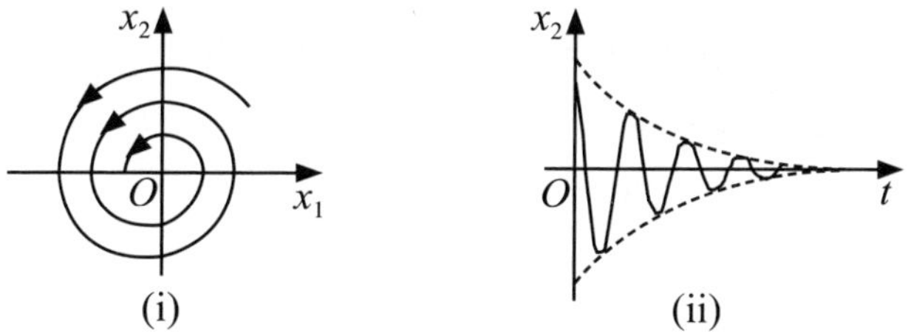

图 3.3.3　稳定焦点

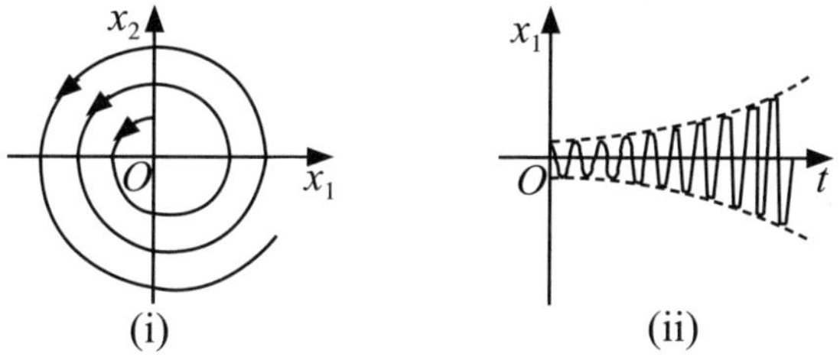

图 3.3.4　不稳定焦点

（二）结点型不动点

结点型不动点周围布满非螺旋形轨道。在正规情形下，相轨道是指向不动点的直线。又分稳定与不稳定两种情形。图 3.3.5 为稳定结点，左边为状态图，从任何初态开始，系统都沿着一条直线轨道无限趋向不动点。右边为 $x_1(t)$ 的时间域行为，单调地趋向于结点。图 3.3.6 为不稳定结点，左边为状态图，右边为时间域行为。

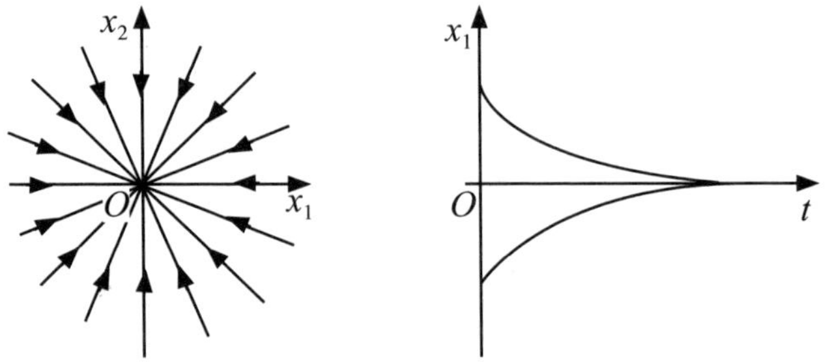

图 3.3.5 稳定结点

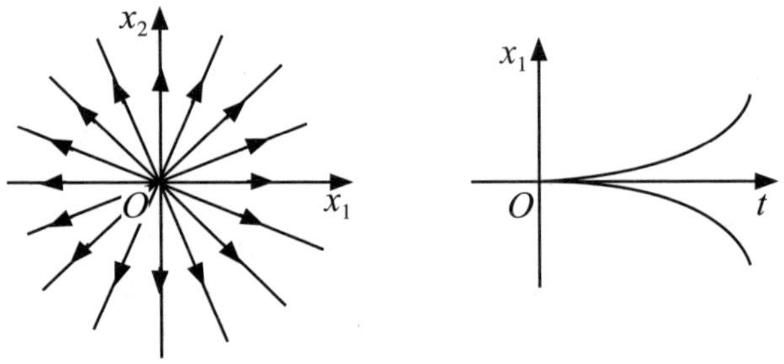

图 3.3.6 不稳定结点

图 3.3.7 为非正规稳定结点，其中右图为相轨道 1、相轨道 2 在时间域上的对应图像，都是非单调曲线，但只有半次振荡。

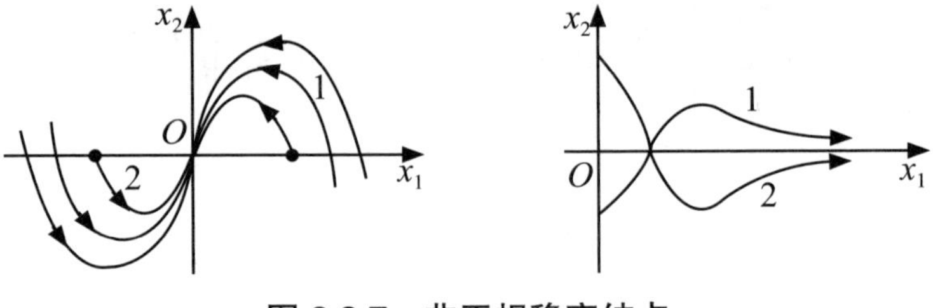

图 3.3.7 非正规稳定结点

（三）中心点型不动点

中心点型不动点是不动点周围布满周期不同的闭合轨道，以邻域内任何点为初态，系统都将出现围绕不动点的周期运动。这种平衡态对扰动不敏感，只要初态偏离足够小，周期轨道对中心的偏离也足够小。故中心点是稳定的，但不是渐近稳定的。如图 3.3.8 所示。

（四）鞍点型不动点

鞍点型不动点是两条相轨道从相反方向向不动点收敛，两条相轨道从不动点沿相反方向向外发散。这四条相轨道对刻画鞍点的特性非常重要，经过适当坐标变换，可以将它们分别置于两个坐标轴上，如图 3.3.9 所示。相平面被分为四部分，每条相轨道都先向鞍点逼近，后又远离鞍点而去，故鞍点在整体上是不稳定的。

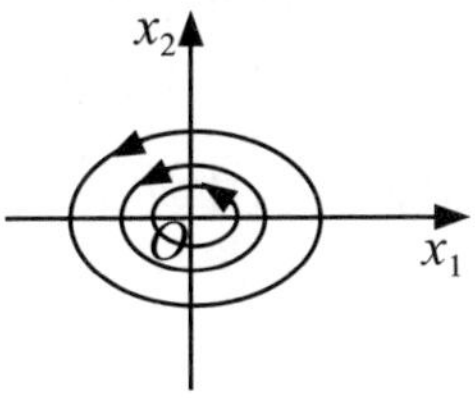

图 3.3.8　中心点

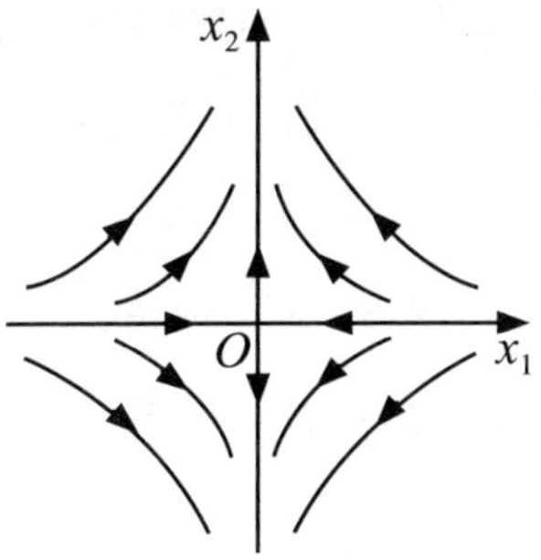

图 3.3.9　鞍点

极限环或周期轨道的稳定性，可分为三种情形。稳定极限环的特点是附近一切轨道都螺旋式地收敛于极限环，即所有环外的轨道都向内卷去，所有环内的轨道都向外卷去，如图 3.3.10 所示。不稳定极限环的特点是一切轨道都螺旋式地向远离极限环的方向发散，即所有环外的轨道都向外卷去，所有环内的轨道都向内卷去，如图 3.3.11 所示。

图 3.3.10　稳定极限环

图 3.3.11　不稳定极限环

第三种是单侧稳定的极限环，或者外部的轨道收敛于极限环而内部的轨道远离极限环，如图 3.3.12 左边所示；或者外部轨道发散而内部轨道收敛于极限环，如图 3.3.12 右边所示。

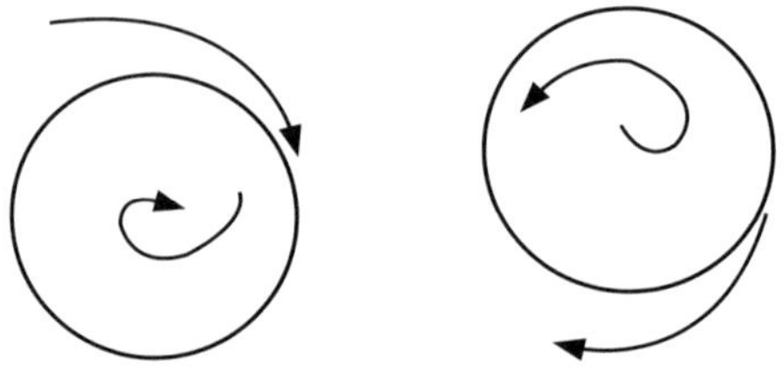

图 3.3.12　单侧稳定的极限环

暂态轨道的稳定性问题可以归结为定态轨道的稳定性问题，一个定态轨道的稳定性判定后，它周围的暂态轨道的稳定性就确定了。中心点是平衡运动，周围的暂态轨道是周期运动，有定性性质的区别，但都是李雅普诺夫稳定而非渐近稳定的。鞍点附近虽有两条稳定轨道，但由于所有其他轨道都不稳定，因而总体上属于不稳定定态。

三、系统稳定性判别

线性系统微分方程存在一般解法，可以直接分析方程解来确定系统稳定与否，以及对稳定性进行定量刻画。考虑一个最简单的系统，由以下单变量方程描述：

$$x' = ax \tag{3.3.6}$$

通解为：

$$x(t) = ce^{at} \tag{3.3.7}$$

c 是由初态确定的积分常数。设初态为 x_0，则特解为：

$$x(t) = x_0e^{at} \tag{3.3.8}$$

a 为特征指数，它的正负将决定两种完全不同的系统行为，如图 3.3.13 所示。$a > 0$ 时 $x(t)$ 向无穷发散，系统不稳定；$a < 0$ 时 $x(t)$ 收敛于平衡态 $x = 0$，系统稳定。特征指数 a 的大小表示方程解收敛或发散的速度，是系统稳定性的数量指标。

依据特征值来判别系统稳定性的方法对线性系统普遍适用。动力学系统（3.1.16）的特征根 λ_k 一般为复数 $\lambda_k = R_k + iI_k$，R 为实部，I 为虚部。上例是虚部 $I = 0$ 的特殊情形。就（3.1.15）看，由于指数

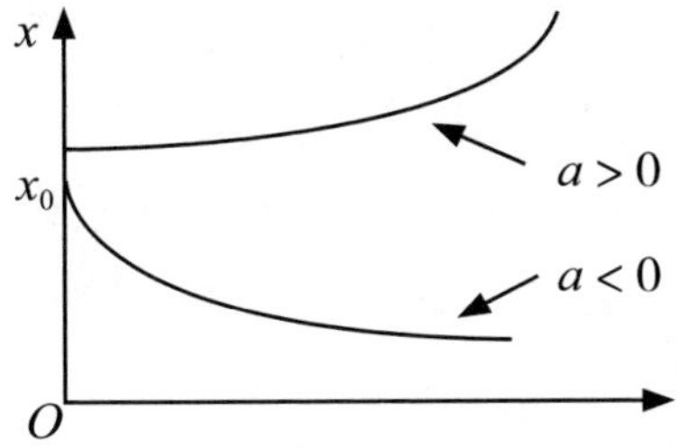

图 3.3.13　特征指数对系统稳定性的影响

函数比多项式有更强的收敛和发散能力，稳定性主要由特征根的实部 R 决定，I 项无关大局。具体判别方法如下：

（1）如果所有特征根 λ 的实部都是负数，则系统是渐近稳定的；

（2）至少有一个 λ 的实部为正数时，系统是不稳定的；

（3）所有 λ 的实部均为非正数、但至少一个为 0 时，则系统可能稳定，也可能不稳定，称为临界情形，需有更精细的判据。

非线性系统与线性系统不同，由某个解的稳定与否一般不能断定其他解的稳定与否。看以下一维系统：

$$x' = \sin x \tag{3.3.9}$$

不动点方程为：

$$\sin x = 0 \tag{3.3.10}$$

对任意整数 k，一切 $x = k\pi$ 的点都是不动点。一维状态空间为 x 轴。在 $x - x'$ 平面上画出函数关系 $x' = \sin x$，可以直观地表示出流线在状态空间的变化方向，从而确定不动点的稳定性。如图 3.3.14 所示，$x' > 0$ 时流线箭头指向右边，$x' < 0$ 时流线箭头指向左边。因此，凡 $x = 2k\pi$ 时为不稳定不动点，以空心点表示，初始扰动引起的流线都远离该点；凡 $x = (2k + 1)\pi$ 时为稳定不动点，以实心点表示，初始扰动引起的流线都收敛于该点。同一系统（3.3.9）既有稳定定态，又有不稳定定态。所以，非线性系统只能讨论某个解的稳定与否，不能一般地讨论系统的稳定与否。

上述研究稳定性的几何方法难以应用于一般情形。当考察的是局部稳定性时，如果系统演化方程满足连续光滑性要求，通用的处理方法是在给定点的附近把方程组（3.1.16）展开，略去高次项，得到一个同维的线性方程组，如果线性系统是稳定的，那么非线性系统也具有局部稳定性。这种方法称为非线性系统的线性稳定性分析，也称为李雅普诺夫第一方法，在系统科学中有广泛的应用。

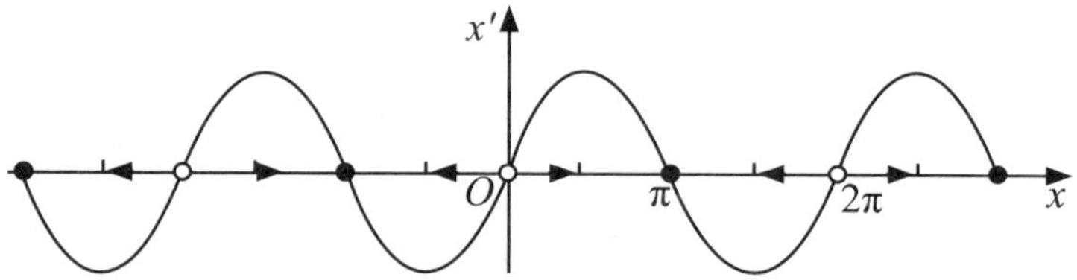

图 3.3.14　系统 $x' = \sin x$ 稳定性的几何表示

考察一维系统（3.1.20），$x' = f(x)$。设 x_e 为不动点，即 $x'_e = f(x_e) = 0$。在 x_e 处给 $x(t)$ 以小改变量 $u(t)$：

$$u(t) = x(t) - x_e \tag{3.3.11}$$

两边微分得：

$$u' = x' = f(x_e + u) \tag{3.3.12}$$

求泰勒展开式，略去非线性高次项，得到线性方程：

$$u' = au \tag{3.3.13}$$

其中 $a = f'(x_e)$。

方程（3.3.13）的解为：

$$u(t) = u(0)e^{at} \tag{3.3.14}$$

$u(t)$ 的稳定性因 a 的取值不同而分两种情形：

（1）$a < 0, t \to \infty, e^{at} \to 0, u(t) \to 0, x(t) \to x_e$，稳定；

（2）$a > 0, t \to \infty, e^{at} \to \infty, u(t) \to \infty, x(t) \to \infty$，不稳定。

上述关于稳定性的结论都是定性的。实际问题常常需要对稳定性有某种定量的度量，如系统衰减到某个稳定态的速度。线性稳定性分析有助于解决这个问题。对于一维非线性系统的一般形式（3.1.20），上面的分析表示，决定其稳定性的是导数 $a = f'(x_e)$，a 的正负号决定解是发散还是收敛，数值大小表示发散或收敛的速率，数值 $1/|f'(x_e)|$ 可以作为不动点稳定性的测度，称为系统的特征时间尺度。

稳定性的判别是动态系统理论的重要问题之一。一个方程只要正确反映系统的运动规律，方程本身必然包含有关判别稳定性的足够信息。问题是如何提取这种信息。求出方程的解以研究稳定性，是一种提取信息的方式；另一种方式是不解方程，直接根据方程的结构和参数提取有关系统稳定性的信息，称为直接方法。最著名的是李雅普诺夫直接方法，思路是根据方程的结构和参数，构造一个函数 $V(x)$，把定义中关于李雅普诺夫稳定和李雅普诺夫渐近稳定的基本要求转变为对函数 $V(x)$ 的要求，判明 $V(x)$ 是否满足这些要求，即可以判断系统是否稳定。下面仅就满足系统方程（3.1.16）的系统进行讨论。

首先定义几个概念。设 $V(x)$ 是定义在闭域：

$$\Omega: |X| \leqslant h(h \geqslant 0) \tag{3.3.15}$$

上的连续函数。如果：

$$V(X) \geqslant 0(\leqslant 0), X \neq 0 \tag{3.3.16}$$

$$V(X) = 0, X = 0 \tag{3.3.17}$$

则称是 $V(x)$ 域 Ω 上的非负（非正）函数；

如果：

$$V(X) > 0(< 0), X \neq 0 \tag{3.3.18}$$

$$V(X) = 0, X = 0 \tag{3.3.19}$$

则称是 $V(x)$ 域 Ω 上的正定（负定）函数。于是有李雅普诺夫稳定性准则：

对于系统（3.1.16），如果存在连续可微正定函数 $V(x)$，使得：

（1）函数 $V(x)$ 沿着轨道的全导数是非正的，即：

$$\frac{dV}{dt} = \sum_{i=1}^{n} \frac{\partial V}{\partial x_i} \frac{\partial x_i}{\partial t} = \sum_{i=1}^{n} \frac{\partial V}{\partial x_i} f_i \leqslant 0 \tag{3.3.20}$$

则系统的零解是稳定的；

（2）函数 $V(x)$ 沿着轨道的全导数是负定的，即：

$$\frac{dV}{dt}=\sum_{i=1}^{n}\frac{\partial V}{\partial x_i}f_i<0 \qquad (3.3.21)$$

$V(x)$ 的全导数作为 x 的函数是非正的，则系统的零解是李雅普诺夫渐近稳定的。$V(x)$ 称为李雅普诺夫函数。

应用李雅普诺夫直接方法的关键是构造 $V(x)$。目前尚不存在构造 $V(x)$ 的一般方法，通过以下例子说明主要内容。

设系统的演化方程为：

$$\begin{aligned} x_1' &= x_2 - x_1 \\ x_2' &= -x_1 \end{aligned} \qquad (3.3.22)$$

这是一个线性系统，坐标原点即平衡点。取：

$$V(X)=x_1^2+x_2^2 \qquad (3.3.23)$$

不难验证这是一个可微正定函数，全导数为：

$$\frac{dV}{dt}=2x_1(x_2-x_1)+2x_2(-x_1)=-2x_1^2 \qquad (3.3.24)$$

是非正定函数，系统为零解稳定的。

李雅普诺夫方法给出的是稳定性的充分条件，不满足其条件的解不一定是不稳定的，需用别的方法判别。但有逆定理：若系统是渐近稳定的，一定存在 $V(x)$ 为李雅普诺夫函数。

第四章

军事系统的分形分析

军事系统的分形分析是运用分形理论研究军事系统问题，发现军事系统的组成部分与整体的相似特征，把握军事系统变化和发展的特点和规律，提出解决军事问题的对策建议，提高军事系统的建设效益。本章主要介绍分形理论的概念，说明规则分形、不规则分形和多重分形等内容，指出分形理论在军事领域的应用。

第一节　分形理论概述

分形理论是研究事物的组成部分与事物整体相似特征的理论和方法，事物分形的自相似性反映了事物的局部与局部、局部与整体的相互关系，体现在事物的形态、功能、信息、时间与空间等方面。分形理论概述主要说明分形概念、特征尺度和维数分析。

一、分形概念

分形形态是自然界普遍存在的，自然界中存在着大量的物体、生物体、植物体等都具有不规则和相似的形体特征，例如，山脉、海岸线、人体、树干、树枝、树叶以及大气中的各种大涡旋、小涡旋等都是不规则的形体。为了研究上述的具有自相似结构的几何形体，引进了分形的概念。分形是组成部分以某种方式表现出的与整体相似的形体，具有自相似结构的那些几何形体称为分形体，简称分形。

分形现象在自然界、社会和人类思维中都存在着，它可分为自然分形、时间分形、社会分形和思维分形4大类。自然分形包括几何分形、功能分形、信息分形和能量分形等；时间分形表示在时间轴上具有自相似的系统；社会分形指人类社会活动和社会现象所表现出的自相似现象；思维分形指人类在认识、意识上所表现出的自相似特性。分形方法在研究自然界的现象中广泛应用，随着分形研究的深入，也推广到研究社会、经济和军事领域的问题。

分形几何是研究自然界中非规则对象的几何学。与传统的研究规则形体的欧氏几何学相比，分形几何具有以下3个特点：一是分形几何图形从整体上看是处处不规则的；二是分形几何图形在不同尺度上的规则性又是相同的，即局部形状和整体形态有自相似性；三是分形几何无特征尺度和标度。分形几何学创立之后，对于不规则形体的研究可以运用分形几何的方法。

分形几何学的主要内容包括线性分形和非线性分形两部分。线性分形研究的对象具有自相似性和非规则性，一般用豪斯道夫（Hausdorff）维数和相似维数等来定量地描述这种自相似性，这种维数的变化是连续的。线性分形又称为自相似分形，它研究在所有方向上以同一比率收缩或扩展一个几何图形的线段变换群下图形的性质，在一定区域范围内，由一个分形维数就可以描述这种变换性质。线性分形又可分为有规分形和无规分形两类，或者称规则分形和非规则分形。

非线性分形是研究在非均匀线性变换群或非线性变换群下几何图形的性质，它又可以分为3类：自仿射分形是非均匀线性变换群，自反演分形是非线性变换群，以及自平方分形是非线性变换群。所谓仿射是指在不同方向进行不同比率的收缩或扩展的线性变换。因此，仿射是非均匀的线性变换，而相似变换是均匀的线性变换，是仿射变换的特例。

随着计算机科学技术的发展，计算机图形学获得了迅速发展。人们在应用计算机解决自然、科研、社会、经济等领域一系列问题的过程中，深感传统的几何学难以有效地描述大量具有非规则形状的对象。计算机图形用直线、圆弧、样条曲线等去建模、生成、模拟自然景物的逼真程度差。分形几何由于不同于欧氏几何，它没有特征尺度和标度，擅长描述自然界普遍存在的非规则的景物。分形几何的图形具有自相似性和递归性，它特别适合于计算机迭代生成。

在自然界、工程技术、社会经济等领域普遍存在着分形形态，即具有自相似性，分形为探讨自然界的复杂事物的客观规律及内部联系，提供了新的概念和方法，可以应用分形理论对复杂系统进行建模。此外，分形理论饱含哲理，对于人们探索复杂事物局部与整体的关系、复杂系统的层次性、自相似结构具有重要意义。

二、特征尺度

特征尺度是指某一事物在空间或时间方面具有特定的数量级。对于特定的数量级要用合适的尺子去测量。例如一米数量级是人身高的特征尺度。台风的特征尺度是数千千米，而马路旁旋风的特征尺度是数米的数量级。如果我们不考虑它们的特殊性，把它们都看成涡旋，从涡旋的几何结构角度来研究，大涡旋中套着小涡旋，小涡旋中又套着更小的涡旋，这种涡旋套涡旋的现象发生在不同的尺度范围上，可以从大至几千千米变化到几毫米，尽管尺度相差 9 个数量级，但是这许许多多大中小的涡旋都嵌套在一起，是不能将其中的某涡旋取出来的。将尺度相差好几个数量级的系统称为多尺度系统，又称为无特征尺度系统。为了进一步分析分形的几何性质，需要引进特征尺度的概念。

例如，为了测量海岸线的长度，首先给定单位长度的直线，并由此生成一种海岸线模型，如图 4.1.1 所示，其中（a）表示单位长度，（b）是在（a）基础上的变化，（c）是在（b）基础上的变化，分别是按图中所示规则生成的海岸线。下面使用长度 r 的尺子对海岸线长度进行测量，不同长度的尺子得到不同的测量结果。

图 4.1.1　海岸线的分数维

在图 4.1.1（a）中，对单位长度的线段 L 而言，不管用什么长度 r 的尺子来度量，它的长度总是 1，即 $L = r^0 = 1$。

在图 4.1.1（b）中，用 $r = \frac{1}{3}$ 长度的尺子去量，则测量出的长度 $L\left(\frac{1}{3}\right) = \frac{4}{3}$。

在图 4.1.1（c）中，用 $r = \frac{1}{3}$ 长度的尺子去量，由于比 $\frac{1}{3}$ 小的弯曲处无法测出而丢失，则测量的长度仍为 $L\left(\frac{1}{3}\right) = \frac{4}{3}$；若用 $r = \frac{1}{9}$ 长度的尺子去量，则测得的长度 $L\left(\frac{1}{9}\right) = \left(\frac{4}{3}\right)^2$。

如果将图 4.1.1（c）海岸线再不断生成下去，并不断地缩小尺子的长度继续测量下去，可以总结出如下结论：尺子的长度 r 越小，测量出的海岸线长度 L 就越长。尺子的长度最大为 $\left(\frac{1}{3}\right)^0$，最小为 $\left(\frac{1}{3}\right)^n$，$n$ 很大时大小尺度差好多个数量级。

设海岸线的长度 L 和尺子 r 之间的关系为：

$$L = r^{\mu} = N \cdot r \tag{4.1.1}$$

其中 N 为海岸线中的段数。则有：

$$\left(\frac{4}{3}\right)^n = \left(\frac{1}{3}\right)^{n\mu} \qquad n = 1,2,\cdots \tag{4.1.2}$$

对式（4.1.2）两边取对数得 $n(\ln 4 - \ln 3) = n\mu(\ln 1 - \ln 3)$，由此求出：

$$\mu = 1 - \frac{\ln 4}{\ln 3} = 1 - D = -0.262 \qquad (4.1.3)$$

其中无理数 $D = \dfrac{\ln 4}{\ln 3} = 1.2618\cdots$，称为图 4.1.1（c）海岸线的分数维。

上述的海岸线长度 L 和尺子 r 之间关系的定义也包含了直线长度的定义，因为由式（4.1.3）可得 $\mu = 1 - D$，代入式（4.1.1）可得：

$$L = r^{1-D} = N \cdot r \qquad (4.1.4)$$

直线维数 $D = 1$，所以 $L = r^0 = 1$，它的长度不随 r 改变。因为对海岸线 $1 - D < 0$，所以海岸线的长度 L 随尺子 r 减小而增加。

三、维数分析

在欧氏空间中，一个几何对象的维数等于确定其中一个点的位置所需要的独立坐标数目，被称为欧氏维数，又称为拓扑维数，简称拓扑维。拓扑维的确定与几何体点的位置相关，一个几何对象中相邻的点，只要保证连续性，无论怎样拉伸、压缩、扭曲变成何种形状，相邻的点仍然相邻。邻域是拓扑学的一个核心概念，所以说拓扑维是拓扑变换的不变量。在欧氏空间中，直线或曲线的拓扑维数为 1，平面图形的拓扑维数为 2，空间图形的拓扑维数为 3。下面说明拓扑维数 d 的一般计算方法。

设有一边长为单位长度的正方形，如果用 $r = \dfrac{1}{2}$ 的尺子去测量它，会发现它由边长为 $\dfrac{1}{2}$ 的 4 个小正方形把它完全覆盖，小正方形数 N 和尺子 r 满足关系：

$$N\left(\frac{1}{2}\right) = 4 = \frac{1}{\left(\frac{1}{2}\right)^2} \qquad (4.1.5)$$

如果用 $r=\dfrac{1}{10}$ 的尺子，则覆盖它所需要的小正方形数为：

$$N\left(\frac{1}{10}\right)=100=\frac{1}{\left(\frac{1}{10}\right)^2} \tag{4.1.6}$$

不难看出，尺子 r 不同，小正方形数 $N(r)$ 不同，但它们的负 2 次指数关系不变，这个指数恰好是正方形的维数。

如果我们对单位正方体，同样用尺子 r 测量它，可以得到覆盖它所需要的小立方体数 $N(r)$ 有如下关系：

$$N(r)=\frac{1}{r^3} \tag{4.1.7}$$

对于一个 d 维的几何对象，覆盖它所需要的小盒子数 $N(r)$ 和所用尺子 r 的关系为：

$$N(r)=\frac{1}{r^d} \tag{4.1.8}$$

可以验证上述关系对一般几何对象都成立。对式（4.1.8）两边取对数可得：

$$d=\frac{\ln N(r)}{\ln\frac{1}{r}} \tag{4.1.9}$$

式（4.1.9）可视为对拓扑维的定义，其中 d 为拓扑维数。

维数不仅是几何学和空间理论中的一个基本概念，而且它也是几何对象的一个重要特征量。维数概念最初源于经典的欧氏几何，拓扑维有两个特点：一是拓扑维数 d 为整数；二是虽然盒子数 $N(r)$ 随着尺子 r 变小而不断增大，但几何对象的长度（或者总面积、总体积）保持不变。

由前面讨论的海岸线长度问题可知，海岸线的总长度随着尺子 r 变小而总长度变长，最后趋于无穷大。由式（4.1.3）得到海岸线的维数 $D=1.262$ 是非整数的分数维。为了将拓扑维数的定义式（4.1.9）

推广到分数维，一是要突破 d 一定是整数的限制；二是对式（4.1.9）取极限，并记为：

$$D_0 = \lim_{r \to 0} \frac{\ln N(r)}{\ln \frac{1}{r}} \tag{4.1.10}$$

这是豪斯道夫（Hausdorff）引入的维数的定义，故称为豪斯道夫维数，一般又称分维。分维 D_0 大于拓扑维而小于分形所位于的空间维。

海岸线总长度虽然随着尺子 r 的大小变化而变化，$N(r)$ 的个数也变化了，但是，D_0 不发生变化。因此，分数维 D_0 是无特征尺度系统中的一个不变量，可以用来描述一个几何体的特征。

第二节　规则分形

规则分形是具有无限多层次的自相似结构的几何体。为了研究规则分形的特征，需要给出相似维数的定义，通过一维至三维规则分形的经典例子，说明这些规则分形几何体的分维情况。

一、相似维数

由于分形体具有自相似性，可以通过自相似性描述分形体的性质和特征。设线段、正方形和立方体的边长都是 1。将它们的边长分别二等分，这样就将线段、正方形和立方体分别等分为 2^1、2^2、2^3 个相似的子图形，其中的指数 1、2、3 正好等于与该图形对应的经验维数。

一般来说，如果把某几何图形缩小为 $1/a$ 的相似的 b 个图形，则有：

$$a^D = b, D = \ln b / \ln a \tag{4.2.1}$$

其中指数 D 为相似维数，D 可以是整数，也可以是分数。

如果几何体具有非整数的相似维数，那么几何体的相似维数越大，几何体的复杂性就会越高。

二、规则分形图

下面分别给出一维到三维经典规则分形图的情况，计算各种分形图分维数的结果。

（一）Koch 曲线

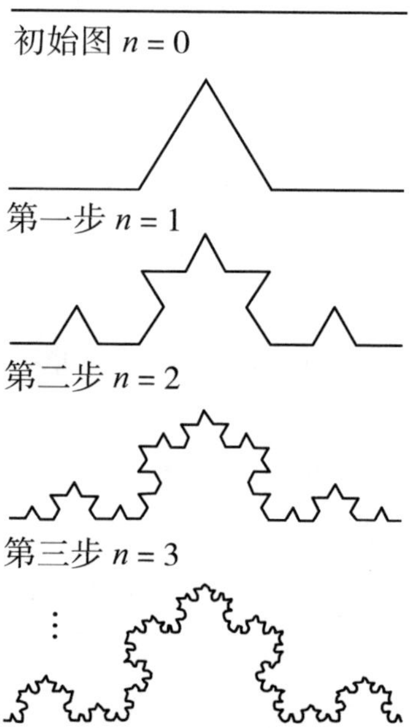

图 4.2.1　Koch 曲线

1904 年，瑞典数学家科赫（von Koch）设计了一条规则分形曲线，如图 4.2.1 所示，被称为 Koch 曲线。该曲线生成的过程先在初始图形线段挖去 1/3 中段，加上等边三角形的两边，形成 4 段等长线段组成的折线，作为第一步，如此无限进行下去，就构成了处处连续、处处不可微的 Koch 曲线。

Koch 曲线的维数可用相似维数来定义，每生成一步，周长变为原来的 4/3，整体的线段数 $N=4$，$a=3$，其分维数为：

$$D=\ln 4/\ln 3=1.262$$

（二）Sierpinski 三角形／正方形

（a）Sierpinski 三角形（$N=3$）　　（b）Sierpinski 正方形（$N=3$）

图 4.2.2　Sierpinski 分形图

图 4.2.2 给出了波兰数学家谢尔冥斯基（Sierpinski）的分形图，其中一个是三角形，另一个是正方形，下面分别说明分形图的构造方法。

Sierpinski 三角形分形图的构造方法是：将正三角形等分成 4 个小三角形，挖去中间的 1 个，把剩下的 3 个小三角形再 4 等分挖去中间的 1 个，如此无限地进行下去，可以得到如图 4.2.2（a）所示三角形分形图。

Sierpinski 正方形分形图的构造方法是：将正方形等分成 9 个小正方形，挖去中间的 1 个，再把剩下的 8 个小正方形各 9 等分，挖去中间的 1 个，如此无限地进行下去，可得到图 4.2.2（b）所示的正方形分形图。

根据两种图的构造过程，可以看出它们都具有自相似性，是同一种自相似性变换行为的重复出现。

正三角形随着分割不断进行，在极限情况下由无穷多线段组成且周长趋于无穷，而总面积趋于零。当用边长为 $(1/2)^n$ 的正三角形测量 Sierpinski 三角形时，得到图形单元数 $N=3^n$，因此，Sierpinski 三角形的分维数为：

$$D=\ln 3/\ln 2=1.585$$

同样，用尺寸为 $(1/3)^n$ 的正方形测量正方形时，可得到 Sierpinski 正方形数 $N=8^n$，因此它的分维数为：

$$D=\ln 8/\ln 3=1.893$$

（三）Sierpinski–Menger 海绵立方体

图 4.2.3 给出的是 Sierpinski–Menger 海绵立方体。海绵立方体的构造方法是：将立方体 3 个方向均 3 等分，分成 27 个相同的小立方体，再挖去 1 个体心和 6 个面心位置上的 7 个小立方体，剩下 20 个小立方体，然后重复相同的步骤，继续挖下去，可得到如图所示的海绵立方体。

图 4.2.3　Sierpinski–Menger 海绵立方体

将立方体作为测量单元，并不断地缩小立方体的尺寸为（1/3）^{n}，可以得到 $N = 20^n$ 个小单元立方体，于是可计算出它的分维数为：

$$D = \ln 20 / \ln 3 = 2.777$$

（四）Cantor 集合

Cantor 集合是一个点集，它的构造方法是先三等分一线段，挖去中段，再把剩下的二段各三等分挖去中段，如此无限地进行下去，如图 4.2.4 所示。Cantor 集的分维数为：

$$D_0 = \ln 2 / \ln 3 = 0.631$$

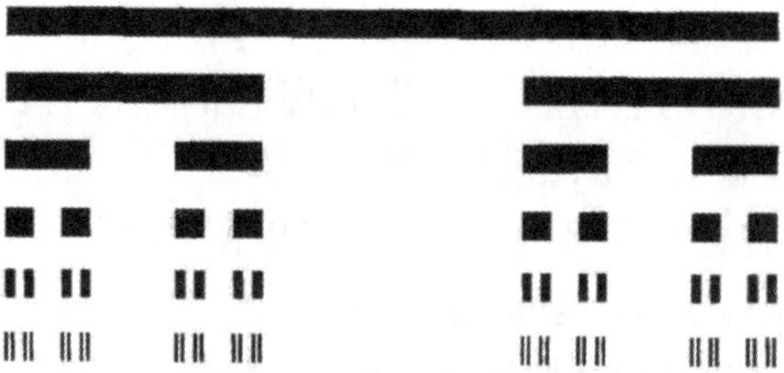

图 4.2.4　Cantor 集合

Cantor 集合与海岸线分形不同，它的长度 L 随着测量尺子的变小而变小，而不是变长。当用无穷短的尺寸去测量时，就得到一个点数为无穷，长度为零的集合。

根据上面介绍的一维至三维的规则分形图，可以看出这些分形图的分维是有规律的，总结的内容如表 4.2.1 所示。可以看出，在一维直线中，不断挖去后所剩的部分，即 Cantor 集的维数小于 1；在一个线段上不断增加，构成折线，即 Koch 曲线的维数大于 1；在规则二维平面图形中，如三角形或者正方形，不断挖去后所剩的部分，即 Sierpinski 图形的维数小于空间维数 2；在三维立方体上，不断挖去部分立方体，形成的 Sierpinski-Menger 海绵立方体，维数小于空间维数 3。

表 4.2.1　几种典型规则分形和它们的分维情况对比

分形名称	分形的构造方法	分形的极限结构	拓扑维数	豪斯道夫维数
Cantor 集	三等分一线段，挖去中段剩下的二段各三等分挖去中段，如此无限进行下去	无限多点形成的点集，其总长度趋于零	0	0.631>0
Koch 曲线	挖去线段 1/3 中段，加上等边三角形的两边，形成四段等长线段组成的折线，如此无限进行下去	长度趋于无穷大，但面积为零	1	1.262>1
Sierpinski 三角形	正三角形等分成四个小三角形，挖去中间的一个，把剩下的三个小三角形四等分挖去中间的一个，如此无限进行下去	平面图线长趋于无穷大，面积趋于零	1	1<1.585<2
Sierpinski-Menger 海绵立方体	立方体三个方向均三等分，形成 27 个小立方体，挖去 1 个体心和 6 个面心位置的 7 个小立方体，剩下 20 个小立方体，如此无限进行下去	海绵体面积趋于无穷大，体积趋于零	2	2<2.777<3

上述的规则分形维数符合豪斯道夫维数大于拓扑维数的定义。Cantor 集是无限多点形成的点集，其总长度趋于零，按照拓扑学的图形可以连续地变形的性质，这个集可以无限地收缩，所以它的拓扑维数为零，而它的豪斯道夫维数为 0.631；Koch 曲线的长度趋于无穷大，但面积为零，它可以连续地拉伸成直线，所以它的拓扑维

数为 1；Sierpinski–Menger 海绵立方体的面积趋于无穷大，体积趋于零，拓扑维数为 2。这些规则分形的分形维数均大于拓扑维数。

三、信息维

根据几何体分维的定义，一般使用边长为 r 的小盒子覆盖几何体的方法，计算几何体的维数。在使用小盒子覆盖几何体时，由于几何体有各种不同层次结构的空洞和缝隙，这样有些盒子是非空的，有些盒子是空的，其中非空小盒子总数记为 $N(r)$。如果盒子的尺寸 r 不断缩小，非空小盒子的总数 $N(r)$ 会随尺子的缩小不断增加。在双对数坐标中画出 $\ln N(r)$ 随 $\ln(1/r)$ 的变化曲线，根据式（4.1.10）分维的定义，则直线部分的斜率就是分维。

上述用小盒子覆盖分形计算维数的方法存在两个问题：一是在实际计算中适用范围有限，适用于相空间维数不高的规则分形，对于实际分形或高维相空间的复杂分形就很难使用；二是很难准确反映分形的特征，用尺度为 r 的小盒子覆盖分形时，小盒子有时包含了分形中的一个点，有时包含许多点，在计算小盒子的数目时，包含分形点的多少与小盒子数目 $N(r)$ 的统计无关。所以，这个方法不能真正反映出分形内部的不均匀性。因此，可以推广维数的定义，提高描述分形的细致程度。

这时可以引入信息量的概念，分析维数的变化。假设：P_i 为分形中的点落入第 i 个小盒子的概率，$N(r)$ 为小盒子数目，r 为小盒子尺度，得到小盒子所测算的平均信息量为：

$$I = -\sum_{i=1}^{N(r)} P_i \ln P_i \tag{4.2.2}$$

可以用信息量，取代（4.1.10）定义中的盒子数 $N(r)$ 的对数，这样，就得到信息维 D_1 的定义：

$$D_1 = \lim_{r \to 0} \frac{-\sum_{i=1}^{N(r)} P_i \ln P_i}{\ln \frac{1}{r}} \tag{4.2.3}$$

这是匈牙利数学家瑞奈（Renyi）在20世纪50年代从概率角度对维数所作的定义，故称为Renyi信息维。Renyi信息维可以看作豪斯道夫维数的一种推广，豪斯道夫维是Renyi信息维的一种特殊情形，说明如下。

对于一种均匀分布的分形，可以假设分形中的点落入每个小盒子的概率相同，即：

$$P_i = \frac{1}{N} \tag{4.2.4}$$

把（4.2.4）式代入（4.2.3），有：

$$D_1 = \lim_{r \to 0} \frac{-\sum_{i=1}^{N(r)} \frac{1}{N} \ln \frac{1}{N}}{\ln \frac{1}{r}} = \lim_{r \to 0} \frac{\ln N(r)}{\ln \frac{1}{r}} = D_0 \tag{4.2.5}$$

由上所示，在均匀分布的情况下，信息维 D_1 和分数维 D_0 相等。在非均匀情况下，$d < D_1 < D_0$。可以将分形看作是一种信息载体或信息源，运用信息维研究分形的性质，得到的结果可能更符合实际情况。但是，各种分形信息维的计算比较困难，需要确定分形中的一个点落入第 i 个盒子的概率 P_i，还要确定小盒子的数目。

第三节　不规则分形

不规则分形是一些图形具有不规则性质，难以通过相似变换与仿射变换来获得。自然界中存在的海岸线、山脉、河川等都具有变化无常的布朗运动轨迹，它们的图形是一种不规则分形，这些复杂的分形图形在大小不同的尺度上表现出随机性，一般将生成过程中具有随机性的分形称为随机分形。

一、随机分形

随机分形是生成过程中具有随机性的分形，可以通过规则分形构造出随机分形的形式。例如，在随机 Koch 曲线的构造过程中，每次去掉单位线段中间 1/3 的部分，而用与去掉部分构成等边三角形的另两条边代替，用掷硬币的方法随机地决定新的角位于被去掉部分的哪一侧。经过几步以后，就变成一个随机 Koch 曲线。

随机 Koch 曲线的另一种构造方法是，从单位线段中间去掉一随机长度的线段，该长度可取做（0，1/3）上均匀分布的随机变量，在去掉线段的位置，用该长度的两条线，连接成一条折线，不断重复上述过程，可得到具有统计自相似的随机 Koch 曲线。

随机 Cantor 集的构造，可以用几种不同的方法。任三分 Cantor 集的构造中，每次去掉线段中间的 1/3。随机 Cantor 集的一种构造方法，每次仍将线段三等分，但并不总是去掉中间的一段，而是用掷骰子决定去掉哪一部分。对于六面体骰子，按 Mod（3）来决定，当余数为 0，1，2 时，则分别去掉左、中、右边的一段。这样不断重复，得到的随机 Cantor 集具有统计自相似性，即把它的每一部分放大，与整体有相同的统计分布。随机 Cantor 集的另一种构造方法是在每一步去掉中间一段，但留下的长度是随机变化的。

二、布朗运动

布朗运动是分子相互碰撞、呈现无规则的快速运动。布朗运动是由英国植物学家布朗（R. Brown）的名字命名。布朗在 1827 年通过显微镜下发现，悬浮花粉粒子在液体中迅速而无规则地运动，这种运动与烟尘微粒的现象类似，是微粒间的分子碰撞的结果。

根据分子运动论，在任何一瞬间，液体分子从各个方向对花粉微粒发生撞击，由于涨落现象的存在使得各个方向来的撞击是不平衡的，因此花粉粒子将沿着撞击作用较强的方向走一条无规则的轨迹。

做布朗运动的微粒尺度和质量都非常小，每个粒子在液体中受周围液体分子的碰撞次数高达 10^{21} 次，我们只能观测到在宏观短时间 Δt 内粒子的平均运动。

在对布朗运动轨迹的研究中，确定每 $\Delta t = 30s$ 测定一次位置，相继的二点连成直线，将时间间隔缩短为 3*s*，则较长的一段直线变成多段折线。如果将 3*s* 间隔适当延长，可以发现轨迹的曲线程度和前者相同，即二者之间具有统计的自相似性。

通过研究和推导布朗运动在一维、二维、三维以至高维空间的运动情况，可以得到在任何维空间中布朗运动的分维都是 2 的研究结论。布朗运动轨迹的分维数 D 与它所处的欧氏空间维数 d 是无关的。因此，这个分维数 D 是一个普适常数。但是，布朗运动轨迹的几何结构与它所处的空间维数 d 有着密切的关系。

自回避随机行走是不走已经访问过的格点，因此，与随机行走的区别在于它不重复访问每一个格点，这是一个能模拟无规则高分子线团的计算机模型。在计算机模拟中，由均匀分配的随机数区间，决定高分子连接上去的分子的方向。但是，当它要走向已被占据的格点时会放弃这一步，再由新产生的随机数决定走另一个方向。

自回避随机行走在一维情形下无法进行，在二维、三维以至高维情形下，理论分析得出回转半径为：

$$R \propto N^{1/D} \tag{4.3.1}$$

其中 D 是分形维数，它与空间维数的关系为：

$$D = \frac{d+2}{3} \tag{4.3.2}$$

实际上，在良溶剂条件下的高分子线团存在于三维空间，它是一个具有自相似结构的分形体，其相应的分形维数为 5/3，计算机模拟结果为 1.70。

在三维以上空间，重复访问的概率趋于零，$D = 2$。因此，自回避随机行走模型的维数上限是 $d = 2$，这是因为自回避条件在四维以上空间自由度数的增加使其不再起作用。

三、凝聚现象分析

一些凝聚现象具有分形生长的特点，分析这些凝聚现象时，就可以应用分形理论进行研究。在自然界中，可以观察到许多凝聚现象都具有分形的特征。如悬浮在气体中的固体颗粒或液体颗粒的凝聚，生产制备薄膜材料的凝聚成膜的过程，溶液中金属离子在电极上的电沉积过程等。

1981 年，美国密歇根大学的威特恩（A. Witten）和桑德尔（M. Sander）提出了一种用有限扩散凝聚（Diffusion Limited Aggregation，DLA）过程来模拟其自相似结构的模型，该模型称为 DLA 模型。

DLA 模型的基本思想是在 $d=2$ 维的欧氏空间中取一个正方形，将它分成许多相同的小方格，形成方形点阵。在方形点阵中央置一静止的粒子作为种子，然后在与种子粒子较远处，随机地产生另一个粒子并在点阵中随机地行走，当与种子粒子相遇时，它们就粘在一起形成凝聚态。当粒子走到点阵边界时，被边界吸收而将它去掉。按周期性的边界条件，使它从另一边进入方阵继续随机行走。如此循环下去，最终形成自中心向周围伸长的大大小小的分枝，且具有自相似的特征。图 4.3.1 为正方形被分成 700×700 网格情况下的 DLA 模型的计算机模拟结果。

图 4.3.1 DLA 模型的计算机模拟结果

DLA 模型可以用于预测某些实际随机凝聚过程的生长速率与时间的关系，以及它们的机制和输送性质。在缩聚反应凝胶化、生物分子的凝聚性质以及电介质的放电击穿等方面都有应用。

1983 年，米金（P. Meakin）对 DLA 模型进行了修改，他在正方形点阵中放入大量粒子，并提出让所有粒子同时单独地无规则随机行走，两粒子相遇后形成集合并做随机运动。

这样，集团与粒子相遇，或者集团与集团相遇后，结合生成更大的集团，随机运动如此不断地进行下去，也会形成分形结构。研究表明，修改后的模型可以描述自然界中的许多凝聚现象，如墙角上的尘絮和河口处的淤泥等，都是各种分散粒子的不可逆凝聚过程。

第四节　多重分形

多重分形用来描述分形几何体在生长过程中的不同层次和特征。在分形体形成过程中，局域条件或由于涨落引起的参量波动都会造成分形体的形态各异，通过分形维数来描述复杂非线性动力学演化过程形成的结构是不够的。为了反映分形体形成过程中局域条件的作用，人们提出了多重分形的概念，又称多标度分形或复分形。

一、标度不变性

所谓标度就是尺度或测量的单位。标度不变性表明几何形体在动力学演化过程中或某一时刻，在一定的标度范围内，其相应的测度不随尺度的改变而变化。它揭示了自然界中一大类无规则形体分形结构的内在规律性。

分形的基本属性是自相似性或标度不变性。当把尺子 r 变换为 λr 时其自相似结构不变，只不过是原来的放大或缩小，λ 称为标度因子，这种尺度变换的不变性也称为标度不变性。对分形来说，标度不变性是一种普适的规律，又称为标度律。在一般情况下，标度不变性在数学上可以表示为：

$$f(\lambda r) = \lambda^{\alpha} f(r) \qquad (4.4.1)$$

其中 f 为某一被标度的物理量，α 为标度指数。

标度不变性对分形来说是一普适的规律，无论是对海岸线还是对 Cantor 集合，它们都满足：

$$N(\lambda r)=\frac{1}{(\lambda r)^{D_0}}=\lambda^{-D_0}N(r) \qquad (4.4.2)$$

由式（4.4.2）和式（4.4.1）可以得到：

$$L(\lambda r)=\lambda rN(\lambda r)=\lambda^{1-D_0}r\cdot N(r)=\lambda^{\alpha}L(r) \qquad (4.4.3)$$

其中标度指数：

$$\alpha=1-D_0 \qquad (4.4.4)$$

关系式（4.4.3）是反映标度变换的一种普适的规律，其中 $L(r)$ 是普适函数，在讨论海岸线的长度 L 和尺子 r 之间的关系式（4.4.1）中，用到同样类型的关系式：

$$L(r)=r^{\alpha} \qquad (4.4.5)$$

那时是通过改变 r 来变换尺子的大小，现在是通过改变 λ 来实现尺度变换，式（4.4.3）表示把用尺子 r 测量的分形长度 $L(r)$ 再缩小（或放大）λ^{α} 倍就和用缩小（或放大）了的尺子 λr 测量的长度相等，这种关系具有普适性，具有相同的分形属于同一普适类；同一普适类的分形也具有相同的分维 D_0。

标度不变性不仅存在于几何图形，而且对其他形式的事物也会存在。如果某一事物的某一性质可定量地用 S 来表示，R 是与该事物相关的尺度，若有关系：

$$S=R^{D_s} \qquad (4.4.6)$$

则该事物是无标度的，即具有分形结构，其中 D_s 称为该事物的分维数。

这样一来，分形概念不再限于几何问题，尺度 R 也不限于长度，可以是其他的量。

无标度性与自相似性彼此是一致的，无标度性又称为标度不变性或伸缩对称性。对于一个实际的分形系统，只有在某一尺度范围内才有与尺度无关的无标度性，这一尺度范围称为无标度域，无标度域给出了自相似性存在的尺度范围。

二、整体特征分析

设所研究的对象被分成 N 个小区域，第 i 个小区域线度大小为 L_i，分形体生长界面在该小区域的生长概率为 P_i，用标度指数 α_i 表征不同区域不同的生长概率，则有：

$$P_i = L_i^{\alpha_i}, i = 1, 2, \cdots, N \tag{4.4.7}$$

若线度 L_i 的大小趋于零，则公式（4.4.7）可表示为：

$$\alpha = \lim_{L \to 0} \frac{\ln P}{\ln L} \tag{4.4.8}$$

其中 α 是表征分形体某小区域的分维，称为局部分维。

描述多重分形的参量可以从信息维的角度来获得。把式（4.4.7）两边各自乘 q 次方并求和得：

$$\sum_i^N P_i^q = \sum_i^N (L_i)^{\alpha_i q} = X(q) \tag{4.4.9}$$

定义 q 次信息维 D_q 为：

$$D_q = \lim_{L \to 0} \frac{1}{q-1} \cdot \frac{\ln X(q)}{\ln L} = D(q) \tag{4.4.10}$$

其中 q 和 D_q 是描述多重分形的两套参量。

这两套参量间的联系为勒让德（kgendre）变换。因为多重分形和标度指数不再是一个常量，假设 q 阶矩 $\sum_i P_i^q$ 标度指数是 $\tau(q)$，则：

$$\sum_i P_i^q \sim r^{\tau(q)} \tag{4.4.11}$$

由式（4.4.11）可得：

$$-\tau(q) = \lim_{r \to 0} \frac{\ln \sum_i P_i^q}{\ln \frac{1}{r}} = (1-q) D_q \tag{4.4.12}$$

即：

$$\tau(q) = (q-1) D_q \tag{4.4.13}$$

方程（4.4.13）是描述多重分形的一个重要关系式。

三、局部特征分析

局部分维 α 值的大小反映了该区域生长概率的大小，若实验测出 P 则可求出 α。由于小区域数目很大，于是可用不同 α 组成的无穷序列构成的分维分布函数 $f(\alpha)$ 表示，$f(\alpha)$ 又称为奇异谱，它和 α 一起构成描述多重分形的一套参量。

上述的 q 阶矩标度指数 $\tau(q)$ 和多重分维 D_q 都是从整体上来表征多重分形的，而只有非均匀标度指数 α 及其分维分布函数 $f(\alpha)$ 才能表述多重分形的局部特征。对于非均匀 Cantor 集，在 α 和 $\alpha + d\alpha$ 间隔，具有相同长度的线条构成一个单分形子集，它的标度指数为 α，分维是 $f(\alpha)$ 并具有相同的质密度为 $\rho(\alpha)$。在 α 的整个变化范围内作统计平均就是 q 阶矩 $\sum_i P_i^q$，即：

$$\sum_i P_i^q = \int \rho(\alpha) r^{-f(\alpha)} r^{q\alpha} d\alpha = \int \rho(\alpha) r^{[q\alpha - f(\alpha)]} d\alpha \tag{4.4.14}$$

比较式（4.4.11）和式（4.4.14）可得：

$$\tau(q) = q\alpha - f(\alpha) \tag{4.4.15}$$

联合式（4.4.13）与式（4.4.15），并经过变换可得：

$$D_q = \frac{1}{q-1}[q\alpha - f(\alpha)] \tag{4.4.16}$$

由式（4.4.16）可知，如果已知 α 和 $f(\alpha)$，则可求出 D_q；由式（4.4.9）和式（4.4.10）可知，若实验测出 P_i 也可求出 D_q。再通过公式（4.4.15）对 q 求导得：

$$\frac{d\tau}{dq} = \alpha + q\frac{d\alpha}{dq} - \frac{df}{d\alpha}\cdot\frac{d\alpha}{dq} = \alpha + \frac{d\alpha}{dq}(q - \frac{df}{d\alpha}) \tag{4.4.17}$$

一般地，$f(\alpha)$ 函数是一个单峰曲线，$f(\alpha)$ 的斜率就是 q 阶矩的阶数，即：$\left(\frac{df}{d\alpha}\right)_{\alpha=\alpha(q)} = q$，将此结果和式（4.4.13）代入式（4.4.17）可得：

$$\alpha(q)=\frac{d}{dq}\tau(q)=\frac{d}{dq}[(q-1)D_q] \qquad (4.4.18)$$

在求得 D_q 的基础上，可应用式（4.4.18）求出 $f(\alpha)$。不难看出式（4.4.16）和式（4.4.18）是研究多重分形的两个重要公式。

综上所述，多重分形描述具有标度特性的分形几何体在生长过程中不同层次的特征，多重分形理论假设所研究的对象每一层次都具有标度性。讨论一个分形体的生长特性时，如果将生长概率作为可观测量，它并不能直接和 $f(\alpha)$ 相联系，它只能与 q 次信息维数 D_q 相联系。由实验测出生长概率 P_i，可求出 D_q，进而通过式（4.4.18）和式（4.4.16）分别求出 α 和 $f(\alpha)$。$f(\alpha)$ 通常是一个单峰凸曲线，其峰值 $f(\alpha_0)=D_0$ 就是分形维数。$f(\alpha)$ 的斜率就是 q 阶矩的阶数，在曲线的末端处斜率为无穷大，而 $f(\alpha)=\alpha$ 的值为 D_1，即为信息维。$f(\alpha)$ 相对于 α 的图可以通过参数 q 加以描述，如图 4.4.1 所示，其中 μ 为测度。

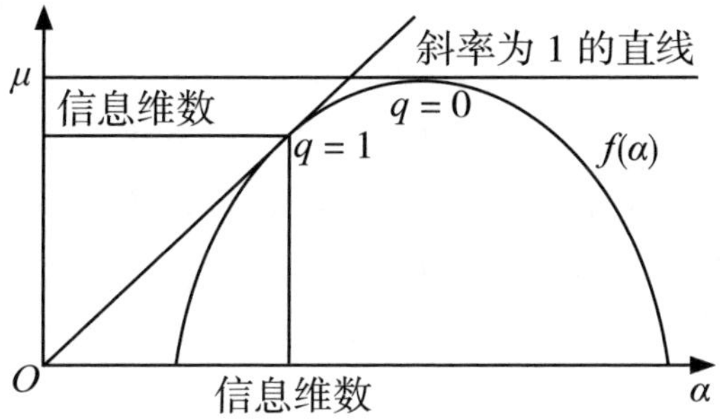

图 4.4.1　多重分形谱 $f(\alpha)$ 曲线

第五节　分形分析方法应用

分形理论说明了事物整体与部分之间的关系，根据整体与部分之间具有相似性，可以得到从部分过渡到整体的途径。分形理论使人们对整体与部分之间关系的认识由线性发展到非线性，并同系统论共同揭示了整体与部分之间多层面、多维度、全方位的联系方式。

分形理论提供了一种新的方法论，为人们从部分认识整体、从有限认识无限提供了依据。分形理论进一步深化和丰富了世界普遍联系和世界统一性的原理，在军事领域也有广阔的应用前景。

一、军事系统分析

运用分形理论可以分析军事系统的结构、状态和发展过程。军事系统的结构具有分形的特点，军事系统的整体结构与部分结构在某些方面具有相似性，比如中央军委的部门结构与战区、部队的部门结构之间具有的相似性。根据军事系统的分形特点，可以分析军事系统的结构特点和作用，优化军事系统的结构。

军事系统的状态具有分形的特点，军事系统状态行为在不同时间尺度上具有某种相似性，比如某个军事训练状态变量的长期变化周期性与短期变化的周期之间具有的相似性。根据军事系统状态的分形特点，可以研究军事系统状态变化的规律，保持军事系统的良好状态。

军事系统的发展过程具有分形特点，军事系统在演化过程中，由于内在机制和外部环境条件的制约，其发展在某一时期内是有局限性的。当某种状态增长到了一定程度时便不能再增长，只有等到系统内部发生变革或环境条件发生变化后，军事系统才会又进入下一个发展阶段。从总体上看，军事系统发展的总过程与阶段性的发展过程具有某种程度的相似性，所以军事系统的发展过程可以运用分形理论进行研究。

军事系统的分形特点也反映了军事系统整体与其部分之间的关系，也可以运用分形理论，研究军事系统的部分与整体的关系，从军事系统部分的研究得到对军事系统整体的认识和理解。

二、作战目标分析

分形理论在图像的分析处理方面能够发挥重要的作用，因而可以用于对作战目标的分析。例如，预警侦察系统获得作战地域的图片和影像资料，需要分辨和确定在作战地域隐藏起来的作战目标，或者评估作战目标的打击效果，可以运用分形理论对图像进行处理，发现不符合自然分形特点的区域，得到作战目标的位置、大小和特征。

分形理论可以用于复杂图像的分析与处理。从分形理论的角度分析自然界中物质的特点，在图像处理中是基于两个基本点：一是自然界中不同种类的形态物质一般具有不同的维数；二是自然界中的分形与图像的灰度表示之间有着一定的对应关系。在图像分析中，可以运用分形理论确定图像中一些区域的分数维，根据分数维将图像分为不同的区域，研究不同区域的目标特点。

一般灰度图像都是由各种类具有不同分形性质的物质组成，各种物质都有自己的分形特点，可以确定这些分形的分数维，根据分数维对图像中各种物质进行分类，得到图像分析的结果。把分数维与传统的方法结合起来处理自然背景下的人造物体的识别，如隐藏在树林山峦间的坦克、战车等。分数维主要起着可疑区域的判定作用。

分数维作为物体的一个稳定的特征量，把图像的空间信息与灰度信息简单而有机地结合了起来，可以在图像处理和分析中发挥重要的作用。

三、军事情报分析

在军事情报分析领域，分形理论可以发挥重要作用。例如，在军事情报研究中，分析一些重要领域的发展情况时，会收集相关领域的研究报告和文章，从中发现研究进展和人员情况。这时，可以运用分形理论研究人员与成果的数量关系，从中发现研究人员的数量、研究成果的数量和研究进展的情况。

在情报学和科学学中，洛特卡（Lotka）提出了反映科学技术论文作者与所著文献之间数量关系的著名经验定律，其形式为：

$$y(x) = Cx^{-n} \qquad (4.5.1)$$

其中 $y(x)$ 表示在一定时间某一个学科或主题内，撰写了 x 篇论文的作者数量，或者作者频率。

从分形理论出发，根据容量维的定义，可以将撰写了 x 篇论文的作者数 $N(x)$ 与论文数 x 之间的关系写为：

$$N(x) \propto x^{-D_f} \quad (4.5.2)$$

显然，式（4.5.2）就是洛特卡定律，式（4.5.1）中的数 n 就是分维 D_f。在情报学中，D_f 表示不同学科或主题论文作者分布结构的复杂、渗透及非均匀程度，其大小反映了论文作者分散和渗透水平，一般在 1.2 和 3.7 之间变化。

在情报学中有 3 个基本的经验定律：布氏（Bradford）定律、齐普夫定律和洛特卡定律。布氏定律是所谓的文献分散规律，即用期刊等级序号来测量某学科主题相关论文累积分布情况；齐氏定律是以赋予词的序号来度量文章中的词的频率分布；而洛特卡定律是用作者所著论文数来衡量作者的分布。虽然它们处理的对象不同、表述各异，但都是用某一尺度来度量某一主体，而且观测量值随尺度的变化而变化。根据分形理论的标度律，设 $f(x)$ 是对某一主体用尺度 x 来度量的观测分布密度，则可以导出 $f(x)$ 与 x 的关系为：

$$f(x) \propto x^{-D} \quad (4.5.3)$$

其中 D 为情报学中的分维：

$$D = \frac{\ln f(x)}{\ln(\frac{1}{x})} \quad (4.5.4)$$

将式（4.5.4）称为情报学中的负幂律统计分形。不难看出，情报学 3 个经验定律是统计分形模式在不同对象上的具体表述，负幂律统计分形是它们的理论基础，并反映了它们的内在本质。

第五章

军事系统的突变分析

军事系统的突变分析是运用突变理论分析军事系统问题，研究军事系统发生突变的原因和影响，把握军事系统发展和变化的特点和规律，提出解决军事问题的手段和方法，提高军事系统的建设效益。本章主要说明突变的概念、数学描述、突变类型和突变分析方法的应用。

第一节　突变概念

突变理论，是用系统观点阐述什么是突变、突变发生的条件、突变的类型、突变的意义等问题的科学理论。系统突变，是系统的定性性质突然发生变化。突变理论证明，不论构成系统的基质特性和引起结构或形态变化的“力”的性质如何，只要控制参量变化到分岔点上，就会出现从一种定态向另一种定态的突变。需要加强对突变现象、突变理论和突变作用的认识。

一、突变现象

从系统的角度认识世界的变化，可以看到系统演化有渐变和突变两种基本形式。客观世界存在着各种变化，这些变化有着两种不同的基本形式：一种是光滑的、连续不断的变化；另一种是不连续的飞跃的变化。

连续变化的事例很多。例如，有机体的连续生长，地球绕太阳连续不断地旋转，江水的连续流动等。通常运用微积分方法研究这类缓慢连续变化的现象，经典的微积分是连续变化的数学模型。

不连续变化的事例也不少。例如，水的沸腾，细胞的分裂，基因的变异，岩石突然断裂，高楼、桥梁突然断塌，火山、泥石流、山体滑坡、地震、海啸的突然暴发等。这些事物的状态从一种形式突然地跃迁到根本不同的形式，这些不连续变化都包含突然变化的瞬时过程，这种过程称为突变。

二、突变理论

突变是指巨大的、灾难性的突然变化，突变论也被称为灾变论，是法国数学家托姆（R. Thom）于1972年提出来的。对于突变现象造成的不连续变化过程，运用传统微积分的方法无法进行描述和研究。法国巴黎高级科学院托姆教授在总结前人研究的基础上，出版了《稳定性结构与形态发生学》一书，作为突变论的第一本专著，该书用拓扑学、奇点和稳定性的数学理论来研究自然界和社会现象中的多种形态、结构的非连续突变，系统地阐述了突变现象及其原因，奠定了突变理论的基础，标志着突变论的诞生。托姆由于其突出贡献而获得了菲尔兹奖。托姆突变论的重要贡献是对突变的类型作了分类，并且指出突变类型的数目不取决于状态变量的数目，而取决于控制参数的数目。当控制参数不多于4时，只有7种不同类型的突变。

突变不是某个对象领域特有的罕见现象，而是动力学系统的普遍属性，突变是非线性系统的通有行为，只要满足一定条件，突变就会由系统的内在因素产生出来。一般突变有两种含义：一是相对于渐变的骤变（sudden change），强调变化发生的瞬时性、骤然性，指的是在可以忽略的时间间隔内完成的变化；二是突变论讲的突变（catastrophe），指的是非常剧烈的变化。

三、突变作用

传统观点把突变视为灾难性现象，力求避免系统出现突变。突变理论反对这种价值判断,主张把突变当作一种客观现象加以研究。从工程实践看，突变多半是灾难性的，如桥梁突然断裂、锅炉突然爆炸，应力求避免。但从系统演化观点看，突变往往具有非常积极的作用。突变理论的开创者托姆指出，这种突变是系统得以生存的手段，可用来帮助系统脱离通常的特征状态。因此，出现突变对于系统也是有益的，需要根据具体情况研究分析，确定突变的作用。

从系统学看，渐变导致突变对应着结构稳定与结构不稳定的相互转化。处处结构稳定的系统不可能发生突变，处处结构不稳定的系统事实上不可能存在，没有必要考虑它的突变问题。既存在结构稳定的区域，又存在结构不稳定的区域，此类系统才可能出现从渐变到突变的转化。在结构稳定的区域内系统只有渐变，一旦走出结构稳定区域，就会出现从此一稳定态向彼一稳定态的突变。

突变现象表现出的一个共同特点，是外界条件的微变导致系统宏观状态的剧变，这只有在非线性系统中才能出现。在线性系统中，外界条件的连续变化只能导致系统状态成比例地连续变化；在非线性系统中，外界条件的连续变化可以导致系统状态不连续的突变。突变理论是研究系统的状态随外界控制参数连续改变而发生不连续变化的数学理论，是用拓扑学的方法对分支理论的发展。它提供了一种研究所有跃迁、不连续性和突然质变的更普遍的数学方法。因此，可以认为突变理论是不连续变化的数学模型。

第二节　突变描述

突变描述，是用数学方法描述某种系统或过程从一种稳定态到另一种稳定态的跃迁,稳定态是指系统或过程某一状态的持续出现。突变描述主要说明突变的数学描述、拓扑结构的稳定性和不稳定性分析。

一、突变的数学描述

从数学的角度考虑一个系统是否稳定，常常要求出某函数的极值，即求函数的导数为零的点，该点就是最简单的奇点，或称临界点。

设函数为 $F_{uv}(x)$，其中 u, v 为参数，求函数 $F_{uv}(x)$ 的临界点就是求微分方程的解，当给定 u, v 时：

$$\frac{dF_{uv}(x)}{dx}=0 \tag{5.2.1}$$

可以得到一个或几个临界点 x，因此，临界点可看作是参数 u, v 的单值或多值函数，记为 $x = l(u, v)$。显然，这样的函数在几何上可以确定一个三维欧氏空间 (u, v, x) 中的一个曲面，即临界点的集合，称临界曲面。使函数取极值的点称为稳定点，临界点不一定是稳定点，所以临界点可能使系统稳定或不稳定。

下面给出动力学系统的一般描述。设由 n 个状态变量（又称内部变量，$x_1, \cdots, x_n$）和 m 个控制参数（又称外部变量，$u_1, \cdots, u_m$）描述的系统动力学方程可写为：

$$\frac{dx_i}{dt}=f_i\left(\{x_j\},\{u_k\}\right),i,j=1,2,\cdots,n;k=1,2,\cdots,m \tag{5.2.2}$$

上述方程（5.2.2）称为自治动力方程，方程的右边不含时间变量，方程（5.2.2）右边可以表达为一个势函数 $V(\{x_j\},\{u_k\})$ 的梯度，即：

$$\frac{dx_i}{dt}=\frac{\partial u}{\partial x_i} \tag{5.2.3}$$

上述方程（5.2.3）称为梯度动力系统，它的定态解由 $\frac{\partial u}{\partial x_i}=0$ 求得。定态解 $\{x_{j0}\}$ 在相空间表现为奇点。突变理论就是利用势函数 V 来研究奇点如何随控制参数变化，以及 V 与 $\{x_j\}$ 和 $\{u_k\}$ 的拓扑不变关系的理论。

二、拓扑结构稳定性分析

突变理论是在更一般意义上来研究分支点集的拓扑结构不变性。如果两个几何对象之一可以连续地变形到另一个无任何撕裂或无不同点的黏合，则把它们看作是拓扑等价或是同胚的。微分同胚指一个一一对应的连续可微变换。如果两个几何对象是微分同胚的，并且变形不引起皱褶或展平折痕，则它们就是微分同胚的变换。只要两个几何对象是拓扑等价的，经拓扑变换后它们的定性性质会保持不变，即结构是稳定的，或称保持着结构稳定。例如，对于一个动力系统，如果控制参数连续变化，它的相空间的奇点数目以及吸引子和排斥子的性质不变。尽管奇点周围轨线的分布形状发生了变化，但是我们认为它的结构没变，即变化前后是拓扑等价的。

奇点的稳定性可由势函数的二阶导数来确定，势函数的极小值点为吸引子，极大值点为排斥子。势函数的梯度 $\nabla V=0$ 确定了奇点，而奇点的性质由它的二阶偏导数矩阵来确定，即：

$$V_{ij}=\frac{\partial^2 V}{\partial x_i \partial x_j},i,j=1,2,\cdots,n$$

$$\begin{bmatrix} \frac{\partial^2 V}{\partial x_1^2} & \frac{\partial^2 V}{\partial x_1 \partial x_2} & \frac{\partial^2 V}{\partial x_1 \partial x_3} & \cdots & \frac{\partial^2 V}{\partial x_1 \partial x_n} \\ \frac{\partial^2 V}{\partial x_2 \partial x_1} & \frac{\partial^2 V}{\partial x_2^2} & \frac{\partial^2 V}{\partial x_2 \partial x_3} & \cdots & \frac{\partial^2 V}{\partial x_2 \partial x_n} \\ \vdots & \vdots & \vdots & & \vdots \\ \frac{\partial^2 V}{\partial x_n \partial x_1} & \frac{\partial^2 V}{\partial x_n \partial x_2} & \frac{\partial^2 V}{\partial x_n \partial x_3} & \cdots & \frac{\partial^2 V}{\partial x_n^2} \end{bmatrix} \tag{5.2.4}$$

称为 Hessen 矩阵。若 Hessen 矩阵的行列式 $\det V_{ij}\neq 0$，则由 $\nabla V=0$ 确定的奇点，称为孤立奇点，或称 Morse 奇点。Hessen 矩阵是对称的，经过线性变换，如正交变换可化为对角阵，对角阵元 ω_1, …, ω_n 是 Hessen 矩阵的特征值。

奇点与控制参数有关，故特征值也是控制参数的函数。如果在控制参数 u_1, …, u_m 取某些特定值时 $\omega_i(i = 1, 2, \cdots, l)$ 为零，这时 Hessen 矩阵就不是满秩阵，即 $\det V_{ij} = 0$，这时由 $\nabla V = 0$ 和 $\det V_{ij} = 0$ 确定的奇点是非孤立奇点，或非 Morse 奇点，l 是 Hessen 矩阵的余秩数，Hessen 矩阵的秩为 $n-l$。

势函数 $V(\{x_j\},\{u_a\})$ 可在奇点附近按 Taylor 级数展开。假定奇点取在相空间原点，这样的展开式中常数项可取为零。由奇点的定义，一阶偏导数项 $\nabla V = 0$。于是有：

$$V(\{x_i\},\{u_a\}) = \sum_i^n \omega_i x_i^2 + \text{高次项} \tag{5.2.5}$$

假如上式已通过线性变换把 Hessen 矩阵化为对角阵，Hessen 矩阵的秩为 n，则奇点性质完全会由 Hessen 矩阵的特征值 ω_i 来决定，高次项不起作用，这时的势函数称为 Morse 势，它的结构是稳定的。

如果 Hessen 矩阵的秩为 $n-l$，则有 $\omega_1 = \omega_2 = \cdots = \omega_l = 0$，二阶偏导数不能决定状态变量 $x_1,\cdots, x_l$ 的奇点性质，须考虑势函数对它们的三阶偏导数。这样，余函数为 l 的 Hessen 矩阵可把势函数分为 Morse 部分和非 Morse 部分，即：

$$V \approx V_{NM}(x_1, x_2, \cdots, x_l) + \sum_{i=l+1}^n \omega_i x_i^2 \tag{5.2.6}$$

上式（5.2.6）中，$\sum\limits_{i=l+1}^n \omega_i x_i^2$ 是孤立奇点对应的 Morse 部分，V_{NM} 是非孤立奇点对应的非 Morse 部分。显然，V_{NM} 是 Taylor 级数展开式中关于 $x_1,\cdots, x_l$ 的三次项，如果势函数对它的三阶偏导数为零，就应去考虑四次项，以此类推。

三、拓扑结构不稳定性分析

结构不稳定性只局限于状态变量 $x_1,\cdots, x_l$，其余状态变量 $x_{l+1},\cdots, x_n$ 均与势函数的性质无关，因而可忽略，表明势函数可剖分为 Morse

部分和非 Morse 部分；同时，将状态变量也剖分为两部分，与结构稳定性有关的实质性变量和与结构稳定性无关的非实质性变量，在分析突变类型时，可将第二部分略去。可能出现的突变类型的数目不取决于状态变量的数目 n，而取决于实质性变量的数目 l，即取决于 Hessen 矩阵的余秩数 l。上述势函数（5.2.6）中的 V_{NM} 是突变的生成项，它是结构不稳定的。通过添加一些项使其变为上述意义的结构稳定函数，这个添加过程称为扩展。

例如，以 $V_{NM}=x^4$ 为例来说明万能扩展的概念。$x^4\rightarrow x^4+ax^2$ 仍然是结构不稳定的，因为再添加其他项还会得到与 x^4+ax^2 不同的类型。如把 x^4 扩展为：

$$\widetilde{V}(x)=x^4+\alpha x^3+\beta x^2+\gamma x+\delta \tag{5.2.7}$$

则 $\widetilde{V}(x)$ 的结构是稳定的，因为外加五次项或高次项不会影响它的类型，而且没有更低次项可供添加。$\widetilde{V}(x)$ 是 x^4 的结构稳定的扩展，结构稳定的扩展称为完全扩展。

其实不必添加所有低次项就能获得一个结构稳定的扩展，通过坐标平移，可把 $\widetilde{V}(x)$ 中的三次项和常数项消去，得到：

$$V(x)=x^4+ux^2+vx \tag{5.2.8}$$

$V(x)$ 也是 x^4 的一个完全扩展，它同 $\widetilde{V}(x)$ 是拓扑等价的，即在函数族 $\widetilde{V}(x)$ 中遇到的所有类型也都出现在函数族 $V(x)$ 中，但 $V(x)$ 只用了两个扩展参数 u 和 v，把扩展参数最少的完全扩展称为万能扩展。

万能扩展所需要扩展参数的数目等于余维数。余维数定义为几何对象的维数与所在空间的维数之差，它表示描述几何对象所需要的方程数目。例如，在三维空间的一个二维曲面，它的余维数为 1，需要一个方程来描述；在三维空间的一维曲线，其余维数为 2，需要两个方程；在三维空间零维的点需要三个方程，其余维数也为 3。

余维数有剖分性和不变性两个重要性质：剖分性是指不论几何对象的维数是多少，只有当它的余维数为 1 时才能将它所在空间剖分成两个不同的部分；不变性是指一个势函数的状态变量被剖分成实质性的与非实质性的两部分时，略去非实质性部分后余维数是不变的。

第三节　突变类型

突变有各种类型，通过分析突变类型，加深对突变现象的认识，提高解决突变系统问题的能力。突变类型主要说明初等突变的情况。

一、初等突变的种类

初等突变或基本突变是实质性状态变量不多于 2、余维数不大于 4 时，可能出现的所有突变类型。一个单变量函数 $f(x)$ 在原点的 Taylor 级数展开为：

$$f(x)=\sum_{r=0}^{\infty}\frac{1}{r!}\left(\frac{d^r f}{dx^r}\right)_0 x^r \qquad (5.3.1)$$

把展开式中 k 次项以后的项去掉，所剩下的项称为 k 次截断，用符号 $j^k(f)$ 表示为：

$$j^k(f)=\sum_{r=0}^{k}\frac{1}{r!}\left(\frac{d^r f}{dx^r}\right)_0 x^r \qquad (5.3.2)$$

如果一个函数与任何有同样 k 次截断的函数类型相同，则它被称为 k 次确定。上述定义同样适用于多变量系统。

下面讨论突变生成函数 $\eta = V_{NM}$ 的拓扑等价形式。首先讨论只有一个实质性状态变量 x 的情况，因为 x 为实质性状态变量，必然有：

$$j^2(\eta)=\frac{1}{2!}\left(\frac{d^2\eta}{dx^2}\right)_0 x^2=0 \qquad (5.3.3)$$

设 $\left(\frac{d^3\eta}{dx^3}\right)_0 \neq 0$ ，则有：

$$j^3(\eta)=\frac{1}{3!}\left(\frac{d^3\eta}{dx^3}\right)_0 x^3 \sim x^3 \qquad (5.3.4)$$

或写 $\eta \sim x^3$，x^3 是折叠突变生成函数的拓扑等价形式，或称它为折叠突变核。它的余维数为 1，因为只有一个方程 $(d^2\eta / dx^2) = 0$。如果三次截断也为零，即 $j^3(\eta) = 0$，而 $j^4(\eta) \neq 0$，则有 $j^4(\eta) \sim x^4$，x^4 是尖点突变核。因为存在两个方程 $(d^2\eta / dx^2) = (d^3\eta / dx^3) = 0$，它的余维数为 2。以此类推，可找到余秩数为 1 和余维数小于或等于 4 的其他两类突变核。

假定一个系统的动力学可以由一个光滑的势函数导出，托姆用拓扑学的方法证明了：可能出现的性质不同的不连续构造的数目并不取决于状态变量的数目，状态变量的数目可能很大；而取决于控制变量的数目，控制变量的数目可能很小。

按照托姆突变理论分类定理，自然界和社会现象中的大量不连续现象，可由某些特定的几何形状来表示。只要控制参量的个数不超过 5，那么，按某种意义的等价性分类，总共有 11 种突变类型。但发生在三维空间和一维时间的 4 个因子控制下的形形色色的初等突变，概括起来只有 7 种性质的基本类型，如表 5.3.1 所示。这些数学模型具有高度的概括性和普遍性，其证明是相当困难的，但掌握证明的结果却是比较容易的。

表 5.3.1 初等突变类型表

突变类型	状态变量数目	控制参量数目	突变核	余维数	势函数
折叠	1	1	x^3	1	$V(x) = x^3+ux$
尖点	1	2	x^4	2	$V(x) = x^4+ux^2+vx$
燕尾	1	3	x^5	3	$V(x) = x^5+ux^3+vx^2+\omega x$
蝴蝶	1	4	x^6	4	$V(x) = x^6+tx^4+ux^3+vx^2+\omega x$
双曲脐点	2	3	x^3+y^3	3	$V(x, y) = x^3+y^3+\omega xy+ux+vy$
椭圆脐点	2	3	x^3-xy^2	3	$V(x, y) = x^3-xy^2+\omega(x^2+y^2)+ux+vy$
抛物脐点	2	4	x^2y+y^4	4	$V(x, y) = y^4+x^2y+\omega x^2+ty^2+ux+vy$

二、折叠突变

折叠突变的势函数为：

$$V(x)=x^3+ux \tag{5.3.5}$$

其中 x 是状态变量；u 是控制变量。故状态空间（相空间）(x, u) 是二维的。函数临界点是方程 $V'=0$，即：

$$\frac{\partial V}{\partial x}=3x^2+u=0 \tag{5.3.6}$$

的解，平衡曲面（又称定态曲面）退化为$x^2=-\dfrac{u}{3}$，$u\leqslant 0$。

非孤立奇点集 S 不仅满足方程（5.3.5），而且也满足方程：

$$\frac{\partial^2 V}{\partial x^2}=6x=0 \tag{5.3.7}$$

联合解方程（5.3.6）和（5.3.7）得 $x=0$，$u=0$。

非孤立奇点集 S 是状态空间 (x, u) 中的一个点（0，0），如图 5.3.1（a）所示。它在控制参数空间的投影是分支点集，它也是一个点 $u=0$，如图 5.3.1（b）所示。

如图 5.3.1（c）所示，分支点集把控制参数空间剖分成两个区域。

在 $u<0$ 区域，势函数 V 有一个极小值点（吸引子）和一个极大值点（排斥子）。它们在分支点集 $u=0$ 处重合成一个拐点，即吸引子和排斥子在这里碰撞；在 $u>0$ 区域它们消失，势函数不再有极值点，也可以说在正 u 轴上的定态是空集。

在控制参数空间的正 u 轴或负 u 轴上，任何一点生成的势函数的结构形式不变，也就是说它们是拓扑等价的，所以可用任何一点生成的势函数作为该区域势函数的代表。在分支点 $u=0$ 上，势函数的结构发生了变化，所以分支点集是非生成点集，突变也就发生在这里。

因此，可以说，折叠突变的“控制空间”是一条直线，“投影”只是该线上的一个点，状态（或行为）是空间的一条抛物线，其中一半代表稳定状态，另一半代表不稳定状态。

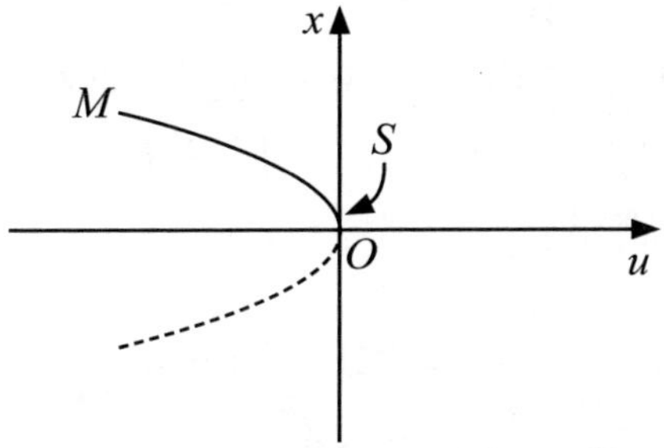

（a）定态曲线 M 和非孤立奇点集 S

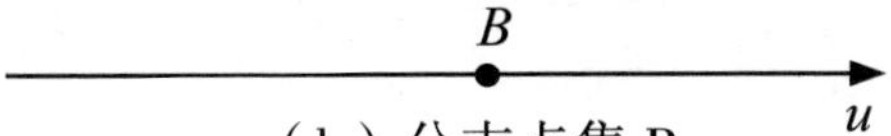

（b）分支点集 B

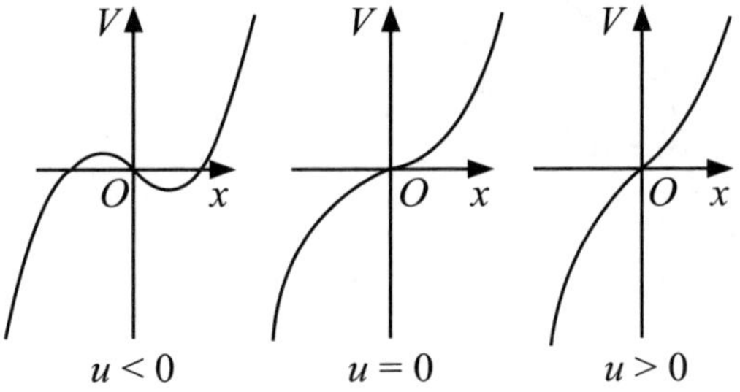

（c）势函数的三种形式

图 5.3.1

三、尖点突变

当控制变量有两个时，最简单的突变模型都是尖点突变。因为这种突变形式的临界曲面容易构造，直观性又强，所以应用广泛。

尖点突变的势函数为：

$$V(x)=x^4+ux^2+vx \tag{5.3.8}$$

状态空间是三维的 (x, u, v)，状态变量为 x，控制变量有两个，即 u 和 v。它的平衡曲面（定态曲面）M 由方程：

$$\frac{\partial V}{\partial x}=4x^3+2ux+v=0 \tag{5.3.9}$$

确定。图 5.3.2 给出了方程（5.3.9）的折叠曲面，像一块布斜打一个褶一样。曲面有三层，分上、中、下三叶。非孤立奇点集 S 满足方程（5.3.9），又要满足：

$$\frac{\partial^2 V}{\partial x^2}=12x+2u=0 \tag{5.3.10}$$

由方程（5.3.9）和（5.3.10）消去 x 得到：

$$\Delta=8u^3+27v^2=0 \tag{5.3.11}$$

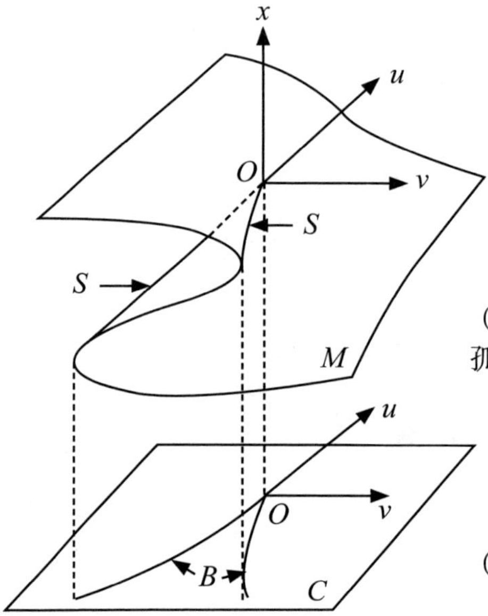

（a）状态空间中的定态曲面 M 和非孤立奇点集 S

（b）参数空间 C 中分支点集 B

图 5.3.2

从而找到分支点集，即平衡曲面的折痕是 u–v 平面上的投影。如果相点恰好在曲面终止的边缘上（曲面回折面形成中叶处），则它必定跳跃到另一叶上，引起 x 的突变。尖点之中有两个极小点，它们被一个极大点分离，两尖点之外侧只有一个极小点。

图 5.3.2（a）中定态曲面 M 包含了方程（5.3.9）的所有定态解。在重叠的部分，参数空间的一个点 (u, v) 对应三个互异定态解（这也

是称它们为孤立奇点的原因）。在重叠的边缘两个定态解合二为一，它们的全体称为非孤立奇点集 S。如图 5.3.2（b）所示，把 S 投影到参数平面 C 上，得到分支点集 B，它就是由 $\Delta=0$ 确定的由两个半立方抛物线组成的尖点曲线。

为了直观地看出控制参数的连续变化导致状态类型的变化，选取 u= 常数 < 0。此时，图 5.3.2 中的定态曲面变为图 5.3.3 中的反 S 曲线。

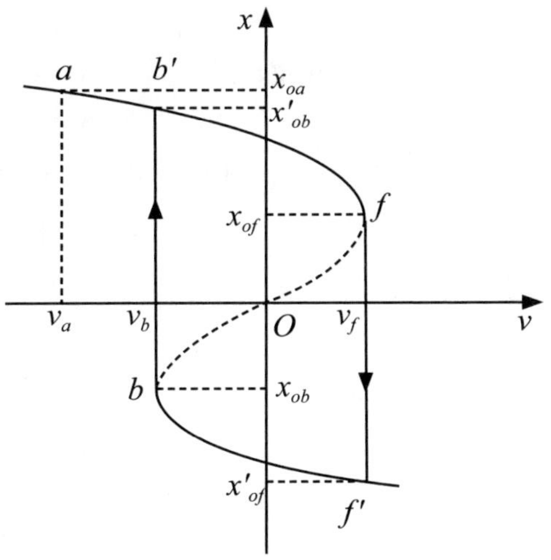

图 5.3.3　状态变量 x 随控制参数 v 的变化（实线：渐进稳定；虚线：不稳定）

在图 5.3.3 中，当 $v = v_a$ 时，系统状态变量处于反 S 曲线的上半支 x_{oa} 点：当 v 从 v_a 增加到 v_f，则状态变量 x 变到 x_{of}；当 v_f 再增加一个无穷小扰动，则状态变量由 x_{of} 跃变到 x'_{of}。当 v 回到 v_f 时，系统不按原路径走，当 v 减少到 v_b 时，状态变量变到 x_{ob}。只要 v_b 再稍微减小一点，在 b 点会发生突变，状态变量由 x_{ob} 跃变到 x'_{ob} 进入到反 S 曲线上半支。

尖点突变的特性主要有：一是多模态性。参数空间一点可以对应系统多重定态解，因此，系统才可能在渐进稳定的定态解之间跃迁，出现突变。多重定态解的根源是系统的非线性，所以，突变只有在非线性系统中才会出现。二是不可达性。在多重定态解中，必有不稳定的定态解，实际系统不可能达到不稳定的定态解，这是突变的原因之一。三是突跃性。突变发生具有跳跃性。四是发散性。控制参量微变造成整个系统状态的大变。五是滞后性。当控制参数变大或变小时，会引起突变，当控制参数减少或者增加时，系统不会沿原路径返回。一般讲，稳定性越大滞后性也越大。

第四节　突变分析方法应用

突变分析方法可以用于定量描述的军事系统，也可以用于定性描述的军事系统。对于能够定量描述的军事系统，可以应用突变分析方法进行定量研究。对于难以定量描述的军事系统，可以应用突变分析方法进行定性研究。在定性军事系统应用中，可以对问题的感性认识或实验做出推测，以拓扑学为基础的突变理论对这种推测提供了根据，使问题得到简化。例如，剖分引理把状态变量分为实质性部分和非实质性部分，而突变只与实质性状态变量有关，实质性状态变量通常很少，只有 1 ~ 2 个。这样选择能代表突变发生的实质性状态变量就不难了。在选择出实质性状态变量的基础上，应用突变方法进一步确定控制参数。

对于一个特定的突变类型，独立控制参数等于万能扩展参数的数目。若突变属于尖点突变类型，立即可判断出它的独立控制参数有两个。在实质性状态变量和独立控制参数选定之后，对于定量极差的突变现象就可以用突变理论的结果对其进行解释和描述。因为突变理论用拓扑学的方法保留了突变现象中的共性，用尖点突变来解释许多学科中众多的突变现象。

突变理论与具体模型无关，它表现为一定范围内突变现象遵循的普遍原则，这正是突变论的结论所在。突变理论是突变现象的一个数学模型，它研究自然界和社会领域的不连续变化的突变现象，应用突变理论解释突变现象，对未来可能的突变进行预测，并控制突变的发生。

尖点突变可以在军事领域得到应用。例如，在一定的战争环境下两军对阵，或者相互对峙，或者一方取胜、另一方败北；防线可能固若金汤，也可能顷刻瓦解。借助突变论可研究一方取胜、另一方溃败发生突变的条件，以及攻方如何行动才能歼灭守方，守方如何部署方可增强生存力等。

在军事领域已将突变模型研究与蒙特卡罗方法相结合。在美国科学家开发模拟尖点型突变程序的基础上，西欧科学家采用蒙特卡罗方法模拟空中正面攻击，目标是突破守方的空中走廊。通过计算机模拟程序在终端屏幕上能够给出在什么条件下攻方飞机可以突破守方的空中走廊，在什么条件下守方的飞机和地对空导弹可以抵御攻方飞机的袭击，为作战态势的分析提供依据。

第六章

军事系统的混沌分析

军事系统的混沌分析是运用混沌理论研究军事系统问题，分析军事系统的混沌现象和形成规律，把握军事系统发展变化的特点和规律，提出解决和利用军事系统混沌现象的对策建议。本章主要阐述混沌概念、模型、特征行为、控制和方法应用。

第一节　混沌概念

混沌现象的研究形成了混沌理论，研究成果说明可以用确定性方程描述异常复杂的、表观上极其混乱无规则的运动，是非线性动态系统的一种复杂有序运动的状态。本节主要说明混沌现象、混沌现象描述和混沌系统分析。

一、混沌现象

混沌是由确定性的非线性动力学系统产生的一种貌似无规则的、类似随机的现象。混沌是确定性系统的伪随机性，混沌不是简单的无序而是没有明显的周期和对称，但却具有丰富的内部层次的有序结构。混沌只能在非线性系统中产生，它是非线性系统中的一种新的存在形式。任何混沌系统必然是非线性的。虽然混沌要求非线性，但非线性并不保证有混沌。

一般系统经过一系列分岔、突变之后，所有可能出现的平衡态、周期态、准周期态都失去稳定性，这时就会出现一种混乱无序、极不规则、异常复杂的运动形式。研究人员虽在不同情况下遇到过这种混乱现象，但都没有意识到这是一种新的运动形式，可以进行深入的研究。20 世纪 60 年代以来，研究人员发现这种可以描述的复杂系统，将其称为混沌系统。

混沌学是研究确定性的非线性动力学系统所表现出来的复杂行为产生的机理、特征的现象，从有序到无序的演化及其反演化的规律和控制的科学。混沌学是一种关于过程的科学，而不是关于状态的科学，是关于演化的科学而不是关于存在的科学，是关于系统的整体性质的科学。通过研究一个系统的混沌现象，可以判断这个系统是否为混沌系统，尝试运用定性定量的方法描述一个混沌系统，尝试控制一个混沌系统，利用历史数据对混沌进行预测等。

二、混沌现象的数学描述

对一个系统混沌现象的研究可以从迭代开始。迭代可看作同一种运算或操作的多次重复，自然数的乘法运算，可看作加法运算的迭代。在 R^n 空间上的线性变换 A 的多次重复下，空间 R^n 中的任意一点将生成一条动态轨迹 $x, Ax, A^2x, \cdots$。迭代产生了动力系统，迭代产生了复杂性。

同一个函数 $f(x)$ 经过多次复合运算，简记为：

$$f^{(1)}(x)=f(x), f^{(2)}(x)=f(f^{(1)}(x)), \cdots, f^{(n)}(x)=f(f^{(n-1)}(x)) \qquad (6.1.1)$$

特别地，记 $f^0(x)\equiv 0$。

函数 $f(x)$ 尽管可以很简单，但 n 次迭代的函数性质不仅变得很复杂，而且当 $n\to\infty$ 时还会出现许多意想不到的动态行为。因此，迭代是复杂的，通过迭代常常把非线性函数的复杂性给放大了。迭代广泛存在于自然、科学、工程、社会、经济等领域中。

迭代并不局限于函数，也可以扩展到映射，因为函数是映射的特例。

设 $f: X\to X$ 是集合 X 到自身的映射，记：

$$f^{(n)}(x)=f\circ f^{(\mathrm{n}-1)}(x), f^{(0)}(x)=x \qquad (6.1.2)$$

其中 n 为整数，称 $f^n(x)$ 为 $f(x)$ 的 n 次迭代，n 称为 $f^n(x)$ 关于 f 的迭代指数。用 $f^n(x)$ 表示 $f(x)$ 的 n 次迭代。

通过状态变量建立的微分方程组描述的系统，常称为动力系统，可简写为：

$$\frac{dX_i}{dt}=F_i(X_j) \qquad i,j=1,2,\cdots,N \tag{6.1.3}$$

其中 X 是 N 维状态向量，$X=(X_1, X_2, \cdots, X_N)$，若 F_i 是 X_i 的非线性函数，则称式（6.1.3）为非线性动力系统。一般非线性方程难以得到解析解，可以得到数值解，解的形式主要有稳定定态解、周期振荡解以及混沌解、发散解。

三、混沌系统的相空间分析

在研究非线性动力学问题过程中，将上述 N 个状态变量作为坐标构成的 N 维空间，称为相空间。相空间中的一个点表示系统在 t 时刻的运动状态。相空间的运动轨迹称为相轨道或相轨线。相空间的点代表动力系统的一个特定状态，点即状态，轨迹即状态的时间序列。相空间给出一种把系统的每一点实质性信息变成图像的方法。

在 N 维相空间中，相轨道表示系统的运动状态随时间的发展过程。刘维（Liouville）定理指出，保守系统在运动过程中相空间体积保持不变；而耗散系统的相空间体积，在运动过程中逐渐收缩，相空间的相轨线要从 N 维收缩到小于 N 的 m 维数上。也就是说，对于不同的初始条件，只要观测时间足够长，耗散系统在相空间的运动收缩到的有限区域，被称为吸引子。吸引子只是一系列状态，吸引子集就是一个点集。吸引子是相空间中的几何体，该几何体不随时间变化，附近的轨线都趋于它，它的维数是整数并小于相空间的维数。

非线性动力系统的长时间行为在相空间有三种可能的表现形式：一是轨线趋于一个定点，称为定态吸引子，对应于系统处于稳定状态；二是轨线趋于一个闭合曲线，称为周期吸引子，对应于系统做周期振荡运动；三是在一定控制参数范围内，轨线在相空间被吸引到一个有限的区域，在这个区域内，既不趋于一点，也不趋于一个环，而是做无规则的随机运动，称此为奇怪吸引子。系统的这种动态行为就是混沌。

上述的定点有不动点和平衡点，还有周期轨道都是非常简单的轨道，但它们是动力系统拓扑结构的最基本的形态，也是动力系统不变集的关键组成部分。但平衡点和周期轨道都不可能是混沌集。

混沌振动产生的数学机理。考虑一个离散非线性动力系统的差分方程：

$$x(n+1)=\begin{cases}2x(n) & 0\leqslant x(n)<0.5\\ 2x(n)-1 & 0.5\leqslant x(n)\leqslant 1\end{cases} \qquad (6.1.4)$$

其中 x 为状态变量。取初值 $x(0)=11/32$，二进制记作 $x(0)=0.01011\cdots$

逐步迭代可得：

$$x(1)=0.1011\cdots,\ x(2)=0.011\cdots,\ x(3)=0.11\cdots$$

可见，迭代一次，原信息损失一位。若 $x(0)$ 有 n 位信息，经 n 次迭代，就完全损失原有信息。由于迭代 n 次后，原来小数点后第 n 位迭代成第一位，则两个仅有小数点 n 位后微小差别的初值，迭代 n 次后差别就变大，故非线性系统对初始条件的微小差别十分敏感。这就是混沌产生的数学机理。混沌的概念，其本质就是系统对初值的敏感依赖性。混沌主要产生于一大类迭代系统中，迭代系统随时间的变化过程可发生在连续时间内，也可以发生在离散时间中，一般前者称为流，后者称为映射。

第二节　混沌模型

混沌模型是混沌现象的研究成果，可以说明混沌现象的特点和变化规律。混沌模型的内容主要说明混沌模型的数学表达、稳定性和分岔。

一、混沌模型的数学表达

在生态系统中，描述单物种虫口数量关系可表示为：

$$x_{n+1}=\mu x_n(1-x_n)=f(x_n) \tag{6.2.1}$$

其中 x_n 和 x_{n+1} 分别表示第 n 代（亲代）和第 $n+1$ 代（子代）虫口的数量；μ 表示与昆虫生活条件有关的一个控制参数；f 函数称为一维逻辑斯蒂映射。

如果控制参数 μ 值在 0 ~ 4 之间，逻辑斯蒂映射 f 的作用是把任何值 $x_n\in[0,1]$ 仍然映射到该区间，即 $x_{n+1}=f(x_n)\in[0,1]$，这是自身映射。由于函数 $f(x_n)$ 是非线性的，不能单值地定义逆映射 $x_n=f^{-1}(x_{n+1})$，所以这类非线性映射都是不可逆的。在一定意义下，不可逆性相当于存在耗散，因此一维非线性映射可以看作简单的耗散系统。下面通过作图法对逻辑斯蒂映射进行分析，以便研究控制参数 μ 对昆虫长时间行为的影响。

一个不动点的情况，如下图 6.2.1 所示。取 x_n 为横轴，x_{n+1} 为纵轴，做过原点的射线 $x_{n+1}=x_n$，令 $\mu=0.5$，$x_0=0.5$，过 x_0 做平行于纵轴的虚线与曲线交于 A_1；过 A_1 做横轴平行线交直线于 B_1；过 B_1 再做纵轴平行线交曲线于 A_2，交横轴于 x_1。重复上述步骤，可以依次找出与曲线的交点 $A_1, A_2, \cdots, A_n, \cdots$，在横轴与其对应的点 $x_1, x_2, \cdots, x_n, \cdots$，这就是迭代序列，表示出每年的昆虫数。

从图 6.2.1 可以看出，在参数 μ=0.5 时，昆虫数会随着 n 的增加很快地趋于零。一旦达到零就再也不动，因此将 x_n 的这个极限状态 x^*=0 称为稳定的不动点。根据式（6.2.1），不动点 x^* 显然满足方程：

$$x^*=f(x^*)=\mu x^*(1-x^*) \tag{6.2.2}$$

由此可解出两个不动点：$x^*=0$，$\bar{x}^*=1-1/\mu=-1$。因为 $\bar{x}^*$ 不在昆虫数的实际变化区间 [0，1]，所以舍去。

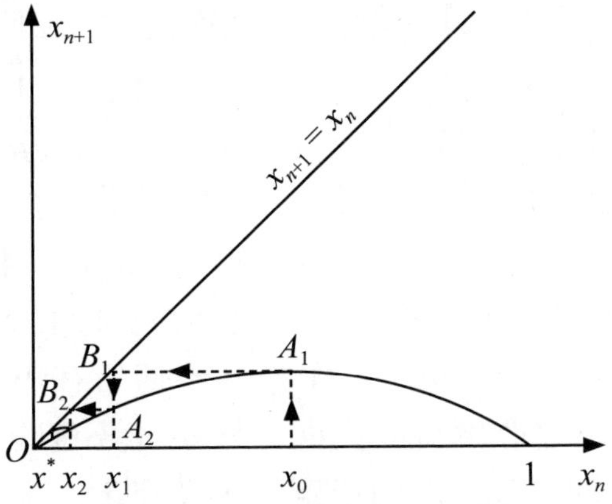

图 6.2.1　一个不动点的作图法

二、混沌模型的稳定性

下面讨论不动点的稳定条件。在稳定的不动点 x^* 附近，把每次迭代结果表示为：

$$x_n = x^* + \varepsilon_n \tag{6.2.3}$$

其中 ε_n 为偏差。将式（6.2.2）代入式（6.2.3）后，并按 Taylor 级数展开到 ε_n 项：

$$x^* + \varepsilon_{n+1} = f(x_n = x^* + \varepsilon_n) \approx f(x^*) + f'(x^*)\varepsilon_n \tag{6.2.4}$$

利用不动点方程（6.2.2）消去方程（6.2.4）两边的第一项后，得到稳定性条件为：

$$\left|\frac{\varepsilon_{n+1}}{\varepsilon_n}\right| = \left|f'\left(x^*\right)\right| < 1 \tag{6.2.5}$$

其中，

$$f'(x^*) = \left(\frac{\partial f}{\partial x}\right)_{x^*} = \mu(1-2x^*) \tag{6.2.6}$$

把 $x^*=0$ 代入式（6.2.6），并结合（6.2.5），可得到不动点的稳定条件是：

$$0 < \mu < 1 \tag{6.2.7}$$

显然，另一个不动点$\bar{x}^*$不满足上述稳定条件。要使$\bar{x}^*$满足式(6.2.5)稳定条件，稳定的不动点$\bar{x}^*$应满足$|\mu[1-2(1-\frac{1}{\mu})]|=|-\mu+2|<1$，即$1<\mu<3$，在这种情况下$x^*$又变为不稳定了。

两个不动点的情况。考虑μ=2，x_0=0.1的迭代情况。如图6.2.2所示，曲线与直线有两个交点，分别是不动点x^*=0和$\bar{x}^*$=1−1/μ=0.5。这两个不动点与初值x_0无关。若初值在不动点x^*=0，则昆虫因没有卵，就不会产生新一代虫。只要x_0不完全为零，迭代的结果x_n就会逐年增加，最终趋向稳定的不动点$\bar{x}^*$。由$\bar{x}^*$的稳定条件是$1<\mu<3$可知，当μ超过3时，$\bar{x}^*$也变为不稳定。

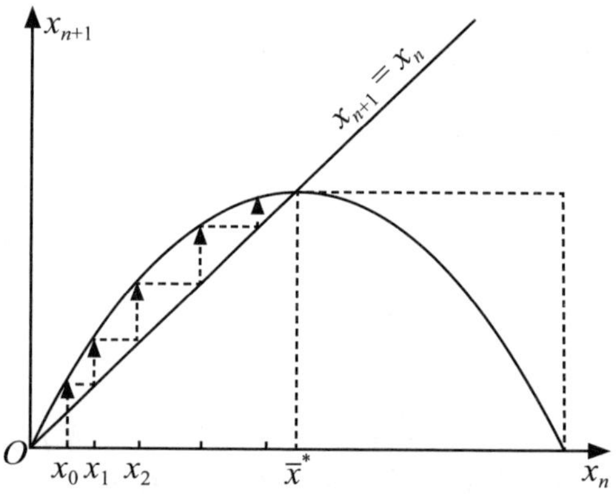

图6.2.2 两个不动点的作图法

考虑$\mu=3.14>3$，$x_0=0.08$的迭代情况。如图6.2.3（a）所示，从x_0^*开始按箭头方向经过几次迭代后，系统就进入了图中的黑方框进行循环，两个昆虫数x_1^*和x_2^*交替重复出现。它们分别满足如下方程：

$$\begin{cases}x_1^*=f(x_2^*)=\mu x_2^*(1-x_2^*)\\x_2^*=f(x_1^*)=\mu x_1^*(1-x_1^*)\end{cases}\tag{6.2.8}$$

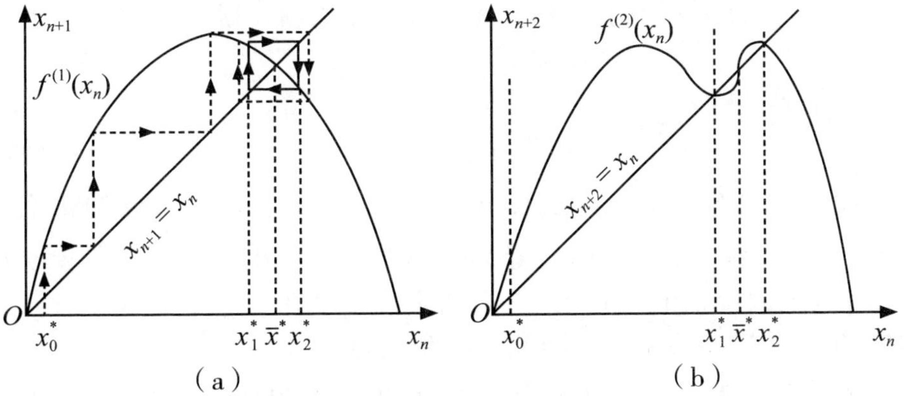

图 6.2.3　二周期点的作图法

并可解得：

$$\begin{cases} x_1^* = \dfrac{1+\mu-\sqrt{(\mu+1)(\mu-3)}}{2\mu} \\ x_2^* = \dfrac{1+\mu+\sqrt{(\mu+1)(\mu-3)}}{2\mu} \end{cases} \tag{6.2.9}$$

上述 x_1^* 和 x_2^* 之间出现振荡，称为二周期点。由式（6.2.1）两次迭代，可以写出：

$$x_{n+2}=\mu x_{n+1}(1-x_{n+1})=f^{(2)}(x_n)=\mu[\mu x_n(1-x_n)][1-\mu x_n(1-x_n)] \tag{6.2.10}$$

方程（6.2.10）是一个一元四次代数方程，它有 4 个根，对应图 6.2.3（b）中的点 x^*、x_1^*、$\bar{x}^*$ 和 x_2^*。下面来讨论它们的稳定性。二周期点的稳定条件与一个不动点的稳定条件相类似，即：

$$|f^{(2)'}(x_n)|\begin{cases} <1 & 稳定条件 \\ >1 & 不稳定条件 \\ =1 & 临界条件 \end{cases} \tag{6.2.11}$$

根据复合函数求导法则，可以求得稳定条件式（6.2.11）为：

$$|f'(x_1^*)f'(x_2^*)|<1 \tag{6.2.12}$$

由式（6.2.1）得：

$$f'(x_1^*)f'(x_2^*)=\mu^2(1-2x_1^*)(1-x_2^*) \tag{6.2.13}$$

将式（6.2.9）中的 x_1^* 和 x_2^* 代入式（6.2.13）得：

$$f'(x_1^*)\,f'(x_2^*) = -\mu^2+2\mu+4 \tag{6.2.14}$$

由临界条件：

$$f'(x_1^*)\,f'(x_2^*) = \pm 1 \tag{6.2.15}$$

代入式（6.2.14），可求出二周期点的控制参数 μ 的值分别为 $\mu_1=3$，$\mu_2=1+\sqrt{6}$。由稳定条件式（6.2.11）可知，当 μ 在 $3<\mu<1+\sqrt{6}$ 范围内取值时，x_1^* 和 x_2^* 为两个稳定的不动点，而 x^* 和 $\bar{x}^*$ 为不稳定的不动点。$\mu_1=3$ 是二周期点的分岔点。

当控制参数 $\mu>\mu_2=1+\sqrt{6}\approx 3.449$ 时，二周期点就变为不稳定，取而代之的是四周期点。如图 6.2.4（a）所示，有四个稳定点 x_1^*，x_2^*，x_3^* 和 x_4^* 交替出现形成四周期点。四个稳定点之间的关系满足：

$$x_{n+4} = f^{(4)}(x_n) \tag{6.2.16}$$

将式（6.2.1）代入式（6.2.16），可得到如图 6.2.4（b）所示的 x_{n+4} 与 x_n 的关系。图中曲线 $f^{(4)}(x_n)$ 和直线 $x_{n+4}=x_n$ 有八个交点。根据四周期点的稳定条件：

$$\left|\prod_{i=1}^{4} f'(x_i^*)\right| < 1 \tag{6.2.17}$$

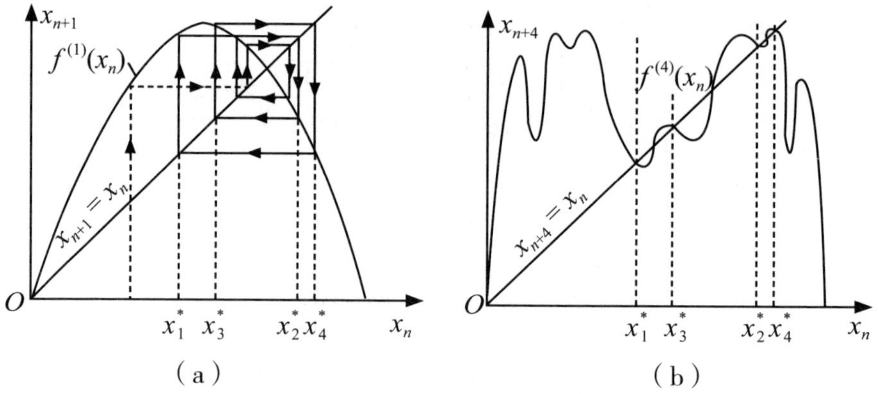

图 6.2.4　四周期点的作图法

判定 x_1^*，x_2^*，x_3^* 和 x_4^* 是稳定的。再由不动点满足的式（6.1.1）和四周期点的临界条件：

$$|\prod_{i=I}^{4} f'(x_i^*)| = \pm 1 \tag{6.2.18}$$

可求出产生四周期点的控制参数 μ 的取值范围 $\mu_2 < \mu < \mu_3$，计算求得 $\mu_3 = 3.544$。

当 $\mu > \mu_3$ 时，四周期点运动变为不稳定的，被八周期点取代，依此类推，每到分岔点 μ_n，就会出现 2^n 周期点。这种依照次序出现的周期加倍的分岔现象，称为倍周期分岔。

在由式（6.2.1）表示的逻辑斯蒂映射过程中，当控制参数产值增加到 $\mu_1 = 3$ 时，出现二周期点；当产值增加到 $\mu_2 = 1+\sqrt{6}$，出现四周期点；当产值增加到 $\mu_3 = 3.544$ 时，出现八周期点；当 $\mu_4 = 3.564$ 时出现十六周期点等。这样一分为二，二分为四，四分为八……的周期加倍的分岔现象，是倍周期分岔，又称倍周期分支，如图 6.2.5 所示。

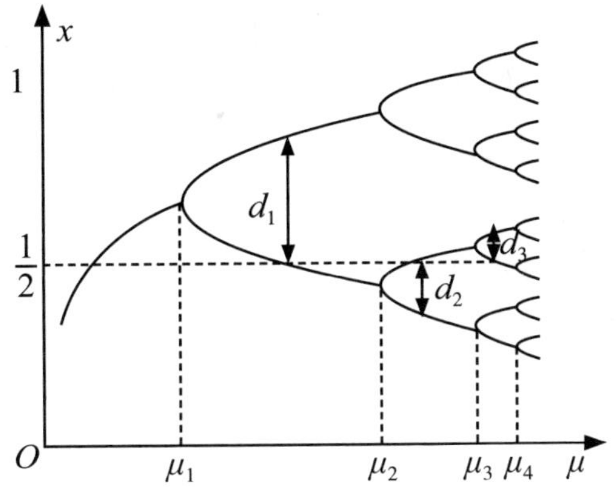

图 6.2.5　倍周期分岔

上述倍周期分岔一直进行到 μ 取极限值

$$\mu_\infty = 3.570 \tag{6.2.19}$$

时，迭代会出现 $\lim_{n\to\infty} 2^n = \infty$ 长周期，即表明运动成为非周期，也就是进入混沌区，如图 6.2.6 所示。

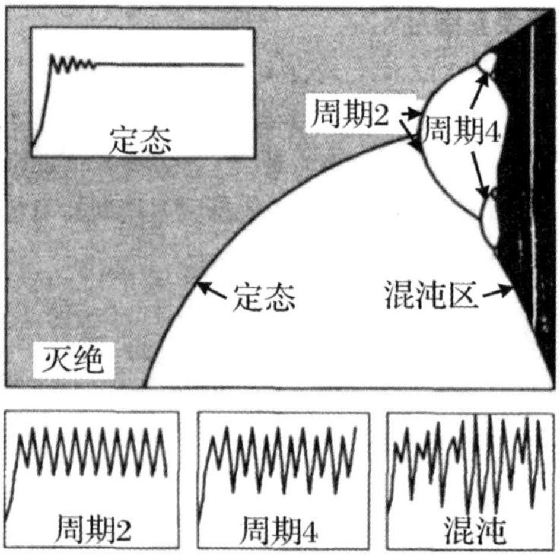

图 6.2.6 函数 $f(x)$ 和 $f^{(2)}(x)$ 的图像

三、混沌模型的分岔

分岔是非线性动力系统中所特有的现象。分岔原为微分方程理论中的一个概念，它的含义是指一分为二，后被人们推广到动力学系统，泛指当控制参数改变时，其相图发生拓扑结构的突然变化。从分岔的过程来看，失稳是发生分岔的物理前提。分岔以后，系统不同状态间产生了不连续的过渡，即发生突变。经过不断地分岔，最后系统达到的终态就是混沌理论的研究对象。分岔理论是研究非线性方程解的定性行为的数学理论。研究内容包括：分岔点的位置、分岔解的方向与数目、分岔解的稳定性、分岔解的类型、分岔的过程和终态等。

逻辑斯蒂映射随着迭代次数 n 的增加，相邻分岔点的间距越来越小，而相邻分岔点间距之比却越来越稳定在一个确切的无理数上。如图 6.2.5 所示，设 $\mu_1, \mu_2, \cdots, \mu_n, \cdots$ 为控制参数 μ 在各分岔点的值，则相邻分岔点间距之比为：

$$\delta = \lim_{n\to\infty}\frac{\mu_n - \mu_{n-1}}{\mu_{n+1} - \mu_n} = 4.669\cdots \tag{6.2.20}$$

称 δ 为费根鲍姆常数。费根鲍姆还发现，只要 $f(x)$ 是光滑的单峰函数，且具有连续的一阶导数，在极值处二阶导数不为零，则 δ 值与函数 $f(x)$ 的形式无关，故又称 δ 为普适常数。普适常数 δ 描述了混沌的内在规律性，非线性方程虽然不同，但它们在倍周期分岔这条道路上却以相同的速率走向混沌。

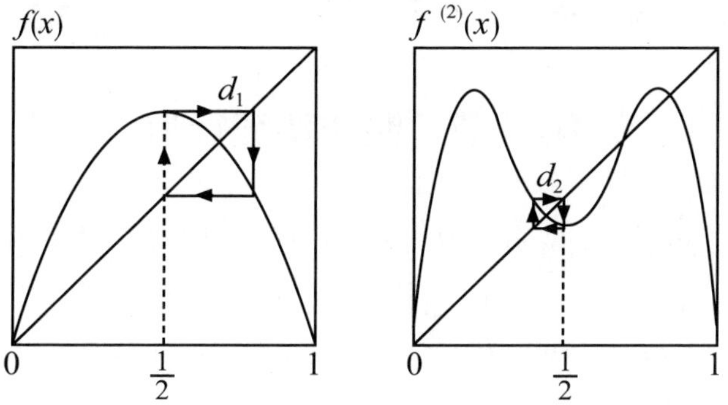

图 6.2.7　$f(x)$ 与 $f^{(2)}(x)$ 中处的 $\frac{1}{2}$ 尺度 d_1 和 d_2

在图 6.2.7 所示的倍周期分岔区域中，费根鲍姆还发现相邻倍周期轨道之间的距离是收敛的，如在 $x=\dfrac{1}{2}$ 处倍周期距离 d 满足普适关系：

$$\alpha=\lim_{n\to\infty}\frac{d_n}{d_{n+1}}=2.502\cdots \tag{6.2.21}$$

α 又是一个普适常数，称为费根鲍姆第二常数，也称标度变换因子。

显然，参数 μ 的尺度每次以 δ 倍减小，而 d 的尺度每次以 α 倍减小，n 次之后尺度分别为 $\dfrac{1}{\delta^n}$ 和 $\dfrac{1}{\alpha^n}$，大小尺度之间相差好多个数量级，这是一种无特征尺度现象。在这个多尺度系统中，尺度由 $\mu_n-\mu_{n-1}$ 变成了 $\mu_n-\mu_{n-1}$ 的 $\dfrac{1}{\delta}$ 倍，周期的个数由 1 变成 2，函数 $f(x)$ 变成了 $f^{(2)}(x)$，如图 6.2.7 所示。

上述的逻辑斯蒂映射式（6.2.1）具有一维相空间和一维参数空

间，它是通过倍周期分岔的路径通向混沌，是形成混沌的一类最简单最基本的映射方式。此外，圆周映射具有一维相空间和二维参数空间，Henon 映射具有二维相空间等。它们通向混沌的路径要比一维的逻辑斯蒂映射复杂得多。但是，一维映射对于耗散系统混沌研究具有更重要的意义，因为一维映射所得到的分岔序列与临界点邻域的标度律对于高维系统具有普适性。

第三节　混沌特征行为

混沌特征行为是混沌现象研究的重点内容，是把握混沌变化和发展的基础。混沌是一种有结构的无序，表面上看起来杂乱无规则的混沌是有其内在规律性的，通过研究混沌的分岔、周期窗口和自相似结构，可了解混沌特征行为。

一、混沌带倍周期逆分岔

如图 6.3.1 所示。当 μ 从 4 减小时，x_n 历经的区域逐步缩小，AB 和 CD 这两条历经区域的边界方程分别是：

$$\begin{cases} x_{AB} = \mu(1-\mu/4) \\ x_{CD} = \mu/4 \end{cases} \tag{6.3.1}$$

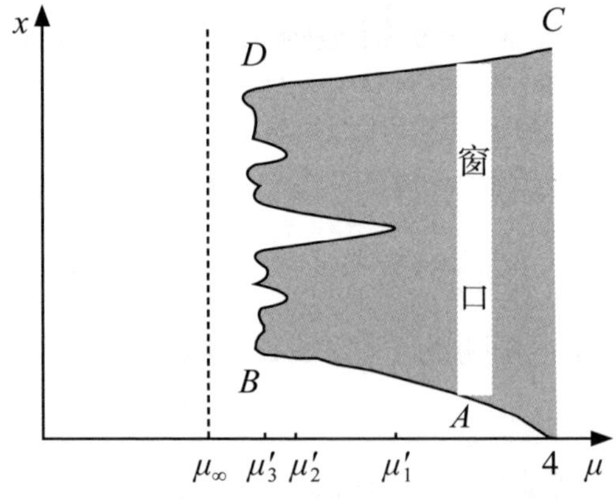

图 6.3.1　混沌带倍周期逆分岔（坐标不按比例）

计算表明，所有历经区间 $[\mu(1-\mu/4), \mu/4]$ 之外的点，经过一次或有限次迭代后，都会被吸引到历经区间，一个点只要落到这个区间就再也不会跑出来。

当 μ 从 4 减小时，即从混沌带的右边往左，μ 减小到 μ_1'，原来连成一片的混沌带被一分为二，记为 $1I$ 带，如图 6.3.2 所示。到 μ_2' 时分为四，记为 $2I$ 带，到 μ_3' 时分为八，直到 μ_∞ 为止。也就是说，混沌区以与周期区相反的方向从右到左分为 2^n 个带，它们分别称 $1I$，$2I$，$4I$，…，2^nI 为混沌带。这时分岔点不是周期点而是混沌带。

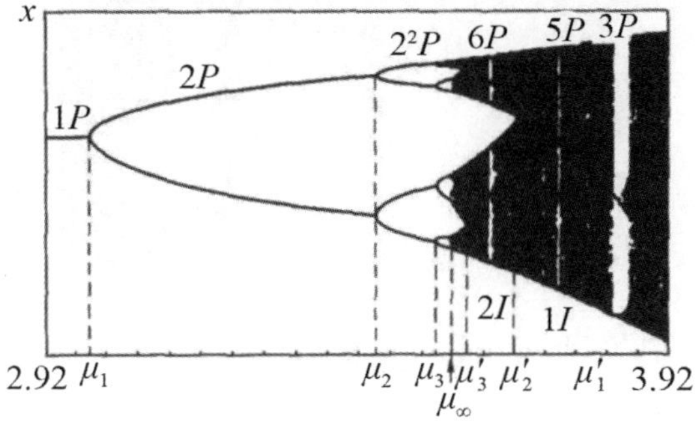

图 6.3.2 倍周期分岔与混沌带倍周期逆分岔

当 $\mu = \mu_n'$ 时，出现 2^n 条混沌带。x 会以确定的顺序历经这些混沌带，每次出现在一条带上，在 2^n 次内不会重复出现，到 2^{n+1} 次又回到原出发的带上，以后又从头开始同样地循环。这种混沌带之间表现出的周期性是混沌有序的一面。

每条混沌带是一个区间，x 到底落在每个区间的哪个具体部位，则完全是随机的，这又是混沌有序中的无序行为。当 $n\to\infty$ 时，μ_n' 也趋于一个确定的值：

$$\lim_{n\to\infty}\mu_n' = \mu_\infty' = \mu_\infty \tag{6.3.2}$$

与上节的倍周期分岔相对应，故把上述混沌带的分岔过程称为混沌带倍周期逆分岔。从图 6.3.2 可以看出，当 $n\to\infty$ 时，倍周期分岔序列 nP 与混沌带倍周期逆分岔序列 nI，分别从右边和从左边相向地收敛于它们的共同极限 μ_∞。

二、混沌区中的周期窗口

从倍周期分岔开始，首先产生周期 2，4，8，16，…，然后混沌开始，便是没有规则的周期。在此以后系统被加强驱动后，出现一些奇数周期窗口，如图 6.3.3 所示。

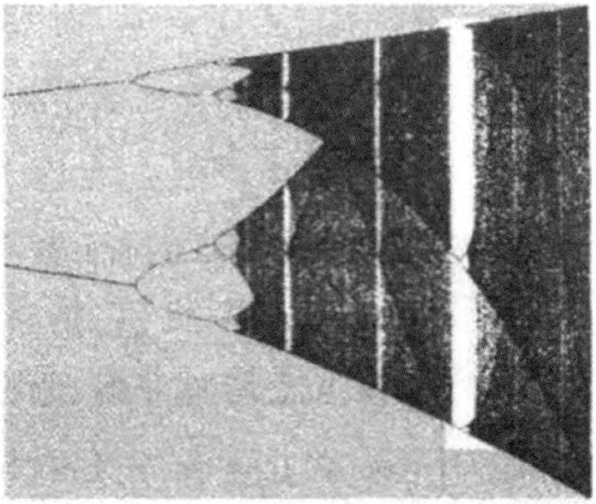

图 6.3.3　混沌中的周期窗口

它们是透明的窗口，不是混沌的周期窗口，它们的序列自右向左。最大窗口发生在 $\mu = 1+\sqrt{8} = 3.828$ 处附近，它是周期 3 窗口。此外，在混沌区内，除了周期 3 窗口外还存在周期 5，7，9 等窗口，它们都具有和周期 3 相同的规律性。它们全嵌在 1*I* 混沌带里。然后又开始倍周期的过程，在 2*I* 混沌带里有 3×2，5×2，7×2…周期窗口。在 4*I* 混沌带里有 3×2^2，5×2^2，7×2^2…周期窗口等。这种结构形式具有无穷的层次，任何一小部分被放大后，看起来都与整个图相像。例如图 6.3.4（a）中的周期 3 窗口放大后，如图 6.3.4（b）所示。

上述混沌行为特征是从 Logistic 生态模型得到的，但它具有相当大的普遍性。实际上，这类倍周期分支序列和混沌结构会出现在许多更为复杂的非线性系统中。

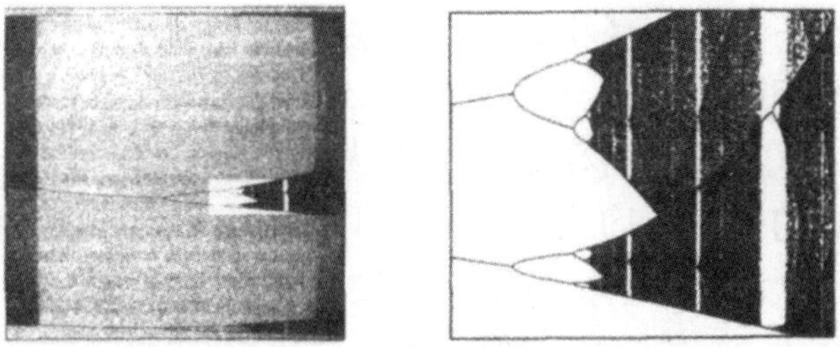

（a）一个稳定的周期 3 窗口　　（b）周期 3 窗口中一小段的放大图

图 6.3.4　混沌窗口的放大图

三、混沌周期轨道的分岔

上面讨论的倍周期分岔又称音叉分岔，或干草分岔。阵发混沌发生在切分岔的形式中。在逻辑斯蒂映射式（6.2.1）中，除 3 倍周期分岔外，其他周期轨道都是通过切分岔出现的，最简单的例子是周期 3 轨道。下面研究切分岔和阵发混沌产生的过程。

在由式（6.2.1）表示的逻辑斯蒂映射中，当 $\mu_c = 1+\sqrt{8}$时出现周期 3 轨道。当 $\mu > \mu_c = 1+\sqrt{8}$时，其迭代映射 $f^{(3)}(x)$ 如图 6.3.5 中的曲线 1 所示。$f^{(3)}(x)$ 曲线与直线 $x_{n+3} = x_n$ 有 8 个交点，其中成对出现的有 3 对。根据稳定性条件判断，只有 x_1^*，x_2^* 和 x_3^* 是稳定的，其他是不稳定的，x_1^*，x_2^* 和 x_3^* 构成了 3P 轨道。

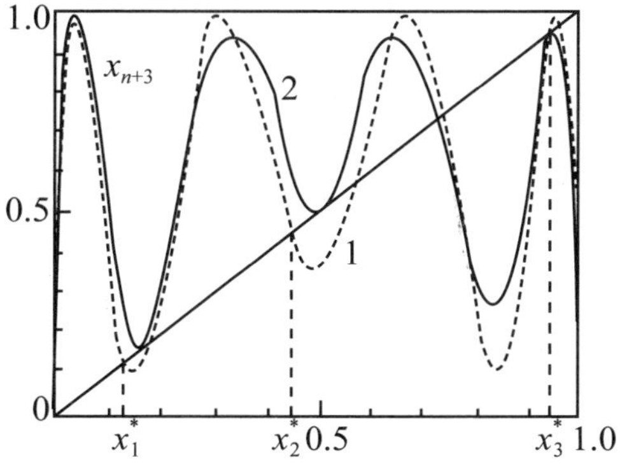

图 6.3.5　$f^{(3)}(x)$ 的周期 3 不动点

当 μ 从 $\mu_c = 1+\sqrt{8}$ 减小时，非线性程度降低，曲线 $f^{(3)}(x)$ 趋于平缓，它与直线相交的 3 个舌尖回缩。在 $\mu = \mu_c = 1+\sqrt{8}$ 时，如图 6.3.5 中曲线 2 所示，曲线 $f^{(3)}(x)$ 的 3 个舌尖刚好与直线 $x_{n+3} = x_n$ 相切，此时 3 个切点处的 $f^{(3)'}(x)$ 均为 1，表明 3 个稳定的不动点在此要分岔失稳，称这种分岔为切分岔，其分岔图如图 6.3.6 所示。在 $\mu < \mu_c$ 的一侧，不存在定态；在 $\mu > \mu_c$ 的一侧，只有一个稳定的定态，另一个是不稳定的。图中的实线表示稳定的定态，虚线表示不稳定的定态。

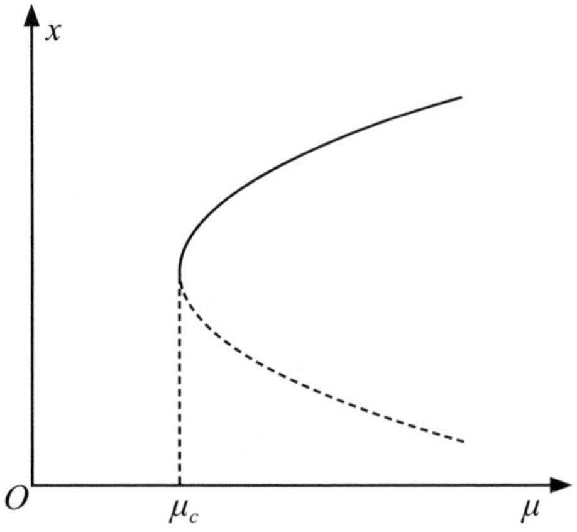

图 6.3.6　切分岔

四、阵发混沌现象

阵发混沌是周期性和混沌性间歇发生的现象。混沌区并不完全是无序的，它是有结构的，它还存在一个透明的窗口。在这些窗口内，物种数的演化是周期性的，最大的周期窗口的周期为 3，它发生在 $\mu = \mu_3 = 1+\sqrt{8}$ 处。从 μ_3 开始逐渐增加 μ，又可以发现 3→6，6→12，12→24，…，3×2^n 的倍周期分岔。当 $n\to\infty$ 时，会走出这个窗口进入混沌区；从 μ_3 往回减小也会进入混沌区，但这时并不存在倍周期分支，而是从周期 3 直接进入。在 μ 略小于 μ_3 的小邻域，物种数演化表现出很奇怪的特性，在很长时间内表现出周期 3 的特性，但这种有节奏的变化在某段时间突然被打破，产生无规则运动，一阵混乱后又回到周期 3 上来，不知过了多久运动又会乱起来。

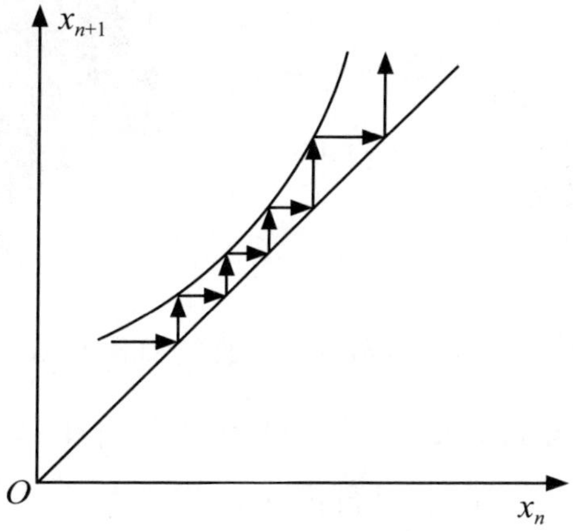

图 6.3.7 阵发混沌产生过程

当控制参数 μ 稍小于 $\mu_c = 1+\sqrt{8}$ 时，图 6.3.5 中的曲线 $f^{(3)}(x)$ 的舌尖与直线 $x_{n+3} = x_n$ 之间形成一个很狭小的走廊，如图 6.3.7 所示。在该走廊一端的初始状态 x_0，经多次迭代穿过 x_1 走廊，由走廊的另一端离开。然后跳入周期 3 的靠近 x_2 的另一个走廊，再离开……如此下去，不难看出，在走廊的最狭处，接近于 3 的迭代情况，即接近于周期 3 的行为。然而，从走廊的端口跳进另一个走廊的过程，状态发生很大变化的阵发过程，出现混沌。这种发生在切分岔邻域的阵发混沌称为 I 型阵发混沌。

从周期 3 窗口的情况可以看出，当 μ 从 $\mu_c = 1+\sqrt{8}$ 逐渐增大时，可观测到倍周期分岔，迭代次数 $n\to\infty$ 时进入混沌；当 μ 从 $\mu_c = 1+\sqrt{8}$ 减小时，系统通过阵发性过程进入混沌，其全过程如图 6.3.2 所示。

出现倍周期分岔的系统，原则上也都有阵发混沌出现。因此，阵发性和倍周期分岔是孪生现象。

五、混沌带自相似结构

在混沌带中还存在着无穷层次的自相似结构，如图 6.3.8 所示。

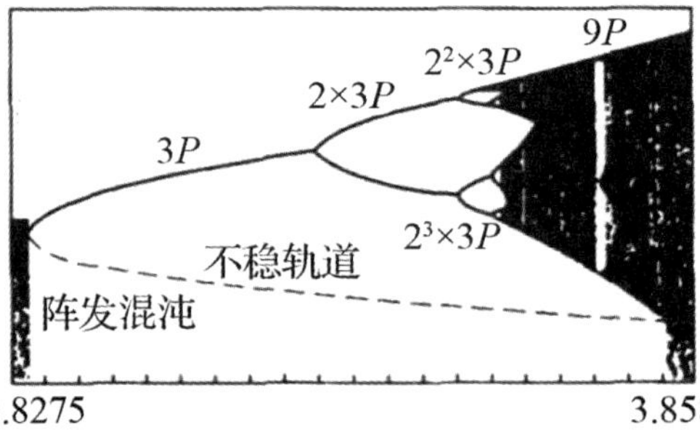

图 6.3.8　周期 3 窗口处的自相似结构

图 6.3.8 中放大的周期 3 窗口处就具有自相似结构。当 μ 从 $\mu_c = 1+\sqrt{8}$ 逐渐增大时，则从左向右依次出现 3P，$2\times3P$，$2^2\times3P$，…，$2^n\times3P$ 的倍周期分岔，其分岔情况如图 6.3.8 所示。

同样，也存在从右向左的混沌带 3I，$2\times3I$，$2^2\times3I$，$2^3\times3I$，…和从右向左的周期窗口 $3\times3P$，$3\times5P$，$3\times7P$，$3\times9P$。这些二级结构和图 6.3.2 完全相同。若把二级结构图的一部分放大，则会出现与图 6.3.2 相同的精细结构，即它也包含有从左到右的倍周期分岔序列和从右到左的混沌带逆序列。

如果把图 6.3.8 这种二级结构图的某一部分继续放大，如把其中的 9P 放大，又可以得到同图 6.3.2 和图 6.3.8 完全一样的三级结构。如此下去，可以不断地得到四级、五级、六级……结构。不难看出，混沌带中存在着无穷层次的自相似结构。这是混沌结构的有序一面，它也表明混沌与通常所说的随机过程有着本质的区别。

混沌具有无穷层次的嵌套结构，在这大大小小的复杂的自相似图形中，标度变换是普适的，从小到大的自相似放大比率是一个不变的费根鲍姆常数 α——标度变换因子。α 大小与尺寸无关，与时间无关，与位置无关，与用什么样的非线性映射无关，它是一个普适常数。它揭示了混沌中存在着无穷层次自相似结构的内在规律性。

应该指出，这类周期窗口和次级混沌带总是在控制参数 μ 变化不大时发生突变。如图 6.3.8 中的周期 3 窗口的精细结构延伸到 μ = 3.857 时，3 个二级混沌带突然又连成 1 个混沌带，这种由于控制参数连续变化而引起的混沌状态的突变被称为混沌危机，又称吸引子危机。

混沌危机的出现是由于不稳定的周期轨道，如图 6.3.8 中用虚线所示的由鞍结点发出的不稳周期 3 轨道，与次级混沌带相遇引起混沌带中的轨道充斥于各次级轨道之间，类似的混沌危机也存在于二维和三维映射以及微分方程所描述的系统中。

通过对逻辑斯蒂映射的深入分析可以看出，尽管式（6.2.3）是一个确定性方程，但是控制参数 μ 在一定取值范围却出现混沌。单峰映射实际上相当于折叠，经过连续地映射，相当于映射点经过不断折叠和分开，因此映射点的迭代过程呈现出对初值条件的敏感依赖性。

在式（6.2.1）中，我们从 $\mu=4$ 时的混沌区进行方向考察，从 [0，1] 中任取一个数作为初始值，利用迭代：

$$x_{n+1}=4x_n(1-x_n) \tag{6.3.3}$$

可求出以后各年虫口的 $x_1, x_2,\cdots, x_n,\cdots$，这些值几乎布满了 [0，1] 整个的区间。不管在 [0，1] 内取什么值为初始值，都是如此。这种现象在物理上被称作各态历经。根据初始值无法预测多少年虫口 x_n 是多少，即当混沌发生时，对系统的长时间行为不可预测，这是混沌表现无序的一面。

混沌运动具有轨道的不稳定性，即系统对某些控制参数值，在几乎所有的初始条件下，都能产生非周期性动力学过程。混沌是指在确定性系统中出现的无规则性或不规则性，混沌运动是确定性系统中局限于有限相空间的高度不稳定运动。所谓轨道高度不稳定，是指随着时间的发展，相邻的相空间轨道之间的距离会呈指数地增大。正是这种不稳定性，使系统长时间的行为会显示出某种混乱性。

轨道的不稳定性是混沌的一个显著特征，其实质就是混沌内在的随机性，它是指在原来完全确定的系统内部产生的随机性。在一定的条件下，如果系统的某个状态既可能出现，也可能不出现，该系统就被认为具有随机性。内随机性的另一方面是局部不稳定，一般来说，产生混沌的系统具有整体稳定性。混沌态与有序态的不同在于，它不仅具有整体稳定性，还具有局部不稳定性。所谓局部不稳定性是指系统运动的某些方面，如某些维上的行为非常依赖于初始条件。一个系统要进化，要达到一个新的演化状态，应在系统整体稳定的前提下允许局部的不稳定，这些部分不稳或失稳正是进化的基础。这种情况在耗散系统中是普遍存在的，可见耗散系统中这种局部不稳定性和整体稳定性的结合就构成了混沌。

确定性系统由于初始值不断迭代的结果，系统出现混沌现象，变得不可捉摸，看起来就像随机过程一样，但实际上是假的随机过程，又称伪随机过程。一般来说，随机过程是短期内无法预测的现象，而伪随机过程却是短期内可以预测、长期才不可预测的。系统的混沌现象对初始条件的敏感依赖性可作为混沌的一个定义。系统的混沌对初始条件敏感依赖性的本质,不在于产生初始条件的误差，而在于非线性系统本身的固有属性，是大自然的内在规律性。

混沌并不是噪声，这里的噪声是泛指来自所研究系统以外的任何微小的干扰。噪声的特征在于它是真正随机，而绝对无法预测的。在现实世界中，混沌往往披着噪声的外衣出现。噪声在任何实际系统中都是不可避免的，而它对混沌研究有极重要的影响：噪声可以诱发混沌；噪声限制了我们对混沌现象的无穷内部层次的探测深度。对混沌的观察，必须满足于有限而非无穷的分辨能力。

混沌不是简单的无序和混乱，而是没有明显的周期和对称，更像是没有周期的次序，但它却具备了丰富的内部层次的有序状态。在理想的模型中，它可能包含着无穷的内在层次，层次之间存在着自相似性或不尽相似。在观察手段的分辨率不高时，只能看到某一层次的结构。提高分辨率之后，在原来不能识别之处又会出现更小尺度上的层次结构。

奇怪吸引子实际上是轨道在相空间中经过无数次靠拢又分离，分离再折叠，再靠拢，来回拉伸与折叠形成的几何图形，具有无穷层次的自相似结构。由于耗散系统运动在相空间的收缩，使奇怪吸引子维数小于相空间的维数，因此，可以通过确定奇怪吸引子的空间维数，来研究它的几何性质。奇怪吸引子经过无穷拉伸、折叠的细线，既不是二维也不是一维，而是介于二和一之间的分数维。可用分形几何对奇怪吸引子加以研究。

第四节　混沌控制

混沌控制是对混沌现象进行控制，混沌现象是由非线性动力系统中某些关键的控制参数变化引起的，因此通过控制或调整这些参数可以诱导或抑制混沌，从而实现对混沌的控制。混沌具有一定的结构，因此是一种可控制的对象。混沌现象也有两重性。一方面，混沌运动在工程上有许多应用，如混沌振动筛、混沌打夯机、混沌保密通信、混沌序列预测等。另一方面，在许多实际系统中，混沌运动对系统正常运行是有害的，它能使系统失稳、失控，甚至使系统彻底崩溃。

1950 年，冯·诺伊曼曾提出，通过对大气层的微小扰动控制天气的变化。1987 年，哈勃勒（Hubler）指出，通过选好目标轨道与被控制的动力系统满足相同方向迭加，强迫动力系统的混沌运动向目标轨道转移，后来发展成为“纳入轨道法”和“强迫迁徙法”。1988 年，佩蒂尼（Pettni）通过观察最大李雅普诺夫指数方式的模拟计算，消除了杜芬（Duffing）方程的混沌。1990 年，奥特（E.Ott）、格瑞勃日（G.Grebogi）和约克（J.A.Yorke）提出了控制混沌的参数微扰法，即 OGY 法，并被实验所证实。从此，这种混沌控制方法受到了广泛重视。近 10 多年来，有关混沌控制的研究发展了多种方法。

一、参数微扰控制方法

一般情况下，对混沌系统的控制需要知道混沌系统的确切动力学行为，参数微扰法可用于不知道系统的确切动力学行为的情况。首先，需要使用相空间重构技术，利用混沌系统某一状态变量测量得到的连续数据，重构相空间的混沌轨道，确定系统的动力学行为。然后，根据问题的需要，确定出一条镶嵌在混沌吸引子上的期望不稳定周期轨道，作为控制混沌系统的目标轨道。最后，确定周期轨道附近的动力学行为，以及系统对控制的线性响应。由于混沌运动具有各态历经性，系统迟早会回到目标轨道任意小的邻域，这时启动控制机制，将把系统引导到目标轨道的稳定流形上，从而实现对混沌系统的参数微扰控制。

参数微扰控制方法具有局限性，它限于控制不动点具有单一不稳定方向的低维离散混沌系统或可用庞加莱映射表征的连续系统，通常只能控制低周期轨道。把参数微扰法的基本思想与控制系统理论中的极点配置方法相结合，对参数微扰法进行改进，可以实现对混沌吸引子中高周期态及高维混沌系统的有效控制，拓宽了参数微扰法的应用范围。

二、线性状态反馈控制方法

如果系统的状态可通过测量获得，利用线性状态反馈可以控制系统的运动。但线性状态反馈控制方法只限于平衡点邻域内有效。由于混沌运动的遍历性，混沌系统最终进入该邻域的等待时间会很长。为解决这个问题，一种方法是通过打靶技术，把混沌系统的轨道快速引导到平衡点的邻域；另一种方法是扩大控制器的作用区域，首先，通过同胚变换将一个非线性系统变为线性系统，这种线性化是一种局部精确线性化，没有使原系统动态信息损失，然后，应用线性系统理论设计控制策略，这种方法称为基于反馈线性化的混沌系统控制方法。

基于状态观测器的混沌系统控制方法。基于状态变量反馈的混沌控制方法，由于有的系统状态不能完全直接测量，或者受到各种条件限制难以获得，于是，人们研究用状态观测器获得等价于原系统的一个重构状态，并用重构状态替代实际状态组成状态反馈，以便实现对混沌的控制。由于观测器设计的方法和观测器控制方法的不同，出现了多种基于状态观测器的混沌系统控制方法。

三、参数自适应控制方法

混沌系统的参数自适应控制方法。由于混沌具有长时间行为的不可预测性，因而在给定的一段时间内把所观测的误差信号，采用一般的控制方法来控制到零将遇到很大困难。可以采用统计预报方法来控制混沌系统。该方法首先构造出动力学系统的模型，然后设法改变系统的参数值，以达到控制的目的。由于这种方法存在误差信号检测与预报之间的时延性，因而当误差出现时，不能迅速有效地抑制和消除误差。后来，发展了自适应控制混沌的方法。

自适应控制混沌方法的优点，是允许只用系统参数的有限知识去达到满意的工作性能。但利用时间序列重构系统模型的精度是有限的，它对控制函数的有效性存在一个上限。此外，噪声误差以及动力系统、预测模型、控制器三者组成的自适应控制系统的稳定性会对这种方法造成一定的影响。

四、滑模变结构控制方法

滑模变结构控制是解决非线性系统控制问题的一种有效方法。对一般的非线性系统设计滑模变结构控制器时，可将设计过程分为两个独立部分：一是为期望的滑动运动选择滑模面；二是为相空间内的任意轨道设计控制器，把轨道引导并限制在滑模面上。为了对非自治混沌系统进行滑模控制，需要设计一个可变滑模面取代通常固定的滑模面，这样不仅有利于镇定任意的目标状态，而且控制器可以补偿外激励的影响。

混沌系统的模糊逻辑控制方法。因为模糊逻辑系统具有很强的非线性逼近能力，所以它在控制非线性不确定性系统方面获得了广泛应用。在混沌系统的模糊控制方面，也有一些研究。例如，采用 Takagi–Sugeno 模糊模型（T–S 模型），利用线性矩阵不等式对混沌系统进行模糊控制。在设计模糊控制器时，为避免复杂的清晰化过程，可假设 T–S 模型的模糊规则的前提变量相对于输入变量都是独立的，这样可采用并行分布补偿方法来设计 T–S 模型的模糊控制器的结构。在设计过程中，应用线性矩阵不等式分析稳定性条件时，同样适用于前提变量与输入变量相关的情况。

混沌系统的神经网络控制。因为神经网络具有非常强的非线性映射能力，即具有很好的逼近能力和分类能力，所以神经网络用于混沌系统的控制是可行的。例如，利用径向基函数神经网络（RBFN）可以控制混沌系统。其基本思想是利用径向基函数神经网络来逼近混沌系统的非线性动态，而逼近误差由控制器来补偿。理论上已经证明，径向基函数神经网络是一个万能逼近器，即可以用它以任意精度逼近任何函数。只要径向基函数神经网络有足够多的层数或者节点数，和足够长的学习时间，逼近误差就会很小并满足要求。只要近似误差有界，控制系统的状态就将在线性控制界的引导下趋于零。除了上述的混沌系统的控制方法外，还有一些其他方法，可以参考有关文献。

五、混沌同步与混沌控制方法

混沌同步与混沌控制一样,已成为近年来混沌研究的活跃领域。由于混沌运动对初始条件极其敏感，因而实现混沌系统的完全同步一直被认为是不可能的。后来混沌同步现象在许多领域被发现。1990 年，皮卡拉（L.M.Pecora）和卡罗尔（T.L.Caron）提出了混沌自同步原理，简称 PC 同步。他们首先实现了电路混沌的同步，随后又进行了混沌同步用于保密通信等方面的研究。

混沌同步的机理与混沌中非周期轨道的控制方法有关。研究表明，混沌同步与协同学中的支配原理相类似。按混沌固有特性似乎是抗同步的。实验证明，可以实现同步的混沌电路是由一个系统去驱动另一个系统，把两个系统耦合起来，前者称为驱动系统，后者称为响应系统。同步原理告诉我们，当响应系统的条件李雅普诺夫指数为负值时，则它将与驱动系统实现混沌同步。哈肯在协同学中提出的支配原理表明，一个系统的行为由长寿命的子系统决定短寿命的子系统，即长寿命者为命运主宰。混沌同步的条件，即李雅普诺夫指数类似于支配概念的一种推广。把延迟反馈法与同步原理相结合，便产生了对混沌中非周期轨道的同步方法。根据耦合结构的不同，混沌同步分为互同步和驱动响应同步两类。

互同步也叫 PC 同步法，其基本思想是先将一个混沌系统分为两个子系统，一个子系统作为驱动系统，完全复制另外一个作为响应系统的子系统，并将驱动系统的输出信号作为响应系统的输入信号，然后用条件李雅普诺夫指数做稳定性判据讨论混沌同步。

如果条件李雅普诺夫指数是负的，则驱动响应同步得以实现。但一般地讲，由于李雅普诺夫指数不能以一种封闭的形式给定，所以必须通过细致的实验来检验混沌同步的实现。驱动响应同步方法虽然简单，但要求同步系统的线性部分是稳定的。后来，用李雅普诺夫函数拓展了这种方法。混沌同步的 PC 方法，一方面，只有少数的混沌系统能分拆成两个子系统，另一方面，这种方法存在恢复信号精度不高的问题。后人进一步推广了 PC 方法，发展了有源无源分拆，即 APD 分拆。

在精确同步的意义下，混沌同步问题可以看作一种特殊的跟踪问题。在这种情况下，跟踪的轨道不再是周期轨道或指定的其他轨道，而是跟踪一个混沌系统的状态轨道或输出轨道。因此，混沌控制的一些方法也可用于混沌同步。如连续变量反馈驱动混沌同步，基于自适应滑模方法的混沌系统同步等。此外，还有通过系统之间的相互耦合实现混沌同步的方法，通过外部噪声作用实现混沌同步的方法等。

第五节　混沌分析方法应用

混沌分析方法在军事领域也有广泛的应用，简要说明军事系统的预测、军事信息的处理和军事问题的优化等内容。

一、军事系统预测

军事混沌预测包括两个方面：一是军事混沌的定性预测，就是对军事系统出现混沌状态的时机、条件和混沌程度做出推测判断，从性质上指出军事系统的未来状态；二是军事系统的定量预测，即当军事系统呈现混沌状态时对其未来的变化做出数量上的估计。

军事系统可分为两类：一类是稳定的军事系统，即具有平衡性和周期性的军事系统，这类系统的行为具有对初始状态和外界扰动变化的稳定性，对这类系统可以做出较准确的数量预测；另一类是不稳定的军事系统，即混沌的军事系统，因为这类系统行为对初始状态和外界扰动具有敏感性，从长期角度看，不能做出精确的预测。

根据反映军事系统状态的军事变量的波动特性可将军事系统分为军事弱混沌和军事混沌两类。

军事弱混沌系统一般认为是系统外部连续不断冲击的结果，外部冲击小，混沌的范围也就小，系统行为有其固有的变动趋势。对于军事弱混沌，军事预测是可行的，可用常规预测技术，如移动平均法、指数平滑法、季节指数法等。

军事混沌系统是产生貌似随机行为的确定性的军事系统，混沌现象是由于混沌系统内存在着非线性结构所造成的，军事混沌是军事系统内在的非线性机制所产生的结果。一旦确定了军事现象是混沌的，就可以建立军事预测模型，对未来行为做出短期预测。

二、军事信息处理

利用混沌进行信息处理。在混沌动力学中，简单的规则可能产生复杂的动力学特征。在由简单器件构成的系统中，用包含着比较简单的学习规则的混沌吸引子来表现人的知识和经验，并以此来处理一些复杂动力学的问题，从而实现具有适应性的智能信息处理功能。将混沌与神经网络结合构成的混沌神经网络，就是实现智能信息处理的一个例子。

混沌应用在保密通信。混沌产生于确定系统的内在随机性，这种内在随机性可以用于保密通信。对于一个混沌系统，采用混沌同步技术,使其能长期稳定同步,就可以把保密信息隐藏在混沌信号中。只要参数和初始条件完全相同，就有可能在接收端将有用信号恢复出来。

利用混沌理论进行图像数据压缩。通过解混沌的逆问题，可以把复杂的模式作为简单的混沌动力学系统吸引子而再现出来。通过把复杂的图像数据用一组能产生混沌吸引子的简单动力学方程来代替，这样只需记忆存储这一组动力学方程组的参数，其数据量比原始图像数据大大减少，从而实现了图像数据压缩。

利用混沌理论开展高速检索研究。利用混沌的遍历特性可以进行检索，即在改变初值的同时，将要检索的数据和刚进入混沌状态的值相比较，检索出接近于待检索数据的状态。这种方法可以比随机检索或遗传算法具有更高的检索速度。

三、军事问题优化

利用混沌进行优化分析。基于逻辑斯蒂映射产生混沌运动轨道的遍历性，即混沌序列能够不重复地历经一定范围内的所有状态，可将该特性用于求解优化问题。混沌优化的基本思想是将变量从混沌空间变换到解空间，然后利用混沌变量所具有的丰富的非线性运动力学特性——随机性、遍历性、规律性进行搜索。混沌优化易于跳出局部最优解、不需要优化问题具有连续性和可微性的优点。

利用混沌理论寻找最优解。当不存在满足给定条件的吸引子时，为了找到好的解，可使系统进入混沌状态，寻找一些候选解，并通过学习使其成为一些吸引子，最后从这些新吸引子中发现较好的解。这种学习过程是从已存在的吸引子出发，利用混沌状态，对若干个单个吸引子施加折叠、混合等处理，以合成一些新的候选解，最终得到最优解。

利用混沌理论求解非线性问题。在计算机进行数值求解时，如果求解结果有规律且稳定，则认为成功；如果结果不稳定且趋于混乱，往往认为失败。根据普适性，我们可以对表面很混乱的结果进行分析，检验这些数值结果是否具有自相似结构，对初始条件是否具有敏感性等混沌具有的普遍性质，由此可以判定所得结果是否为一个混沌解。

利用混沌理论研究实验数据。通过各种观测设备或测试系统可以获得一大批实验数据，如果实验数据中呈现不规则分布现象，也不能轻易否定实验结果，要根据普适性来分析和判断，这种不规则性是来自噪声还是来自混沌。真正的噪声是完全随机的数据，总是表现出一团糟；而混沌是简单过程创生出的有序的无序，来自确定论的混沌可以把数据拉成相空间中的一定形状。若是混沌，则可以从时间序列中重构出动力系统的形式来，而噪声则不能。

第七章

军事系统的自组织分析

军事系统的自组织分析是运用自组织理论研究军事系统问题，分析军事系统的组织现象和组织过程，把握军事系统的变化和发展规律，提出解决军事问题的方法和手段，提高军事系统的效率。本章主要说明军事系统的组织概念、自组织理论、自组织形式和自组织方法应用。

第一节 组织的概念

组织是军事系统的重要特点，不同组织形式的军事系统发挥着不同的作用。在军事领域中，军事系统的组织是常见的管理方式，也是每个从事军事工作人员切实能够感受到的管理形式。军事系统的组织可以分为组织、他组织和自组织，准确阐述组织的含义，有利于加深对于军事系统组织的理解和认识。

一、组织

军事系统的组织是军事系统的各个军事单元按照一定目的、任务和形式进行定位和管理。组织是一种明确的要求，军事系统的组织具有一定的组织结构；组织也是一个过程，军事系统组织前的结构和组织后的结构有不同之处；组织还是军事系统中一类特殊的演化过程，经过组织，军事系统具有了新的功能和作用。分析军事系统的组织情况，可以得到军事系统组织结构和组织过程的特点。

军事系统的组织结构是向更加有序的方向发展。军事系统的组织结构是军事系统组织过程后的状态，是组织前的状态经过组织过程变化的结果。经过组织，军事系统的结构发生变化，军事系统产生的新结构更加适合军事系统所担负的任务。为了完成上级赋予的联合作战任务，可以将陆军、海军、空军和火箭军的有关部队组织成联合作战集团，使部队能够更加适合联合作战样式的需要，有效地完成任务。

在军事系统中，军事系统的组织结构可以用有序和对称性来表示和描述军事系统状态的变化。例如，组织一次军事演习，组织一个联合作战集团等，都是军事系统根据任务要求组织形成的一定结构。现在采用的作战样式是联合作战，与以前由单一兵种完成某项作战任务的方式不同，尽管军队的建设采用区分军兵种进行建设的方式，但是军队的使用采用联合作战的方式，这就需要根据任务对各个军兵种进行任务组合。根据不同的任务，各个军兵种在联合作战集团中的地位和作用也不同,从而形成不同的军事系统组织结构。

军事系统的组织过程是军事系统发生质变的过程，是军事系统有序程度增加的过程。一般军事系统演化存在量变和质变两种方式。量变是军事系统的状态随时间连续逐渐的变化，当时间间隔无限小时，两个状态之间的差别也无限小。如果军事系统可以用某种函数关系来描写状态随时间变化，那么在量变过程中，描写状态随时间变化的函数关系形式不发生变化。质变是军事系统状态发生突变，突变前后状态变量的个数、状态变量的形式等都可能发生改变。组织过程的前后，军事系统状态发生质的变化，组织过程就是一个质变过程。如果有演化方程可以描述军事系统演化，则通过分析其演化方程的变化，可以对军事系统的组织过程进行研究。

通过对军事系统组织过程的深入分析，发现组织可以分为两类：他组织和自组织。他组织是在军事系统外有一个组织者，整个军事系统的组织行为和做法按照组织者的目的、意愿进行，在组织者的设计、安排、协调下，军事系统完成组织行为，实现组织结构。军事系统中最常见的组织形式就是他组织，如武器装备的设计和制造，作战力量的编组和使用，作战部队的训练和考核等，通常都被认定为他组织。

自组织是军事系统之外无组织者，军事系统的组织过程是在一定的外界条件下，军事系统自发地组织起来，形成一定的组织结构。在战场上，部队与上级失去联系，部队的指挥员根据战场形势，调整组织结构以完成任务，这就是自组织。还有就职责要求范围内的部队组织、训练和管理等工作由该部队的指挥员发挥其主观能动意识创造性地完成的组织结构也都是自组织。

二、他组织

军事系统的他组织是一个军事系统之外的组织者，根据军事系统要实现的目标，选择和采用一定组织的方式，按照组织前制定的计划和实施方案，通过组织的过程，使军事系统实现预定的目标。他组织现象中，组织者与被组织者，即组织者与军事系统之间的关系是一个控制、管理的关系。

他组织的组织过程与控制是紧密相连的。他组织的组织过程突出被控制对象，即军事系统的行为，也就是军事系统对组织者的响应，关注质变后与质变前有哪些区别等，研究军事系统状态发生质变的过程。控制则强调组织者的行为，说明组织者采取行动使军事系统发生变化，研究输入与输出的关系等，关注控制者的输入如何影响军事系统的输出。

在军事系统中，研究组织者对军事系统的控制和管理，就是研究军事系统的组织过程中组织者与被组织者之间的关系。研究组织者如何对军事系统下达命令、计划、要求，提供人员、物资和信息等；军事系统如何执行组织者的命令和要求，如何有效使用组织者提供的人员、物资和信息；组织者如何控制和管理军事系统，使其免受其他干扰，使军事系统更准确、更迅速地实现预定的目标等。

控制作用强调组织的目的，控制过程是组织过程，它研究如何构建军事系统机制，如何输入信息使军事系统按照既定的目标演化。控制过程存在一个外界作用，即控制作用；还存在一种响应机制，即在控制作用下军事系统的变化如何。例如，可将执行作战任务的部队看作一个他组织系统，该部队的上一级指挥机关和指挥员掌握敌情、我情和作战环境等情况，进行综合判断分析，并下达作战任务，对所属部队进行指挥，部队根据上一级指挥机关和指挥员的指示和命令展开相应行动，直至完成任务。

指挥和控制就是研究如何选择合适的控制方法，以及在一种控制方法作用下军事系统的响应机制是什么，在这两者的共同选择下使军事系统达到预定的目的。在一个系统变化的过程中，控制主要研究使系统变化的条件，研究在某一种外界条件下，系统会发生怎样的变化。

在研究对军事系统的控制作用时，可以区别自然界的控制作用和人工控制作用。自然界的控制作用就是自然界的气象、地理等情况对军事系统的影响，即军事系统与外界环境之间的各种因果关系，如天气的情况影响着武器装备作用的发挥，地理环境影响作战部队的行动等。在很多情况下，自然界的控制作用不作为控制问题进行研究，在研究自然条件对军事系统的影响时，主要分析环境对军事系统的作用。

人工控制作用是军事系统运用中经常得到体现，也是军事系统运用中所关注的重要因素，在军事领域中经常提到的指挥控制也是一种表现形式。人工控制的作用决定于两方面因素：一是控制的内容、控制的大小、控制的形式等；二是被控制对象的响应机制。人工控制就是研究在一定目的之下，如何设计制造军事系统，即选择什么样的响应机制，在给出什么样的控制作用情况下，能够使军事系统达到我们的目的。

在工程制造领域，人们对人工控制问题进行了深入的研究，发展了控制理论，形成了新的学科。第二次世界大战以后，人们一方面在各个领域中制造了大量可以很好控制，而且能够达到既定目标的系统，例如，军队普遍使用的指挥控制系统、导弹武器系统、预警探测系统等武器装备；另一方面随着控制理论的发展和成熟，也建立了相应的理论——控制论。

控制论是一种从数学关系上研究机器内部、动物内部控制一般规律的理论，它着重研究上述过程中的数学关系，而不涉及内在的物理、化学、生物或其他方面的现象。通过控制论的研究，使生产自动化和国防科技等进展到更高阶段，并促进了仿生学的发展。

在控制问题的研究中，有一个重要的概念是反馈。反馈是一个控制系统中的部分输出信号，作为系统的输入信号，再来控制该系统的输出。同样，军事系统产生的结果，作为该系统的输入内容，再观察系统的输出情况，使军事系统产生的结果逐渐达到预期的目标。

从反馈结果来看，可以分成正反馈、负反馈两种。正反馈的作用是使军事系统的输出越来越大，如战斗力越强的部队，通常会更加注重对所属人员军事素质和战斗意志的培养，而人员能力素质的不断提高，可进一步增强部队的战斗力。负反馈的作用是使军事系统的输出逐渐稳定，如部队在管理中可能出现事故，将事故防范的经验作为反馈内容再输入部队的管理行为中，逐渐减少事故的发生率，使部队处于稳定状态。在研究军事系统演化过程中，反馈是一种重要的机制，正反馈是军事系统的激励机制、信息的放大机制，负反馈是军事系统的抑制机制、稳定机制，信息的衰减机制。

从反馈的实施形式来看，反馈又可以分成闭环控制和开环控制两种。闭环控制指反馈控制回路与外界无关，输入的反馈信号，仅由军事系统的输出决定。开环控制是指输入的反馈信号，不仅由军事系统的输出决定，而且还与外界有关。军事系统的控制是开环反馈控制军事系统，主要研究当环境变化、军事系统偏离目标时，将输出信号与目标信号进行比较,作为反馈信号,再输入控制军事系统，使军事系统仍能向原来既定的目标演化。

三、自组织

军事系统的自组织是军事系统在向新的空间、时间或功能的结构转化时，依靠军事系统内部的相互作用实现转化的过程。军事系统的自组织是军事系统通过组织形成的各种结构，不是外界环境直接强加给军事系统的，或者说军事系统自组织所形成的结构和功能与外界不存在直接的联系。在一些情况下，也可能是外界对军事系统施加的作用和影响不大，军事系统没有在外界影响下产生结构和功能的变化。

军事系统的自组织与他组织现象从效果上看是一样的，都是军事系统经过组织过程具有了新的功能和作用，出现了某种新的组织结构，军事系统也处在一种新的状态下。尽管军事系统同样都有新状态的出现、新功能的形成，能够达到军事系统的目的，但它们之间的组织结构和组织过程是不同的，自组织与他组织之间有着根本的区别。

对于军事系统的他组织，军事系统功能增强和状态变化的原因在于军事系统外部的直接作用。例如，上级根据任务的需要和部队的实际情况，对部队所组成的军事系统的组织结构进行调整，加强人员的配备，补充新的装备，形成新的组织结构和状态，使得部队的作战能力有了很大提高，军事系统经过他组织后有很大的变化。一支部队的体制编制主要由上级确定，这支部队所构成的军事系统的组织现象都是由设计人员和上级确定的，是由外界确定的。

对于军事系统的自组织，军事系统功能和状态变化的原因在于军事系统内部，与外界无关，或者关系不大。自组织形成组织结构的直接原因在于军事系统内部，如在训练大纲规定范围内，或是在受领上级任务之后，部队的训练、演习和执行作战任务等活动的具体组织实施都在本级指挥员的领导下完成，是部队内部组织结构作用的结果。

每个军事系统都与外界有联系，军事系统的演化是在一定外界环境中进行的，同时，军事系统的内部因素也决定着军事系统演化的结果，所以军事系统的组织现象是内部和外部因素共同决定的。在哲学上常见的说法为，外因是事物变化的条件，内因是事物变化的根据。确定军事系统的演化是自组织还是他组织，主要是根据我们对军事系统的描述。将决定军事系统演化的因素划定在军事系统内部，这时军事系统的演化就是自组织；将决定军事系统演化的因素划定在军事系统外部，这时军事系统的演化就是他组织。

研究军事系统的自组织问题，主要研究军事系统内部机制，也要分析军事系统的外界条件，是外界条件与军事系统内部机制共同决定了自组织军事系统的性质。随着对军事系统的深入研究，可以认识到军事系统和环境的划分是相对的，主要因素可以被划分在军事系统内部，也可以被划分在军事系统外部，需要根据研究问题的特点决定。如果军事系统的演化是由军事系统的外部因素控制，就可以运用他组织理论进行研究；如果军事系统的演化是由军事系统的内部因素决定，就可以采用自组织理论进行分析。

在研究具体的军事系统时，可以根据研究问题的特点，选择不同的军事系统划分方法。如果通过对军事系统简单分析，能够确定一些因素对军事系统演化有影响，并可确定这些因素和军事系统的演化结果有关系，那么通过划分军事系统与环境，则将此因素划在军事系统之外，看成他组织军事系统。例如，气象条件对武器系统的使用有影响，可以将气象条件划分为外部因素，武器系统就是一个他组织军事系统，经常受到气象条件的作用。

当无法确定外界的环境条件如何影响军事系统的组织状态时，或者无法分析外界条件与军事系统相互之间的控制与响应关系时，则把该因素或者划在系统之内，或者当成某种外界条件，此时所对应的军事系统称为自组织军事系统。如果一支部队在战场上与上级失去联系，只能依靠自己的力量作战，就要根据敌情、我情、气象和地形等，调整作战编组，分配物资和装备，对敌实施有效打击。在这种情况下，该部队所构成的军事系统就是一个自组织军事系统，在部队内部对人员和装备的调整使得部队能够完成任务，也就是内部因素的相互作用，产生新的系统性质；而敌情是外部因素，气象和地形等因素是外部条件，都对军事系统的性质没有产生决定性影响。

当外界的因素对军事系统的演化无法控制，或者无法确定外部因素与军事系统变化之间的关系，也可以将该军事系统定义为自组织军事系统，并可以通过研究军事系统内部军事单位的相互作用，得到军事系统演化的特点和规律。一支部队经过本级的不断努力，在训练、管理、教育等各个方面都有提高，就可以通过分析和研究部队内部的组织管理，总结得到部队自组织取得成效的原因、特点和规律。

军事系统的自组织和他组织是对在一定外界环境下军事系统状态发生变化的描述，是两种不同的描述方法。自组织与他组织是在研究方法上对军事系统的一种分类，划分军事系统的不同类型，可以采用不同的方法进行研究。对同一个军事系统的现象，可以描述该系统是自组织现象，也可以描述该系统是他组织现象。将其看成自组织现象，就利用自组织理论来研究；将其看成他组织现象，就利用他组织理论来研究。

随着对军事系统研究的深入，我们对军事系统的组织现象理解更加清晰，有些现在看来是自组织系统，将来可能是他组织系统。或者更准确地说，有些现在用自组织理论处理的现象，将来可能会用他组织理论来处理。

军事系统的自组织也是军事系统存在的一种形式，在研究军事系统与环境的关系时，可以认识到军事系统自组织也许是军事系统存在的一种较好形式，是军事系统在一定环境下能取得较好效果的状态。例如，部队在执行特殊作战任务时，本级指挥员在现场指挥，可以及时掌握实际情况，做出正确的处置决定。如果上级指挥员不了解情况，并进行过多的干涉，就会影响任务完成的效果。在一定的条件下，自组织军事系统相对于他组织军事系统更具有积极作用。

第二节　自组织理论

军事系统的自组织理论是研究军事领域中自组织现象的产生和演化的理论。在军事系统演化过程中，自组织的情况比较多，主要是军事系统内部各个军事单元相互非线性作用的结果。由于军事系统内部军事单元相互作用的情况很难定量描述，因而也很难用自组织理论进行深入研究。

一、系统有序现象分析

在系统科学中，自组织理论主要由普里高津的耗散结构理论和哈肯的协同学理论组成,这些理论都是从物质简单运动中总结出来，用于解决物理、化学的自组织问题。这些理论也可以应用到军事系统自组织现象的研究，有助于加深对军事系统自组织现象的认识，提高军事系统实践活动的效果。

序是一个常用的概念。对于一个班的士兵，可以按身高确定列队时的前后顺序，也可以按年龄分组确定参加体能考核的顺序。自然科学中，序确定两个元素之间的关系。数学上严格定义了偏序，它是一种具有传递性、反对称性和自反性的二元关系，下面讨论的序的概念就是偏序关系。在一个大系统中，子系统之间有偏序关系的两个系统可以比较其有序程度，不存在偏序关系的系统，不能比较其有序程度。可以用有序、无序来描述军事系统的状态，可以描述由多个子系统组成的军事系统的状态。

有序是指系统内部的诸要素和系统之间有规则的联系或转化，即在系统内子系统之间存在某种类似数学的偏序关系，比如一队排列整齐的士兵，每两个士兵之间都存在偏序关系，我们称这队士兵处在有序状态。反之，无序是指事物内部诸要素或事物之间混乱，且无规则地组合，在运动转化上体现出的无规律性。同样一队士兵在随意休息或自由活动时，每两个士兵之间不存在偏序关系，则此时系统处在无序状态。

序可以看作是宏观可辨认的量度，只有有序的现象在宏观上才是可以分辨、可以认识的。在研究事物时，总是找到事物内部诸因素之间排列的序,并按某种序来确定一事物与其他事物之间的关系。在系统有序现象的分析过程中，有序概念是利用数学上偏序关系来区别两个系统或两个事物之间的差别，子系统之间具有某种偏序关系的系统，可以认为是有序的；子系统之间不具有偏序关系的系统，认为是无序的。

有序、无序是比较而言的，若只有一件事物，或者某事物中仅包含一个元素，都是无法谈论有序或无序的。序是指多个事物的一个比较，我们讲某个状态是有序的，一定是相对另一个状态而言的，是两个状态比较的结果。绝对的有序或无序是不存在的，A相对B来讲是有序的，但A相对C来讲可能就是无序的。

两个事物相比较谈论有序、无序总是根据某一规则的，规则确定以后才能将事物按规则排队，才能确定其为有序或者无序。确定的规则不同，其有序、无序程度也可能是不同的。例如，军人可以按照高矮排序，也可以按照年龄排序，在不同的情况下可以选择不同的排序规则。用不同的规则和要求来分析事物的有序性，可能会得到完全不同的结果，所以比较两个事物的有序程度也是指按某一标准的要求来进行的。在大多数情况下，如果所依据的原则是大家公认的，那么对这一原则就不再具体说明。

有序和无序在一定的条件下是可以互相转化的。有序、无序的转化也可以看成是系统的演化行为，是系统更高级的演化行为。一般情况下,研究系统在有序状况不改变的条件下所呈现的演化行为，通常反映事物量的变化，反映系统状态的渐变行为。而当系统演化时出现了有序、无序的转变，实际上是出现了功能、结构的变化，出现了质变。在讨论一个复杂系统演化时，其演化轨迹可能是很复杂的，而且不易讨论清楚，这时我们往往讨论系统有序程度的转变情况，在一个较高的层次上来分析系统的演化，从而得到具体结果。

有序现象一般分为静态有序和动态有序两种，静态有序形成的结构称为平衡结构，动态有序形成的结构称为耗散结构。在自然界中，在没有外界环境干扰的情况下，食盐晶体的有序排列结构会一直维持下去，这种现象是静态有序；在贝纳尔对流实验中，随着温度的增加，流体分子运动在水平和竖直方向上都呈现出无序的状态，但是，当系统达到一定温度时，流体分子运动出现有规律地定向运动，即出现有序状态，这种现象是动态有序。

在军事领域，军队日常的组织结构可以称为静态有序；在作战行动中形成的组织形式与平时情况有所不同，而且根据需要进行调整，以有利于作战任务的完成，这时的有序现象就是动态有序，即作战编组。我军为了适应战略环境的变化，开展了一系列的军事变革与转型活动，体制编制的持续改革与调整，国防和军队建设的水平不断提高，这些都是动态有序的表现。从更为广泛的军事应用领域来看，动态有序是军事系统学需要深入研究的一种有序现象。

由于系统的复杂性、多样性，其演化的方式、特点、方向也是多种多样的。系统的有序性是分析系统状态的有力工具，可以根据有序性来区别系统，对系统进行比较，说明哪些系统是有序的、哪些系统是无序的。我们也可以根据系统演化时间进程中，系统有序性的变化来分析系统的演化方向。如果在系统演化过程中，随时间的变化，系统状态的有序程度越来越高，我们称系统朝有序方向演化或称进化；反之，随着时间的变化，系统朝着有序程度越来越低的方向演化，我们称之为退化。

二、系统自组织原理

军事系统的自组织现象是军事系统在自组织的过程中，有序程度不断增加，最终达到一个稳定状态，其有序程度较自组织过程初始要高，因此形成有序结构是关注的重点。在自组织理论研究中，着重分析对系统有序程度的描述，分析有序程度变化的原因、机制等。军事系统的自组织现象很多，存在着普遍起作用的原理和规律，主要说明涌现原理、开放性原理、不稳定性原理、非线性原理和涨落原理。

涌现原理是指，军事系统经过自组织过程产生的状态和功能是自组织前所没有的，也是军事系统的各个军事单元所不具备的。军事系统的不同军事单元相互作用，在自组织的情况下，在整体上涌现出新的状态和功能，是由下而上产生的。涌现性也是自组织的特征。

开放性原理是军事系统的自组织行为是军事系统与环境相互交换的结果，交换的内容可能是物质、能量和信息。如果可以用熵的概念来描述军事系统，就可以使用熵的理论来分析军事系统的自组织行为。普里高津的总熵变公式如下：

$$dS = d_iS + d_eS \tag{7.2.1}$$

其中 d_iS 是军事系统内部混乱性产生的熵，称为熵产生，满足 $d_iS \geqslant 0$；d_eS 是军事系统通过与环境相互作用而交换来的熵，称为熵交换，d_eS 可正可负。

不稳定性原理是军事系统新结构的出现需要系统原结构的破坏，即军事系统的原结构要失去稳定性，就是军事系统自组织过程中的不稳定性原理。但是军事系统的自组织过程结束后形成新的结构，并且能够稳定，在环境中可以存在。不稳定性在军事系统的自组织过程中发挥重要作用，所以对不稳定性原理要深入研究。

非线性原理是军事系统的自组织过程中，内部因素的相互作用是非线性的。军事系统内部的军事单元相互作用一般可以分为合作和竞争，都是军事系统产生自组织行为的动力。一方面，没有军事系统内部军事单元之间的相互合作，没有军事系统和环境的相互合作，不会出现军事系统的自组织行为。另一方面，没有军事系统内部军事单元之间的相互竞争，没有军事系统和环境的相互竞争，也不会出现军事系统的自组织行为。而且合作和竞争本质上是非线性的，因此，军事系统的自组织行为满足非线性原理。

涨落原理是军事系统的状态量相对于军事系统状态的平均量或者标准量的偏离，出现涨落现象。军事系统处在平衡态时，系统存在涨落。当系统由于某种原因偏离平衡态时，涨落也会使系统很快地恢复到原来的状态。涨落既是对处在平衡态上的系统的破坏，又是维持系统处在稳定的平衡态上的动力。涨落可以使军事系统的旧结构失去稳定性，特别是对于处在临界点处的军事系统，会使其原来的稳定状态被破坏，进而演化到新的状态。所以，涨落也是军事系统自组织的动力。

涨落是随机的，没有确定的方向，没有准确的发生时间，随时都可以发生。涨落可以由军事系统内部引起，一个由大量子系统构成的系统，整个系统宏观状态确定以后，各子系统仍可以有随机的变化，子系统的随机变化造成了系统整体数量的涨落。涨落也可以是由于环境的随机变化引起的，环境变量处在不停地变化当中，对系统的影响也总是在某一确定值处上下摆动，这也被称为外涨落。

不向外界开放，系统无法与外界进行物质、能量、信息的交流，系统就不能远离平衡态，系统内子系统之间的任何非线性相互作用也不能使系统脱离平衡态，系统的涨落也仅能起稳定系统使之处在平衡态的作用，而无法形成有序状态。没有远离平衡态，系统开放也是没有用的，系统仅能在平衡态附近，与外界交流也仅能是类似微扰的作用，不能使系统发生本质的变化。

涨落机制对于由多子系统组成的系统总是存在的，涨落是系统发生质变的一个基础。没有涨落，其他条件再具备，系统也不会出现有序结构，而且，如果没有涨落，系统的稳定状态也不能维持。对于一个稳定的系统，各子系统之间相互作用的传递必然会出现误差，也必然存在涨落；否则，对于一个复杂系统，任何一点小的变化，都会在系统内长期存在，无法消除，可以说，没有涨落，复杂系统就不能存在。

三、系统自组织分析

军事系统的自组织描述就是对军事系统内部的状态变量采用一定的方法进行描述和说明，用于研究军事系统的自组织行为。在描述军事系统状态的众多变量中，有某一个或几个变量，在系统处在无序状态时，其值为零，随着系统由无序向有序转化，这类变量从零向正有限值变化或由小向大变化，我们可以用这类变量来描写系统的有序程度,并称其为序参量。序参量与系统状态的其他变量相比，它随时间变化缓慢，有时也称其为慢变量，而其他状态变量数量多，随时间变化快，称为快变量。

序参量在军事系统众多变量中它的个数比较少，系统中绝大多数变量都是快变量。在军事系统发生失去平衡的变化时，序参量的大小决定了系统有序程度的高低；它还起支配其他快变量变化的作用，序参量的变化情况不仅决定了系统变化的形式与特点，而且决定了其他快变量的变化情况，在这个意义上讲，序参量也可以称为命令参量。

由于军事系统各不相同，军事系统序参量的确定、产生也不同。一些较为简单的系统，在它的各种变量当中存在一个明显比其他变量变化慢的变量，它就是序参量。另一类较复杂的系统，在描写其状态的变量中，无法区分出它们随时间变化的快慢程度，但可以通过变换，得到新的状态变量，在新的变量中，可明显地看出序参量。

下面通过系统演化方程说明序参量的作用。如一个范德波尔方程系统，此系统两个变量 X、Y，它们满足如下演化方程：

$$\begin{cases}\dot{X}=Y \\ \dot{Y}=-X-\lambda(x^2-1)Y\end{cases} \tag{7.2.2}$$

X、Y 两个变量随时间变化的速度在同一量级，无法直接确定序参量，进行变量变换，取：

$$\begin{cases}X=A\cos\Psi \\ Y=-A\sin\Psi\end{cases}$$

则方程（7.2.2）变为：

$$\begin{cases} \dfrac{dA}{dt} = \lambda A \sin^2 \Psi (1 - A^2 \cos^2 \Psi) \\ \dfrac{d\Psi}{dt} = 1 + \lambda \sin \Psi (1 - A^2 \cos^2 \Psi) \cos \Psi \end{cases} \quad (7.2.3)$$

当 $\lambda = 0$ 时，（7.2.3）简化为：

$$\begin{cases} \dfrac{dA}{dt} = 0 \\ \dfrac{d\Psi}{dt} = 1 \end{cases} \quad (7.2.4)$$

并得到解：

$$\begin{cases} A = A_0 \\ \Psi = \beta + t \end{cases}$$

A 为振幅，不变化，Ψ 为相位，随时间线性变化，合起来表示一个振幅可取任何值 $A_0 (A_0 > 0)$ 的周期振动。当 $\lambda (\lambda << 1)$ 较小时，方程（7.2.3）可近似看为：

$$\begin{cases} \left| \dfrac{dA}{dt} \right| << 1 \\ \left| \dfrac{d\Psi}{dt} - 1 \right| << 1 \end{cases} \quad (7.2.5)$$

A 随时间变化慢，Ψ 随时间变化快，A 为慢变量，而 Ψ 为快变量，可以选择振幅 A 为序参量。经过适当的数学分析，可以得到在此系统定态解：

$$\begin{cases} A = 0 \\ \Psi = \beta + t \end{cases}$$

此解表示振幅为零的状态。该状态失稳以后，振幅缓慢变化，逐渐达到新的稳定值，而相位解则较快变化，整个运动成为一种振幅逐渐变化的振动，最终达到稳定振动状态。进行上述变量变换，

将原变量 X、Y，变为 A、Ψ，实现了描述系统状态变量变化快慢的分离，一个描述系统振动振幅，它缓慢地变化，另一个描述系统振动相位，它迅速地变化，使我们对系统运动看得更清楚了。更复杂的系统，不仅无法区分各个状态变量之间的变化快慢，而且经过坐标变换也无法将它们之间的快慢变化程度加以区分，因而需要另外选择更高层次的变量来作为系统的序参量，研究系统演化的情况。

序参量确定以后，系统的演化可以只研究序参量，序参量将整个系统的信息集中概括起来，序参量是了解和认识系统的一把钥匙。序参量的确定并不是一项简单的工作，它需要对系统性质有深入的分析，确定系统序参量的过程也就是对系统进行讨论、认识的过程，而且要对具体系统进行具体分析。可以说只有确定序参量的原则，而无确定序参量的具体规范方法。

在序参量确定的过程中，不少系统的序参量是在自组织的过程中形成的。在系统自组织的过程中，众多变量形成某些序参量；反过来，序参量又役使其他状态变量的变化。序参量支配、主宰、役使系统状态的其他变量，它本身一般又是由系统的其他变量形成的。系统相变过程是一个由系统状态变量形成系统序参量，序参量又役使系统其他状态变量的过程。

哈肯将相变过程中，系统状态变量里序参量与其他快变量之间的役使、服从关系称为役使原理。我们可以用一个例子来说明这一问题。对某一个给定的二变量系统，它由两个状态变量 X 和 Y 描述其状态，遵从的演化方程为：

$$\begin{cases} \dfrac{dX}{dt} = \alpha X - XY \\ \dfrac{dY}{dt} = -\beta Y + X^2 \end{cases} \tag{7.2.6}$$

若不考虑非线性项，则成为两个相互无关的方程，给定参数 $\beta > 0$，Y 是一衰减变化，随时间推移 Y 趋近零。$\alpha > 0$ 时，X 发散，趋于无穷；$\alpha < 0$ 时，则 X 的变化规律与 Y 一样。假定 α 取值可正可负，

β 仅取正值，这时我们称 Y 为稳定模，趋于稳定，X 为不稳定模，它的稳定性依赖 α 的正负取值。

考虑非线性项，方程相互耦合，先假定 X 与 t 的关系已知，对方程：

$$\frac{dY}{dt} = -\beta Y + X^2$$

可解出：

$$Y = \int_{-\infty}^{t} e^{-\beta(t-\tau)} X^2(\tau) d\tau \tag{7.2.7}$$

其中利用了初条件 $Y(-\infty) = 0$。为理解役使原理，我们对（7.2.7）进行分部积分，有：

$$Y = \frac{X^2}{\beta} - \frac{2}{\beta}\int_{-\infty}^{t} X\dot{X} e^{-\beta(t-\tau)} d\tau \tag{7.2.8}$$

计算上式右端第二项：

$$\begin{aligned} &\frac{2}{\beta}\int_{-\infty}^{t} X\dot{X} e^{-\beta(t-\tau)} d\tau \leqslant \frac{2}{\beta} | \dot{X}X |_{\max} \int_{-\infty}^{t} e^{-\beta t} e^{\beta \tau} d\tau = \\ &\frac{2}{\beta} | \dot{X}X |_{\max} e^{-\beta t} \frac{1}{\beta} e^{\beta \tau} = \frac{2}{\beta^2} | \dot{X}X |_{\max} \end{aligned} \tag{7.2.9}$$

在（7.2.8）中可以忽略右端第二项的条件为：

$$| X | >> \frac{2}{\beta} | \dot{X} |_{\max} \tag{7.2.10}$$

此条件可解释为 X 变量的变化速度特别慢，称 X 为慢变量。从上述例子可以看出，若 X 为慢变量并满足（7.2.10）时，（7.2.6）中第二方程的解为 $Y = \dfrac{X^2}{\beta}$，这个式子可看成是对由（7.2.6）所示演化系统在 X 为慢变量时，X、Y 之间的函数关系。此结果也可由对（7.2.6）第二方程求定态解得出。将 X、Y 关系式 $Y = \dfrac{X^2}{\beta}$ 代回（7.2.6）中第一方程，得到单变量 X 的微分方程：

$$\dot{X} = \alpha X - \frac{X^3}{\beta} \qquad (7.2.11)$$

这时得到 X 变量满足尖拐突变方程，容易得到结果，再利用 $Y = \frac{X^2}{\beta}$ 得到 Y 的表达式，使问题得到解决。

从上例中可以得出，对于由两个状态变量描写的系统，对其演化方程，即二元微分方程组求解时，令快变量导数为零，得到式子，代入到另一方程，消去快变量，仅求解慢变量方程，这种方法与直接求解方程组是一样的。将这样的方法进行规范、推广，就是快变量浸渐消去法，被广泛用在多变量组成系统的相变问题分析中。

对于自组织过程的描述就是对于系统演化过程的分析。系统演化的描述须建立一个多变量的微分方程组，其中包含有序参量时，可以应用役使原理。哈肯在役使原理数学表示分析的基础上，给出了求解系统演化方程的快变量浸渐消去法。其方法的思想基础在于系统演化过程中序参量（慢变量）变化慢，决定着系统演化进程。可以认为快变量演化快，先期到达相变点，呈现相变后的数值，即新的稳定状态的数值，之后不再发生变化。

将演化方程中快变量的导数取为零，相应方程变成代数方程，求出快变量与慢变量之间关系,进而可以仅研究慢变量的微分方程。由于慢变量个数少，实际上可以仅求解少数微分方程，就能得到多变量复杂系统的演化结果，使工作大大简化。对于少数慢变量满足的方程，可以按照系统的性质进行分析。由于自组织过程重在对系统的序参量进行分析，因此在研究自组织现象时主要讨论原状态的失稳、新的有序状态的建立等问题，多采用一些定性方法，不讨论系统的演化轨迹。

第三节　自组织的形式

军事系统的自组织形式是分析军事系统的重要内容，有助于把握军事系统的特点和规律。军事系统的自组织是在一定条件下，由于军事系统内部因素的相互作用，使军事系统形成一定功能、结构的过程。军事系统自组织研究的主要内容是分析自组织的特点，也就是研究军事系统经过演化，形成自组织的现象，比自组织之前的状态更为有序的稳定状态的特点。通过研究军事系统自组织的特点以及它与子系统相互作用的关系，可以使我们深入了解系统整体性的特点与内部因素相互作用之间的关系。

在军事系统自组织的研究中，可采用有序程度的分析方法，比较自组织过程前后军事系统的状态。利用有序程度的大小，分析系统自组织过程，利用有序状态的种类，划分系统的类型，使我们对自组织前后的系统变化有一个比较深入的了解。自组织过程也是一个动态过程，这个动态过程不仅表现在自组织过程前后系统状态的变化，表现为系统从一个均匀、简单、平衡的状态，转变为一个有序、复杂、非平衡的稳定状态，而且这一过程也体现在自组织过程以后系统形成的稳定状态的特点。

在多种情况下，自组织过程形成的状态也是一个随时间不断变化的状态，这种变化不同于自组织过程前后系统状态的变化。自组织过程前后系统状态的变化是有序程度的变化，是系统的本质发生变化；而自组织过程后所形成的状态虽然也会发生变化，但一般它不具有有序程度变化的特点。

一、自创生

军事系统的自创生是军事系统经过自组织的过程后，军事系统产生新的结构和功能。自创生是从在自组织过程中形成的新状态与原有的旧状态对比角度，对自组织状态的一种描述。在系统演化过程中，在一定的外界条件下，系统原来有序态失稳，由于系统内子系统之间的相互作用，自发产生新的结构和功能，相对于自组织过程前系统不存在这种状态。例如，空军从陆军发展而来，成为独立的军种，具备了空中打击能力，而且经过多年的发展，单独采用空中火力突击的方式也能取得局部战争的胜利，科索沃战争就是一个例证，说明军队的发展产生新的军种和新的作战能力，这也说明了军事系统的自创生。没有自创生就不可能有军事系统的发展。

军事系统的自创生是从军事系统的自组织过程前后状态之间的关系来分析自组织。自创生的特点在于自组织的过程中，系统出现了原来不曾有的新的状态、结构、功能，而新出现的状态、结构、功能，很难用原有的理论来分析它与过程前系统状态之间的关系。对于新涌现的状态及结构特点，必须用前面所给出的自组织理论来讨论。通常只把新状态与自组织过程前原来状态进行比较，新状态与原来状态相比有序程度提高称为自创生；而新状态比原来状态有序程度降低称为自坍塌。当然在复杂情况下，人们无法用有序程度来衡量状态之间的变化时，自创生与自坍塌也无法区别。

二、自复制

军事系统的自复制是在自组织过程中，军事系统演化呈现出的有序状态，从时间变化分析，一些状态经过一段时间重新呈现出来。自复制是军事系统产生与自己结构相同的子代，是自组织过程的一种描述，也是对军事系统自组织所形成状态的一种描述。有些军事系统自组织过程形成的时间结构可以看成自复制的最简单情况，就是军事系统呈现周期性的变化，随着时间的变化，会出现相同的情况。自复制是从自组织的时间过程，从系统状态之间的关系来分析得出的特点。

对于多个子系统组成的军事系统，自组织过程中形成的稳定状态，从系统的层次来看，系统的状态是不变的，仍然保持原来的情况；从子系统的层次来看，其状态又是变化的，每个子系统都在变化，有生有灭。在多数情况下，自复制是对系统中的子系统而言的，指系统中具有某种性质的子系统个数不因个别子系统状态的改变而改变。类似武器装备系统中某些零部件损坏，由军工企业按原规格再次生产即可得到新的零部件，这也可以说是个体性质完全一样的零部件被复制出来。子系统具有自复制功能，才能使系统在自组织过程中形成的有序状态得以保持下来。自复制是系统自组织过程中所形成的状态能稳定存在的原因。

三、自生长

军事系统的自生长是军事系统在自组织过程中系统的规模不断扩大，系统的结构和功能不变。自生长是从系统整体层次角度，对系统自组织过程所形成的状态随时间演化情况的一种描述，是对系统整体状态的分析。军事系统的整体规模变大，但是系统的形状、性质、特点均不发生变化，系统的结构和功能保持不变。

例如，某个军种的规模不断扩大，但是军种的结构、功能和作用不变，这就是军事系统的自生长。有些军事系统在演化过程中，系统的功能和结构有一些小的变化，不是主要特点，也可以称为军事系统的自生长。军事系统在演化过程中，其规模的增长不能用简单的规律描述，或者不能用其他方法研究时，可以用自生长的方法去研究。

自生长也要依赖于一定的环境，物质、能量、信息的输入一定要通过系统的自组织，通过子系统之间的相互作用，变成整个系统发展的动力，使之整体扩大。例如，随着时代的发展，为了有效维护国家主权和海洋权益，对海军力量建设提出了更高的要求，需要海军在提高现有训练水平和武器装备作战效能的基础上，进一步调整体制编制，增加人员和武器装备的数量，不断扩大规模。海军规模扩大的过程就是海军系统的一个自组织过程，体现了自组织的生长壮大作用。

军事系统的自生长可以由同样性质的子系统数目增多来实现，这可以看成是子系统的自复制，造成了系统的自生长。自生长也可以是存在于子系统层次上，每一个子系统均保持一定的结构、功能，其在演化过程中不发生变化，而只是大小发生变化，这样由子系统的自生长实现系统的自生长。一般来说，多数情况下，子系统的自复制是系统自生长的原因。

四、自适应

军事系统的自适应是军事系统在一定的外界环境下，通过自组织过程适应环境，而出现新的结构、状态和功能。自适应是从军事系统与外界关系的角度，对系统自组织过程的一种描述。自适应与自创生都是对整个自组织过程的分析，都是研究自组织过程前与自组织过程后系统状态的差别。但自创生是从自组织系统本身的性质来分析，从自组织过程后系统出现了新的结构、功能的角度来分析，是对系统本身状态的描述，是对系统内部机制的探讨。而自适应是从系统对外界环境刺激的应答、对外界环境的响应角度，是从系统与环境关系的角度，来分析系统的自组织性质。因此可以说，同样一个实际例子，强调系统内部相互作用，可称为自创生；强调系统与环境关系，可称为自适应。

研究具体问题时，自创生可以描述军事系统的自组织过程，其特点是军事系统在自组织后的系统结构和状态与自组织前相比出现变化，形成新的结构和功能。自适应也可以描述军事系统的自组织过程，此时军事系统是在外界环境的影响下发生变化，系统的结构和功能发生改变。自创生更多地是强调军事系统在自组织过程中，系统内部相互作用演化出新的状态。而自适应更多地是强调军事系统的环境发生改变时，军事系统的状态也发生改变，说明军事系统对环境的适应能力。

自组织的不同形式是从不同角度对自组织过程进行的描述与分析，实际的自组织过程是很复杂的，需要采用多种描述方法分析军事系统的自组织行为,需要上述多种分析描述方法的综合运用。例如，我军不断发展和壮大，是立足于国情、军情积极建设的结果，其发展建设的过程也是一个自组织过程。由于军队建设系统的复杂程度较高，需要运用多种分析描述方法，全面分析和研究军队的自组织过程，得出其中的规律特点，用以进一步指导军队建设工作。

第四节　自组织分析方法应用

军事系统的自组织分析方法在军事领域有着广泛的应用，提供研究军事问题的新视角，体现自组织方法的作用。根据指挥控制行动所体现的自适应性，结合自组织相关理论，说明自适应指挥控制的内容。自适应指挥控制是指在高度信息化的战场上，指挥实体通过无缝链接的信息系统实时感知作战意图和战场信息，针对所属作战力量的自主作战，按照作战规则主动采取的与作战态势匹配响应的指挥控制方式，是适应信息化条件下快节奏作战的新型指挥控制方式。

一、自适应指挥控制的特点

自适应指挥控制是信息化条件下联合作战研究的重要内容，对于提高指挥效率具有重要作用，需要了解自适应指挥控制的基本特点。

（一）自适应性

自适应指挥控制具有鲜明的自适应性。首先表现为指挥实体之间的自适应。分布在不同网络节点的相关指挥实体，按照作战意图，针对不同的作战态势，可以不经过上级干预或在上级的有限干预下，通过作战规则自主协调，相互合作，彼此适应，共同完成作战任务。其次表现为指挥实体与作战态势之间的自适应。各级指挥实体积极主动实施交互，并行同步展开工作，实现了信息共享、感知共享、决策共享，明显缩短了指挥周期，很好地适应了信息化条件下快节奏作战。

（二）选择性

自适应指挥控制的运行包含选择式干预的过程，其运行过程暗含选择性。当自组织演化缓慢时，需要选择关键时机进行干预，促进自组织演化进程；当决策活动或作战计划出现偏差时，需要选择关键问题进行干预，及时纠正偏差；当自协同出现冲突、混乱时，需要选择关键环节进行干预，促进自协同有序进行；基于作战需求，也可选择重要的作战力量直接进行越级指挥。

（三）预先性

自适应指挥控制具有预先性优势，能够对作战态势的动态变化预有准备，先敌感知，先敌循环，快速反应。指挥实体接收大量信息，通过逐渐积累和理解，对未来可能遇到的问题和结果有一个预测和判断。指挥实体可以通过内部模型进行长期概率预知与短期精确预知，进而适当地进行预先调控，先敌采取作战行动，取得预先性优势。

（四）精确性

自适应指挥控制采用循环链接，使战斗力要素功能融合，实现了高度集中与高度分散的高度统一，显现了精确的指挥控制效果。通过建立和适时调整灵活指挥关系，把各情报信息链整合成多维一体的情报侦察体系，综合分析、精确判断战场情况。把战略层面的思考，战役层面的把握，战术、技术层面的论证融为一体，精确定位打击目标。在指挥跨度扩大的情况下，依据实时刷新的高质量战场态势图，进行实时、同步、并行、互动的精确作战计算，精确利用作战时空，精确调控作战力量，实施精确打击。

二、自适应指挥控制的过程

自适应指挥控制过程的研究可以了解指挥控制系统的运行方式，理解和认识自适应指挥控制的作用。

自适应过程是自适应指挥控制运行过程的基本内容，它往往比干预过程更有效、更灵活，战场态势越复杂就越应该重视通过自适应过程来调整指挥关系和作战行动，使得整个作战行动更加协调有序。在自适应过程的基础上，上级随时都可能实施有限干预，但实施有限干预的时机是有条件的，要立足自适应过程去完成作战任务。自适应过程是在没有上级干预的条件下自行完成的指挥控制过程，主要包括作战意图的制定、态势感知与共享、自学习、自组织、决策活动、作战计划生成与自协同等内容，如图 7.4.1 所示。

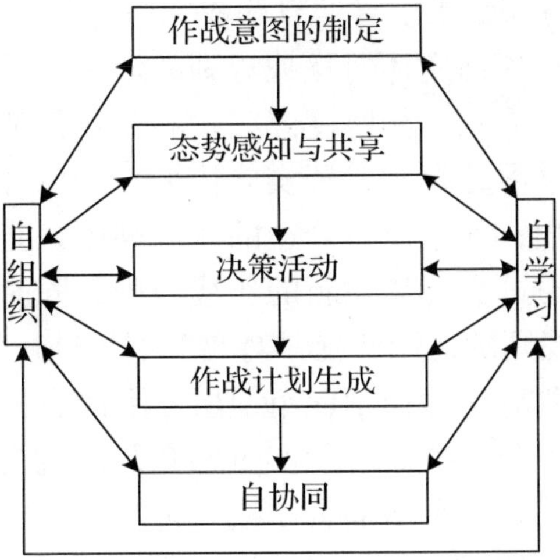

图 7.4.1　自适应指挥控制过程示意图

作战意图是对作战目的和作战行动的总体谋划，是作战行动的基本依据，作战意图合理与否直接关系到作战行动的成败。作战意图的内容主要包括：作战目标、风险控制、作战规则和作战力量。作战目标规定的是作战的总体目的和任务；风险控制规定的是作战行动可接受的最高风险，自主指挥必须控制在最高风险范围内；作战规则规定的是作战行动的基本方法，由此不断演化出新的作战规则；作战力量规定的是作战力量性质、规模等运用的总体范围，并不进行具体的兵力部署。

作战意图应在指挥控制中心的主导下，在相关指挥实体的共同参与下联合制定，制定时要宏观、准确、及时，宏观强调的是仅对作战行动的基本条件做出规定；准确强调的是作战意图的内容要准确，为实施自主指挥提供可靠依据；及时指的是作战意图的制定要迅速，要紧贴战场变化实际。

态势感知包括个体感知与感知共享。个体感知是指挥实体单独进行态势感知的过程；感知共享与个体感知同步进行，通过不间断的个体感知的交互来实现，目的是更充分、准确地掌握战场情况。

个体感知与感知共享源于信息获取与信息共享，同时又可以进行前馈控制，即通过感知需求引导信息获取和信息共享。

自学习指的是指挥实体对作战规则的学习，并逐步将其转化为自身的结构和行为方式，同时注意完善和创新作战规则以适应作战态势的变化。自学习并存于指挥实体依据态势感知判断应该采用的作战规则这一过程，如果没有合适的作战规则，指挥实体凭借自身的知识、经验，通过交互创建新的作战规则，同时依据当前作战效果检验以往作战规则的运用情况，对有关不足进行修改完善。

自组织是自适应指挥控制在组织层面上的自适应过程。指挥实体依据对作战意图和作战态势的实时感知，通过自组织，在各维战场自行重构指挥关系，灵活部署作战力量，主动匹配与作战态势相适应的组织结构和功能。当组织结构、功能足以应对作战态势时，可主动求变、创新以获取指挥对抗优势；当组织结构、功能难以应对作战态势时，在指挥控制中心的主导下调整指挥关系，条件具备时可自行完成组织结构调整。

决策活动包括个体决策和决策共享两个部分。个体决策是在深刻领会作战意图、正确感知作战态势的基础上，对自主作战行动进行的具体谋划，主要内容包括作战目标和任务的具体规定、作战规则的细化、风险控制的具体要求和作战力量的具体配置等。决策共享与个体决策同步进行，由个体决策的广泛交互来实现。通过决策共享，指挥实体之间相互提醒、交叉印证，确保决策更加及时、正确。

作战计划生成是决策活动的进一步延伸和细化，通过作战计划，明确作战目标和任务，选调作战规则，规定风险控制要求，部署作战力量，划分作战行动步骤，为自协同提供参照平台。作战行动展开之前，作战计划主要依据决策活动来制定，是作战行动的初始参照；作战行动展开后，依托无缝链接的信息系统，以作战行动为中心对作战计划进行实时的修改完善，确保及时纠偏、快速协同。

自协同是指挥实体依据作战计划进行的自主协同，包括作战行动展开之前的自协同与作战行动中的自协同两个方面，具有自主性、灵活性和快速性等特点。作战行动展开之前，可根据作战计划进行协同演练，增强彼此之间的配合默契。作战行动中，自协同与作战计划并行互动：按照作战计划，指挥实体之间利用作战规则自行协调作战行动；当作战计划出现偏差时，在上级的有限干预下或干预之前自行调整作战计划，主动适应作战态势的复杂变化。自协同的输出为自同步作战。

三、自适应指挥控制的干预

自适应指挥控制也有一定程度的外部干预，通常是自适应过程与干预过程的一体化运行过程。

干预过程是在对自适应过程和作战态势实时监视的情况下，有选择、有重点地对自适应过程实施干预的过程，主要包括 3 种干预类型和 4 条干预路径。3 种干预类型分别为引导式干预、介入式干预和直达式干预：引导式干预是为推进自适应过程的进程而实施的干预；介入式干预是在自主指挥与作战意图不符，或指挥能力难以胜任作战任务时进行的干预；直达式干预是基于作战需求的考虑，不经过下级直接指挥相关作战力量的过程。4 条干预路径分别是干预自组织、干预决策活动、干预作战计划和干预自协同。

实施引导式干预和介入式干预可选择四条干预路径中的任意一条，但干预的目的、条件以及内容不同。引导式干预是在下级能胜任作战任务，能应对复杂作战态势的条件下实施的，目的是促进下级的自适应过程，辅助下级顺利完成作战任务。介入式干预是在下级难以很好地完成作战任务，难以有效地应对复杂作战态势的条件下实施的，目的是纠正自适应过程的决策和行动偏差，确保作战任务的顺利完成。直达式干预则是在充分考虑整体作战需求的情况下展开的，它可以不经过下级直接指挥相关作战力量完成作战任务。

自适应过程与干预过程在自适应指挥控制的实际运行中是相辅相成、不可分割的一体化运行过程。在自适应过程的态势感知阶段，战场信息同时被上级掌握，上级对战场信息的认识站位更高，理解更深，感知更准，上级在感知过程中也在不断和下级指挥实体进行交互，上级的态势感知也是感知共享的一部分。在自组织过程中，下级很可能会因为个体能力差异造成“讨论”“调整”时间过长而贻误战机，这就需要上级进行促进性干预。在决策活动阶段，下级的决策共享过程同样包括与上级的交互，下级个体决策的偏差能够得到上级的实时纠正，上级对决策共享的方向起到主导作用。在作战计划与自协同的互动阶段，同样可能会存在贻误战机、作战计划出现偏差、作战行动出现偏差等问题，需要上级进行引导式干预和介入式干预。基于作战需求，上级随时可能直接指挥相关作战力量完成新的作战任务。可见，在自适应指挥控制的实际运行中，自适应过程与干预过程是相互融合、不可分割的一体化运行过程。

四、自适应指挥控制的实现

为了实现自适应指挥控制，提高联合作战的指挥效率，需要使人了解自适应指挥控制的基本原理，不断创造自适应指挥控制的运行条件，主要在以下 4 个方面开展工作。

（一）自适应指挥控制人才的培养

适应自适应指挥控制的人才是实现自适应指挥控制的智力支持，没有适应自适应指挥控制的人才储备，自主指挥权就不能被有效地运用，自适应指挥控制就难以正常运行。实现自适应指挥控制，必须创新培养方法，大力加强自适应指挥控制人才的培养。一是概念先行法。对自适应指挥控制的新认识、新论断，尽快以概念的形式确定下来，通过实践检验、修订后迅速推广。二是自我培养法。合理确立培养目标，建立开放的自我学习环境；完善激励机制，建立合理的人才评价制度和用人制度，完善奖惩制度。三是岗位轮换法。通过指挥岗位对调，强化战术层次的战略意识，加强战略层次的战术思考，增强指挥控制的应变能力，培养一专多能型的人才。四是试验检验法。通过试验进行数据分析，促进对新思想的理解，发现不足并开发新的自适应指挥控制理念；建立与复杂战场相近的实战环境，促进对作战规则的灵活运用，培养自适应指挥控制的应变思维和创新思维。

（二）自适应指挥控制系统的建设

无缝链接的信息系统是实现自适应指挥控制的必备条件，没有无缝链接的信息系统，自适应指挥控制就成了空谈。搞好无缝链接的信息系统建设，必须创新建设思路，重点把握好 3 个结合。一是顶层设计与底层开发相结合。做好远景规划，搞好统一部署，解决系统分散建设、整体效能不高的问题；充分利用各方资源，激发底层的积极性，增强信息系统开发的创造力。二是标准化与系列化开发相结合。以互联、互通、互操作为具体标志，规范信息系统的开发技术，统一信息系统的相似功能和结构标准，实现标准化开发；在标准化的前提下，规范信息系统不同功能组合和结构组合，逐次、成套、有序地进行系列化开发。在深层次上完成技术的综合与渗透，确保信息流畅通。三是超前应用与继承传统相结合。加强对新技术的开发和应用，解决系统功能不强、应用范围有限的问题；在已经开发的信息系统基础上逐步完善、更新，从而节约开发成本、缩短开发时间，但当技术理念差距明显时，则需避免重复性的工作损耗。

（三）自适应作战规则的开发

作战规则是进行自适应指挥控制时必须遵守的行为准则，是实施自适应指挥控制的制度保障。要把握作战规则的本质和特点，注重作战规则的运用，不断深化对自适应作战规则的开发。一是着眼类别，实施完备性开发。开发任何一类作战规则，都要覆盖该类作战规则划分标准的全部因素，以保持作战规则的完备性，从根源上避免调用作战规则时出现漏洞。二是着眼特点，实施通用性开发。只有保持作战规则的通用性，才能在作战规则的灵活调用、动态重组中发挥其作战潜能。如果作战规则制定过于专用，制定作战规则本身的工作量就十分巨大，每一类作战规则的数量也会十分庞大，会给指挥实体的学习和调用带来困难。要以作战规则的通用性为基本出发点，将通用性和适用性有机结合起来，进行适用领域区分合理、通用程度划分适度的开发。三是着眼应用，实施创造性开发。作战规则的通用性和灵活性是有限度的，任何作战规则的组合都不能处置所有战场情况，为确保作战规则的灵活性和有效性，应充分考虑极少数作战条件，加强对特殊性作战规则的开发；充分考虑下级的自主指挥权，加强对留有更多灵活性空间的创造性规则的开发。

（四）自适应指挥控制的演练

自适应指挥控制演练是检验自适应指挥控制理论和技能的重要环节，是提高自适应指挥控制能力的重要途径。实现自适应指挥控制，必须灵活运用演练方法，不断深化自适应指挥控制演练。一是模拟仿真法。在自适应指挥控制演练的初始阶段，通过模拟仿真来验证某一具体的自适应指挥控制理论和技能，也可对自适应指挥控制实兵演练进行模拟仿真，为实兵演练的实施提供参考。加强模拟仿真软件的开发，设置合理的参数，建立逼真的模拟仿真环境。坚持客观实际，尊重模拟仿真结果，避免主观情绪。二是编组作业法。要合理划定受训者的基本范围，为自组织演化提供基本参考。熟悉自适应指挥控制的基本程序、内容和方法，科学进行想定情况的诱导。充分利用信息网络环境，通过网络来组织实施编组作业，培养自适应指挥控制的意识和能力。三是实兵演练法。为增强实兵演练效果，应充分准备，尽量在模拟仿真和编组作业之后实施。可根据实际情况增加演练的强度和难度，以增强实战性、对抗性和竞争性，切实发现自适应过程与干预过程中存在的问题，推进自适应指挥控制的实现进程。

第八章

军事系统的系统动力学分析

军事系统的系统动力学分析是运用系统动力学的理论方法研究军事系统问题,分析军事系统的特点和规律,有效解决军事系统问题。系统动力学是系统科学理论与计算机仿真紧密结合、研究系统反馈结构与行为的一门科学,广泛应用于军事、经济、环境和医疗等领域。本章主要阐述系统动力学概念、原理、建模和应用。

第一节　系统动力学概述

系统动力学是把系统视为信息反馈系统，并研究其动态行为的一种理论和方法。系统的行为模式与特性主要取决于其内部的动态结构与反馈机制。为熟练应用该方法解决复杂的军事系统问题，需要清晰地认识系统动力学的概念，了解系统动力学的定义、发展和作用。

一、系统动力学的定义

系统动力学是一门分析研究信息反馈系统动态行为的学科。它是系统科学与管理科学的一个重要分支，也是一门沟通自然科学和社会科学等领域的横向学科。系统动力学是一种研究复杂系统的方法，针对实际系统中存在的问题，从系统的整体观出发，充分估计和研究其影响因素，考虑系统的复杂性特点，注重研究系统内部的非线性相互作用、协同以及延迟效应等问题，得到复杂系统问题的研究结论。

系统动力学是研究信息反馈系统动态行为的计算机建模仿真方法。它有效地把信息反馈的控制原理与因果关系的逻辑分析结合起来，面对复杂的实际问题，从研究系统的内部结构入手，建立系统的仿真模型，并对模型实施各种不同的方案模拟，通过计算机仿真展示系统的宏观行为，寻求解决问题的正确途径。

系统动力学理论体现系统整体性、层次性、相似性，以及联系、发展、运动的特点，强调研究系统的结构和功能。系统的整体性与层次性是系统动力学综合与分解的原因，是研究剖析系统的理论依据。系统整体的性质不同于单元的性质，整体的结构与功能不同于部分的结构与功能，也不是部分结构的堆积与功能的相加。系统动力学强调系统的整体性，并不是说系统没有层次与等级。由于单元与结构的相对独立性，导致结构的等级性；由于过程与功能的相对独立性，导致功能的等级性；由于系统是结构与功能的统一体，导致了系统的等级性。

在自然界、人类社会和人类思维活动等不同领域中的系统，在其结构上、系统行为上存在着一定程度的相似性，这种相似性是构造模型，研究系统的理论依据。系统结构上的相似是系统行为与功能相似的本质原因。由于同构，系统表现出的相似在现实世界中常常能遇到，即使两个系统属于完全不同的领域，也会存在一定的相似性。当两个系统中的主要回路同构时，两个系统可能表现出一定的相似；反之，如果两个系统的行为相似，也可以推导出两个系统可能存在某种程度的同构。

系统的整体与部分、部分与部分以及系统与环境之间都存在着相互关系，决定了在众多系统中，都存在着一因多果、一果多因、因果关系环，甚至交叉因果链的现象。反馈的因果关系或者说因果关系环，是系统动力学描述系统中各单元之间的因果关系的基本形式，也是系统动力学研究系统结构的基础。

系统内部组成部分之间相互作用形成一定的动态结构，并在内外动力的作用下，按照一定的规律发展演化。系统的行为模式与特性主要取决于其内部的动态结构与反馈机制，在一定条件下，外部环境的变动、外部的干扰会起重要作用；但归根结底，外因只有通过系统的内因才能起作用。

系统动力学能够定性与定量地分析研究系统，是采用结构与功能相结合的模拟技术，从系统的微观结构入手，构造系统的基本结构，进而模拟与分析系统的动态行为。

二、系统动力学的发展

根据国内外对系统动力学的研究和应用情况，可将系统动力学的发展过程分为创立、发展和传播 3 个阶段。

（一）创立阶段

创立阶段是在 20 世纪 50~60 年代。系统动力学的出现始于 1956 年，其创始人是美国麻省理工学院（MIT）的教授福瑞斯特（J.W.Forrester）。在初期，它被称为工业动力学，主要应用于工业企业管理，用来处理生产与雇员情况的波动，市场股票与市场增长的不稳定性等问题。尔后，它的应用范围日益扩大，几乎遍及各类系统，延伸到各种领域。由于其应用远远超出了“工业动力学”的范畴，所以被改称为“系统动力学”。

在该阶段，福瑞斯特教授发表了 3 部系统动力学的经典著作。《工业动力学》（Industrial Dynamics，1961）是系统动力学理论和方法的经典论著，它阐明了系统动力学的原理与典型应用。《系统原理》（Principle of System，1968）重点讲述了在系统中产生动态行为的基本原理以及系统结构和动态行为的概念，对于系统的分析、决策和预测具有普遍性和广泛的适用性。《城市动力学》（Urban Dynamics，1969）总结了美国城市兴衰问题的系统动力学理论与应用成果，是系统动力学发展初期结合实践应用介绍该理论的一部著作。

（二）发展阶段

发展阶段是在20世纪70~80年代。标志性成果是系统动力学世界模型和美国国家模型的研究。福瑞斯特教授在世界模型（World Ⅱ）基础上发表的《世界动力学》（World Dynamics，1971年），以及他指导下的小组在世界模型（World Ⅲ）的基础上发表的《增长的限制》（The Limits of Growth，1972年）和《趋向全球的均衡》（Toward Global Equilibrium，1974年），阐述了他们的世界模型和对未来世界发展的观点。

他们建立了全球分析模型，研究了世界范围内的人口、资源、工业、农业和污染等因素的相互联系与相互制约。认为世界范围的指数式的增长将不能持续下去了；随着工业的发展、人口的增长、污染的加剧、资源的衰竭，世界的发展将逐渐过渡到某种均衡发展的状态；从长远的观点来看，不发达国家按西方的模式进行工业化是不明智的。这些论文引起了世界范围的关注与持续争论，也促进了系统动力学的传播与发展。

该小组从1972年起，历时11年，耗资600万美元，完成了美国国家模型。该模型将美国的社会经济问题作为一个整体进行研究，建立了一个达4000个方程的系统动力学模型，解答了美国20世纪70年代以来的通货膨胀、失业率、实际利率同时增长等问题，同时揭示了美国与西方国家经济发展中存在的“长波”（Long Wave）现象的内在机制。

（三）传播阶段

传播阶段是从20世纪90年代到现在。系统动力学在世界范围内得到广泛的传播，应用领域也得到拓展，从物理学到生理学和心理学、从军备竞赛到缉毒、从全球气候变化到组织变革等诸如此类的问题，都可借助于系统动力学进行解答。在各领域的研究和应用也促进了系统动力学的进一步发展。

在20世纪70年代末，我国引入系统动力学，杨通谊、王其藩、许庆瑞、陶在朴、胡玉奎等专家学者是系统动力学的先驱和积极倡导者。系统动力学在中国的40多年时间里，取得了飞跃发展，在20世纪80年代即已广泛传播，最多时研究者有2000多人。全国系统动力学的工作者和研究人员在区域和城市规划、企业研究、产业研究、科技管理、生态环保、海洋经济和国家发展等应用研究领域中取得巨大成绩，但是仍有许多复杂系统的问题需要解决，系统动力学的研究和发展存在更加广阔的空间。

三、系统动力学的作用

系统动力学在现实生活中有着广泛的应用领域，主要包括工程领域、环境科学领域，以及交通领域、金融领域、物流与供应链管理领域、项目管理领域等众多领域。这些领域的重要问题都可以视为一个复杂的动态系统，具有构成要素多、反馈机制复杂、各子系统之间和各个变量之间都存在着复杂的非线性的相互作用和反馈关系等特征，在解决各领域内相关的实际问题时，都可以应用系统动力学的方法。

系统动力学在社会实践中对于解决某些问题发挥着重要作用。在交通领域，系统动力学可用于分析交通需求管理、交通拥堵治理、复杂交通流网络管控、城市交通结构、区域交通与经济发展关系等方面的问题。在金融领域，可运用系统动力学方法对区域金融环境中各影响要素的关系进行分析，研究存在的问题，实现对经济发展趋势的科学预测。在物流与供应链管理领域，系统动力学则提供了解决复杂生产、库存、销售等供应链管理问题的有效手段。在项目管理领域，通过运用系统动力学建立公共项目过程管理系统模型，有效分析系统的结构和变量之间的因果关系，较好体现公共项目系统内部各要素之间的关系，使公共项目管理更加具体和科学。

系统动力学在社会各领域的实践应用方法和成果，都可拓展至军事领域，解决相应的军事系统问题。目前，系统动力学在军事系统的成熟应用，主要体现在国防建设战略研究、作战筹划评估论证、装备发展系统分析、保障管理应用优化等方面。

第二节　系统动力学基础

系统动力学理论的基础是系统论和信息反馈理论，是从系统的微观结构入手，根据系统结构与功能的相互关系，构造系统的模型，对系统进行分析研究，需要掌握反馈的概念、行为模式与结构、一阶系统模型和二阶系统模型等内容。

一、反馈的概念

反馈是指系统内的同一单元，或者同一个子块的输出与输入之间可以存在某种关系，这种关系被称为反馈。当然一个系统的输出与输入之间也可存在反馈关系。反馈是系统动力学中最主要的概念之一，它是从自动控制系统的概念中借鉴而来的。

反馈的工作机理是通过对实际系统进行观察，采集对象系统状态的有关信息，使用这些信息进行决策，依据决策的结果采取行动，行动作用于实际系统，使系统的状态发生变化，这种变化又为观察者提供新的信息，从而形成系统中的反馈回路。

反馈回路是耦合系统的状态、行动与信息的回路，是构成系统的基本结构。系统动力学模型由许多互相关联的反馈回路组成，这些反馈回路基本上都是闭环系统。在反馈关系中出现的变量，绝大多数是内生变量，只有极少数是外生变量。反馈回路中表示决策者周围环境的因素，可以分别作为一个状态变量或信息量，其中每个信息量就是一批信息的积累。

系统动力学主要是通过了解与研究系统内所有回路的反馈特性，进而达到掌握系统动态特性的目的。在研究系统的反馈特性时，我们可以看到系统中存在正反馈和负反馈两种情况。正反馈是系统不断增强的过程，负反馈是系统不断削弱的过程。正反馈系统的典型例子是没有外界控制的人口系统。在人口系统中的出生过程研究总的人口数与每年出生人口数，每年出生人口数是随总人口数增加而增加的，每年出生的人口也增加了总人口，形成一种互相加强的反馈，能产生自身运动的加强过程，使原有的发展趋势得到不断加强。同样，人口系统还受一个负反馈的影响，即死亡过程，总人口增加，每年死亡的人数也增加，每年死亡的人数增加使总人口下降，这是一个负反馈的过程。当正反馈过程强于负反馈过程时，系统将呈现正反馈的系统特性，使得人口快速增长。而当人口增长到一定程度时，人口系统受到外界的强制控制，即随着资源需求得不到满足的程度增加，环境变得更为恶劣，人口将因为恶劣的环境而加快减少，使系统最终达到一个平衡。人口系统中，正反馈与负反馈相互作用的过程向我们表明：在一个系统中，可以存在多个反馈回路，而系统的动态特性将取决于这些回路的相互作用。

系统动力学方法应用的思想基础是因果关系，任何复杂系统的发展是由因果结构引起的。系统动力学方法是根据系统的内部结构，而不是根据外部的影响因素，来说明实际问题的长期趋势。运用系统动力学方法研究系统时，主要是利用双通道的因果关系，也可以说是反馈思想。研究系统的反馈机制是研究系统的结构和系统动态行为的最重要的方面。

二、行为模式与结构

系统的行为由它的结构决定。动态系统行为的基本模式有：正反馈所产生的增长；负反馈所产生的寻的行为；负反馈加上时间延迟所引起的振荡，包括减幅振荡、有限循环和混沌。更复杂的模式，如S形增长、过度调整（超调）并崩溃，是由这些基本结构的非线性相互作用所产生的。图 8.2.1 显示了动态系统最基本的行为模式。

正反馈的典型行为模式是指数增长，就是由正反馈结构产生的，出现了自我加强的情况。数量越大，其净增长越大，进一步增加了数量并导致更快的增长，如图 8.2.2 所示。典型例子是复利和人口增长。投资的资金越多，赚取的利息越多，结余便越大，下一次得到的利息就越多；人口越多，净出生速率就越大，净增了人口并最终导致更多的新生人口，这是一个不断加速的螺旋。纯粹的指数增长有一个重要的属性，就是倍增期是一个常数：无论多大，系统的状态会在固定时间段内加倍。正反馈的直接结果：净增长速率依赖于系统状态的规模。然而，正反馈并不总是导致增长，达到一定的限制条件，它也可能导致自我加强的衰退。

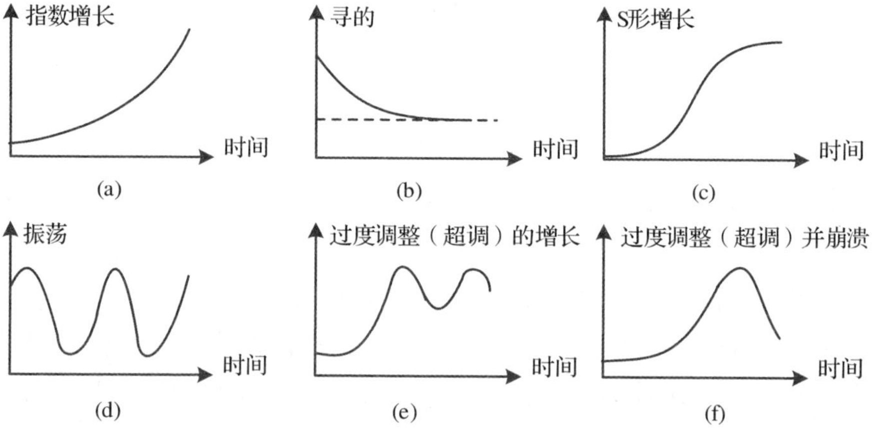

图 8.2.1　动态系统最基本的行为模式

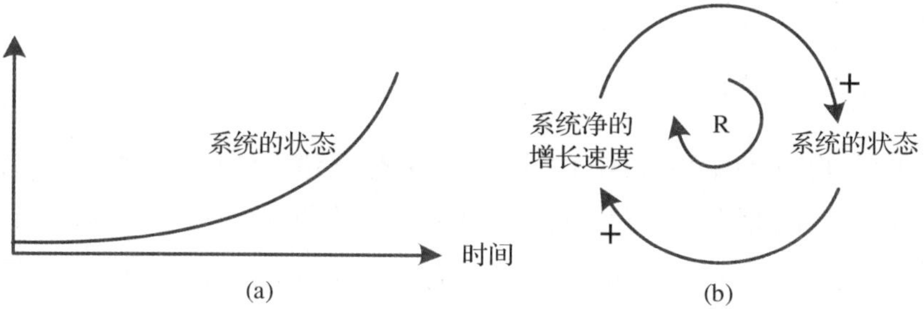

图 8.2.2　正反馈回路系统的状态和结构描述

负反馈与正反馈的情况相反，正反馈回路产生增长、放大偏移并且加强变化，而负反馈回路寻求平衡、均衡和停滞。负反馈回路追求将系统状态带到目标或设想状态，它们抵制任何使系统状态偏离目标的扰动。所有的负反馈回路都有如图 8.2.3 所示的结构。系统的状态与目标相比较，如果在实际状态和目标状态之间有差距，系统将采取纠偏行动将系统状态带回目标状态。

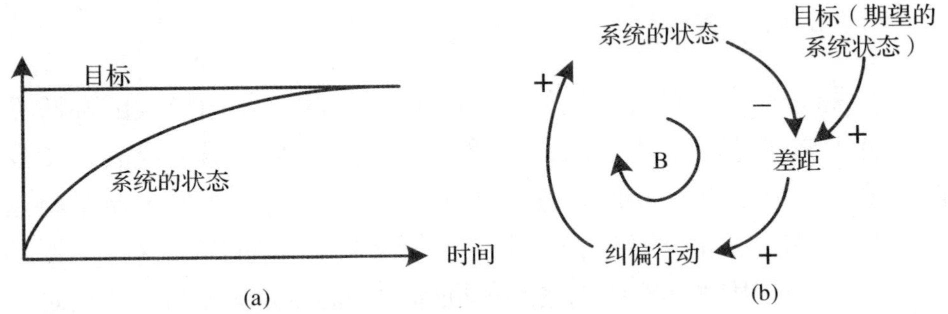

图 8.2.3 负反馈回路系统的状态和结构描述

振荡由负反馈回路引起，将系统状态同其目标相比，根据出现的差别情况的大小，采取纠偏行动以消除任何差异。在一个振荡系统中，系统状态持续调整过高，然后纠正，接着又出现调整过低的情况，依此类推。过度的调整是由负反馈回路中有显著时间延迟所产生的。时间延迟导致纠偏行动在系统达到目标状态后仍然继续，迫使系统调整过度，并且引发反方向的新的纠偏，如图 8.2.4 所示。

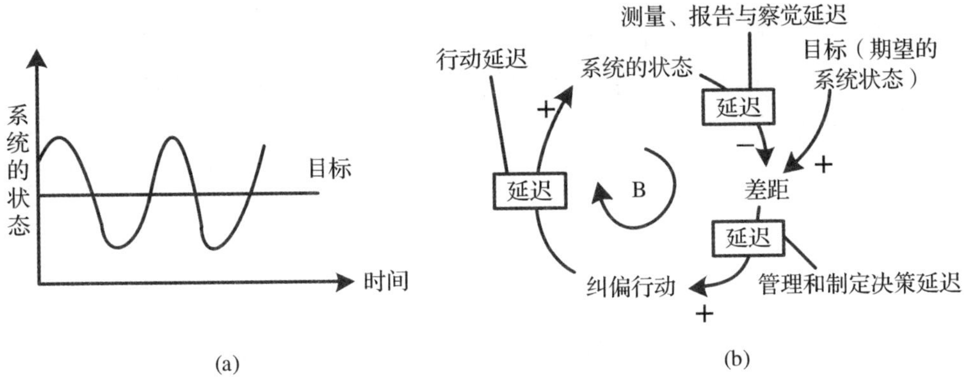

图 8.2.4 振荡系统的状态和结构描述

3 种基本行为模式（指数增长、寻的和振荡）是由 3 种基本反馈结构（正反馈结构、负反馈结构和带有延迟的负反馈结构）引起的，其他更复杂的行为模式是由这些基本反馈结构彼此的非线性相互作用引起的，对于其相应的行为和结构，在此就不过多描述。

三、一阶系统模型

系统动力学研究的对象往往是多种要素相互作用形成的高阶系统，由于非线性因素的作用，高阶次复杂时变系统通常会表现出反直观的、千姿百态的动态特性。系统动力学解决问题的本质是将这些复杂的高阶系统分解为若干个低阶子系统，通过研究这些子系统内部要素的作用以及子系统之间的联系，反推高阶系统的演变机理。下面从最简单的一阶系统开始，说明系统动力学的建模原理与数学方法。

系统动力学中的阶指的是系统中状态变量的个数。一阶反馈系统是系统动力学模型最小最基本的系统，一阶系统中的理论方法和数学模型是推导求解高阶系统问题的基础。一个系统动力学模型至少包括一个一阶系统，一般会包含多个一阶系统。军事系统通常是一个复杂的高阶系统，但在具体研究中通常可以将多个要素相互作用的高阶问题分解为若干个两两要素相互作用的一阶系统问题来研究。

（一）一阶正反馈系统

一阶正反馈系统是指只有一个正反馈（加强型）回路的系统，如图 8.2.5 所示。

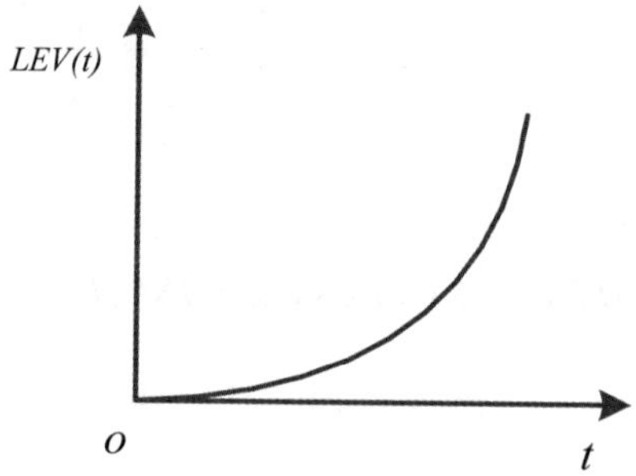

图 8.2.5　一阶正反馈状态变量随时间指数变化曲线

一阶正反馈系统可以用差分方程表示为：

$$LEV.K = LEV.J+(DT)(RT.JK) \tag{8.2.1}$$

其中，LEV——状态变量；

$RT.JK$——J 时刻至 K 时刻状态变量变化的速率；

DT——J 时刻到 K 时刻计算时间间隔。

当 DT 趋于 0 时，并假定 $RT(t) = \text{CONST} \times LEV(t)$，可求解上述差分方程为：

$$LEV(t) = LEV(0)\mathrm{e}^{\text{CONST} \cdot t} \tag{8.2.2}$$

公式中：$LEV(t)$——状态在 T 时的值；

$LEV(0)$——状态的初始值；

CONST——比例常数。

时间常数 T：在公式（8.2.1）中，定义时间常数 $T = \dfrac{1}{\text{CONST}}$，可以看出，时间常数 T 决定正反馈系统增长的速度。时间常数 T 值越大，系统变化越慢，系统状态相应为较平缓的增长曲线；时间常数 T 值越小，系统变化越快，系统状态相应为较陡的增长曲线。

倍增时间 / 减半时间 T_d：倍增时间是指状态变量由当前值 $LEV(t_1)$ 增至原来 2 倍 $LEV(t_2) = 2\ LEV(t_1)$ 所用时间；同理，减半时间则是指状态变量 $LEV(t_1)$ 由当前值减少至原来一半 $LEV(t_2) = 1/2\ LEV(t_1)$ 所用时间。由式（8.2.1）可推算出倍增 / 减半时间 $T_d = T\ln 2 = 0.69T$。

（二）一阶负反馈系统

一阶负反馈系统是指只有一个负反馈（平衡型）回路的系统，如图 8.2.6 所示。一阶负反馈系统可以用差分方程表示为：

$$LEV.L = LEV.K + (DT)(RT.KL) \tag{8.2.3}$$

$$RT.KL = \text{CONST} \times DISC.K \tag{8.2.4}$$

$$DISC.K = GL - LEV.K \tag{8.2.5}$$

公式中，LEV——状态变量；

$RT.KL$——K 时刻至 L 时刻状态变量变化的速率；

CONST——比例常数；

$DISC.K$——K 时刻的状态变量与 L 时刻的目标值之间的偏差；

GL——L 时刻的目标值。

同样，令 DT 趋于 0，可解得：

$$LEV(t) = GL-[GL-LEV(0)]e^{-CONST \cdot t} \tag{8.2.6}$$

公式中：$LEV(t)$——状态在 T 时的值；

$LEV(0)$——状态的初始值。

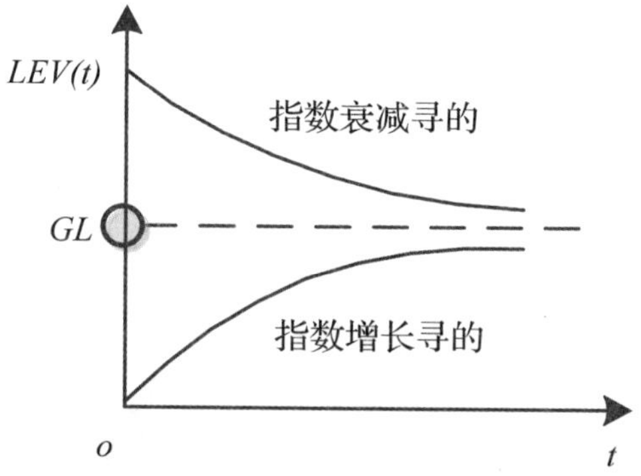

图 8.2.6　负反馈的两种寻的模式

时间常数 T：与一阶正反馈系统相同，时间常数 T = 1/CONST，时间常数 T 决定负反馈系统寻求目标的速度。时间常数 T 值越大，系统变化越慢，系统状态相应为较平缓的增长或衰减曲线；时间常数 T 值越小，系统变化越快，系统状态相应为较陡的增长或衰减曲线。

减半时间 T_h：如果负反馈是指数衰减过程，则状态变量减少至原来一半所需的时间为 $T_h = T\ln 2 = 0.69T$。由于负反馈系统的寻的特性，随着时间的推移增长速度减慢，倍增时间会逐渐增大，不再是定值，故在负反馈系统中没有讨论意义。

（三）S 型增长系统

S 型增长系统属于多反馈的一阶系统，它同时包括一个正反馈回路和一个负反馈回路，如图 8.2.7 所示。

S 型增长是一种典型的系统行为，其行为过程包含了指数与渐近（寻的）两种增长过程。产生 S 型增长特性的必需条件是，系统内部起主导反馈作用的回路发生变化，指数增长过程是正反馈起主导作用，渐进（寻的）增长过程则是负反馈回路起主导作用，S 型增长系统可以用差分方程表示为：

$$LEV.K = LEV.J + (DT)(RT.JK) \quad (8.2.7)$$

$$RT.KL = \text{CONST} \times LEV.K \times DISC.K \quad (8.2.8)$$

$$DISC.K = GL - LEV.K \quad (8.2.9)$$

公式中，*LEV*——状态变量；

RT.KL——*K* 时刻至 *L* 时刻状态变量变化的速率；

CONST——比例常数；

DISC.K——*K* 时刻的状态变量与 *L* 时刻的目标值之间的偏差；

GL——*L* 时刻的目标值。

同样，令 *DT* 趋于 0，可解得：

$$RT.KL = \text{CONST} \times LEV.K \times (GL - LEV.K) \quad (8.2.10)$$

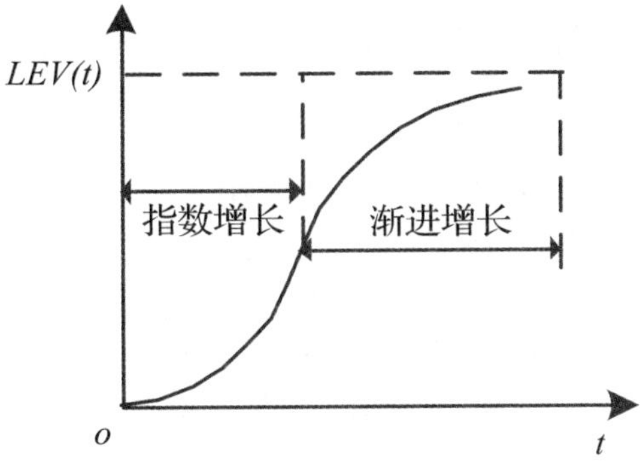

图 8.2.7　S 型增长曲线

通过分析速率与状态之间的关系，可以发现状态随着时间变化的特性，*LEV* 的初始值略大于 0，从而产生正比于 *LEV* 的 *RT* 值。*RT* 值在 *DT* 的时间间隔内经过积累作用，反过来与 *LEV* 初始值叠加形成新的增大了的 *LEV* 值，接着又产生新的较前大一些的 *RT* 值和更加增长的 *LEV* 值。如此周而复始，形成愈演愈烈的正反馈的指数增长过程，直至 *LEV* 达到某一值。此后转入负反馈区，增长开始受限，显然 *LEV* 仍然继续增长，但 *RT* 值却是不断减少的，直至 *RT* 趋于 0，

与此相应 *LEV* 值渐近地达到系统的目标值 *GL*。S 型增长系统应用较为广泛，人口增长模型、阻尼摆模型、污染物扩散模型等均可看作是 S 型增长系统。

四、二阶系统模型

系统动力学是在时域中分析研究系统的，它采用状态空间法描述系统结构。系统状态空间表达式为：

$$\left.\begin{aligned}\dot{X}&=Ax+Bu\\ y&=Cx+Du\end{aligned}\right\}\quad X\in R^{m},u\in R^{r},y\in R^{n} \tag{8.2.11}$$

其中，R 表示欧式空间，状态变量 x 为 m 维，u 代表 r 维输入变量，y 代表 n 维输出变量，$\dot{X}=Ax+Bu$ 表示系统状态变量构成的状态方程，$y=Cx+Du$ 表示输出变量与状态变量和输入变量关系的输出方程。当不考虑外界输入变量对系统的影响时，对一阶系统来讲，取 $m=1$，$r=0$；对二阶系统而言，则取 $m=2$，$r=0$，其状态方程可以表示为：

$$\dot{X}=Ax \tag{8.2.12}$$

公式中：$A=\begin{bmatrix}a_{11} & a_{12}\\ a_{21} & a_{22}\end{bmatrix}$，为转移矩阵。

二阶系统比一阶系统更为复杂，一般在一个系统中包含两个独立的状态变量，并且这两个状态变量在同一个回路中。例如，草原上的草—羊—狼生态系统，羊和狼的数量为独立的状态变量，我们既要考虑羊和狼内部个体竞争关系对各自种群数量产生的影响，也要考虑狼和羊之间捕食与被捕食对各自种群数量的影响，这就形成了二阶系统。由于二阶系统的复杂性，其行为模式也产生了多种结果，主要有阶跃、渐进增长、超调、振荡（减幅、等幅、增幅）等，没有固定的规则，行为可预测性较低，对其研究通常需要借助于软件模拟。

第三节　系统动力学建模

系统动力学建模是采用定性与定量相结合、综合分析推理的方法,依据对系统行为模式进行观察所获得的信息建立动态仿真模型,并运用计算机模拟仿真技术和专家群体的智慧，获得系统未来行为的预测结果。系统动力学方法解决复杂的系统问题，不是依据抽象的假设和推理，而是以现实存在的客观事物为前提，以解决实际问题为目的，是致力于改善系统行为的政策方法研究。在实际应用中，不是依据数学逻辑的推算寻求精确答案，而是通过建模分析获得准确结果。系统动力学建模内容主要阐述建模思路、建模步骤和建模工具。

一、系统建模总体思路

系统动力学模型构建的总体思路，一是系统的整体分析，明确问题并确定系统的边界，规定哪一些部分应该划入模型，哪一些部分不应归入模型，必须将系统中的反馈回路考虑成一个闭合回路；二是系统的结构分析，进行系统内生性解释以及绘制系统结构图，将实际数据抽象成系统状态变量；三是建立数学模型，并对其进行必要的测试与检验，对不符合实际情况的模型进行修改完善；四是使用构建的模型对相关策略进行分析。

（一）系统的整体分析

对系统进行整体分析是用系统动力学来研究系统的第一步，其主要任务是分析所要研究的问题和该问题的相关因素。通常需要做到了解要求、了解系统、分析系统和划分系统。具体来说，就是要做以下几个方面的工作：明确所要研究和解决的问题，了解研究工作的要求和目的；调查收集系统相关的资料和数据，了解系统的过去、现在、运行机制、主要矛盾；分析系统的基本问题与主要问题，基本矛盾与主要矛盾；初步划定系统的界限，并确定内生变量、外生变量、输入量等关键变量；确定系统行为的参考模式，明确关键变量的历史行为是什么。

（二）系统的结构分析

系统结构分析的主要任务在于处理系统信息，分析系统的反馈机制。主要工作包括以下内容：划分系统的层次与子块，并分析系统总体的与局部的反馈机制，提出一个由于系统内部的反馈结构导致动态变化的假设；分析系统的变量、变量间关系，定义变量（包括常数），确定变量的种类及主要变量；确定回路及回路间的反馈耦合关系，根据初始假设、关键变量、参考模式和其他可用的数据建立系统的因果关系图；初步确定系统的主回路及它们的性质，并分析主回路随时间转移的可能性。

在系统分析时，我们通常应按照层次来进行。系统内部的各组成部分并不完全相同，其结合的方式、程度等都不尽相同，因此，应区分类别和层次，按不同的方式进行分析研究。对于复杂系统，我们可按其结合的紧密程度，将系统划分成分系统；依次将各分系统逐层分解，直至包含系统中的所有要素。通过每一次对系统的分解，系统结构都变得更加清晰和简单一些，也便于抓住系统的基本矛盾和主要矛盾，既不会使研究陷入繁枝末节中，也不会遗漏重要的要素，并且能够紧紧围绕研究的目的进行。

（三）建立数学模型

建立数学模型是对已有的结构模型进行定量分析，也可以说是从概念图的领域转换至定量模型，使模型具备所有公式、参数和初始条件。相应地，在建立数学模型的过程中，就需要建立系统变量之间的数学、逻辑关系，对变量进行参数估计和对初值、常量、表函数进行赋值。

系统动力学的数学模型与系统动力学对系统的认识是一致的，它主要是将状态变量、速率变量、辅助变量、常量等用方程联系在一起。其中，每个变量对应于现实世界中一个有意义的概念，并且每个方程式中的量纲是一致的。通常，对变量、常量进行赋值是建立在对已有系统进行统计分析的基础上的。在缺乏统计资料的情况下，也可以先对其进行估计，结合模型模拟，通过各类重要变量的行为模式来判断估计结果正确与否，并根据实际情况，进行相应的修正。对于一个未知的系统进行研究时也应如此，首先根据系统的行为对系统做出一些假设，然后从各个方面来进行证明，判断假设条件是否正确，再对其进行修改完善。在假设条件不确定的情况下，还应对模型行为的灵敏度和策略进行检验，对其参数和结构的不确定性进行测试。运用系统动力学建立好模型之后，应对模型进行检验和评估，主要检验模型的可信程度，评估其使用范围和适用程度。

（四）策略设计与评估

在确定模型结构和行为之后，可据此设计出解决问题的策略，并结合取得的实践结果，对策略进行评估，通过改变参数以及创建全新的战略、结构和决策规则，对系统进行改造。由于系统的反馈结构决定了它的动态性，调整策略以改变主要反馈回路的方法主要包括：重新设计存量流量结构，消除时间延迟，在关键的决策点改变可利用的信息质量和信息流，或者从根本上重新制定系统中行为者的决策过程。在评估策略时，必须考虑策略的健壮性以及它们对模型参数和结构不确定性的灵敏度。另外，系统的高度非线性决定了组合策略的影响不能由其单独影响相加，而且策略之间往往有干扰，不同策略间的相互作用也需要考虑。

二、模型构建具体步骤

应用系统动力学建模的具体步骤，主要为建立因果关系图、画出存量流量图、构造方程式、进行模型参数估计与模型检验等。

（一）建立因果关系图

系统中的反馈结构实际上体现了变量之间的因果关系，在系统动力学建模中，因果关系图是表示系统反馈结构的重要工具，可以迅速表达关于系统动态形成原因的假说，引出并表达个体或团队的心智模型。

一张因果关系图包含多个变量，变量之间由标出因果关系的箭头所连接，也可以说，变量由因果链联系，因果链由箭头表示。在因果关系图中也会标出重要的反馈回路。图 8.3.1 对主要的符号做出了解释。每条因果链都具有极性，或者为正（+）或者为负（–），该极性指出了当独立变量变化时，相关变量会如何随之变化。若反馈回路包含偶数个负（–）的因果链，则其极性为正（+）；若包含奇数个负（–）的因果链，则其极性为负（–）。重要回路用回路标识符特意标出，以显示回路为正反馈（增强型）还是为负反馈（平衡型）。注意回路标识符与相关回路朝同一个方向绕圈。

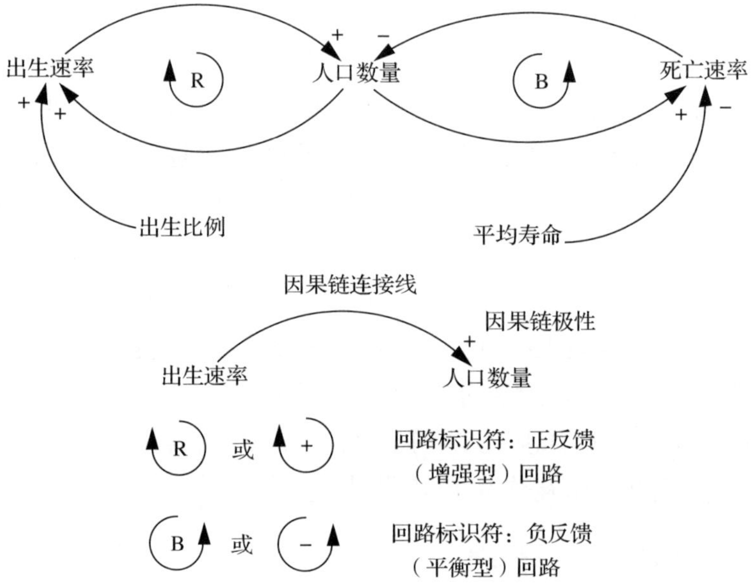

图 8.3.1　因果关系图

正因果链的符号表示见图 8.3.2。其意义为：在其他条件相同的情况下，如果 X 增加（减少），那么 Y 增加（减少）到高于（低于）原所应有的量。在累加的情况下，X 加入 Y。用数学公式可表示为：$\partial Y/\partial X>0$，在累加的情况下，$Y=\int_{t_0}^{t}(X+\cdots)\,ds+Y_{t_0}$。

一条正因果链意味着，如果原因增加，那么结果要高于它原来所能达到的程度；如果原因减少，那么结果要低于它原来所能达到的程度。在图 8.3.1 的例子中，出生速率（以每年出生人数计）的增加意味着人口数量将超过它原来所应有的数字，并且出生速率的减少意味着人口数量将低于它原来所应有的数字。也就是说，如果出生速率增加，人口数量在其他给定的情况下将增强；如果出生速率下降，人口数量在其他给定的情况下将下降。

图 8.3.2　正因果链

负因果链的符号表示见图 8.3.3。其意义为：在其他条件相同的情况下，如果 X 增加（减少），那么 Y 减少（增加）到低于（高于）原所应有的量。在累加的情况下，X 从 Y 中扣除。用数学公式可表示为：$\partial Y / \partial X < 0$，在累加的情况下，$Y = \int_{t_0}^{t} (-X+\cdots)\, ds + Y_{t_0}$。

图 8.3.3　负因果链

一条负因果链意味着，如果原因增加，那么结果要低于它原来所能达到的程度；如果原因减少，那么结果要高于它原来所能达到的程度。在图 8.3.1 的例子中，死亡速率（以每年死亡人数计）的增加意味着人口数量将比原来所应有的少，人口数量的减少影响着出生速率减小，而出生速率的减少又进一步导致人口数量减少。也就是说，如果死亡速率增加，人口数量将减少；反之，死亡速率减少，人口数量将增加。

因果链的极性描述了系统的结构，它们并不描述变量的行为。也就是说，它们描述如果发生一种变化将出现什么结果，并不确定变化会真正发生。出生速率可能增加，也可能减少。因果链并不能指出哪种可能性会变成现实，它只能得出变量变化将导致出现什么结果。

因果关系图在许多场合非常有用，很适合于表达系统要素之间的相关性和反馈过程。但是，由于因果关系图无法表达系统中变量的性质，进而无法描述系统管理和控制过程，因此被应用在建模项目的早期，以表达心智模式和用来对建模过程进行交流。

（二）画出存量流量图

存量流量图是在因果关系图的基础上进一步区分变量性质，用更加直观的符号刻画系统要素之间的逻辑关系，明确系统的反馈形式和控制规律，为深入研究系统打基础的图形表示法。

因果关系图描述了反馈结构的基本方面，而存量流量图则是在此基础上表示不同性质的变量的区别。因果关系图只能说明增加或减少，而不能说明其累积变化。所以说，存量流量图是一种结构描述，其图形表示所承载的信息远远大于文字叙述和因果关系图，所表达的逻辑比叙述更为直观、准确。当建模需要量化模型时，就要区别不同类型的变量，在因果关系图的基础上画出存量流量图，以建立变量之间的数学关系。

存量是描述系统的积累效应的变量，也称为状态变量，反映物质、能量、信息等在时间上的积累，它的取值是系统从初始时刻到特定时刻的物质流动或信息流动积累的结果，其数学意义是积分，它积累了流入量和流出量的差，也可以说是净流入。流量是描述系统的积累效应变化快慢的变量，也称为速率变量，反映了状态变量的时间变化，亦即系统的变化速度或决策幅度的大小，在数学意义上为导数，它表示存量变化的速率。

$$Stock(t)=\int_{t_0}^{t}[Inflow(s)-Outflow(s)]\mathrm{d}s+Stock(t_0) \qquad (8.3.1)$$

其中，$Stock(t)$ 表示 t 时刻存量的数量，$Inflow(s)$ 代表流入量，$Outflow(s)$ 代表流出量。

存量流量图的表示方法如图 8.3.4 所示。存量是用一个矩形符号表示的。状态变量为输入率和输出率，描述符号为其上方的箭线。源作为流量起点的存量，汇作为流量终点的存量，二者均位于模型边界之外，用云团符号表示。

图 8.3.4　存量流量图

辅助变量就是表达决策过程的中间变量，即状态变量和速率变量之间信息传递和转换过程的中间变量。当速率变量的表达式很复杂时，可以用辅助变量描述其中的一部分，使速率变量的表达式得以简化，表示符号为一个圆圈。运用中要在圈中注明变量名称及其意义。图 8.3.5 是一个库存系统的存量流量图。其中，“库存偏差”就是一个辅助变量。在速率变量“订货”的表达式中体现为：订货＝库存偏差 / 库存调节时间。

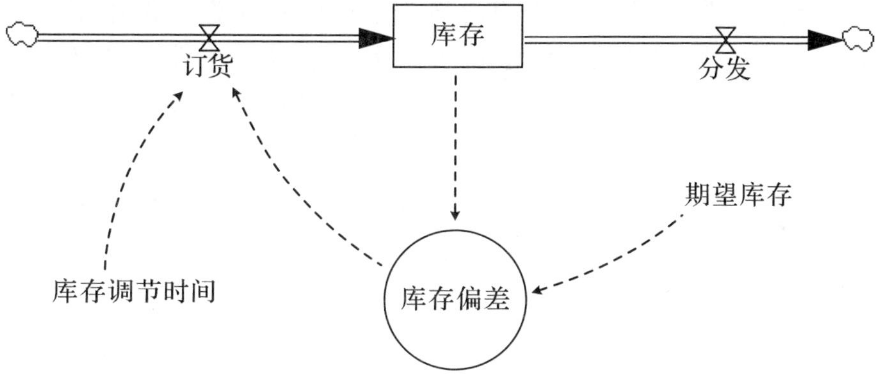

图 8.3.5　库存系统的存量流量图

在研究期间内变化甚微或相对不变的量即为常量。常量一般为系统中的局部目标或标准。常量可以直接输入给速率变量，或通过辅助变量输入给速率变量。在图 8.3.5 所示的库存系统中，“库存调节时间”和“期望库存”均为常量。

在系统动力学模型中，有两种独立的流，即守恒流和非守恒流。守恒流也称为物质流，表示在系统中流动着的物质。因物质在流动过程中总数量不会发生改变，所以物质流作为构成系统的基本流，它是守恒的。守恒流改变所流经变量的数量，在存量流量图中用实箭线表示。非守恒流也称信息流，是连接状态变量和速率变量的信息通道，只是获取或提供相关联变量的当前信息，不改变其数值，在存量流量图中用虚箭线表示。

根据上面的表述可知，存量流量图的建立原则为：每一个反馈回路都至少有一个存量；只有流量能够改变存量；一般情况下，存量为系统提供信息，而这信息会用于改变速率变量，表示根据系统状态进行决策，对系统进行控制；辅助变量都是在信息流中。

（三）构造方程式

分析研究军事系统，其根本内容是研究军事系统的动态行为。要做到这一点，关键是要掌握系统的构造。系统动力学模型的核心是关于系统构造的描述。前面叙述过的因果关系图和存量流量图可以简明描述系统中各元素间的逻辑关系与系统构造，但不能显示变量间的计量关系。因此，仅依据因果关系图和存量流量图还不能完全定量描述系统的动态行为。构造方程式是动力学模型定量研究不可缺少的形式。

在系统动力学中基本方程式为 *Level* 方程式（简称 L 方程），其描述形式如下，若取积累值 L 的输入流为 X_1，输出流为 X_2，则 L 的变化率可用 X_1 与 X_2 的差表示，即：

$$L = X_1 - X_2 \tag{8.3.2}$$

为进一步说明 L 的计算格式，我们假定，观测的时间间隔为 DT，输入率为 R_1，输出率为 R_2，开始的积累值为 L_0，在 DT 时间内增量为：

$$\Delta L = (R_1 - R_2) \times DT \tag{8.3.3}$$

则，最终的积累值 L 为：

$$L = L_0 + \Delta L = L_0 + (R_1 - R_2) \times DT \tag{8.3.4}$$

该式即为 *Level* 方程式的基本形式。用文字叙述，可表达为：现在的积累值等于过去的积累值与在这段时间内的增量之和。

（四）模型参数估计

模型参数估计是对构建的系统动力学模型进行修正，使其能够更加准确地反映系统的实际运行情况。

系统动力学模型参数是指常量和初始值等参数。常量就是指系统中固定的不会改变的参数，比如：人员编制数量、装备战技术指标、战场容量等。初始值的估计，则是最为烦琐也是至关重要的，模型中状态方程的初始值状态通常包括三种类型：对历史数据的拟合、模型模拟从平衡开始、模型模拟开始于某种特殊的降低（或增长）规律。

每类初始值的估计各有其特殊的问题，确定模型的初始值是一项既困难又需要高技术水平的工作。对模型中常量及初始值参数进行估计通常用以下几种方法：一是搜集整理已有的数据。这类参数数值可以通过实地的调查获取，或者由熟悉研究对象客观系统的一方提供。二是利用模型中部分变量之间的关系估计参数值。三是参照历史数据，运用统计学方法、预测技术或灰色方法来估计参数。四是根据专家或相关部门的经验估计选取参数。五是对于从未被定义过的变量，可根据系统整体状况做出符合实际的有根据的推断估计。

尽管相对于参数估计的精确度而言，系统动力学在建模中更注重模型的整体架构，但是尽可能地量化系统变量，进行准确合理的参数估计，可使得建立的模型更接近于实际系统。

（五）模型检验

系统动力学模型是以仿真系统变量和变量间相互关系结构为基础，模拟系统的行为特性。系统动力学模型中变量数目繁多，并且变量之间均存在相互制约关系，而且由于同一仿真系统选用不同的变量，或者选用相同变量但系统变量的结构存在差异，造成系统动力学方程中的状态方程、速率方程和辅助方程等表达式不同，而获得的仿真模拟结果较难统一。因此，需要在实施模拟仿真试验前对系统动力学模型校核，检验其有效性。

系统动力学模型的适用性与一致性的检验过程包括多种测试方法与技巧，概括起来，可将它们划分成 4 组：模型结构的适合性检验，模型行为的适用性检验，模型结构与实际系统的一致性检验，模型行为与实际系统的一致性检验。其中，模型结构的适合性检验包括量纲的一致性检验、方程式极端条件检验、模型界限检验；模型行为的适用性检验包括参数灵敏度检验、结构灵敏度检验；模型结构与实际系统的一致性检验包括“外观”检验、参数含义及其数值检验；模型行为与实际系统的一致性检验包括检验模型行为是否能重现参考模式、认真对待模型的奇特行为、极端条件下的模拟、统计学方法的检验。系统动力学模型各检验方法的具体检验内容和应用工具步骤，见表 8.3.1。

表 8.3.1　系统动力学模型检验方法

序号	检验方法	检验内容	应用工具和步骤
1	边界适当性检验	当边界假设被放宽时，模型行为是否变动剧烈。当模型边界被扩展时，有关政策的建议是否会发生改变	检验模型边界图、子系统示意图、流量图等，并直接检查模型方程；内部化各种常量和外生变量，然后重复敏感度和政策分析
2	量纲一致性检验	在没有使用无现实意义的参数情况下，每个方程的量纲是否能做到前后一致	使用软件进行量纲分析；检查不确定参数的方程表达
3	参数估计检验	参数值与相关描述性和数值方面的系统认知是否相符。所有参数是否都能在现实世界中找到其对应物	进行局部模型测试，校验子系统；基于面谈、专家意见、统计材料、直接经验等作出主观判断；创建更为细化的子系统，估计用在更为概要模型中的相互关系
4	极端条件检验	在输入变量采用极端值的情况下，每个方程是否依然有意义。在受到极端策略、波动和参数影响时，模型的响应是否依然合理	检查每个方程是否稳健；单独和联合测试每个输入变量的极端值所带来的反应
5	行为异常检验	当改变或删除模型的假设条件时，是否会出现异常行为	屏蔽主要回路的影响；将均衡假设替换为不均衡的机构

续表

序号	检验方法	检验内容	应用工具和步骤
6	行为重现检验	模型是否重现了系统中研究的关键性行为，是否与历史数据相吻合	模型输入历史参数和历史实际发生的行为与数据进行对比，进行误差、关联度等检验
7	敏感性检验	数值方面：变量值是否变化显著。行为方面：模型生成的行为模式是否变化显著。政策方面：政策含义是否变化显著	进行单变量和多变量的敏感性测试；使用分析方法和优化方法，找出会生成不合理结果或颠覆政策效果的参数组合

模型的检验其实就是一个证伪的过程，全面地证明模型中可能存在的漏洞是不现实的，因为全方位的测试既不便于操作也没有必要，通常情况下只要从中进行几种对研究对象分析较为重要的测试即可。

三、建模分析辅助工具

系统动力学研究的对象通常是包含多种要素在内的复杂系统，即其中每一个回路所隐含的动态特性均简单明了，但其整体特性的分析却往往使直观形象解释与分析方法束手无策。另外，系统结构相互作用的非线性和时滞的反馈关系很难用数学方法描述，虽然可以将高阶系统分解为若干低阶系统，运用数值求解的方法逐层分析，但其计算量相当庞大。因此，反馈结构复杂的实际系统与问题的关系分析，不得不借助于定量模型和计算机模拟仿真技术。

在系统动力学发展的初期，用于计算模拟的编译系统是SIMPLE（Simulation of Industrial Management Problems with Lots of Equation），它用专门的程序语言来说明模型的结构。其后，逐渐发展为新的编译系统DYNAMO，取名来自“动态”（dynamics）和“模型”（model）的混合缩写，旨在建立真实动态系统模型，借助计算机进行系统结构与动态行为的模拟。随着系统动力学和计算机的发展，该软件出现了改进的版本，其中改进后的Professional DYNAMO

可提供简单的编辑、编译、模拟、浏览结果及储存功能，仿真结果能以图形及表列显示。

进入20世纪90年代后，随着Windows操作系统的普及，系统动力学软件也发生了很大的变化，从原来的编写语言发展到图形化应用软件。此类软件有：STELLA、iThink、Simile、Vensim等。其中，STELLA和iThink属于同一个研发团队所开发，具有相同的图形化使用界面，功能也基本相同，提供拖放式的图形界面，使用者可以将模型组件（包括状态变量、速率、辅助变量及连接）从工具列拖动至图板上，绘制系统动力学模型的因果关系图，进行模型建构；在显示仿真结果上，除了应用图形及表列以外，还可以通过动画显示仿真结果。二者不同之处为，STELLA可以实现长时间的仿真模拟，适用于物流库存系统的建模分析；而iThink用于沟通流程和问题之间相互依存关系，支持分层模型结构的搭建，进行系统变量敏感性分析，可为企业及组织提供流程模型的建构及仿真。Simile运用基于逻辑的陈述式建模技术，可以构建可视化的模型，呈现各变量之间的相互作用关系，并可以图形、表格或动画形式显示结果，主要用于对地球、环境和生命科学中的复杂动态系统进行建模和仿真。Vensim能同时以图形与编辑语言的方式建立系统动力学模型，既可以方便建构模型，又可以人工编辑DYNAMO语言，并且具有政策最佳化的功能。Vensim因其操作简单，广受使用者欢迎，在企业、科学及教育等领域都有着较多的应用。

第四节　系统动力学分析方法应用

系统动力学的应用从工业部门发展到经济各领域，直至社会各个方面。系统动力学亦可应用于军事系统的分析，为解决众多复杂的军事问题提供理论方法支持。系统动力学方法军事领域的应用主要介绍在国防建设战略研究、作战筹划评估论证、装备发展系统分析、保障管理应用优化和战场信息安全保障方面的应用情况。

一、国防建设战略研究

系统动力学因其擅长处理周期性、长期性、高阶非线性和时变问题等优势，对解决战略决策和政策问题非常有效，被誉为“战略与策略实验室”。将其应用于国防建设战略问题研究，可解决军费预测、国防动员、国防经济、军队体制编制改革等复杂系统问题。下面简要说明系统动力学在军费预测分析和军队体制编制改革分析的应用情况。

军费预测分析。国家对军费的总投入取决于国家战略目标、国家安全威胁、国家综合实力和军队战斗力等主要指标，各指标又存在相互影响、相互制约的因素。各因素相互作用呈现出非线性，也体现出了时间的滞后，就像国家综合实力对经济的增长、军事技术对武器装备的发展、武器装备规划研发到形成战斗力、经济增长对军队建设水平的提高等，都体现了时间滞后和非线性。对于时间滞后和非线性问题的解决，系统动力学有其独特的优势。

军队体制编制改革分析。军队建设和作战能力生成各要素之间都具有反馈性和时滞性，不能仅仅依靠线性系统的理论和方法以及传统的直观经验来掌握、跟踪和预测这样一个非线性的动态复杂系统。为了更好地反映军队系统各要素之间的关系和军队组织体制改革的现实情况，处理好“物质延迟”和“信息延迟”等问题，可按照系统动力学的应用步骤，将回路作为描述军队系统的基本单元，用因果关系图描述分析军队组织体制与作战能力、军队建设等诸多因素之间的联系，用存量流量图描述军队系统各要素的性质和军队系统结构，用差分方程对军队系统进行定量和赋值，并利用计算机仿真进行最终分析。

二、作战筹划评估论证

系统动力学可应用于作战筹划相关问题的研究分析，如作战行动筹划、作战实验分析、作战效能评估、作战样式验证分析等。

作战行动筹划。作战行动筹划涉及的影响因素繁多，需要解决的问题也大多为复杂系统问题。兵力规划和作战行动分析都可以运用系统动力学进行论证。兵力规划受到作战任务、敌方兵力规模、作战双方武器装备效能、部队作战意志等多种因素的影响，表现出很强的动态性和可变性。通过建立兵力需求系统动力学模型，探索兵力规划相关因素变量间因果关系及数量变化的动态规律，可确定兵力规划的结果。同样，对于作战行动的研究，涉及因素也比较多，关系错综复杂，亦可运用系统动力学理论，建立敌我对抗的系统动力学模型进行分析研究。

作战实验分析。以分析评估作战指挥效能为例，运用系统动力学仿真分析方法，分析影响指挥效能发挥的主要因素，建立指挥效能的系统动力学仿真模型,通过调整模型中的影响因素对应的参数，对模型进行仿真实验，对比参数变化前后所产生的不同实验结果，得出对指挥效能影响作用最大的因素，为进一步提高指挥效能提供更加科学可靠的依据。

作战效能评估。在信息化作战条件下，作战呈现出复杂系统的特征，运用复杂系统思想和系统动力学方法研究分析某些作战效能评估问题是可行的。其评估过程是：从进攻方和防御方两个方面考虑，分析影响作战效能的相关因素和指标，建立相应的系统动力学模型，并设定相应的分析参数，经过多次仿真评估，探究作战的特征与规律，进而寻求提升作战效能的办法措施。

作战样式验证分析。如验证分析“网络中心战”模式对未来信息化条件下作战的影响。在体系对抗背景下，区分“平台中心战”和“网络中心战”这两种不同的作战样式，建立“网络中心战”的系统动力学模型，对影响作战的关键性要素和环节进行分析论证，分析“网络中心战”给作战带来的巨大影响，所得的分析结论，可为“网络中心战”理论体系构建和完善提供定量支持，为改进训法和战法提供基本依据。

三、装备发展系统分析

装备发展系统分析，是指对装备从论证设计直至退役报废的全寿命周期进行研究。系统动力学方法应用于装备发展系统分析，适合处理长期性和周期性问题，擅长处理多维、非线性、高阶和时变的系统，在数据缺乏的条件下仍可进行仿真研究。装备发展系统不可避免地存在着延迟效应，系统往往呈现周期性现象，而系统动力学方法可以对系统中周期现象的形成机制做出解释。

装备系统是复杂巨系统，很难用结构化模型来描述，有些已经建模的装备系统方程往往也是多维、非线性、高阶和时变的，系统动力学方法可以把非线性的装备系统分层分段线性化，掌握系统的机制就可以建立仿真模型，对模型进行扩充也只需在相应的位置增加相应的变量。

装备系统的某些参数关系难以量化或者缺乏数据，系统动力学仍可以发挥作用。因为系统动力学模型的结构是以反馈环为基础的，多重反馈环的存在使得系统行为模式对大多数参数是不敏感的，只要估计的参数在其允许范围内，系统行为仍显示出相同的模式。在数据缺乏条件下，系统动力学方法可以分析装备发展系统的行为模式、行为趋势、波动周期等问题。

装备发展系统受到主动环节（人）的强烈控制，是典型的受控—预测系统。如果对系统未来可能受到的控制作用不加考虑或者对其一无所知，就很难做出符合实际的预测。而系统动力学模型对预测的态度是强调产生结果的条件，可以解决此类矛盾问题。

四、保障管理应用优化

系统动力学用于分析解决后勤和装备保障相关问题，如后勤物资保障、装备维修保障、弹药保障供应、装备器材管理等，可为后勤物资和装备器材的管理保障提供优化方案。

后勤物资保障研究。后勤物资保障主要是指进行军事后勤物资的筹措、储存与供应，用于保障军队作战和其他任务，涉及与作战相关的众多复杂因素。运用系统的理论和方法，对这些相关的因素进行定性分析和定量研究，并依据库存量、采购速度、保障速度等因素相互之间的关系，建立相应的系统动力学模型，可对军事后勤物资保障与管理的规律特点进行探索。

装备维修保障研究。装备维修保障问题可从体系对抗的角度进行分析和研究，通过构建战时装备维修保障系统，绘制系统因果关系图和系统流图，建立系统动力学仿真模型，分析作战双方抢修武器装备的成功率、装备战损报废比例等参数指标，对其进行定量分析。通过仿真分析得出的结果，为提高系统保障效能提供方法依据。

弹药保障供应研究。利用系统动力学原理和方法，分析战时弹药保障系统控制因果关系，通过构建弹药保障系统仿真模型，在改变进库延迟时间、库存调节时间等影响因素条件下，对弹药保障系统进行仿真模拟，可得出其存储控制的运行规律，可预测弹药保障系统初始存储量和期望存储量最小值，为战时的弹药保障管理和决策提供支持。

五、战场信息安全保障

信息化条件下作战，信息安全影响着能否夺取战场信息控制权，直接关系到作战能力的形成，加强信息安全保障研究极为必要。由于信息安全保障涉及技术、人员和战法等较多因素，保障过程复杂，协同难度大，需要发挥系统动力学方法的特长来处理多因素、高阶次、复杂时变的系统分析问题。以信息化战场为系统边界，以信息安全保障为研究对象，综合分析确定信息安全保障效能、敌方信息攻击效能、发现威胁能力、判定敌攻击意图能力、人员介入能力、评估危害程度能力、形成作战方案能力、作战效果评估能力等指标及其相互之间关系，建立系统动力学模型，为相关参数赋值，运行并完善模型，模拟信息安全保障全过程。通过对仿真结果进行分析，为增强信息化战场信息安全保障效能，提出相应的对策建议。

第九章

军事系统的复杂网络分析

军事系统的复杂网络分析是运用复杂网络理论方法研究军事系统问题,分析军事系统的特点和规律,把握军事系统的复杂网络特性,提出解决军事系统问题的对策建议。本章主要阐述复杂网络理论的概念和复杂网络的分析，说明小世界网络、无标度网络和社会网络的主要内容，探讨复杂网络理论的军事应用。

第一节　复杂网络的概念

网络是我们每天都会遇到的事物,了解各种信息可以上互联网,出行需要用到交通网,日常生活离不开电力网,科学研究常用合作网。但是,各种网络也可能出现问题,互联网可能因为感染病毒而瘫痪,交通网因为天气、流量而堵塞,电力网因为突发故障和负荷而断电,合作网因为服务器故障而停用。为此，需要对这些网络进行研究，发现网络的特点和运行规律，寻找解决复杂网络问题的有效方法。

一、随机网络模型

在研究具有复杂网络特征的系统时，网络模型是描述系统结构的有效方法。最简单的网络模型为规则网络，其特点是每个节点的近邻数目都相同，如一维链、二维晶格、完全图等。复杂的网络模型是随机网络模型，在一个由 N 个顶点构成的图中，可以存在 C_N^2 条边，从中随机连接 M 条边所构成的网络。

通过对现实复杂系统的网络模型研究，发现大部分真实网络是介于完全规则和完全随机之间，并呈现小世界效应和无标度的统计特征。复杂网络理论产生后便被作为一种探索复杂性的新途径和新方法，在自然科学与社会科学领域掀起了一股研究热潮。

复杂网络理论研究的历史要追溯到 1959 年，由著名的匈牙利数学家艾狄胥（P.Erdös）和兰易（A.Rényi）提出了被称为 ER（Erdös-Rényi）的随机图模型。他们假设复杂系统的网络结构是不确定的，而且满足一定的随机性规则，在此基础上得到了一些重要特性。得出的模型称为随机图模型，相应的随机图理论也被公认为是在数学上开创了复杂网络理论的系统性研究。

随机图模型由 N 个节点构成的图中以概率 p 随机连接任意两个节点而成，如果记 k 为图中某节点的度数，即由该节点出发与该点连接的边的总数目，则其平均度：

$$<k> = p(N-1) \approx pN \tag{9.1.1}$$

平均路径长度：

$$L = \ln N / \ln <k> \tag{9.1.2}$$

聚集系数：

$$C = p \tag{9.1.3}$$

当 N 很大时，节点度分布近似为泊松分布：

$$P(k) = e^{-<k>} <k>^{k} / k! \tag{9.1.4}$$

其中，度、平均路径长度和聚集系数等都是复杂网络理论中的基本概念。随后将近 40 年里，ER 随机图理论一直是研究复杂网络的基本模型。

二、网络模型发展

实际上反映真实复杂系统的网络既不是完全随机的，也不是完全确定的。随着计算机科学的飞速发展，人们可以通过计算机技术从实际的复杂系统中获取结构的真实数据，这为认识和研究复杂系统提供了实验性手段。然而后来人们发现，在对一些现实网络的实际数据进行计算后得到的许多结果都与 ER 随机图理论相背离，因此需要新的网络模型来更合理地描述这些实际网络所显示的特性。

20 世纪 90 年代末期，两项开创性工作取得了重要的结果，打破了随机图理论的框架，可以看作是复杂网络研究新纪元开始的标志。

一是美国康奈尔大学理论和应用力学系的博士研究生瓦茨（D.J.Watts）和其导师非线性动力学专家斯托加茨（S.H.Strogatz）教授 1998 年 6 月在 Nature 杂志上发表的题为《“小世界”网络的集体动力学》（Collective Dynamics of ‘small-world’ Networks）一文，给出介乎于完全确定规则和完全随机规则之间的网络结构，提出小世界网络（small world networks）模型，即 WS 模型。小世界网络既具有与规则的、确定性网络类似的聚类特征，又具有与随机网络类似的较短平均距离的特征。

二是美国圣母大学物理系的巴拉巴西（A.L.Barabási）教授及其博士研究生艾伯特（R.Albert）于 1999 年 10 月在 Science 杂志上发表的题为《随机网络中标度的涌现》（Emergence of Scaling in Random Networks）的文章，他们在探索了几个大型数据库后，发现在这些复杂网络中，与少数节点相连接的边数远远高于其他节点，并且发现连接边数为 k 的节点数目与 $1/k$ 呈幂律（power-law）关系，而非原先假设的指数关系。由于幂律分布没有明显的特征长度，因而该类网络称为无标度网络，这种网络模型称为无标度网络模型，即 BA 模型。瓦茨和巴拉巴西的工作得到了学术界的高度认可，大批学者加入复杂网络的研究行列中。

三、网络模型应用

复杂网络理论的应用中，需要对复杂网络进行深入研究，揭示刻画网络系统结构的统计性质，以及度量这些性质的合适方法，建立合适的网络模型以帮助人们理解这些统计性质的意义与产生机理，基于单个节点的特性和整个网络的结构性质分析与预测网络的行为，提出改善已有网络性能和设计新的网络的有效方法，特别是稳定性、同步和数据流通等方面。

无标度网络的发现推动了复杂网络的研究，多种网络模型被提出来并研究其性质，在复杂网络的研究方面取得了较大的发展，受到不同学科的广泛关注。例如，物理学中对雪崩现象、渗流问题及临界现象的研究；城市交通网络的时空复杂性及普遍适应性演化机制，交通拥堵的预防和控制方法研究；大区域供电网络的可靠性和连锁失效研究；Internet 拓扑建模；网络安全中网络抗毁性和病毒传播机制的研究；生物学领域的蛋白质合作网；传染疾病在社会人群网络中的传播；等等。

复杂网络基本原理把系统的大量组成单元抽象成点，把单元间的相互作用抽象成边，可以描述物理、生物、社会等各类复杂系统。复杂网络理论具有很强的理论与现实研究意义，复杂网络既刻画了系统中的个体，又刻画了个体之间的复杂相互关系导致的系统整体涌现性的行为。因此，复杂网络能够用来研究现实中各种复杂系统的复杂行为。

第二节　复杂网络的描述

复杂网络的研究注重从统计角度考察网络中大规模节点及其连接之间的性质，这些性质的不同意味着不同的网络内部结构，而网络内部结构的不同导致系统功能有所差异。表征网络结构特征的参数有很多，其中常用到的基本概念有：节点的度及度的分布、节点之间的距离、节点的聚合程度和平均路径长度等。

一、复杂网络图

复杂网络在形式上可以用图表示，即图 $G=(V,\phi)$，其中集合 $V=\{v_1, v_2, \cdots, v_N\}$ 中的元素是图 G 的节点（又称为顶点或点），集合 V 中的元素，即节点的个数由 N 表示。集合 $\phi=\{l_1, l_2, \cdots, l_K\}$ 中的元素是图 G 的连接（又称为边或线），集合 ϕ 中的元素的个数由 K 表示。

集合 ϕ 是由集合 V 中元素的无序对或有序对构成的集合，其中无序对指无向图，有序对指有向图。无向图中，每条边是由一对点 i 和 j 来定义，表示为 (i, j)。有向图中，两个点的顺序很重要，$l_{i,j}$ 表示一条由点 i 指向点 j 的边且 $l_{i,j} \neq l_{j,i}$，如图 9.2.1 所示。其中，（a）为无向图，（b）为有向图，节点的数目 N=6，网络的边数 K=5，有向图中相邻点用表示方向的箭头连接。

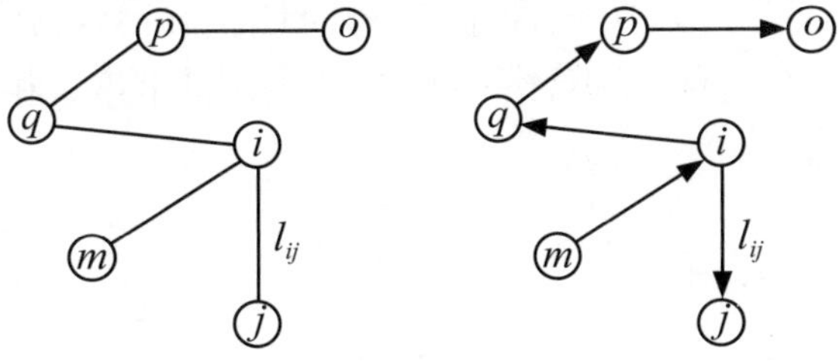

图 9.2.1　（a）无向图；（b）有向图

如果给每条边都赋予相应的权值，那么该网络就称为加权网络，否则称为无权网络。当然，无权网络也可看作是每条边的权值都为 1 的等权网络。此外，一个网络中还可能包含多种不同类型的节点。

二、节点度分析

度是与某个节点连接的边的总数，是单独节点的属性中简单而又重要的概念，是描述网络局部特性的基本参数。在一个给定的网络中，用图 G 表示时，节点 i 的度是指与该点连接的边的总数目，用 k_i 表示。图 9.2.1（a）中，节点 i 的度 $k_i = 3$。

有向图中，节点 i 的度包含两部分，从节点 i 出发的连接边数，记为出度 k_i^{out}；指向节点 i 的连接边数，记为入度 k_i^{in}。图 9.2.1（b）中，节点 i 的出度 $k_i^{out} = 2$，节点 i 的入度 $k_i^{in} = 1$。一般来说，一个节点的度越大就意味着这个节点在某种意义上越重要。

网络平均度是所有节点的 k_i 的平均值，定义为 $<k>$。

网络中节点的度分布将由概率分布函数 $p(k)$ 来刻画，其含义为一个任意选择的节点恰好有 k 条边的概率，也等于网络中度数为 k 的节点的个数占网络节点总个数的比值。规则网络仅有一个单一的度序列，它的度分布呈脉冲型，因为所有节点都拥有相同的边数。完全随机网络的度序列则服从泊松分布，而泊松分布在峰值 $<k>$ 以外以指数速度下降，因而要去发现一个具有 $k>><k>$ 条边的节点的概率已小到可以忽略的程度。因此，这类网络也称为均匀网络。另外，许多网络的度分布可以用幂律形式来描述，由于幂律分布没有标志性的特征长度，因而该类网络被称为无标度网络，相对应的幂律分布被称为网络的无标度特性。

三、节点距离分析

距离是两个节点之间的最短通路。在一个网络中，用图 G 表示时，节点 i 和 j 之间有边连接，则说节点 i 和 j 之间有路径存在，从 i 到达 j 的边数最少的路径称为 i 到达 j 的最短路。在图 9.2.1 中，节点 i 和 o 之间并没有边直接连接，但可以通过节点 q 和 p 连接到 o，因此，可以说节点 i 和 o 之间有路径存在。

若是有权网络，即节点对之间的连边是有权重的，则节点对之间的距离根据模型定义，由相应的具体算法得出。在图 9.2.1 中，若边的权重均为 1，则节点 i 和 o 的距离为 3。

在一个网络中，网络的直径是两个距离最远的节点之间的距离，也就是网络中所有节点之间距离的最大值，用 D 表示直径。在图 9.2.1 中，网络的直径为 4。直径是度量网络整体的概念，反映了节点与节点之间联系的密切程度。

在有 N 个节点的网络中，两个节点 i 和 j 的距离 d_{ij} 定义为连接这两个节点的最短路径上的边数。网络中任意两个节点之间的距离的最大值称为网络的直径，记为 D，即：

$$D=\max_{i,j} d_{ij}\ (i,j=1,\cdots,N) \tag{9.2.1}$$

其中，N 为网络节点数。网络的平均路径长度也称为网络的特征路径长度，描述了节点对之间的平均距离。平均路径长度越短，越有利于节点之间信息的传递。

网络的平均路径长度描述了网络中节点间的分离程度，即网络有多小。复杂网络研究中的一个重要发现就是绝大多数真实的平均路径长度比想象的小得多，称之为“小世界效应”。

网络的平均路径长度 L 定义为任意两个节点之间的距离的平均值，即：

$$L=\frac{1}{\frac{1}{2}N(N+1)}\sum_{i>j}d_{ij}\quad(i,j=1,\cdots,N) \tag{9.2.2}$$

节点的介数是经过该节点的最短路径的数量。在图 9.2.1 中，节点 m 和 o 之间的联系，依赖于连接 m 和 o 路径上的其他节点 i、q 和 p，所以度量一个给定点的关联性可以通过计算经过该节点的最短路径的数量即节点的介数。节点 i 的介数 b_i 定义为：

$$b_i=\sum_{m.o\in v,m\neq o}\frac{n_{mo}(i)}{n_{mo}} \tag{9.2.3}$$

其中，n_{mo} 是连接节点 m 和 o 的最短路径的数量，而 $n_{mo}(i)$ 是连接节点 m 和 o 且经过节点 i 最短路径的数量。

四、聚集系数

网络的聚集系数 C 用来描述网络中节点的群聚情况，即网络有多紧密，整个网络的聚集系数 C 是对所有节点聚集系数 C_i 的平均值。

在一个网络中，设以节点 i 为端点的边共有 k_i 条，节点 i 通过 k_i 条边与其他 k_i 个节点相连接，如果这 k_i 个点完全连接的话，将有 $\frac{k_i(k_i-1)}{2}$ 条边。这 k_i 个节点间的实际连接边数为 E_i，则定义节点 i 的聚集系数 C_i 为：

$$C_i=\frac{E_i}{k_i(k_i-1)/2} \tag{9.2.4}$$

整个网络的聚集系数 C 则定义为所有节点聚集系数的平均值，即：

$$C=\frac{1}{N}\sum_{i=1}^{n}C(i)=\frac{1}{N}\sum_{i=1}^{n}\frac{E_i}{k_i(k_i-1)/2} \tag{9.2.5}$$

显然，聚集系数是一个介乎于 0 和 1 之间的数，它反映了网络中节点的聚合程度，其值越大，网络中节点之间的聚合程度越高。C=0，当且仅当所有的节点均为孤立节点，即没有任何连接边。当网络是完全图时，C=1，即网络是全局耦合的，网络中任意两个节点都直接相连。

在由 N 个节点组成的完全随机网络中，$C \sim 1/N$。实证结果表明，大部分大规模的真实网络中的节点倾向于聚集在一起，尽管聚集系数 C 远小于 1，但也远大于 $1/N$。

第三节　复杂网络的分析

随着复杂网络研究的深入，出现了大量有价值的研究成果，并在不同领域得到了应用。本节主要阐述小世界网络、无标度网络、社会网络等方面的内容和方法。

一、小世界网络分析

小世界网络是具有小世界效应的网络，反映了真实世界网络的情况，加深了人们对复杂网络的认识。针对实际网络问题，通过建立小世界网络模型，可以深入研究网络特点，提出解决网络问题的对策建议。

1967 年，美国社会心理学家米尔格拉姆（S.Milgram）通过“小世界试验”，提出了“六度分离推断”，即地球上任意两人之间的平均距离为 6，也就是说只要中间平均通过 5 个人，你就能联系到地球上的其他任何人。之后，电影演员的“Bacon 数”（Bacon number）游戏、数学家的“Erdös 数”（Erdös number）项目，都进一步证实了一些真实网络具有小世界效应。

1998 年，瓦茨（D.J.Watts）和斯托加茨（S.H.Strogatz）提出了小世界网络模型，一般称为 WS 模型，实现了从完全规则网络到完全随机网络的过渡，该模型既具有规则网络的高聚类性，又具有类似随机网络的小的平均路径长度。

为了研究小世界网络的特点，构造一个简单的小世界网络，说明相关的因素和条件。首先是构造一个规则图，将一个含有 N 个节点的 K 近邻耦合网络（K 为偶数）围成一个环，其中每个节点都与其左右相邻的各 $K/2$ 个结点相连。其次是随机化重新连接，就是以概率 $p(0 \leqslant p \leqslant 1)$ 随机重新连接网络中的每条边，并规定任意两个节点之间最多只能有一条边，且每个结点不能有边与自身相连。

在该模型中，$p = 0$ 对应于完全规则网络，$p = 1$ 对应于完全随机网络，通过调节 p 值，可以控制从完全规则网络到完全随机网络的过渡，这样就构造了一个小世界网络，如图 9.3.1 所示。

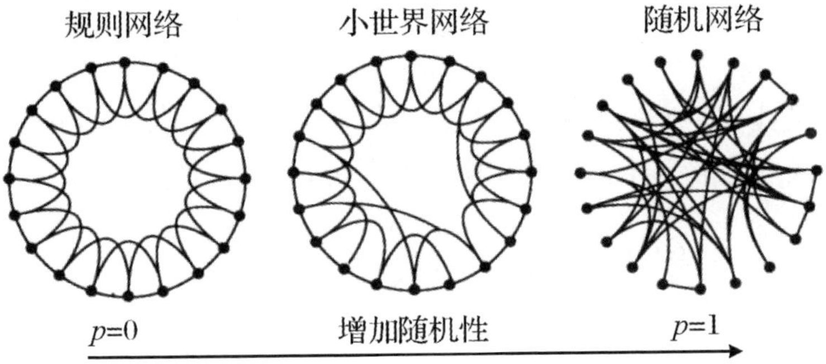

图 9.3.1　从左至右依次为规则网络、小世界网络、随机网络

在小世界网络的分析中，主要研究小世界网络的特性，包括网络节点度分布、网络的平均路径长度、网络节点的聚集系数等内容。

小世界网络节点度分布。当 $p = 0$ 时，度分布是以 K 为中心的 δ 函数；当 $p = 1$ 时，度分布类似于 ER 随机网络的泊松分布。对于小世界网络，即 $0 < p < 1$，度分布函数为：

$$p(k)=\begin{cases}0, & k<K/2\\ \sum\limits_{i=0}^{\min(k-K/2,K/2)} C_{K/2}^{i}p^{K/2-i}\dfrac{(pK/2)^{k-K/2-i}}{(k-K/2-i)!}e^{-pK/2}, & k\geqslant K/2\end{cases}$$

（9.3.1）

小世界网络的度分布形态类似于随机网络，在 $k=K$ 处，有明显的峰值，然后呈指数衰减。该网络的拓扑结构相对单一，所有节点几乎有相同的度。

小世界网络的平均路径长度。当 $p=0$ 时，平均路径长度 $l(0)=N/2K>>1$；当 $p=1$ 时，$l(1)=\dfrac{\ln N}{\ln K}$。

小世界网络模型的平均路径长度 $l(p)$ 还没有精确的解析表达式，但其平均路径长度随 p 的增加下降得很快。

小世界网络节点的聚集系数。当 $p=0$ 时，聚集系数 $C(0)=\dfrac{3(K/2-1)}{2(K-1)}$；当 $p=1$ 时，聚集系数近似于 ER 随机网络的聚集系数。

由于边以 $1-p$ 的概率不重连，在 $p=0$ 时已连接的两个点将以 $(1-p)^3$ 的概率保持连接，因此得到小世界网络的聚集系数：

$$C(p)\sim\widetilde{C}(p)=\frac{3(K/2-1)}{2(K-1)}(1-p)^3 \tag{9.3.2}$$

其中，$C(p)$ 被重新定义为邻居点之间的平均边数与所有可能的平均边数之比。

根据小世界网络的特征分析可以得到以下 3 个结果：一是小世界网络具有规则网络的高聚集性；二是小世界网络具有随机网络的小的平均路径长度；三是小世界网络所有节点几乎有相同的度，度分布服从均匀分布或者指数分布。

WS 小世界网络模型可能导致网络中的某些结点成为孤立点，为此，需要对 WS 小世界网络的模型进行改进。在 WS 小世界网络模型基础上，不去掉规则网络上原有的边，而直接进行随机化添加边的改进模型，可克服 WS 小世界网络模型的上述不足。

1999 年，纽曼（M.E.J.Newman）和瓦茨提出了 NW 小世界网络模型，用随机化加边代替了 WS 小世界网络模型构造中的随机化重连，即以概率 p 在随机选取的一对节点之间加一条边，任意两个不同的节点之间至多只能有一条边，每个节点都不能有边与自身相连。

在 NW 小世界网络模型中，$p = 0$ 对应于原来的完全规则网络，$p = 1$ 对应于完全随机网络。当 p 足够小和 N 足够大时，NW 小世界网络模型本质上等同于 WS 小世界网络模型。

艾伯特等经过大量的实验研究发现，真实网络几乎都具有小世界效应，无论是物理上实际连接的电力网或高速公路网，还是研究构造出的合作网或演员网，以及生物和医学等复杂网络，如表 9.3.1 所示。

表 9.3.1 实际网络的小世界效应

网络	大小	$<k>$	l	l_{rand}	C	C_{rand}
WWW	153172	35.21	3.1	3.35	0.1078	0.00023
internet	6209	4.11	3.76	6.18	0.30	0.001
演员网	225226	61	3.65	2.99	0.79	0.00027
电力网	4941	2.67	18.7	12.4	0.08	0.005
数学网	70975	3.9	9.5	8.2	0.59	0.000054

表中，$<k>$ 为平均度，l 为平均路径长度，l_{rand} 为随机网络的平均路径长度，C 为聚集系数，C_{rand} 为随机网络的聚集系数。

二、无标度网络分析

无标度网络是不存在随机网络特征标度的网络。许多真实网络的实证研究结果显示，大多数大规模真实网络用幂律分布来描述它们的度分布更加精确，不同于小世界网络的度分布服从均匀分布或者指数分布。幂律分布相对于指数分布其图形没有峰值，大多数节点仅有少量连接，少数节点拥有大量连接，不存在随机网络中的特征标度，这就是无标度网络。

1999年，巴拉巴西和艾伯特利用机器人技术对互联网上的网页之间的链接情况进行统计，发现其分布规律不同于随机网络所预计的那种正态分布，而是呈现幂律分布，且这种现象与网络规模无关，例如，演员合作网、万维网和电力网，他们起名为无标度网络。

演员合作网的网络节点度幂律分布为2.3，如图9.3.2所示。

万维网的网络节点度幂律分布为2.1，如图9.3.3所示。

电力网的网络节点度幂律分布为4，如图9.3.4所示。

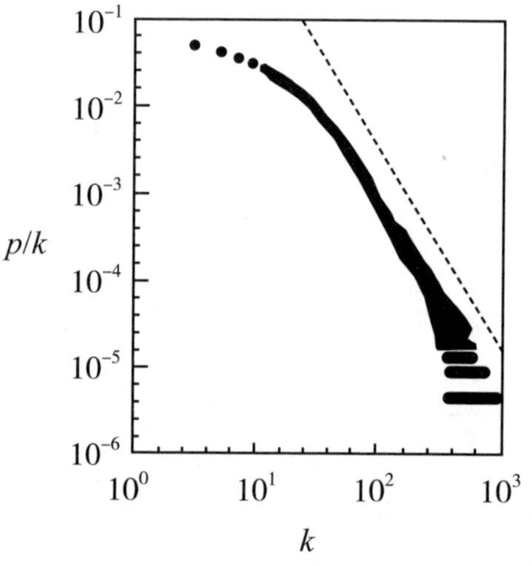

图 9.3.2　演员合作网

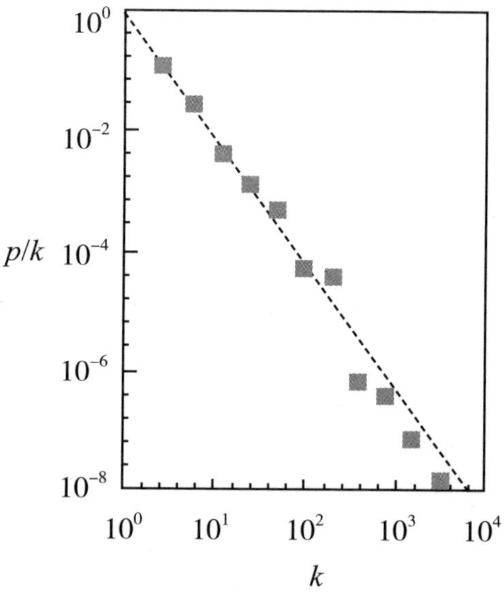

图 9.3.3　万维网

巴拉巴西等的贡献在于在此基础上提出了新的网络拓扑结构的模型，简称BA模型。BA模型建立在两个基本假设之上：增长性和偏好依附。在增长性方面，WS小世界网络模型考虑了边的变动，节点的数量还是固定的；而BA无标度网络模型则进一步假定网络的节点数量是不断增长的，这显然更符合互联网和其他具有社会属性的网络的实际情况。在偏好依附方面，考虑新增加进来的节点与已有节点建立连接的时候，具有一定的偏好倾向。例如，在互联网

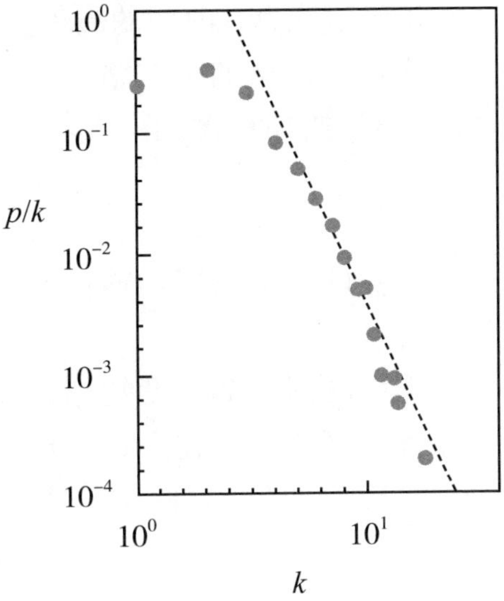

图 9.3.4　电力网

中，新建立的网站显然倾向于与已经有相当知名度的网站相链接；在演员合作关系的网络中，新演员当然更愿意与明星合作拍电影。巴拉巴西等证明了在这两个基本假定的基础上，网络必然发展成为无标度网络。

在研究无标度网络时，假设无标度网络具有增长性和偏好依附的特性。无标度网络具有增长性，即从一个具有 n_0（$n_0 \geqslant 2$ 且 $k_i \geqslant 1$）个节点的网络开始，每次引入一个新的节点，并且与网络中已经存在的 n 个节点相连（$n \leqslant n_0$ 且均为常量）。无标度网络具有偏好依附的特征，是指新节点和网络中已经存在的节点之间的选择连接策略，规定一个新节点与一个已经存在的节点 i 相连的概率与节点 i 的度成正比，即：

$$p_i = \frac{k_i}{\sum_j k_j} \tag{9.3.3}$$

偏好依附使那些本身具有较高连接的节点集聚更多的连接，新节点更加愿意选择连接这些节点，这又被称为富者越富法则。

在无标度网络分析时，主要研究无标度网络的特性，包括无标度网络节点度的分布、无标度网络平均路径长度、网络节点度的相关性、网络节点的聚集系数等内容。巴拉巴西等利用统计物理学中的平均场理论的方法给出了模型的解析解，结果表明，无标度网络节点的度分布为：

$$p(k) = \frac{2n(n+1)}{k(k+1)(k+2)} \propto 2n^2 k^{-3} \tag{9.3.4}$$

即经过充分长时间的演化，无标度网络服从指数为3的幂律分布。

无标度网络的平均路径长度增加近似于网络大小的对数，实际表达用双对数加以修正，即：

$$l=\frac{\ln N}{\ln\ln N} \tag{9.3.5}$$

无标度网络的平均路径长度有规则的小于随机网络的平均路径长度。

无标度网络节点度的相关性与无标度网络的演化密切联系。因为无标度网络的演化形式，自发产生了连接节点的度相关性。度为 k 和 m 节点间的连接的相关性概率 n_{km} 是：

$$\begin{aligned} n_{km}=&\frac{4(m-1)}{k(k+1)(k+m)(k+m+1)(k+m+2)} \\ &+\frac{12(m-1)}{k(k+m-1)(k+m)(k+m+1)(k+m+2)} \end{aligned} \tag{9.3.6}$$

无标度网络的聚集系数还没有精确的解析结果。实证分析表明，无标度网络的聚集系数明显高于随机网络，成比例于网络大小 $C\sim N^{-0.75}$，且近似于幂律分布。无标度网络不同于小世界网络，小世界网络的聚集系数独立于网络大小。层级网络的聚集系数作为节点度的函数 $C(k)=k^{-1}$，同样也服从幂律分布。

根据上述分析，无标度网络具有以下3种特性：首先是具有小世界网络的高聚集性和小的平均路径长度，不同于小世界网络的聚集系数独立于网络大小，而是成比例于网络大小；其次是增长性和偏好依附是无标度网络的基本特性；最后是度分布服从幂律分布，且无标度网络服从指数为3的幂律分布，大部分真实网络幂律分布的指数为2～4。在上述无标度网络模型的基础上，可以改变无标度网络模型的条件，得到新的模型分析无标度网络的特点。

在无标度网络模型中，保留无标度网络的增长性，去掉偏好依附的条件，新节点连接任何一个网络中已有节点的概率是相等的，网络节点度分布是指数型，表明只有增长性，无法形成无标度网络。

在无标度网络模型中，保留无标度网络的偏好依附，去掉增长性假设，模型开始于固定数目的离散点，逐步增加边，偏好选择那些度高的节点依附，早期度分布类似于无标度网络，但不稳定，最终会形成高斯分布。因此，只有偏好依附，也无法形成无标度网络。

无标度网络模型的提出，标志着人们对客观网络世界认识的深入。许多学者对这一模型进行了改进，如非线性择优连接、加速增长、重绕边的局域事件、逐渐老化和适应性竞争等。比安柯尼（G.Bianconi）和巴拉巴西提出了无标度网络的适应度模型，在适应度模型中，网络的增长性假设不变，网络的偏好依附是指一个新节点与一个已经存在的节点 i 相连的概率 p_i，与节点 i 的度 k_i、节点 j 的度 k_j，和适应度 η_i 之间满足如下关系：

$$p_i = \frac{\eta_i k_i}{\sum_j \eta_j k_j} \tag{9.3.7}$$

可以看出，适应度模型与无标度模型的区别在于：在适应度模型中的偏好依附概率与节点的度和适应度之积成正比，而不是仅与节点的度成正比。在适应度模型中，如果一个年轻的节点具有较高的适应度，那么该节点就有可能在随后的网络演化过程中获取更多的边。

关于无标度网络模型的增长性假设，有许多研究成果。将模型的增长性进行扩充，即将一次增加一个节点的假设改为“成批增长”“有限制的增长”“有起伏的增长”和“边数不定的增长”等，研究结论表明：这些不同类型的增长模式对于无标度网络的形成没有本质的影响，除了在一些极端情况下出现退化外，无标度网络的结构都会涌现出来，但是参数的值会有一定的变化。

应用无标度网络模型对真实网络进行实证研究，得到的结论是大多数大规模真实网络服从幂律分布，即具有无标度网络的特性，见表 9.3.2 所示。

表 9.3.2 实际网络的无标度现象

网络	大小	$<k>$	γ_{in}	γ_{out}	l_{real}	l_{rand}	l_{BA}
WWW	325729	4.51	2.1	2.45	11.2	8.32	4.77
internet	150000	2.66	2.4	2.4	11	12.8	7.47
演员网	212250	28.78	2.3	2.3	4.54	3.65	4.01
数学网	70975	120	2.5	2.5	9.5	8.2	6.35

其中，$<k>$为平均度，γ_{in}为入度幂律分布，γ_{out}为出度幂律分布，l_{real}为真实网络平均路径长度，l_{rand}为随机网络平均路径长度，l_{BA}为无标度网络平均路径长度。

无标度网络就是通过对互联网上的网页之间的链接情况进行统计，从而得出无标度特性的。由于互联网是个持续增长的无标度网络，因而一些计算机病毒可以在互联网上通过感染一部分计算机系统而传播开来，并在相当长的时期内存在。为了减少病毒对互联网的影响，可以通过降低有效传播率的方法，将受感染的节点控制在一个较低的密度范围内。具有无标度网络性质的系统是健壮的但又是脆弱的，对于随机故障，这种系统是健壮的；对于蓄意攻击，即攻击系统中的重要节点，这时无标度网络系统就显得十分脆弱。

三、社会网络分析

社会网络反映一种社会结构，由行为者及他们彼此间的一种或多种联系构成。抽象而言，社会网络将网络视为一种现实存在的实体，从而使之成为一种多学科关注的研究对象。社会网络分析是基于图论算法，即将网络作为一种分析工具，研究行为者彼此之间关系的实证研究方法。社会网络分析发端于 20 世纪 30 年代，成熟于 20 世纪 70 年代，是一门对社会关系进行量化分析的艺术和技术，是数学社会学的一个分支。

社会网络分析有两种不同研究方向：一是整体网络分析，来源于莫雷诺（J.Moreno）创立的社会测量学，主要研究群体中不同角色的关系结构，多用于探讨网络结构随时间的变迁和网络中成员的直接或者间接的联系方式；二是自我中心网络分析，来源于英国人类学家的社区研究，主要研究个体行为如何受到其人际网络的影响，进而研究个体如何通过人际网络结合成社会团体，多用于社会学，尤其是新经济社会学的研究之中，并且逐渐拓展到社区、社会阶层、流动人口、社会变迁等整个社会学研究领域。

社会网络有两个基本构成要素，即行动者和社会关系，构成社会联系。社会网络的要素具体还可细分为结构要素、资源要素、规则要素和动态要素四种类型。结构要素是指行为主体之间的关系形式与关系强度，主要体现在社会网的规模、紧密度、个体异同性等方面。资源要素是指网络中流动的事物，包括能力、知识、信息、财产、技术、权利、声望等。规则要素是指影响行为主体的各种规则或规范，如信任、互惠、合作、习俗等。动态要素是指影响到网络形成与变化的各种机会与限制，如环境、资源、人力、政策等方面的条件和制约。

哈聂曼（R.A.Hanneman）等提出用图和矩阵来表达社会网络中节点和联系的信息，而这一方式的好处在于：一是图和矩阵能简洁而系统地描述网络；二是图和矩阵大大方便了计算机的数据处理；三是图和矩阵的技术本身可以认识一些现象，提出更多的思考问题。

如图 9.3.5 所示，简单说明图和矩阵在表示社会网络方面的作用。社会网络由行为者 A，B，C 和 D 组成一个加权网络，行为者之间的相互联系在图 9.3.5 中表示出来。

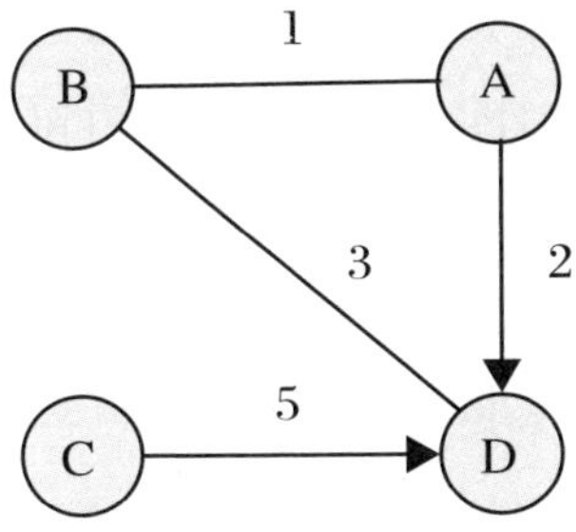

图 9.3.5　社会网络示例图

在这个社会网络中，行为者之间相互联系的强度由加权系数表示，可以用矩阵形式表示，如图 9.3.6 所示。

	A	B	C	D
A		1	0	2
B	1		0	3
C	0	0		5
D	2	3	5	

图 9.3.6　社会网络矩阵

在图 9.3.5 中，这个社会网络是一个加权网，A 与 B 之间的联系强度为 1，即连边的权重为 1，A 与 C 之间没有联系，A 与 D 之间的联系强度为 2；同理，B 与 C 之间没有联系，B 与 D 之间的联系强度为 3；C 与 D 之间的联系强度为 5。

在图 9.3.6 中，用矩阵形式表示行为者之间的联系强度，其中 0 表示行为者之间没有联系，行为者之间不同的联系强度分别用 1、2、3 和 5 表示。

在复杂网络的分析中，常用一些基本的分析指标，如节点的度、路径、介数和聚集系数等。根据社会网络分析的需要，介绍几个常用的指标，说明其具有的含义和作用。核心或者权力是社会的重要因素，在社会网络中是用网络节点的度表示。核心是网络分析学家倾向于使用的词，权力是社会学家偏好使用的词，二者含义基本相同。权力是社会结构中最基本的属性，代表在社会中的地位，对权力大小的确定有着不同的方法。

节点的度是与节点相连的边数。节点的度越大，表明这个节点拥有较多的资源和机会。在商业网络中，如果一个生产商有多个供应商，由于供应商之间的竞争，使得生产商处于有利的位置；反之，如果生产商只有一个供应商，那么生产商在交易中往往要付出更高的成本。

节点的亲近度是一个节点和网络其他节点间的“亲近”程度，

可以用节点之间的路径长度来衡量。在交通网络中，北京和上海的“亲近度”高，因为从北京和上海能够方便快速地到达其他城市，这和现代经济发展要求是一致的。

节点的介数是通过这个节点最短路径的条数。节点的介数越高，表明这个节点是很多节点对之间通达的“必经之路”。

团是网络中各个节点紧密相连的子图，包含三个或三个节点以上的最大完全子图，可称作派系，即图中点的子集满足：子集内的所有点两两相邻且没有其他点与子集内的所有点相邻。

割点是两个连通子图之间唯一的公共顶点。块是没有割点的连通图。在图 9.2.1 中，节点 i 是割点。

组元是图的一个部分或一个连通分支，组元内部是连通的，组元之间不连通。如果图中包含一个或多个孤立的节点，这些节点各自成为一个组元。

子群是通过一种算法，将网络分解为不同的组成部分。不同的算法可以得到不同的子群，团和块都可以理解为子群的一种。

上述一些概念可以通过网络分析的两种方法来理解：自下而上和自上而下。自下而上主要研究整体如何从局部发展而来的，团属于这一层次的概念。团要求内部成员之间两两相连，要求非常严格，通过放宽这种限制，可以清楚看出整个网络演化发展的过程；自上而下主要研究从整体观察局部现象，即如何将整体分解为部分，割点、块和子群等则属于这一层次的概念。

在社会网络分析中，有许多工具与平台可以使用。在国内外有许多大学、研究机构、公司、组织和个人开发了社会网络分析工具、系统和软件包，用于研究不同类型的社会网络问题。

第四节　复杂网络分析方法应用

复杂网络理论在数理科学、生命科学、社会科学、经济科学以及计算机技术科学等领域有着广泛的应用前景，开展了不同形式的研究和探索。在军事领域,复杂网络理论也开展了研究和应用的探索。针对复杂军事系统规模和结构的特点，应用复杂网络理论，建立复杂网络模型，探索和研究复杂系统结构和功能，不仅在解决复杂系统问题方面取得了成效，也发展了复杂网络理论。

一、应用步骤

根据军事系统的特点，应用复杂网络理论大致分为以下三个步骤:

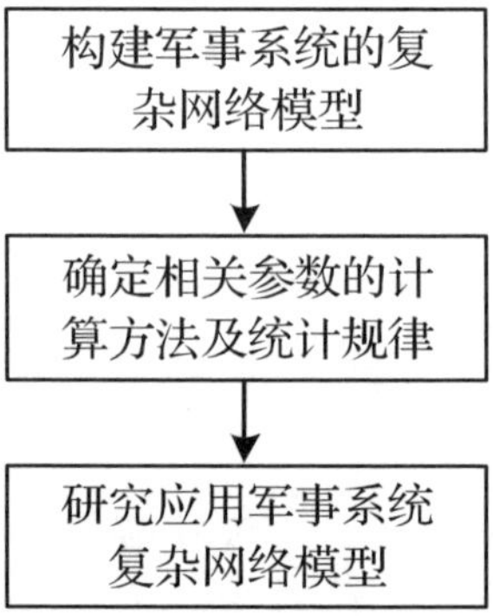

图 9.4.1　复杂网络理论应用步骤

第一，构建军事系统的复杂网络模型。复杂网络模型有很多种，根据边的特性可分为无权网络和有权网络。前面介绍的小世界网络和无标度网络都属于无权网络，没有考虑网络中边长度的变化。而现实世界中实际网络节点之间的相互作用并非完全相同，节点的重要性和节点之间的影响程度各异，属于加权网络。因此，只有研究加权网络，才能更好地捕捉和揭示军事系统元素之间的联系。

军事系统的复杂网络模型构建必须根据所要研究系统的特点，以实证研究为推动力，从中寻找各种复杂系统结构的拓扑结构，提出基于复杂网络的建模方法。混合网络模型反映了实际网络连接的多样性和复杂性，为军事系统复杂网络模型的建立提供了较好的基础。一般的复杂网络仅考虑边的权重，而没有考虑节点之间的差异。由于军事系统的特殊性，军事网络中不仅要考虑边的权重，还要考虑点的权重。确定点、边的权重，需要使用系统综合集成方法研究，尤其要重视不确定性理论在确定点、边权值中的应用。

第二，确定军事系统复杂网络模型相关参数的计算方法及统计规律。复杂网络的基本参数有度和度分布、聚集系数、距离和平均最短路径长度等。它们从各自的角度反映了系统的特征。但由于军事问题的特点，复杂网络模型结构将有所变化，从而使基本参数的计算方法也随之改变。网络基本参数的统计规律是分析系统特征的主要依据。模拟和仿真是研究复杂网络基本参数统计规律的常用方法。

第三，对军事系统复杂网络模型进行应用研究。根据实际军事系统的复杂网络基本参数统计规律,对所研究的系统进行优化设计，真正解决一些实际问题并从中发现新的问题，进一步完善复杂网络理论。

二、作战建模研究

作战建模是研究作战理论、评估作战方案的重要手段，根据研究对象的特点，需要采用合适的理论和方法。许多研究对象都具有复杂军事系统的特点，可以运用复杂网络理论开展研究，国内外许多研究机构开展了探索，取得了相应的研究成果。

在研究联合作战行动时，将作战过程中的传感器、决策者、响应者和目标作为网络节点，把各单元之间的相互作用抽象成边，从而将战场描述成一个网络图，并用作战环来描述作战能力指标。在网络化战争的研究中，引入复杂网络理论的最新研究成果，将网络拓扑作为知识表示的基本方法,从基础理论的层面研究网络化战争。在作战网络的研究中，运用复杂网络理论，对作战网络中的网络特性指标进行了建模和分析。

在舰艇作战系统的研究中，运用复杂网络理论，建立了进化网络模型，引入了度量该网络复杂性的参数，即平均路径长度和平均聚集系数，建立相应的数学模型，然后进行仿真计算，研究网络复杂性参数随作战进程的变化情况，分析它们对网络工作时效性和鲁棒性的影响。

在战争复杂系统建模仿真研究中，提出复杂网络理论是未来值得关注的理论，并介绍了战争模拟“平行系统”的基本思想和虚拟战争空间概念模型中复杂网络理论方法的应用，同时运用实例说明了复杂网络理论在战争复杂系统建模中的基本应用。

三、作战指挥研究

作战指挥控制是各级指挥机构关注的问题，缩短指挥周期、提高指挥效率也是军事研究人员一直努力的目标。指挥控制系统具有明显的复杂网络的特点，可以运用复杂网络理论开展研究，许多军事研究人员在这个领域进行了探索，取得了重要的成果。

在作战指挥体系结构分析中，运用复杂网络理论的方法，从网络科学的观点出发对作战指挥体系构模和仿真分析方法进行研究，建立了作战指挥体系结构的网络描述模型和特征参数衡量指标，分析了指挥跨度、指挥层次和指挥方式的变化对于指挥体系结构整体特征的影响规律，验证了模型和方法的科学性和有效性。在指挥控制关系研究中，应用社会网络分析方法，建立了指挥控制关系网络模型，取得了研究成果。

在指挥控制网络的研究中，根据指挥控制网络结构的特点，应用复杂网络理论和网络中心战思想，将指挥控制网络中的各作战单元、指控机构等作为节点，它们之间的信息流动作为边，构建指挥控制网络的拓扑结构，经过仿真分析和研究，得到指挥控制网络内部具有无标度性、小世界性等复杂网络特性。

四、体系对抗研究

联合作战的体系对抗研究是作战理论研究的热点问题，军事人员运用各种方法对体系对抗开展研究。体系是系统的系统，体系对抗也构成一个复杂的军事系统，这个复杂军事系统也具有复杂网络的特征，军事人员在探索运用复杂网络理论解决体系对抗问题。

在复杂性与复杂系统科学、复杂网络理论和信息化战争理论的指导下，运用系统工程技术、人工智能技术和多 Agent 技术，建立基于复杂网络的多 Agent 模型，进而发现和揭示信息化战争体系对抗规律和控制原理。根据基于复杂网络的多 Agent 体系对抗建模仿真技术路线，建立了基于复杂网络与多 Agent 体系对抗建模仿真框架，研究并发现了体系网络度分布规律，分析、揭示了体系网络、指控网络的脆弱性，探讨了体系对抗的原理及方法。

根据复杂系统理论，研究信息化战争体系对抗建模与仿真问题。在作战系统结构研究中，运用复杂网络理论，开展体系对抗复杂网络建模与仿真工作，考虑由侦察力量、指挥机构和攻击力量组成作战系统，通过侦察、指挥控制和交战 3 个子网络联系成作战系统的整体网络，分析了信息化作战系统的一般结构，探讨了运用邻接矩阵度量网络效果的方法。

在军事系统抗毁性的研究中，指出通信网络的抗毁性、生物系统的健壮性、物理系统的稳定性都与各自系统内部网络的抗毁性息息相关。通过建立复杂系统的复杂网络抗毁性模型，采用解析推导与计算机仿真相结合的方式，研究了两种不同的复杂网络拓扑结构，即随机网络和无标度网络，对复杂网络抗毁性的影响。通过仿真结果与解析结果的对比分析，表明基于多 Agent 的建模仿真方法是一种研究复杂网络抗毁性的合适方法。

第十章

军事系统的复杂适应系统分析

军事系统的复杂适应系统分析是运用复杂适应系统理论研究军事问题，分析军事系统的复杂适应特点和规律，把握军事系统变化和发展的规律，提出解决军事问题的对策建议，提高具有复杂性军事系统的效率。本章主要介绍复杂适应系统理论概念、系统主体的行为模型、宏观模型和军事应用。

第一节　复杂适应系统理论概述

复杂适应系统理论已经在许多领域得到了应用，对于人们的思维方法具有不少启发，它的影响正在逐步扩大到各个领域。在军事系统的研究中运用复杂适应系统理论，可以提高研究人员对军事系统的认识、管理和控制。本节主要说明复杂适应系统理论的概念、描述、特点、发展和作用。

一、复杂适应系统理论的概念

复杂适应系统主要由微观和宏观两个方面组成。在微观方面，提出主体的概念，主体是复杂适应系统中具有适应能力的主动个体，在与环境的交互作用中能够根据行为的效果修正自己的行为规则，以便更好地在客观环境中生存；在宏观方面，说明由这些主体组成的复杂适应系统，在主体之间以及主体与环境的相互作用中发展，表现出系统的分化、涌现等种种复杂的演化过程。

复杂适应系统理论是霍兰正式提出的，他在多年研究复杂系统相关成果的基础上，提出了关于复杂适应系统的比较完整的理论。复杂适应系统理论认为适应性造就复杂性，适应性是产生复杂性的机制之一，但不是复杂性的唯一来源，不排除还可能会有其他的产生复杂性的机制与渠道。复杂适应系统是一大类重要的、常见的复杂系统。复杂适应系统的理论是现代系统科学的一个富有启发性的、值得重视的领域。

复杂适应系统理论认为复杂系统中的成员为具有适应性的主体。适应性是指主体能够与环境以及其他主体进行交互作用，在这种持续不断地交互作用的过程中，不断地学习，并且根据学到的经验改变自身的结构和行为方式。整个宏观系统的演变或进化，包括新层次的产生、分化和多样性的出现，新的、聚合而成的、更大的主体的出现等，都是主体相互作用的结果。

一般认为系统的复杂性主要来自系统的外部，系统行为的复杂和不可预测是外部的随机性的干扰，认为任何事物的发展是从不对称到对称、从有结构到无结构、从有差别到无差别、从复杂到简单。现代系统科学对于自组织现象的研究，引导人们从系统内部寻找复杂性的来源。最初对自组织现象的研究比较简单，认为这些复杂系统中的组成元素还是被动的，并没有自身的目的和主动性，这就使得相关的理论与方法不能有效地应用到许多领域。

相对而言，复杂适应系统理论在这方面有了新的突破，它把系统的成员看作是具有自身目的与主动性的主体，这种主动性以及它与环境的反复的、相互的作用，可看为是系统发展和进化的基本动因，并且认为宏观的变化和个体分化都可以从个体的行为规律中找到根源。将个体与环境之间这种主动的、反复的交互作用概括为“适应性”，进而形成了“适应性造就复杂性”这一复杂适应系统理论的基本思想。

在复杂适应系统理论中，复杂系统的组成元素、子系统是具有适应能力的个体，一般简称为主体，是为了说明它的主动性，强调它具有自己的目标、内部结构和生存动力。在研究复杂军事系统时，军事系统中的军事单元、军事子系统都是具有适应能力的个体，也可以称为军事主体。

复杂适应系统理论的提出，是从对系统演化规律的思考引起的，是对复杂性产生机制的研究。圣菲研究所关注复杂性问题的研究，每年举办讲座展示复杂性研究的最新成果，建立公用的、为复杂系统构建模型而设计的软件平台SWARM，重视人才培养，出版了许多专著和杂志，成为复杂性研究的中心。

复杂性问题的研究吸引了一大批富有创新精神的科学家在这个新开辟的领域进行探索，他们来自许多不同的传统学科，不同的知识背景有助于科学家在研究中能够相互交流、取长补短，促进复杂性问题研究的深入。在圣菲研究所，不授学位，没有终身职位，研究人员都是为了复杂性问题的研究而来，年龄、专业、地位也不再构成交流的障碍。其中具有代表性的研究人员有：在经济学界首先研究了现代经济的收益递增现象的经济学家阿瑟，遗传算法的首创者计算机科学家霍兰，以研究“人工生命”而闻名的兰顿，从医学领域来的考夫曼，复杂性研究多种早期著作的作者卡斯蒂等。他们中既有德高望重的诺贝尔奖得主，也有初出茅庐的青年学者，都为复杂性问题的研究发挥了重要作用。

圣菲研究所的发起者和第一任所长就十分关注如何认识和处理复杂性这个难题，认为片面强调还原论和学科分割阻碍了科学的发展，无法解决人类面临的许多现实问题。为此，圣菲研究所要创造一种和谐的氛围，一个不受各种传统体制束缚的交流场所，一套鼓励创新的运行机制，避免资金分配、成果认定和学术圈的划定影响跨学科研究工作的展开。圣菲研究所是一个以基础理论研究为主的、非营利的研究机构，各种基金会的支持也往往不与直接的经济效益挂钩。

圣菲研究所重视理论与实际的结合，所研究的课题几乎都有十分现实的背景，与重要的现实问题相联系。世界经济体系的深刻变革影响着每个人，是研究人员关注的研究课题。免疫系统的研究、生态与环境系统的研究、社会变迁的研究、生命起源的研究、人的早期意识和语言的研究，也都和当今人类的许多迫切的现实问题相联系。复杂适应系统理论就是在这样一个环境中产生的，也在人们关注的重要问题研究中发挥重要作用，由此可以推测，复杂适应系统理论也可以在军事领域发挥重要的作用。

二、复杂适应系统的描述

为了说明复杂适应系统理论的内容，研究复杂系统适应和演化过程，还需要提出一些概念作为研究的基础。为了说明复杂系统主体具有的性质，引进了聚集、非线性、流和多样性的概念。为了说明系统主体与系统的环境进行交流时具有的性质，引进了标识、内部模型和构件的概念。这些概念同样可以用于军事系统中的复杂适应系统，用于说明军事主体与其他军事主体、军事主体与军事系统的环境相互作用的特点。

在复杂系统主体性质的描述中，聚集、非线性、流和多样性的概念从各个角度说明主体的特征。聚集是说明系统主体结合形成更大、更强的主体作用，非线性是说明系统主体变化的复杂性，流是说明系统主体交流的渠道和数量，多样性是说明系统主体的特殊性，也是系统复杂性的来源。同时，在描述系统主体与系统环境进行交流具有的性质时，标识、内部模型和构件的概念也是重要的基础，标识是系统主体的标志，内部模型是系统主体的内部机制，是系统主体对系统环境反应的依据，构件是复杂系统的基本单元。

（一）聚集

聚集的含义有两个：一是把复杂系统中相似的事物聚集成类，把相似的主体分为同一种类型，可以简化复杂系统的描述；二是简单主体聚集在一起，形成较大的多主体的聚集体，适应性就增强，能够长时间生存。由于主体具有这样的属性，它们可以在一定条件下，在双方彼此接受时，组成一个新的主体，该聚集体在系统中像一个单独的主体那样行动。在复杂系统的演变过程中，较小的、较低层次的主体通过某种特定的方式结合起来，形成较大的、较高层次的主体，这是一个十分重要的关键步骤，这往往是复杂系统整体状态发生变化的转折点。

在军事系统中，军事主体的聚集是很常见的。例如，在联合作战的特定阶段，各军兵种部队会根据作战任务需求而组织集结；在军队体制编制的调整中，可根据部队职能和所担负的任务，将陆军中的步兵、炮兵、装甲兵等单一兵种进行混编，组建合成部队，如集团军、机械化步兵师、合成营等。

聚集反映了复杂系统的行为特征。聚集不是简单的合并，也不是消灭主体的吞并，而是新的类型的、更高层次上的主体的出现。原来的主体不仅没有消失，而且在新的更适宜自己生存的环境中得到了发展。例如，陆军中形成的多兵种合成部队具有更全面的能力，比单一兵种组成的部队有更强的适应能力，能更好地完成作战任务。同时，聚集也形成了新的层次，层次之间是有质的差别的，不是数量的差别，是由于聚集产生了层次之间的质的差别。

（二）非线性

非线性是指复杂系统主体的相互作用是非线性的，无法用简单的线性关系描述。在复杂系统的主体和主体、主体和环境反复的相互作用的过程中，复杂系统的非线性特征非常明显。复杂适应系统理论认为主体之间相互影响不是简单的因果关系，而是主动的适应关系，相互作用的情况会影响主体将来的行为。在实际的复杂系统中，系统主体的相互作用主要是各种反馈作用，是相互影响、相互联系的作用，形成复杂的相互关系，只能用非线性的方法描述。

由于复杂系统的行为很难把握，复杂系统的进化过程非常复杂，因而出现各种各样的性质和状态。复杂适应系统理论的非线性特征产生于系统主体的相互作用，主要是因为主体具有的主动性和适应能力，所以非线性是复杂适应系统本身具有的特征，是系统行为的必然结果。具有适应性的主体行为的非线性特征，是复杂性产生的内在根源。

（三）流

流是指在复杂系统的主体与主体之间、主体与环境之间，都存在着相互的物质流、能量流和信息流。流的渠道和速度直接影响系统的演化过程。在复杂系统构成的网络中，节点是主体，连接表示主体的相互作用，节点和连接会随着主体的适应或不适应而出现或消失，流和网络随着时间的变化发生变化。网络和流也会产生一些效应，比如有：乘数效应，即随着网络的传递，效应会成倍增长；再循环效应，即通过再循环，每个节点会产生更多的资源。

在军事系统中，各种信息流、人员流和物质流的通畅，就能保证军事系统高效率运作。从流的角度分析复杂系统的情况，可以加深对复杂适应系统的理解和认识。实际系统的复杂程度越高，系统主体之间的各种交流就越多，各种流的情况也就越复杂。因此，对各种流的分析是复杂适应系统理论的重要内容，也是一个值得关注的重要问题。

（四）多样性

多样性是复杂系统的各个主体在适应过程中形成明显的区别。多样性也是复杂适应系统的特点之一，由于复杂系统的主体之间的相互作用，主体之间的区别会扩大，最终形成不同的类型。在军事系统中，为了适应外界的需求，在适应过程中，军事系统主体的类型将区分得更加明显。例如，随着时代的发展，军队中各种工作岗位分工越来越细化，相应的职能差别也越来越具体。

系统复杂性的重要来源之一就是系统主体之间的差别，是系统主体类型的多样性。复杂性研究着眼于主体类型多种多样的情况，而复杂适应系统理论则主要研究这种多样性的产生。由于复杂系统主体的相互作用和对外界环境的不断适应，造成了系统主体向不同的方面发展变化，从而形成了主体类型的多样性。从整个复杂系统的角度来看，系统主体的多样性也是系统主体的一种分工。如果将多样性和聚集两个概念结合起来，研究复杂系统主体的变化情况，就可以理解系统结构的涌现，可以认识系统的自组织现象。

（五）标识

标识是复杂适应系统中主体的标志，用于表示不同主体的相互联系，也用于表示主体之间的相互区别。在复杂系统主体的聚集过程中，主体的标识起着重要的作用，可以使主体联系在一起，也可以说，标识是为聚集和边界生成而存在的一个机制。通过主体上的标识，可以更好地了解主体的变化情况，促进主体之间选择性的相互作用。在主体之间相互作用或者主体与环境之间相互作用时，为了认识和描述系统主体的变化情况，标识都发挥着重要的作用。在实际复杂适应系统的研究和建模过程中，要考虑系统主体标识的功能和效率。

标识的作用主要体现在实现系统主体之间的信息交流。系统主体之间的交流有物质流和信息流，但是起关键作用的是信息流。在复杂适应系统理论中，引进标识的概念是为了深入研究主体之间、主体与环境之间的信息交流情况，信息的交流和处理成为影响复杂适应系统进化过程的重要因素，流和标识概念的提出把信息因素引入复杂适应系统的研究。

（六）内部模型

内部模型是复杂适应系统各个主体的内部机制，是主体对外界反应的依据，是对主体内部情况的刻画和描述。内部模型可以分为隐式和显式两种：隐式内部模型是根据未来状态的预测，说明主体当前的行为；显式内部模型是根据各种可能的选项，考虑主体的选择。主体的内部模型可以描述主体针对外界情况的反应，主体的内部模型受到系统演化的影响，也是可以变化的。

内部模型的构建是复杂系统的主体适应环境的结果。主体必须在所收到的大量的输入中选择合适的模式，然后将模式转化为内部结构，形成内部模型，使得主体在遇到类似的输入时有适应能力。内部模型与内部结构的区别在于：根据内部模型可以推断主体的环境，能够主动地确定主体的行为。

（七）构件

构件（积木）是复杂适应系统主体的内部模型的基本元素，也是复杂适应系统最基础的元素。构件是经过检验、可以重复使用的积木，可以把复杂的事物或主体分解成各种不同的构件，各种构件的不同组合也能得到不同的复杂事物或者主体。不同构件的相互作用和组合能够产生不同层次的构件，某一个层次的构件可以还原为下一个层次构件的组合，某一个层次构件的组合也能得到上一个层次的构件，构件也体现出层次的特点。

使用构件生成内部模型是复杂适应系统的一个普遍特征。内部模型的特点取决于构件的种类和构件的组合方式，构件的种类越多、组合方式越多，就越能得到更多的内部模型，就能使用内部模型更好地描述复杂系统主体的适应性。构件在使用过程中也被不断地修改和完善，当出现新的情况时，可以将相关的、经过检验的构件按照适当的方式组合起来，形成内部模型，反映复杂系统所描述主体的适应性，得到描述复杂适应系统的满意结果。

三、复杂适应系统的特点

复杂适应系统理论认为适应性造就复杂性，实际系统的复杂性是由于系统适应外界环境的结果。对于系统的复杂性来源有不同的认识，复杂适应系统理论把复杂性归结于系统的适应性，是从新的角度研究和认识系统的演化规律，提出该理论的框架。复杂适应系统可以从以下 4 个方面加以说明。

第一，主体是具有适应能力的、主动的个体。主体的概念是复杂适应系统理论与其他系统理论明显的区别，可以使复杂适应系统理论能够有效地应用于其他理论方法所不能应用的各种复杂系统。主体区别于一般系统中所说的元素、单元、部件或子系统等组成部分，因为后者都是被动的、局部的概念，而主体的概念则把系统演化基本原因归结于个体的主动性，主体成为研究与观察系统宏观演化现象的基础。

复杂性是由于主体与其他主体之间相互作用，是在其相互作用的过程中形成和产生的。从某种角度看，主体的主动性是系统复杂性的关键，主体的主动程度，决定了系统行为的复杂程度。主体在与其他主体的相互作用中，能够随着得到的不同信息，对自身的结构和行为方式进行不同的变化调整，就可以认为它具有主动性或适应性，适应的目的就是生存或发展。

第二，主体与环境、主体与主体的相互作用是系统演化的主要原因。复杂适应系统理论从主体之间相互作用的角度研究复杂系统，就是把握复杂系统的整体性，可以认识到主体之间的作用，得到整体大于部分之和的结果，可以使得复杂适应系统方法能够运用于主体本身属性极不相同、相互关系却有许多共同点的不同领域。主体之间相互作用越强，系统的演化过程就可能越加复杂。

复杂系统演化的相互作用主要是指主体与其他主体之间的相互作用。在复杂系统中主体是平等的，系统的整体性由各个主体共同体现，而不是由某个主体来代表。在主体之间的相互作用中，主体之间的关系也在发生变化，由于各种因素的作用，有的主体向这个方向发展，有的主体向那个方向发展，进而在发展中产生了结构，对称性被打破，最终，整个系统就变得比较复杂了。这就是从简单到复杂的演化。主体之间的相互作用表现为进化过程中每个主体的结构和行为方式的变化，环境的影响则以不同的方式体现在主体内部。

第三，宏观和微观的有机结合。复杂适应系统理论认为复杂系统中主体的变化是微观的内容，主体之间相互作用形成的系统演化是宏观现象，从微观到宏观说明复杂系统的演化，是采用宏观与微观相结合的方法来研究复杂系统问题。还原论通常把宏观问题分解成微观部分进行研究，然后得到宏观问题的结果，无法反映微观到宏观的变化。统计方法是通过对微观个体的统计数据，反映宏观现象的情况，也没有将微观个体相互作用所产生的结果在宏观层次上描述体现。所以，只对微观个体的研究和描述，无法准确反映宏观现象，需要界定微观个体相互作用的情况，从新的角度研究和分析宏观现象，以便更准确地把握宏观现象的本质。通过建立从微观到宏观的联系，可以更有效地分析复杂适应系统。

第四，随机因素的作用体现在复杂适应系统的各个方面，使复杂适应系统理论具有更强的描述和表达能力。在复杂适应系统中，系统的主体具有主动性和适应性，可以适应外界的变化，可以产生新的性质和特点，这种变化用随机因素描述比较合适，也使复杂适应系统理论可以用于更多的领域和更大的范围。其他系统理论在研究系统的演化时，随机因素通常作为外部因素，对系统的内部变化进行描述没有涉及随机因素，所以，与其他系统理论相比，复杂适应系统理论更能反映复杂系统的情况。

四、复杂适应系统理论的发展

复杂适应系统理论的建立是一个起步，还有很多的工作要做，理论还不够成熟，需要从各种角度加强研究。

复杂适应系统理论的表述方法，需要具有一定普遍性的理论体系和表达方式。目前复杂适应系统理论框架本身比较粗糙，带有十分明显的经济学与生物学的印记，从理论框架到名词术语都是如此。这说明我们还需要广泛地研究更多类型的复杂适应系统，并且逐步形成确实具有方法论和认识论意义上的表述方法。

复杂性产生的根源没有明确的说法。复杂适应系统理论提出适应性产生复杂性，可能还有其他产生复杂性的途径，可能有多种产生复杂性的途径会随着认识的深入而不断涌现。对于适应性产生复杂性的作用机理还没有完全搞清楚，需要对复杂性进行更深入的理解，才能对复杂适应系统理论的地位与作用形成比较明确的认识。

复杂适应系统理论建立了一个好的框架，但是许多细节需要补充与完善。关于层次形成的机制，复杂适应系统理论虽然在回声模型的扩充过程中提到了新的更大的主体的形成过程，但是这种新的主体的形成条件、边界、功能的实现、与原有主体之间的关系等都还有待于进一步的思考与说明。层次问题如果弄不清楚，那么复杂系统的规律就不可能真正搞清楚。在整个理论中，定量部分是比较薄弱的，需要在定性和定量相结合的问题上下功夫。

从实际应用的角度来看，除了需要尝试将其应用到更广泛的领域之外，复杂适应系统理论还需要在实际的控制与管理方面提出有效的、切实可行的方法。到目前为止，它主要还是着重于解释和说明复杂适应系统的行为和发展规律，而没有深入讨论如何控制和管理这样的系统。如果能在这方面提出进一步的具体意见，将会使它的实际价值大大提高。

SWARM 作为支持复杂适应系统理论研究的工具与环境，在描述能力与表达能力方面还存在不少缺陷，还处于完善过程之中。虽然它通过开放式的平台，为建立复杂系统的模式创造了环境，但是，目前它所能提供的函数还不够多，对于并行计算等问题还考虑得不够周到，使用也还不够方便。总之，无论是理论方面还是应用方面，包括软件支持方面，复杂适应系统理论都尚处于初始阶段，还有许多问题要深入研究。

五、复杂适应系统理论的应用

复杂适应系统理论的应用需要有效的方法和手段，圣菲研究所开发的软件平台 SWARM 为理论的应用提供了有效的手段。SWARM 是一个高效率的、可信的、可重用的软件实验平台，为科学家们提供了一个标准的软件工具集，从而提供了一个设备精良的软件实验环境，帮助人们集中精力于复杂系统的研究工作，而不必自己动手制造工具。

SWARM 建立一系列独立的主体，通过独立主体之间进行交互，考察和研究系统的行为和演化规律。这样，SWARM 的使用者不需要建立特定的模型，依据平台提供的主体描述，就可以研究复杂系统的演化规律。而且，SWARM 所描述的主体也没有限定特定的领域，主体的表现或交互模式在不同的领域可体现为不同的情形，确保了 SWARM 可以用于不同的领域。由此可推断，可以将 SWARM 应用于军事领域，也必将为研究军事复杂适应系统发挥其重要作用。

SWARM 模拟的基本单位是主体，一个主体就像系统中的一个演员，它能够产生动作并影响自身和其他主体。在对复杂适应系统进行研究时，SWARM 可以模拟主体之间的相互作用，观察模拟的结果，分析系统的情况。

在 SWARM 平台中，主体是研究的基本对象，也是模拟部件。时间表则定义这些对象之间的事件发生的流程。在 SWARM 中，特定的行为发生在特定的时间，行为的发展按照时间表的规定进行。时间表是一个数据结构，包含了各种事件的执行顺序。模型将按照这种安排好的事件的执行顺序向前发展。

在复杂适应系统理论的应用中有许多解决实际问题的例子，通过分析和总结经验做法，可以得到应用复杂适应系统理论的方法和步骤。

（一）模型分析

运用复杂适应系统理论解决实际问题，需要对实际问题进行认真的分析和研究，确定所研究系统的主要内容，包括系统与环境的界定、系统内部主体的确定和描述、主体的行为和描述同实际情况相符程度、系统的运行和演化与实际情况是否一致等。通过分析和研究，明确所研究的系统具有复杂适应系统的特征，可以用复杂适应系统理论描述和研究，能够建立相应的模型。同时，所建立的模型能够反映实际情况。

（二）模型描述

在建立复杂适应系统的模型时，首先要反映实际系统所处的环境，确定系统主体的数量和特点，描述系统主体的行为。系统主体的分析和描述主要包括：主体本身所具有的特点、组成和行为，主体的数量，主体与其他主体之间的关系和交流，主体与系统外界的联系，资源的相互交流，人员的相互交往等。分析和描述的情况与实际情况越接近，模型就越能反映实际情况。模型的描述是模型实现的基础。

（三）模型的技术实现

在复杂适应系统模型的实现上，首先需要对硬件系统、操作系统以及开发工具等进行适当的选择。随着计算机性能的不断提高，计算机运算能力普遍有很大的提升，硬件系统的选择余地比较大，可以根据实际情况确定。软件平台一般采用SWARM作为开发工具，该程序可以在许多操作系统下使用，并且其代码开放，可以进行源代码的移植。

SWARM是专门面向多主体建模的，并行系统下主体之间复杂的消息传送机制，在该工具中通过行为表的方式得以在单机环境下实现。SWARM工具的类库提供了对主体层次模型、多种随机分布和动态观测系统指标的支持。由于工具的支持使得主体的实现过程大大简化，开发人员可以更加专注于模型本身。

在复杂适应系统模型中，对于模型所涉及的主体之间的继承关系，SWARM用统一建模语言（UML）中的类图描述；系统中并行交换的模拟过程，SWARM采用对主体的行为排列行为表的方式实现。当一个行为涉及多个主体时，该行为对应的方法实现在提出行为的主体类中。SWARM提供了相应的调度机制，使得模拟过程中上述步骤依次得到执行。为了更真实地模拟这些主体在现实生活中的行为，对于具有多个实例的主体，SWARM支持按照随机的序列方式调用它们。

（四）运行结果的初步分析

通过模型的运行，可以观察到系统在运行过程中出现的一些现象，分析这些现象出现的原因与哪些主体有关，或者说，是由哪些主体相互作用的结果。同时，可以与实际问题做比较，研究实际系统中是否出现类似的情况，是什么原因造成的，制定有效的应对策略。

第二节　系统主体的行为模型

复杂适应系统理论为了分析系统的主体适应和学习的过程，建立了系统主体的基本行为模型，主要用于描述系统主体的学习和适应情况。建立系统主体的基本行为模型可以分为 3 个步骤：一是建立执行系统的模型；二是确立信用分派的机制；三是提供规则发现的手段。下面利用刺激—反应模型，说明系统中的主体行为模型的建立方法和过程。

一、刺激–反应模型的概念

刺激—反应模型是一般复杂系统中最基本的行为模型。刺激—反应现象在军事领域也很常见。军事系统对外界的刺激会有自身的反应，例如，针对海湾战争中美军所运用的新战法，为适应未来高技术条件下的局部战争，我军加强了相关作战理论的研究，促进了作战思想的转变。同样，军事系统中的军事主体对刺激也会有反应，不仅要受其他主体的变化对其产生的影响，也要受外界作用对其产生的影响。

刺激—反应模型有以下几个主要概念：输入是指其他主体或者军事系统的外界环境对该主体的作用，也称刺激；输出是指主体的反应，一般是主体的行为、动作；规则是指主体对不同的刺激做出不同反应的规定，也可以说是主体反应的根据；探测器是指接受刺激的部位；效应器是指给出反应的部位。根据这些概念可以建立刺激—反应模型，这些概念的相互联系，也形成了刺激—反应模型的主要框架。

在复杂适应系统理论中，刺激—反应模型的各种规则都不是确定的，不具有唯一性，并且相互之间也不一致。在模型的规则比较多而且可以进行选择的情况下，规则之间可能会出现矛盾和不一致情况，这就需要建立一种进行比较、选择和淘汰的机制，对规则进行检验和论证。也可以说，在复杂适应系统的演化过程中，刺激—反应模型规则的多样性提供了多样的选择，模型的规则之间的矛盾、冲突和不一致情况，都可以通过选择机制去解决。

二、执行系统模型

执行系统是主体反应能力的描述，系统的反应说明了主体在某个时刻的能力。在刺激—反应模型中，执行系统由 3 个主要部分组成，即：一个探测器、一组规则和一个效应器。其中，探测器是表示主体从环境中抽取信息的能力，规则是表示处理这些信息的能力，效应器是表示主体作用于环境的能力。对于各种类型主体的执行系统模型都可以用这 3 个概念描述。由探测器、规则和效应器组成了执行系统模型的主要部分，可以分析主体在遇到外界环境变化时可能会有的反应。为了加深对于上述 3 个概念的理解，可以用军事领域的事例进行说明。

把在战场上与敌军进行交战的一支部队看为一个复杂适应系统。系统中有多个主体，可选择为团级单位，也可选择为营级单位，甚至也可以选择连、排、班、组、单兵中的任一作战单位为主体，现假设以营级单位作为该部队系统的主体。

关于探测器概念的理解。营级指挥员在执行上级指挥员下达的命令时，除了要熟悉掌握上级传达的情况之外，还必须全面掌握与本营作战相关的具体情况，例如当面之敌的情况、本营的情况、战场态势、战场环境等。对于所有情况的了解和掌握，有些需要由营指挥员从上级获取，有些需要由下属单位或人员通过各种方式侦察获知，能够掌握这些情况的手段和方法就是营探测器，也就是所谓主体执行系统的探测器。

关于规则概念的理解。营指挥员在拟定战斗决心时，需要遵循我军的作战条令条例，依据积累的作战指挥和管理经验，并结合部队实际的训练水平。所有这些相关因素形成了营指挥员指挥战斗的规则，也就是主体的执行系统模型中的规则。

关于效应器概念的理解。在营指挥员下达作战命令后，全营所属分队按照命令要求展开战斗。战斗的最终结果，可能是由于所属全体人员士气高涨而出色地完成作战任务，也可能是由于所属各分队相互协作不力而勉强完成作战任务，还可能是由于其他条件的限制而未能完成任务。对于取得何种战斗结果，取决于营的整体作战指挥能力，也就是主体执行系统模型的效应器的能力。

通过上面的阐述，说明在军事复杂适应系统中，根据描述主体行为的需要，可以建立主体的执行系统模型，也就是军事主体的行为模型。

三、信用分派的方法

信用分派是对规则给出信用等级，是对规则定量化的描述。信用分派方法是向系统主体的规则提供评价和比较的方法，在每次规则应用后，主体将根据应用的结果修改规则的信用等级。这实际上就是主体进行学习和积累。信用分派方法是将信用分派用于解决实际问题，主要内容包括信用分派的程序、手段和应用等。

对规则的信用程度进行定量化是为了对规则进行比较和选择。一般给每一条规则明确一个特定的数值，称为强度，也可以称之为适应度。当主体每次需要使用规则的时候，主体的行为模型就按照一定的方法加以选择。基本的选择方法是按照一定的概率选择，具有较大强度或适应度的规则有更多的机会被选用。在这个基本方法的基础上，还可以加入并行算法和缺省层次等思想，使得规则的选择更加灵活，更加符合现实的系统行为。

在军事领域的定量分析与研究中，军事复杂适应系统的主体行为也需要一些规则来确定。在部队执行作战任务时，作战条令、作战方法和作战经验是部队指挥员进行作战指挥要遵循的规则，指挥员就是根据这些规则定下作战决心、下达作战任务。对这些规则可以进行定量化的描述：根据规则与战场实际情况的符合程度，赋予其相应的信用等级，明确规则的适应度。比如，如果某个规则符合战场情况，可以给出比较高的信用等级，就是给规则赋予较高的值，说明该规则有比较好的适应度。

信用分派方法是把定性与定量研究的方法结合起来，对定性判断的内容给出一个定量的描述。在系统主体的行为模型中，通过对规则进行定量分析，可以从定量的角度积累主体的经验，就是对经常选择的规则给出更高的信用等级，然后确保后续的行为会更多地选择这个规则，也就是实现了以定性的规则选择目标。

四、新规则发现的方法

复杂适应系统的主体不断适应环境变化和内部作用结果，需要新的规则支持，就是要发现新规则，能够说明主体作用的结果，使主体能够不断适应外部环境和主体的相互作用。新规则的产生是在比较成熟且经常被采用的规则的基础上，通过研究主体交换和突变等现象，发现新的规则。

系统的主体之间相互作用、主体与环境的相互作用，都会使用不同的规则，也就可以对已有的规则赋予不同的信用指数。用得比较多的规则会有比较高的信用指数，新的规则要在使用比较多的规则或者信用指数比较高的规则的基础上产生，这样新的规则能更适合描述主体的变化。

新规则的发现有许多方法，但常见的应用方式包括以下两种：其一，是在可能出现的范围内寻找新的规则，采用搜索的方法，确定各种可能的规则，然后进行检验，分析规则的合理性和适应性。由于范围广、搜索的内容多、检验的过程复杂，该方法可能会出现效率低和无法及时发现新规则的情况。其二，是在常用的规则中发现新规则。可以在有效的规则基础上进行调整和改进，也可以对一些有效的规则进行各种组合，然后由主体进行检验，确定新的规则。这种方法是基于主体行为的实际表现，从有效的规则出发，发现新规则的可能性比较大，有比较高的成功概率，也是一种效率比较高的方法。

在复杂适应系统的实际应用中，还可以总结出发现新规则的新方法。只要能够及时、有效地发现新规则，就可以有效分析主体的行为，认识复杂适应系统的演化规律。新规则的发现经常是在已有规则的基础上，来源于已有规则的组合，也就是建立在过去经验的基础上，通过学习不断积累经验，用于新规则的研究和发现。

刺激—反应模型的建立提供了描述复杂适应系统的主体行为的条件，可以用比较抽象和规范的方法描述主体的行为，深入研究主体的主动性和适应性。同时，主体行为的模型也提供了一个标准规范，可以对不同复杂适应系统的主体进行比较，研究不同系统中主体行为的特点，发现其中的规律；只要不同的系统之间有一些相同的特点，也可以运用某个复杂适应系统中比较明确的主体行为模型，研究另一个复杂适应系统中的主体行为。

在军事领域中，有各种不同的复杂适应系统，其中的主体行为也有类似之处，可以用主体行为模型进行深入的分析和研究，也可以借鉴其他系统主体行为的模型，研究本系统主体的行为模式。

第三节 系统的宏观模型

复杂适应系统理论为了描述复杂适应系统的情况，建立了复杂适应系统的模型，称为系统的宏观模型。与系统主体的行为模型不同，系统的宏观模型是从整个系统的角度研究系统的整体情况，主要描述和刻画系统演化情况，可以深入研究系统变化和发展的情况。

一、回声模型的概念

回声模型是一种复杂适应系统的宏观模型，是在系统主体的基础上建立起来，实现从系统主体到全局的转变。建立系统的宏观模型主要有 3 个步骤：首先定义资源和位置，然后提出一个基本模型，最后补充一些更复杂的属性，完成模型的建立。

回声模型反映复杂适应系统的情况，是在系统主体模型的基础上，为系统主体提供一个进行活动的外部环境。为此，需要定义两个概念：一是资源，二是位置。资源是系统主体所需要的各种物质和能量。在军事系统中，资源可能是人员、物资、装备和信息等。

位置是主体所处的空间，具有一定的环境条件与资源条件，主体可以在位置之间移动和选择。在军事系统中，位置可能是部队执行任务时所处的地理环境，也可能是某支部队训练水平和作战能力与实战化要求的差距等。

在复杂适应系统理论中，资源的含义比较广泛和抽象。复杂适应系统中，系统主体具有主动性和适应能力，需要生存与发展，就需要消耗和使用某种资源。资源的种类和数量是系统主体生存的条件，也是生存质量的标志。资源太少，难以维持系统主体的生存，主体就会消亡。而资源丰富到一定程度，系统的主体就会发展和壮大，分出或产生出新的主体。此外，系统的主体还具备加工资源的能力，它可以用几种不同的资源生产出新的资源。在军事系统中，军队院校可以对具有不同经历的学员进行培训，最终，培养出达到既定教育目标的军事人才，这也可以说是对人力资源的“加工”。由上所述，复杂适应系统理论所提出的资源概念很重要，其内涵也十分丰富。

在复杂适应系统理论中，位置的概念也是从许多实际情况中抽象出来的，它可以是一个空间的概念，也可以是事物发展所处的某个阶段，或者是系统所处的某个领域。在复杂适应系统中，位置是系统主体的活动区域，不同的区域对于主体的生存和活动有着不同的影响，为主体提供了不同的基础条件。位置的主要内容包括：资源的充裕程度，相邻的主体的数量与情况，发展的空间与余地等。此外，主体的主动性还表现在其可以在位置之间移动，即选择适合于自己生存的、更为适宜的位置，比如部队在执行作战任务时根据实际情况选择合适的地域、采取合适的行动。

资源、位置和主体是构筑宏观系统模型的 3 个基本概念，将其相互结合，就形成了回声模型的基本结构，也就构成了系统的宏观模型。

二、回声模型的基本结构

回声模型是通过描述复杂适应系统中主体之间的相互作用、主体与外界的交流，进而研究系统演化情况。对于复杂适应系统的描述，回声模型的内容包括：整个系统包括若干个位置，每个位置中有若干个主体，主体之间进行交往，交流资源和信息，这也是最基本的回声模型。

在这个基本模型中，主体具有最简单的功能，主要是寻找交换资源的其他主体，与其他主体进行资源交流，保存及加工资源。为此，主体要有 3 个基本部分：一是进攻标识，用于主动与其他主体联系和接触；二是防御标识，用于其他主体与自己联系时决定应答与否；三是资源库，用于存储和加工资源。

根据主体的基本组成可知，它具备以下功能：主动与其他主体接触，同时也对其他主体的接触进行应答，如果匹配成功则进行资源交流，在自己内部存储与加工资源，如果资源足够，则繁殖新的主体。

复杂适应系统理论是在研究大量具体案例的基础上，经过分析、归纳和整理，然后提出这些概念，再进行演绎推理。该做法非但没有降低这一理论的严格性和科学性，反而以事实证明其有效性，许多丰富的含义是随着讨论的深入逐步展开的。而且这种做法也使得复杂适应系统理论具有丰富的内涵，能够给人以许多启示。作为一个刚刚开发的新领域，这种做法更加有利于开拓思路，引导思考，避免过早地限制自己的思想，束缚自己的手脚。相应地，随着不断深入地研究和发展，复杂适应系统理论也会逐步完善化、严格化。

三、回声模型的扩展

上述的基本回声模型比较简单，无法描述复杂的系统行为，需要在基本回声模型的基础上增加和完善各种功能，形成扩展的回声模型，用于深入研究复杂系统的各种情况。在对基本回声模型的初步扩充中，主要加入了以下一些机制：

一是增加交换条件的确认，即在进攻标识与防御标识相符的条件下，还要加上某种交换条件的确认。例如，在军事系统中，后装保障部（分）队能够为其他部（分）队提供相应的资源，在保障行动实施过程中，需要对运载工具、运输路线和保障时间等条件进行核实，以保证二者之间实现资源的顺利交接。

二是增加资源转换的能力，即主体具备加工、利用和重组资源的能力。增加这一功能就为主体的分工和专门化打下了基础。

三是增加相互联系的能力，即若干主体通过建立固定的联系，成为一个多主体的聚合体，在系统中一起活动。例如，根据作战任务的需要，可临时将不同军兵种的部（分）队编组在一起，使其具备多种作战能力以完成作战任务。

四是增加选择交配的能力，即主体可以有选择地与其他主体结合，通过交换形成新的更强的主体。

五是增加条件复制的能力，即主体在资源充裕、条件适宜的情况下，复制增加自身的功能。

通过系统主体能力的不断扩充，回声模型的表达和描述能力不断增强，从而具备了描述和研究各种复杂系统的能力。复杂适应系统理论的研究并不是纯理论思考的产物，而是在大量现实的复杂系统的考察与研究的基础上逐步抽象出来的。

复杂适应系统理论是正在形成中的理论，它需要更多吸取各种复杂系统的进一步研究工作的启示，以期成为描述和模拟复杂系统的更有用的工具和手段。目前的研究成果为进一步的研究和发展提供了基础，但还有新的研究领域和内容需要拓展，还有很多的工作需要做。复杂适应系统理论在军事领域的应用也只是刚刚开始。

第四节　复杂适应系统分析方法应用

复杂适应系统理论在军事领域有着广泛的应用前景，国内外许多军事研究人员开展了多方面的探索，取得了许多研究成果。针对信息化智能化条件下的军事系统和作战行动问题，运用复杂适应系统理论进行深入研究，取得一系列研究成果，用于指导军事实践。

一、军事应用概况

运用复杂适应系统理论研究复杂军事系统问题，就是从军事复杂适应系统的角度，研究现代军事系统的组成、结构及其动态行为，用复杂性理论的各种方法，研究各种因素对军事系统行为过程和结果的影响，认识现代军事复杂系统行为的一般特点、性质和规律，探索适应现代军事斗争条件的军事系统管理、规划与指挥决策方法。

美军运用复杂适应系统理论研究复杂作战系统中的战略战术。1994 年霍兰提出复杂适应系统理论后，美军开展了军事系统的作战行动的研究，通过动态非线性的自组织行为表现出宏观涌现行为，探索研究军事系统的非线性、混沌性、自组织、协同进化等作战问题。研究的基本思路是：把战斗看作是涌现的自组织动态过程，将基本作战单元抽象成一个个底层的复杂适应性智能体，作为军事系统基本组成要素，并对其行为模式与战术细节进行描述，由下向上逐步模拟整个军事系统情况，分析军事系统演化和发展的规律。

美军构建的军事复杂适应系统在操作系统、界面、主体属性、规则以及仿真结果等方面进行了不断改进，使用了许多理论方法，如在线的遗传算法、神经网络、增强学习算法、模式识别等，使其具备了更强的实用功能。该系统还具备了数据收集功能、多维显示工具集、在线混沌数据和时间序列分析工具集等。该军事系统具有以下特点：一是对话驱动的输入输出，前台使用 Windows 图形用户界面，并允许打开多个文档视图；二是面向对象的 C++ 源代码库，便于二次开发，具有数据采集与多维可视化工具；三是集成的自然地形图以及基于地形的适应性动态决策，多个分队具有通信链路；四是环境关联及用户自定义主体行为，具有本地与全局的动态指挥主体，遗传算法工具包制定主体规则以期得到部队标准行为。

在国内，国防科技大学在 SWARM 平台上开发了一个城市作战模型，进行了不同规模的作战模拟及电子信息系统作战效能评估。该模型提出了一种基于多智能体的城市作战模型体系框架，由作战环境模型、作战智能体模型和作战模型参数构成。作战环境模型，定义了作战空间和作战环境参数，描述作战单元、作战环境的空间特性和各种环境因素对作战单元作战行为的影响。作战智能体模型，定义了作战智能体的空间属性、物理属性和品质属性，描述作战单元的各种行为能力和状态。同时，该模型提出了一种基于知识表示方法的作战智能体模型形式化描述方法，研究了基于多智能体的作战模型的建模工作流程；提出了一种基于多智能体的作战仿真策略，采用作战智能体反复随机排序的方法，解决单处理器、单线程条件下事件的并发问题。

国防大学在国家高技术发展计划项目的资助下，进行复杂适应系统理论在战争系统建模方面的研究，并提出了创建虚拟全球战争空间的构想和虚拟全球战争空间概念模型。对战争系统进行一个整体建模，可以通过战争系统在战争进程中不断演化的状态，反映出战争系统在空间、时间上的综合效果；通过观察或试验战争系统在这个空间中的不同演化过程，研究战争的一般规律和特殊规律，以达到认识战争的目的。

二、作战理论研究

现代战争是信息化条件下的战争，战争的形态多样、战争的因素复杂、战争的结果具有很强的不确定性，战争构成的系统具有复杂适应系统的特征。由于战争系统组成部分的相互作用、战争手段的多样性以及不确定性等性质，我们难以很好地做到预测、组织和控制战争，需要运用复杂适应系统理论研究战争，创新作战理论。

在信息化作战行动的研究过程中,作战系统表现出来的非线性、涌现性、流动性等特点，如果采用传统的还原论方法，就会遇到许多困难，很难取得符合实际的研究成果。这是因为这些传统方法大都是基于线性的原理，一旦面对复杂的战争系统就会显示出诸多缺陷。一种解决方法是改进这些传统方法，例如，用来模拟研究战争损伤情况的兰彻斯特微分方程组，目前已经具有多种改进的形式以适应信息化战争的研究。另一种解决方法就是运用复杂性科学。虽然复杂性科学还处于发展阶段，但它在社会、经济、生物等方面的一些成功运用已经昭示了其强大的生命力。对于作战问题研究，复杂适应系统理论可以发挥重要作用。

在美军提出的“快速决定性作战”理论中，作战的各个方面，国家、非国家、军队、游击队、恐怖主义分子都必须面对战争的挑战，力图适应作战，并在战斗中生存下来。作战就是复杂适应系统内部各个组成部分之间的对抗，可以运用复杂适应系统理论开展分析和研究。通过深入和系统的对抗分析和研究，“快速决定性作战”理论提出通过“快速”和“决定性”达到战略目标的战略指导思想，包括知识中心作战、适应性强的联合指挥控制和基于效果作战等三项作战原则，以及确保进入、快速部署、灵活支援、全维防护的基本战法。

复杂适应系统理论的工具，包括遗传算法、SWARM仿真平台等，都可以在作战理论的研究中发挥作用。这些工具都力求体现作战系统中个体的智能性，即个体具有感知、记忆、学习、竞争等能力，作战系统通过个体与个体、个体与环境的相互作用，达到某种平衡。这些可在一定程度上解决作战模拟中如何考虑人的精神因素、信息的作用等根本性问题。

作战系统内个体与个体、个体与环境之间存在着物质资源流、能量流和信息流，这就表明了作战的流动性。在作战过程中，这些流的渠道是否通畅，周转迅速到什么程度，都直接影响甚至决定作战的进程。信息流在信息化作战系统的这些流中处于核心的地位，因此，丧失了信息流动功能的一方，在作战中必然陷入完全被动的境地。

信息流的重要性提醒我们，打击敌方的目标应该选择切断信息流渠道的重要节点，就是重点打击敌方作战系统内各子系统的相互联系。当然，敌方必然想方设法增加和加强子系统的相互联系，从而提高作战系统的适应性。当某些子系统受到攻击时，其他一些子系统会改变行为或相互关系来使系统适应这种变化。这时，打击系统需要具有自适应性质和机制，能够持续打击敌方的重要目标，将大大增加敌方防御的难度。

三、作战目标研究

作战目标研究是达成作战目的的前提条件，是开展作战行动前的重要工作，作战目标涉及的因素多、范围广、变化快，科学合理地选择作战目标是一项艰巨的任务。在各种作战行动中，作战目标都由不同种类目标组成，不同类型目标构成一个目标系统，这些目标系统具有复杂适应系统的特征，为更好地对作战目标进行选择，需要研究作战目标系统的复杂性。作战目标的复杂性特征主要表现在以下 4 个方面。

第一,作战目标的多层次与相互关联性。作战目标由于空间分布、范围和距离等方面的差异，导致目标分布具有很强的层次性，并形成一个由上到下、由点到面的多层次、多功能空间网络体系。同时，目标各子系统之间还具有复杂的关联。这些关联不仅表现在结构上，还表现在内容上，它们以物质流、能量流和信息流的方式进行关联，从而导致了作战目标在组成上的复杂性。

第二，作战目标的动态性。作战目标总处于不断变化中，且随着作战进程和作战任务的变化，新的目标也不断出现。已有的目标系统内各因素间会相互作用、相互制约，形成内在的非线性自组织过程，同时外界环境又作用于目标系统，达到相互作用、相互反馈，并最终形成目标系统与环境系统间物质能量的交换。而且，各子系统或内部各要素及环境随时间的推移还会发生显著的变化，从而引起一些目标系统结构和功能的变化，使作战目标呈现出动态性。

第三，作战目标的涌现性。在目标系统演化过程中，作战目标的相互作用可使作战目标系统产生与单个作战目标行为显著不同的宏观性质，这就是作战目标的涌现性。例如，单个防空导弹系统在防空作战中的作用比较小，如果将多个防空导弹系统相互连接在一起，构成一个防空导弹武器系统时，就能发挥比较重要的作用；如果再能与其他武器系统相互配合，形成一个完整的防空体系，就能发挥更大的作用。目标系统的涌现性不仅会在聚合更多数量个体的过程中体现，还会在聚合相同数量的不同个体的过程中体现。

第四，作战目标的自组织性。由于作战目标具有主动性、适应性和智能性，因此，在目标系统受到外部环境干扰使其有序状态遭到破坏时，可以根据内部和外部条件变化的信息来改善或发展其某些功能，以调整目标系统的运作，克服不确定性或无序性，使目标系统具有自适应和自组织能力，从而保持目标系统原来或预定的功能。例如，在某个公路网络中的若干桥梁遭到破坏时，实施机动的部队为完成所赋予的任务，就会找到其他的机动路径，如使用备用行军路线、急造桥梁或涉水渡河等。

根据复杂适应系统理论，作战目标选择应充分注意目标系统的复杂自适应特性，设法确定目标系统中的关键目标，使作战目标系统无法利用系统属性与机制对作战行动做出反应。因此，基于复杂适应系统理论的作战目标选择不仅应考虑目标的物理属性，更应把重点放在目标之间如何发生相互关联，特别是如何以非物质方式发生关联作用上，重点是指挥信息系统的相互连接。

复杂适应系统理论的两个基本概念复杂度和熵是作战目标选择的理论基础。复杂度是对一个作战目标系统复杂程度的度量。某个目标系统中具有相干行为的相互作用的实体数量多少，反映了该系统的复杂程度。复杂度可以是一个从零到某个最大值的数，零复杂度表示该系统是一个完全简单的系统。熵则是对某个系统在阻力或干扰作用的影响下做损失程度的度量。熵的取值范围是 0 到 1，0 表示系统是一个没有功能损失的完全线性系统，而且该系统的行为是可以预测的；1 则表示系统是一个损失了全部功能、完全进入混沌状态的系统，而且该系统的行为是随机的。

由于复杂系统处于完全线性的简单化与完全混沌的复杂化之间，因此，可以通过剥夺其选择方案或破坏其内部结构和相关性的方法，使系统不具有自适应性。前一种途径将促使系统向线性化方向发展，在这种情况下，线性系统的行为是可以预测的，这使得人们能够发现系统若干可能的选择方案并隔绝系统与外界的联系；后一种途径将促使系统向混沌方向发展，在这种情况下，系统将出现各种各样的功能性失效。

作战目标的选择流程主要包括选择目标系统、分析各目标相互作用的方式、分析各目标工作的基本规则、确定在不同目标间产生干扰作用的方式等步骤。

第一，选择目标系统。根据战场上侦察和收集的目标资料，选择一些关键和重要的目标，这些目标构成了复杂性特征的目标系统。识别目标系统中具有相关性的不同目标，包括这些目标对整个目标网络正确发挥其功能所起的作用。

第二，分析各目标相互区分和相互作用的方式。要分析目标的属性，找出具有相似属性的目标。它们聚集在一起而共同发挥作用，并与其他目标群具有显著的差异。确定目标的非线性属性。在复杂适应系统理论中，非线性特征主要表现在主体的聚集过程中，即使在最简单的情况下，非线性都会干扰用于聚集的线性方式。目标系统各要素间不是简单的因果和线性依赖关系，而是有着复杂的非线性相互作用，既存在正反馈的倍增效应，也存在限制增长的饱和效应。故确定目标的非线性属性，应主要确定一些失能点、失效阈值、叠加效应等。

第三，分析各目标工作的基本规则。目标工作的基本规则决定了目标的行为方式。目标就是根据这些规则发挥其功能的，比如运输系统中的铁路时间表、交通规则等。分析目标系统流的特点。流是复杂适应系统理论中的一个重要概念，作为一个典型的复杂适应系统，目标系统中个体与个体、个体与环境之间存在着物质流、能量流和信息流。分析各流的流向、流速和渠道，对系统中的物质流和信息流进行规划和控制，对能量流进行分解与控制，能使系统中物质流、能量流和信息流合理有序，从而提高选择效率。

第四，确定在不同目标间产生干扰作用的方式。目标与目标间会产生相互的干扰,这些干扰作用能使系统朝着不同的复杂度发展。在目标选择时，弄清楚目标之间相互干扰的方式，可保证目标系统向完全线性的简单化或完全混沌的复杂化发展。

以交通运输系统为例，它就是战时打击的一个重要目标系统。传统的目标选择通常针对物理意义上的目标，但由于作战力量并没有把此类系统所固有的自适应属性与机制设定为目标，因而必须使用巨大的摧毁力量，包括大量的弹药和昂贵的精确武器，才能使目标进入失效或混沌状态。如果没有这种强大的武力，目标系统就能继续适应环境的变化并继续生存下来。

运用复杂适应系统理论，目标选择关注的不仅仅是目标的物理属性，还包括目标系统的自适应特性与机制。因此，运用复杂适应系统理论选择打击交通运输系统的目标时，对目标系统进行划分，分别是子系统、成员和区分关系、非线性特征、规则集合、网络和流动、竞争性和组件。然后按照每个特性的运行机制，选择相应的目标,比如对于子系统分别选取车辆、集装箱、公司、海运线路等目标。

根据目标的自适应特性与机制来选择目标，可以对各类型的目标同时打击，或者对目标系统的各组成部分分别进行打击，后者的打击方法在防止系统复原方面，是一种非常有效的方法。此外，面对这种打击，敌人必须在各个领域内同时进行防御，而不只是在某些范围内进行防御，这将使其防御任务的复杂性显著增大。

应用复杂适应系统理论的目标选择方法是一种全面的、面向系统的方法。该方法能够确定各要素在系统中发挥功能时与其他要素相互作用的信息，从而提供一种关于目标的非常有价值的、系统化的知识，使我们能够更加可靠地识别目标，并采取更加合理的方式实现预定目标。

四、装备体系研究

装备体系具有复杂适应系统的特征，可以从层次性、非线性、非平衡有序、自适应性和自组织性等方面进行分析。装备体系具有明显的层次性，由单个装备到装备系统再到某类任务的装备体系，最后是总的装备体系，这是根据实际需要产生并稳定下来的有序结构；非线性主要指的是整体大于部分之和，这也是装备体系所具备的；非平衡有序是指开放系统通过与外界环境进行物质、能量和信息的交换，能够从平衡态走向非平衡态，形成一种非平衡有序结构，装备体系在作战过程中就是一种远离平衡态的行为；自适应性强调在一定的外界环境下，系统适应环境而出现新的结构、状态或功能，装备体系在作战过程中体现自适应的特征；自组织性是指系统在没有外部命令与干涉的条件下，依靠组织内部的相互默契和协调行为，自发地出现新的稳定结构，对装备体系而言，底层的、单个的战术行动在共同作战意图的指引下会自动地呈现有组织、有规律的特点。

作为复杂适应系统的装备体系，装备体系对抗复杂性主要体现在以下 3 个方面。

第一，装备体系与作战指挥控制的反馈环、装备体系对战场环境的适应性、装备体系组成要素的非线性改变、决策过程的非线性等，表现了对抗系统的非线性特征；参战力量的总体作战能力并非是全体作战单元作战能力的简单叠加，表现了对抗系统的非还原性特征。

第二，战场演变过程的复杂源自简单作战单元相互作用及其嵌套的层级结构，即装备体系对抗中作战主体的无限组合变换方式，促使对抗效果表现出涌现性特征；装备体系作战力量的编成通过分层指挥控制来实现作战目标，反映了作战系统的层次结构性特征；作战过程的局部无序行为蕴含着宏观整体有序，说明了体系对抗系统作战单元具有自组织能力特征。

第三，装备体系作战单元冲突中的动态平衡特征反映了复杂适应系统的非平衡有序；作战单元为了保存自己和消灭敌人，必须不断地调整自己的行为来适应战场环境，表现出复杂适应系统中实体的适应性特征；作战演变过程中，战场演变过程没有全局的指挥节点控制每一个作战单元的行为，体现了复杂适应系统主体自适应特征和分散控制原理，局部的行为反馈和高层的指挥反馈信息是复杂适应系统微观和宏观的有机结合。

装备体系这一作战主体具有不同于其他主体的特性，主要表现在以下两个方面：首先，主体是半自治的。自治性指的是主体在运行时，不直接由人或其他主体控制，它对自己的行为和内部状态有完全的控制权。半自治性是指主体服从命令或在其他主体的控制条件下，控制自己的行为和内部状态。装备体系必须在各级指挥员的指挥协调下发挥其自治性，因此不具备完全自治性。其次，更加强调主体之间的黏合。装备体系作战是由人来操纵装备进行作战，人和装备共同构成智能体，强调人装合一，才能深刻理解其适应性。因此可以用 SWARM 平台和多主体技术来解决装备体系对抗问题，在一定的作战背景和作战规则下，对装备体系对抗进行模拟，找出影响作战效能发挥的关键因素。

复杂适应系统理论的提出是基于对实际复杂性问题研究的成果，是研究经验和方法的总结，也可以有效地指导后续研究的开展。目前基于复杂系统理论建模与仿真在军事领域应用的研究还处于探索阶段，在应用复杂适应系统理论解决实际问题过程中，还需要在以下 3 个方面继续努力。

第一，构建合理的军事复杂系统模型。建模仿真的重点和难点在于构建正确合理的模型，能否抽象出一个逼真、合理、可行的概念模型是关键。目前，在军事复杂适应系统模型构建上，大部分模型都比较简单，对于一些特别复杂的系统，其模型的合理性、实用性也有待进一步提高。

第二，增加其解决实际问题的能力。目前，大部分军事方面的应用，都还停留在理论研究和验证阶段，有的只是提出了总体框架，还停留在理论层面，主要还是着重于解释和说明复杂适应系统的行为和发展规律，而没有深入讨论如何控制和管理这样的系统。其研究成果较为模糊、抽象，难以对工程实践起到切实的指导作用；从实际应用的角度来看，除了需要应用到更广泛的范围之外，复杂适应系统理论还需要在实际的控制与管理方面提出有效的、切实可行的方法。

第三，进一步完善仿真软件平台支持。复杂适应系统理论研究的工具和平台还不够完善，以SWARM为例，虽然它是一个通用的、开放式的平台，为复杂系统的建模创造了环境，但是，在描述能力与表达能力方面还存在不少缺陷，还处于完善过程之中，其所能提供的函数还不够，描述的能力较差，只支持单机仿真，仿真的规模受到限制；对于并行计算等问题考虑得不周到，使用也不方便，如要解决更加复杂的问题，还需建立新的平台，这使仿真应用的难度大大增加。

复杂适应系统理论建立了一个好的框架，但是许多细节需要补充与完善。关于层次形成的机制，复杂适应系统理论虽然在回声模型的扩充过程中提到了新的更大的主体的形成过程，但是这种新的主体的形成条件、边界和功能的实现，与原有主体之间的关系等都还有待于进一步思考与说明。

复杂适应系统理论的建立和应用是一个开始，无论是理论方面还是应用方面，还有很多工作要做，需要从各种角度加强研究。但是，从复杂适应系统理论的基本理论、初步应用和发展前景来看，这种方法是有可能解决复杂作战系统面临的各种难题的一种有效方法。

第十一章

军事系统的综合集成分析

军事系统的综合集成分析是运用综合集成方法研究军事系统问题，分析军事系统定性和定量的特点，把握军事系统变化和发展的特点和规律，提出解决军事问题的对策建议，提高解决问题的科学性和有效性。本章主要阐述综合集成方法概述、专家意见综合集成方法、综合集成研讨厅和综合集成方法应用。

第一节　综合集成方法概述

综合集成方法是从定性到定量、从整体上研究和解决问题的方法，在分析和解决军事系统的复杂问题中具有重要作用。推广使用综合集成方法，需要了解综合集成方法的概念、运用和作用。

一、综合集成方法概念

综合集成方法采取人机结合、以人为主的思维方法和研究方式，对不同层次、不同领域的信息和知识进行综合集成，达到对整体的定量认识。综合集成的重点是综合，综合高于集成，它是在各种集成之上的高度综合（Super-synthesis），又是在各种综合之上的高度集成。综合集成考虑问题的视角是系统之上的系统，也就是体系。

中国科学家钱学森在研究解决开放的复杂巨系统问题时，提出了从定性到定量的综合集成方法，并在实践经验的基础上，研究了各类复杂巨系统的发展情况，提出了处理开放复杂巨系统的方法论，也是研究开放复杂巨系统的一种有效方法，即“从定性到定量综合集成法”。在此基础上，钱学森针对“提高认识思维能力”这个问题，进一步提出建立一个“人机结合、以人为主、从定性到定量的综合集成研讨厅体系”的设想，简称“从定性到定量综合集成研讨厅”。按照钱学森的观点，这个研讨厅体系可以看作由机器体系、专家体系、知识体系三部分组成，这三个体系构成高度智能化的人机结合体系，不仅具有知识与信息采集、存储、传递、调用、分析与综合的功能，更重要的是具有产生新知识和智慧的功能，既可用来研究理论问题，又可用来解决实践问题。

综合集成方法采取自上而下和由下而上的路线，将系统总体逐层分解至各子系统，而后在对子系统研究的基础上，再逐级综合集成到系统的整体层次，实现 1+1>2 的涌现，最终达到从整体宏观角度研究解决复杂巨系统问题的目的。其应用过程也体现了从定性判断到精确论证、从以形象思维为主的经验分析到以逻辑思维为主的定量分析的系统工程思想和方法。作为方法论层次的还原论方法和整体论方法，相对于综合集成方法在研究路线上又各不相同。还原论方法采取了从上而下、由整体到部分的研究途径，结果表现为 $1+1 \leqslant 2$；整体论方法是不分解的，研究过程是从整体到整体，其结果是 1+0=1。从一定意义上来说，综合集成方法吸收了还原论和整体论的长处，同时也弥补了各自的短板，实现了还原论和整体论的完美结合。

综合集成方法是“人机结合、以人为主”的思维和研究方式。其实质是把科学理论、经验知识和专家判断统一起来，将各类信息、数据与计算机软硬件系统结合，对开放的复杂巨系统问题进行分析，从多方面的定性认识上升至整体的定量认识。综合集成方法的“人机结合”，实际是人脑信息加工与计算机信息加工的融合。在处理信息方面，把人脑的优势和计算机的优势都能充分发挥出来，做到优势互补、相辅相成，增强了处理复杂性问题的能力。采取“以人为主”的方式，是由于在处理相关信息时，人脑思维兼具逻辑思维和形象思维，能够形成创造性思维；而计算机的逻辑思维虽然较人脑思维要强，但其形象思维与人脑思维相比却不具有任何优势。

运用综合集成方法，可以进行不同领域、不同层次的综合集成，产生新知识、发现新规律、获得新认识，实现信息、知识、智慧的综合集成。在综合集成方法应用中，专家群体是智慧、知识和信息的载体，具有合理的知识结构，掌握着丰富的经验知识，可将信息和知识进行综合集成从而获得智慧。同时，随着计算机技术及其网络系统功能的发展，计算机对信息的存储、挖掘、处理、传输、共享能力不断增强，在综合集成方法应用中的作用也更加突显。通过人机结合的方法，由过去完全依靠人脑进行知识生产转变为人脑与计算机技术相结合的知识生产方式，可更加快速精准地获得新的知识和智慧，为处理复杂巨系统相关问题提供有效手段。

为了研究系统综合集成方法，钱学森在提出了“从定性到定量综合集成研讨厅体系”的思想之后，又提出运用综合集成方法的集体，称为总体设计部。综合集成方法、综合集成研讨厅体系、总体设计部和社会系统工程紧密结合，形成了从科学、技术、实践三个层次相互联系的研究和解决开放复杂系统复杂性问题的方法论。

应用综合集成方法、综合集成研讨厅体系可以建立总体设计部。总体设计部由熟悉所研究系统的各个方面专家组成，并由知识面比较宽广的专家负责领导，应用综合集成方法和综合集成研讨厅体系对系统进行总体研究。要把系统作为若干分系统有机结合的整体来设计，对每个分系统的要求都首先从实现整个系统相协调的观点来考虑。对分系统之间、分系统与系统之间的关系，首先从系统总体协调的需要来考虑，进行总体分析、总体论证、总体设计、总体协调、总体规划，提出具有科学性、可行性和可操作性的总体方案。总体设计部概念是实际工作的经验总结，对重要工程的完成发挥了非常重要的作用，不仅适用于一般的工程系统，也适用于解决军事领域的各类复杂巨系统问题。

二、综合集成方法运用

运用综合集成方法研究和解决复杂系统或复杂巨系统问题时，采用的是专家体系、知识体系和机器体系结合起来的工作方式。从实践论观点来看，综合集成方法遵循着人类认识客观事物的基本路线：从实践到理论、从感性经验到理性科学、从定性到定量。具体来说，综合集成方法包括以下内容和过程。

（一）定性综合集成

对所要研究的复杂系统或复杂巨系统提出问题，形成经验性假设，通常不是某一个专家或某一个领域的专家群体所能完成的，而是需要不同学科、不同领域专家构成的专家体系通过深入研究研讨，逐步形成共识。专家体系中的每个专家都掌握自己熟悉领域的科学理论和经验知识，能从特定的专业领域去研究复杂系统或复杂巨系统问题。把这些专家们的科学理论、经验知识及智慧，通过结合、磨合和融合，从不同层次、不同方向和不同角度去研究复杂系统或复杂巨系统问题，就会获得全面认识。通过这种方法，对所研究的问题形成定性判断、提出经验性假设，如猜想、思路、设想、对策、方案等。从思维科学角度来看，这一过程是以形象思维为主导，是信息、知识、智慧的定性综合集成，是经验性假设与判断，只能由专家体系提出，机器体系是提不出来的。

专家体系经过研讨所形成的问题和经验性假设判断是定性的，需要运用严谨的科学方式进行精密论证。因为提出新的问题、新的可能性，往往会产生原始创新思想，这比解决一个问题更为重要。在自然科学、数学中，是用精确的试验或严密的逻辑推理来验证经验性判断的正确与否，从而得出科学的结论。但是，这种精密论证的方法对于复杂巨系统的研究，有时候就显得不够奏效。因为军事系统中的有些问题，既不能靠简单的逻辑推理得出结论，也不能直接进行社会试验。对于这样的情况，就需要有新的论证方式来完成这个过程。

（二）定性定量相结合的综合集成

为了用严谨的科学方式去证明定性综合集成所形成的经验性判断正确与否，需要获取这个系统的有关数据和信息资料，建立指标体系，包括描述性指标（如系统状态变量、观测变量、环境变量、调控变量）、评价指标体系，或者其他的数量关系等。实现这一步的关键是定性定量相结合的综合集成。

用模型和模型体系来描述系统是系统定量研究的有效方式，这种方式在自然科学、系统科学中被广泛使用。在系统科学中，对于简单系统、大系统、简单巨系统等的研究，主要是基于数学模型。对于复杂系统，特别是复杂巨系统，用数学模型描述还有相当大的困难，需要探索新的建模方法，也需要发展新的数学理论。随着计算机技术、知识工程、模型算法的发展，基于规则的计算机建模得到了迅速发展，所能描述的系统更为广泛，也更为逼真。

把数学模型和计算机模型综合起来的系统模型，则尽可能地逼近实际系统，其逼近的程度取决于所要研究问题的精度要求。如果满足了所研究问题的精度要求，那么这个系统模型是可以信赖的，可用于进行问题研究。不同的系统，其模型精度要求是不一样的，例如，人口系统的精度要求在1‰左右，经济系统则为3%左右。同样，在军事系统中的各子系统中，相应的模型精度也是不尽相同的。对复杂系统，特别是复杂巨系统的建模，必须紧密结合系统实际，要基于对系统的真实理解。必要时，可借助于经验知识的帮助，而不单是追求数学上的优美，这个过程就是经验与科学的结合。

在数据信息体系、指标体系、模型体系的支持下，对专家体系提出的经验性判断进行系统仿真和试验。从系统环境、系统结构、系统功能之间的输入—输出关系，进行系统分析与综合。这相当于用系统试验来验证经验性判断的正确与否，不过这个系统试验不是系统实体试验，而是在计算机上进行的仿真试验。这样的计算机仿真试验有时比实体试验更具有优越性。例如系统未来发展趋势，对系统实体来讲是难以定量预测的，但是在计算机仿真试验中却是可行的。

通过系统仿真和试验，运用评价指标体系对经验性假设正确与否给出定量描述，这就增加了新的信息。这个过程可能要反复进行多次，以便把专家的经验以及他们所想到的各种因素都能反映到仿真和试验之中,从而观察到可能的定量结果,增强对问题的定量认识。

（三）从定性到定量的综合集成

由专家体系对前一次系统仿真和试验的结果再次进行综合集成。此次信息知识的综合集成，相比较开始提出的经验性判断来说，增加了新的定量信息。这是把原始的经验性判断上升到定量结论非常关键的一步。如果综合集成的定量结论足以支持证明和验证经验性假设判断，就可以说完成了从定性到定量的综合集成。如果综合集成的结论不可信，那么需要进行改进完善，再重复上述过程。由专家提出新的修正意见和试验方案，通过人机交互、反复对比，逐次逼近，直到专家们都认为定量结论是可信的，也就完成了从定性到定量的综合集成。

这时的结论已不再是经验性判断，而是经过严谨论证的科学结论。如果定量结论否定了原来的经验性判断，那也是一种新的认识，又会提出新的经验性判断。再重复应用综合集成方法，重新证明和验证经验性判断，又会获得新的定量认识，这个过程循环往复，使我们对客观事物的认识越来越深刻，知识也越来越丰富。

综上所述,从“定性综合集成”提出经验性判断,到人机结合的“定性定量相结合综合集成”得到定量描述，再到“从定性到定量综合集成”获得科学结论，这就实现了从经验性的定性认识上升到科学的定量认识。

三、综合集成方法作用

在世界新军事变革中，综合集成以其先进理念、创新思维和科学方法，在体系结构优化、作战要素整合、信息资源融合、指挥控制集成等方面，发挥出重要作用，成为指导军队建设和提升作战能力的理论方法。认识理解综合集成在军队建设中的地位作用，及时转变思想观念，注重运用系统科学方法推进军队现代化，对于提升军队打赢信息化战争的能力，具有十分重要的现实意义。

第一，有助于推进军队一体化建设。作为一门新兴技术，综合集成可将相同属性或不同属性的各系统融为一体，使之相互作用、相互联系，产生具有更大功能的新系统。世界各国在军队建设中都十分重视系统集成工作。2000 年，美军就把“系统集成”作为确保实现《2010 联合作战构想》与《2020 联合作战构想》的关键。我军在建设发展中也加强了综合集成思想的应用，牢固确立综合集成的思维理念，打破军兵种之间、部门之间的传统壁垒，克服自成体系、条块分割的弊端，着眼提高诸军兵种联合作战能力，走集成化的发展之路，向综合集成要效益、要战斗力。

第二，有助于军事系统有效整合。综合集成思想的提出，主要是针对解决结构复杂、因素众多、目标多样的大系统，以及具有多级结构的复杂巨系统问题。在军事领域，运用信息手段、决策方法和系统工程技术，按照信息化战争要求和军队信息化建设模式，整合各类军事应用系统。加速对现有武器装备的改造式集成，建设信息火力高度融合、侦察打击一体、作战效能高的信息化武器系统。通过拆除“篱笆”、整合“烟囱”，推进标准化建设，加速作战指挥信息系统的综合集成。将情报侦察、指挥控制、火力打击和信息系统等作战单元的信息要素进行综合集成，使之成为相互联通、多元一体的信息保障平台。通过功能优化、结构重组的方法，优化军队结构及各作战平台之间的组合方式，逐步实现军队建设模式向信息化转型。

第三，有助于体系作战能力提升。信息化战争的显著特征是作战双方在陆、海、空、天、电、网等多维空间进行一体化联合作战，实施系统间的整体对抗。由参战的诸军兵种、作战系统、多维战场空间和各种作战行动等要素组成的作战体系中，存在着不计其数的人流、物流、能量流、信息流。为使这样的复杂巨系统高效有序运转，传统“力学式”的思维模式已不能满足需求，而综合集成思想的应用无疑成为最佳方法和途径。通过综合集成的方式，将分布在陆、海、空、天、电、网的各种侦察预警系统、指挥控制系统、武器装备系统、保障支援系统和作战人员等紧密结合，形成一体化联合作战体系。发挥信息系统的优势，实现战场态势高度共享，作战指挥近乎实时，部队行动协调有序，达成决策优势和行动优势，极大提高体系作战效能，推动我军作战能力的整体跃升。

第四，有助于武器装备研发升级。对现有武器装备系统进行集成改造，实现系统间的互联互通互操作，短时间内提高整体效能，是一条投资小、费时短、见效快的途径。采用信息技术改造老旧装备，可节省研发费用，缩短研制时间，具有较高的效费比。世界各国都把进行一体化集成改造作为武器装备建设发展的捷径，在短时间内取得了事半功倍的效果，大大提高了整体作战效能。在当前我军军费比较紧张、技术更新换代快的情况下，进行信息系统与新型武器装备系统的综合集成，可以提高武器装备建设的效费比，比较符合我国的国情军情。

第二节　专家意见综合集成方法

专家意见综合集成的方法是德尔菲法，是以古希腊城市德尔菲（Delphi）命名规定程序的专家调查法。由组织者就拟定的问题设计调查表，通过函件分别向选定的专家组成员征询调查，按照规定程序，专家组成员之间通过组织者的反馈材料匿名地交流意见，通过几轮征询和反馈，专家们的意见逐渐集中，最后获得具有统计意义的专家集体判断结果。

一、专家意见集成思路和过程

德尔菲法能够充分利用人类专家的知识、经验和智慧，是解决非结构化问题的有效手段，既可用于预测，也可用于评估，对于实现决策科学化、民主化具有重要价值。

专家意见集成的目的是要寻求形成一致性意见的方法，以便找到群体的最优解或满意解。专家意见的集成可以通过优化搜索来实现，以专家一次性给出的原始意见为基础，构建专家意见可靠度计量方法，综合考虑一致性和协调性因素，建立专家意见集成的优化搜索模型，利用计算机的信息处理能力求解，获得既满足一致性要求，又反映协调性水平，还具有可信度指标的结论。

在专家意见形成过程中，专家给出的评价值代表了专家认为的最可能的值，由于客观问题的复杂性、专家主观判断的偏差、专家知识和能力的限制等因素的影响，专家给出的评价值带有一定程度的可调性，亦即可以在集成过程中，为满足整体意见收敛性的要求而进行适当调整，而这种调整以降低专家意见的可信度为代价，对专家意见的调整幅度越大，置信程度越低；专家意见所能够允许的最大调整距离受到严格限制，限制范围可以由各个专家自己设定，或者由数据处理者根据各专家以往的工作成绩来评估。

专家意见集成的过程，就是在给定的专家群体意见中，搜索满足收敛性条件和多样性水平的专家意见最佳调整方案，并以此为依据获得群体评价意见的集成结果。调整的目标是整体调整量最小，而整体可靠性达到最大。

以每个专家给定分值的调整距离为变量，以满足群体意见一致性、协调性要求和设定的可靠性水平为约束水平，建立意见集成的约束优化问题模型；并采用启发式优化搜索技术，搜索满足约束条件要求的最优解，最大限度地保留每一位专家评价值中的有用信息。

集成结果的获得是在搜索到的最优调整方案基础上，进行统计处理，得到加权均值和可靠度指标。该集成结果保留了所有专家的有用信息，即满足群体意见的一致性和协调性要求，从而达到将专家意见集成的目的。

二、专家意见描述和指标

首先提出如下基本假设：

（1）专家意见以量化方式给出，即以数量方式表示评价、判断或直接评分。

（2）专家在给出量化结果之前，获取并掌握了目标问题的完整信息，而且经过了充分的交流和讨论，在此基础上经过了充分的独立思考，给出的结果代表了专家的本质看法。

（3）由于客观问题的复杂性、环境的不确定性，以及专家能力的限制，参加意见集成的专家承认存在主观判断的偏差，并采用合作态度，允许对其给出的评分意见进行一定程度的调整（微调）。但这种可调性，以降低可靠性为代价，调整距离越大，可靠性越低。可以用某一类分布函数来构造这种建立在专家意见上的可靠性。

（4）具有可调性专家意见的最大允许调整量，由专家在给出评价值的同时给出，或者由统计人员根据专家在本领域内的权威程度以及以往的评价记录，进行估测后确定，该指标值代表了专家对其意见的坚持程度。允许调整量越小，表明专家对其给定的评价值越肯定或坚持，反之越不肯定或坚持程度降低。

基于上述假设，再给出如下的定义：

专家集合，$E=\{E_1, E_2,\cdots,E_n\}$，$E_i=\{i=1, 2,\cdots, n\}$ 为第 i 个专家。

评价集，$A=\{(a_1, r_1)$，$(a_2, r_2),\cdots,(a_n, r_n)\}$，其中，$(a_i, r_i), i=1, 2,\cdots,n$ 为第 i 个专家给出的原始评价值，a_i 为第 i 个专家给出的评价值，r_i 为评价值的最大允许调整量（范围），$r_i\geqslant 0$。

最佳评价值集合，$x=\{x_1, x_2,\cdots, x_n\}$，它是在专家原始评价值基础上，经过优化搜索后得到评价值集合，满足群体意见收敛性、多样性和可靠性要求,亦即用于计算群体意见集成结果的评价值。其中，$x_i, i=1, 2,\cdots, n$ 是对第 i 个专家的原始意见在给定范围内进行最优调整后的评价意见值。

评价值可靠性函数，$\xi(x)$ 为定义在 $(-\infty, +\infty)$ 上的连续函数，具

有 4 个特性：一是有界性，$0 \leqslant \xi(x) \leqslant 1$；二是对称性，$\xi(x)$ 的图形关于直线 $x=\alpha$ 对称，即：$\xi(\alpha-\xi)=\xi(\alpha+\xi)$，其中 $\xi=|x-\alpha|$；三是分段单调，$\xi(x)$ 在 $(-\infty,\alpha)$ 上递增，在 $(\alpha,+\infty)$ 上递减，在 $x=\alpha$ 处有唯一极大值，$\xi(x=\alpha)=1$，且 $\lim_{x\to\infty}\xi(x)=0$；四是光滑性，$\xi(x)$ 在 $(-\infty,+\infty)$ 上可微。

加权均值，$U(x)=\sum_{i=1}^{n} p_i \cdot x_i$，其中 p_i 为第 i 个专家的权重。

根方差（标准差），$\sigma(x)=\sqrt{D(x)}$，其中 $D(x)=\sum_{i=1}^{n}(x_i-U(x))^2 p_i$。

群体意见的可信度 $\Psi(x)=\min_i \xi(x_i)$，其中，$\xi(x_i)$ 为第 i 个专家意见可靠度。

k 阶中心距，$E|x-U(x)|^k D(x)=\sum_{i=1}^{n}(x_i-U(x))^k p_i$。

峰度，$E_k=\dfrac{\mu_4(x)}{\{\sigma(x)\}^4}-3$，其中，$\mu_4(x)=\sum_{i=1}^{n}(x_i-U(x))^4 p_i$ 为 4 阶中心距。

偏度，$S_k=\dfrac{\mu_3(x)}{\{\sigma(x)\}^3}$，其中，$\mu_3(x)=\sum_{i=1}^{n}(x_i-U(x))^3 p_i$ 为 3 阶中心距。

专家群体意见的变异系数，$V=\frac{\sigma(x)}{U(x)}$。

以上指标代表了专家意见的集中或分散程度，可以作为建立优化搜索模型的参数，其中，峰度代表了专家意见的一致性，变异系数代表了群体评价值的协调性。而偏度代表了专家意见关于加权均值的对称性，可以用来对集成结果进行更深一步的分析和解释。

根据评价值的可靠性函数可知，专家意见的可靠度是一个分布在专家给定评价值意见范围的一个分布函数，该函数满足连续、有界、对称、分段单调等不同特点。不同专家意见的可靠性可以认为是独立同分布的。根据上述特点，可以用正态分布函数的正态双侧分位数来表示调整距离的可靠性。设正态分布的分布函数为：

$$F(x)=\Phi\left(\frac{x-\alpha}{\sigma}\right)=\int_{-\infty}^{x}\frac{1}{\sqrt{2\pi\sigma}}e^{\frac{(t-\alpha)^2}{2\sigma^2}}dt \qquad (11.2.1)$$

根据可靠性函数的特点，可以用正态分布函数调整距离以外包含的面积 S 来表示专家意见调整后的可靠度，如图 11.2.1 所示。

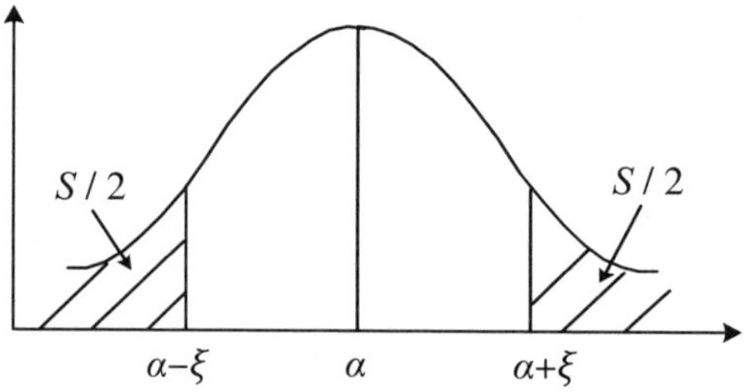

图 11.2.1　可靠度分布函数图

可靠度分布函数设计为：

$$\xi(x) = 1-P\{|x-\alpha| < \xi\} = 1-\{F(\alpha+\xi)-F(\alpha-\xi)\}$$

$$=1-\int_{\alpha-\xi}^{\alpha+\xi}\frac{1}{\sqrt{2\pi\sigma}}e^{\frac{(t-\alpha)^2}{2\sigma^2}}dt \qquad (11.2.2)$$

根据题设条件，对专家意见的调整量不允许超出专家给定的允许调整范围，因此可以认为此时的可靠性小于5%，即$\xi(x)|_{\tau=\alpha-r} \leqslant 5\%$，可以以此来确定可靠性函数中的参数 σ。事实上，根据正态分布函数的性质知：

$\int_{\alpha-2\sigma}^{\alpha+2\sigma}\frac{1}{\sqrt{2\pi\sigma}}e^{\frac{(t-\alpha)^2}{2\sigma^2}}dt = 0.954 = 95.4\%$，即 $\xi(\alpha \pm \tau) = 4.6\%$，为简化计算，特取：$2\sigma=r$，因此得到：$\sigma=\frac{1}{2}r$。

三、专家意见集成的优化搜索模型

模型目标函数为在给定范围内搜索专家的最优调整方案，总调整量达到最小，目标函数的表达式为：

$$min\, f(x) = \sum_{i=1}^{n}|x_i-\alpha_i| \qquad (11.2.3)$$

模型约束条件包括：一致性要求、协调性条件、可信度水平等。

一致性要求：峰度是表示群体评价值集中程度的一个指标，通过这个指标可以控制群体意见的一致性。按照大数定律，在专家群体足够大的情况下，专家群体的评价意见逼近正态分布。因此，专家群体意见的收敛性可以以标准正态分布为基准，收敛程度好于标准正态分布，可以认为群体意见满足一致性要求。标准正态分布的峰度为零，所以，群体一致性条件为 $E_k \geqslant 0$。

协调性条件：要求协调性系数小于或等于预先给定的标准，即 $V \leqslant V_0$，其中，V_0 为设定的变异系数标准。

可信度水平：要求集成结果满足预先给定的可靠度标准，即 $\xi(x_i) \geqslant \xi(x) = \Psi_0$，其中，$\Psi_0$ 为最初设定的可靠性标准。

最优化模型为：

$$min\, f(x) = \sum_{i=1}^{n} | x_i - \alpha_i | \cdot p_i$$

$$s.t \begin{cases} \xi(x_i) \geqslant \xi(x) = \Psi_0 \\ E_k \geqslant 0 \\ V = \dfrac{\sigma(x)}{U(x)} \leqslant V_0 \\ \sigma_i = \dfrac{1}{2} r_i \end{cases} \tag{11.2.4}$$

集成过程中对一致性的要求，可以通过逐步降低置信度的方式来实现。一般认为：当可信度在 85% 以上时为非常可信；可信度在 70% ~ 84% 为满意水平；55% ~ 69% 为可以接受水平；小于 55%，则说明在一致性和协调性方面存在问题，专家意见的分歧较大，必须先进行聚类分析，然后对不同类分别集成，集成后进行选择，获得唯一结论。

按照上述模型，可给出专家意见集成过程，如图 11.2.2 所示。

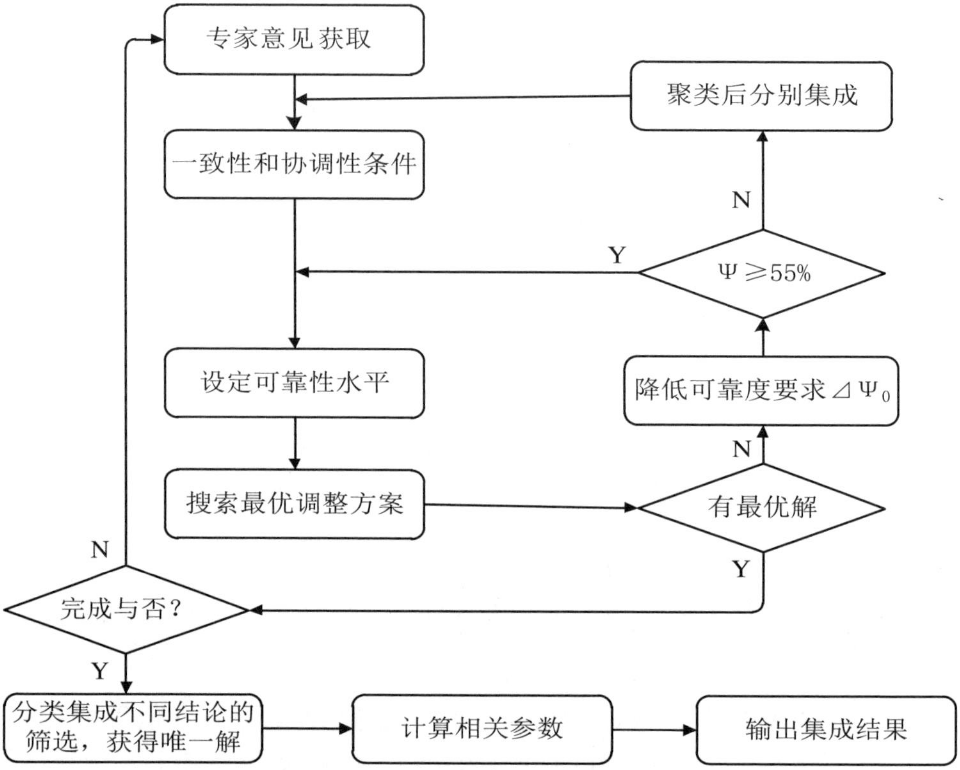

图 11.2.2　专家意见集成过程流程图

第三节　综合集成研讨厅

综合集成研讨厅是综合集成方法运用的实践形式和组织形式，是系统学理论和人工智能技术结合的结果。它按照分布式交互网络和层次结构组织起来，成为具有纵深层次、横向分布、交互作用的矩阵式研讨厅体系，为解决开放的复杂巨系统问题提供了规范化、结构化的形式。

一、综合集成研讨厅的设计思想

综合集成研讨厅是用于解决复杂系统相关问题的、供专家群体

（领域专家及决策者）使用的人机结合的综合集成决策支持环境。根据研讨厅体系的理论框架，综合集成研讨厅的体系主要是由专家体系、机器体系和知识体系三部分组成，相互之间形成一定的关系。如图 11.3.1 所示。

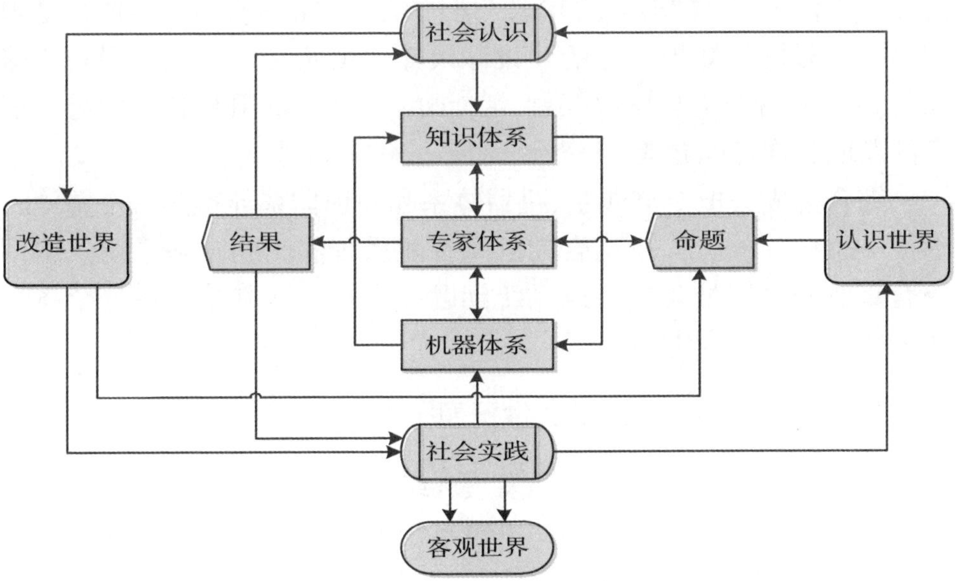

图 11.3.1　研讨厅体系示意图

由参与研讨的专家组成的专家体系是综合集成研讨厅的主体，其作用的发挥主要体现在各个专家“心智”的运用上，这是计算机所不具备的，也是问题求解的关键所在。研讨厅通过把各领域专家群体引入系统中，利用专家的经验知识和判断对系统进行整体把握，并把各种定性和定量分析模型的分析结果与专家的经验判断结果有机融合在一起，真正实现定性定量相结合，从而大大扩展了解决实际问题的能力。专家体系的建设涉及专家群体的角色划分、专家群体不良思维模式的预防及纠正、专家个体之间的有效交互方式、研讨过程的组织形式等。

由专家所使用的计算机软硬件设备以及为研讨厅提供各种基础服务的服务器，组成综合集成研讨厅的机器体系，具有高性能的计算能力、数据分析和逻辑运算能力，为定量分析发挥重要作用。机器体系的建设涉及基本系统（包括软件、硬件）框架的设计、功能系统模块的分析与综合、软件系统开发方法的选择等。

知识体系由各种形式的信息和知识组成，包括与问题相关领域的知识/信息、问题求解的知识/信息等。专家体系和机器体系是知识体系的载体。知识体系的建设涉及知识（尤其是定性知识和非结构化知识）的表达与抽取问题，知识的共享、重用和管理问题，信息的获取和推荐问题等。

综合集成法把专家体系、机器体系和知识体系连接为一个整体，形成一个统一的、人机结合的巨型智能系统和问题求解系统。运用综合集成研讨厅处理复杂巨系统问题，就是要在其中发挥这个系统的整体优势和综合优势。

二、综合集成研讨厅的关键问题

随着计算机和信息技术的发展，综合集成研讨厅的应用越来越广泛，而要将其有效地应用在军事系统的实际工程中，首先要解决好“人机结合”“从定性到定量”“研讨”这 3 个问题，这也是综合集成研讨厅系统实现的关键。

人机结合，是指具有不同专业领域知识的人构成系统的一部分，人与机器根据各自优长进行功能及过程的分工。人机分工表现在发挥人的感受与认知、形象思维、非结构化的分析等特长，发挥机器的精确计算、逻辑分析与数据处理的高效性，从而形成将人的心智与机器的智能进行互补协作的新体系，构成人机智能系统。研讨厅通过将人类专家在线式地嵌入系统，大大提高了系统的灵活性和问题解决能力，钱学森认为这个综合集成法实际上是思维科学的一项应用技术。从信息处理的角度来考虑，“人机结合”综合集成了包括专家群体头脑中的知识以及系统中的模型库、数据库和知识库等在内的各种系统资源，实现定性的（不精确的）与定量的（精确的）处理相辅相成，最终达到从定性到定量的认识。人机之间是双向的交互关系，人机的结合程度应依据具体问题而定。以人为主则主要体现在解决复杂问题的过程中，能够形式化的工作尽量由计算机去处理，一些关键的、无法形式化的工作，则靠人的直接参与或间接作用。这样构成“人机结合”的系统，既体现了人类“心智”的关键作用，也体现了计算机逻辑运算能力的优势。

从定性到定量，是将专家的定性知识与模型的定量描述有机地结合起来，实现定性变量和定量变量之间的相互转化，用结构化的方法逼近非结构化问题。钱学森特别强调“从定性到定量”这个过程，就是出于在复杂系统研究中首先强调“人”（专家）对问题认识理解的需要。研究复杂巨系统问题，需要对各种分析方法、工具、模型、信息、经验和知识进行综合集成，构造出适用于问题的决策支持环境，以利于解决复杂问题。对于结构化很强的问题，主要用定量模型来分析；对于非结构化的问题，更多的是通过定性分析来解决；对于既有结构化特点又有非结构化特点的问题，就要采取紧耦合式的定性定量相结合的方式。

研讨，是指问题分析人员的群体协同工作，充分利用定性定量模型和数据库等工具，实现人机的有机结合。对于综合集成研讨厅的研讨方式，按是否在线，支持在线研讨和离线研讨；按是否有人干预，可支持自由式研讨、引导式研讨、协同式研讨；按研讨规模与专业，可支持点对点研讨、分组研讨、同方协同研讨、多方对抗研讨。在实际应用时，应根据问题的需求与特点，选择上述一种或几种研讨方式构建研讨厅。研讨过程既是分析人员的知识与计算机系统的数据、模型和知识的不断交互过程，也是研讨人员群体智慧的结合和综合。为了提高研讨效率、有效控制研讨进程、优化研讨结果，有必要在研讨过程中对研讨人行为、研讨方式进行一定的规范，同时调用其他一切可以利用的资源辅助专家对所讨论问题进行分析、研究、论证。研讨过程与所采用的研讨方式密切相关，研讨方式不同，研讨过程可能差别较大。

三、综合集成研讨厅的实现

钱学森、戴汝为在《论信息空间的大成智慧》中阐述综合集成研讨厅的概念时，给出了“厅”的含义，“研讨厅是专家同计算机和信息资料情报系统一起工作的‘厅’，是把专家们和知识库、信息系统、人工智能系统、高速计算机等像作战指挥厅那样组织起来，形成巨型的人—机结合的智能系统”。根据研讨厅体系理论，戴汝为将综合集成研讨厅体系中的专家体系、机器体系、知识体系三者构成一个虚拟工作空间，搭建的框架结构如图 11.3.2 所示。

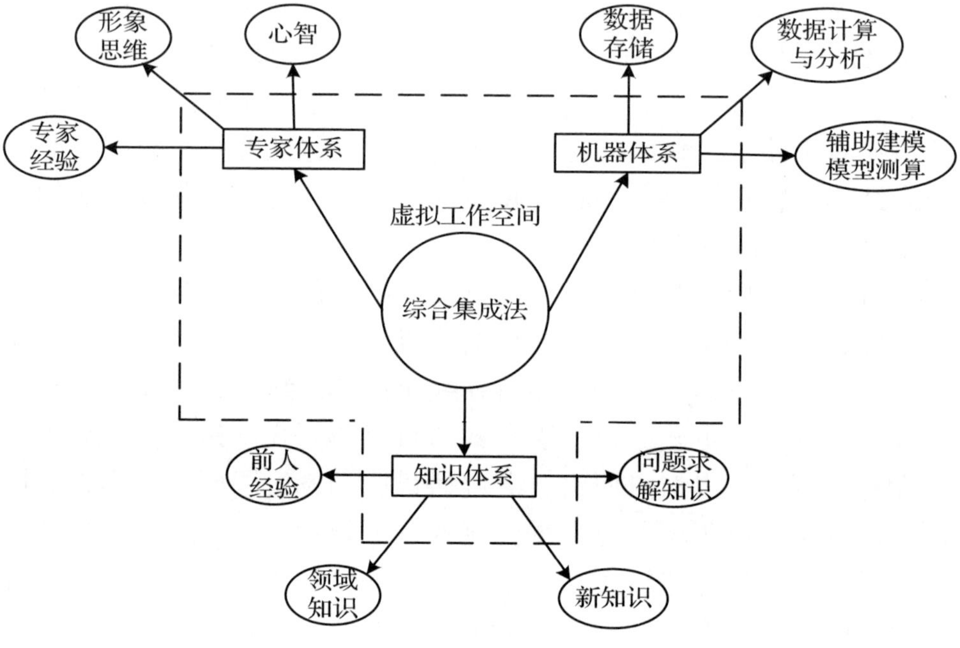

图 11.3.2　综合集成研讨厅框架结构图

综合集成研讨厅的实现，就是运用综合集成法，把专家体系、机器体系和知识体系连接成一个整体，形成统一的、人—机结合的巨型智能系统。这个智能系统是基于网络的信息集成平台，也是基于社会思维的群体智慧涌现平台，通过把专家的经验知识与系统中的数据库、模型库和知识库等有关信息结合起来，成为科学决策和咨询的工作平台。

系统可以提供分布式的网络研讨环境。专家通过综合集成模块对各种资源进行处理加工，综合集成得出定性的经验假设和判断。再利用信息融合模块进行定量分析，得出有价值的信息。通过多媒体及虚拟现实技术展现给其他专家，专家再利用研讨系统进行深入研讨。在这样的网络环境中，专家还可以在不同的用户终端上提出自己的意见，也可以对其他专家的意见进行评价，或者进行必要的数据信息查询，以获得问题的背景信息。可以利用研讨厅提供的公共数据和模型，对参加研讨的局中人的决策结论进行评价分析。

综合集成研讨厅需要综合运用计算机、通信网络、虚拟现实、人工智能、决策支持、系统工程等技术。已应用于实践的此类技术或系统包括三大类：一是计算机支持的协同工作，在计算机技术支持的环境中，一个群体协同完成一项共同的任务。二是群决策支持系统、组织决策支持系统和智能决策支持系统，它们是交互式的、以计算机为基础的决策支持系统，通过一组决策人一起协同工作，来促进非结构化问题的解决。三是电子会议系统，强调会议过程的结构化与信息的结构化一样重要，它包含一些快速解决问题的工具，并使与会者充分交换信息，实现多媒体信息的快速传递。计算机支持的协同工作强调协同与冲突处理，群决策支持系统强调利用数据库、模型库和知识库，电子会议系统强调实时可视化信息共享。在该类系统中专家是重要的组成部分，专家群体头脑中的知识同系统中的数据、模型和知识结合，通过这些信息有机地相互作用，产生新的信息。

从功能实现来看，综合集成研讨厅还需要信息、定性定量模型、知识等工具的支撑。在研讨厅分布式网络环境的基础上，集成了各种已有的信息、分析解决问题的方法或算法模型、相关规则、知识等，分别建立模型库、数据库、方法库和知识库等各种工具系统，作为各种系统资源的载体。通过模型管理系统、数据库管理系统、方法库管理系统和知识处理系统对基础工具系统进行访问、利用、综合和处理。利用这些工具实现查询系统中已有的信息、模型的运行结果和研讨的某些结果，建立相关的研究领域知识，为有关的推理判断提供支持。

第四节　综合集成分析方法应用

综合集成方法在军事领域，起初用于军事系统工程，发展至今，已用于军事实践活动的各个方面。从其具体应用情况来看，已在定性与定量相结合的综合集成基础上，发展到从定性到定量的方法集成。从发展趋势来看，综合集成方法在军事领域的应用具有广泛前景。随着信息技术和集成方法的发展，在开放的复杂巨系统的研究中引入大数据、人工智能等领域的理论方法，可以更好地适应军队在信息化条件下建设发展的需要。

一、作战理论方法研究

随着信息智能技术广泛应用于军事领域，军队作战能力的体现不能只是简单地表述为人与武器装备的紧密结合，还应考虑各类军事信息系统及其他相关因素对其的影响。由于不同作战力量的组成，在不同层次上均可视为由不同的作战体系构成，因而信息化条件下的联合作战，就体现为作战体系与作战体系之间的对抗，在作战理论和方法研究中，就需要运用系统思维和综合集成的方法。

作战理论研究运用综合集成方法。随着信息技术在军事领域的应用和联合作战理论的不断完善，与信息化战争相适应的基本作战形式将是一体化联合作战。一体化联合作战是依托网络化信息系统、使用信息化武器装备及相应作战方法在多域进行整体联动的作战。在研究一体化联合作战相关理论时，就要从其基本概念入手，运用综合集成的方法深入分析其作战机理、作战样式、基本特点、组织指挥、后勤保障等相关问题。

作战运用分析运用综合集成方法。针对一体化联合作战的应用特点，在对作战运用相关问题如作战能力需求、作战能力评估等进行分析时，需要运用综合集成的思想。以分析作战能力需求为例，可依据预想达到的作战效果作为目标，运用综合集成的方法明确作战能力需求。区分陆、海、空、天、电等领域，并确定相应领域内各层次作战能力指标，进而再将其转换为相应的兵力规模、组织架构、装备体系和战场设施建设等指标。以此类推，直至确定最终的分析评估指标体系。

作战方案检验运用综合集成方法。在难以进行实战检验或实兵实装演练的情况下，可以运用兵棋推演、作战实验等方法进行作战方案检验，完成作战全过程的模拟分析和推演。兵棋推演和作战实验的运作模式，采用“从定性到定量综合集成研讨厅”的方式进行作战过程分析，依据作战实验的方式进行作战行动检验，是综合集成方法的一种典型应用。

二、军事信息系统建设

军事信息系统构建是信息化建设中的重要工作，建设质量决定着能否实现信息系统的互联互通、资源共享和一体化运行，也直接影响着基于信息系统的体系作战能力的生成和提高。

针对未来一体化联合作战，需要建设相应的一体化军事信息系统。该系统应包含指挥控制、情报侦察、通信传输、火力打击、预警探测、电子对抗等功能系统。这就需要运用综合集成的先进理念、创新思维和科学方法，本着实现战斗力诸要素有机整合、指挥控制一体化、信息资源融合、体系结构优化等目的，按统一的技术体制和标准规范研制形成可互联互通互操作的一体化信息网络，并使信息化武器装备能够在该网络上具备信息采集、数据融合等功能，实现各作战要素一体化、各指挥层次系统一体化、诸军兵种作战信息系统一体化、联合作战信息系统与主战武器平台一体化，进而形成系统集成、无缝连接、信息实时、有序传递的一体化联合军事信息系统，为体系作战能力的整体提升发挥出倍增器的作用。

军事信息系统的建设是一项极为复杂的系统工程，不仅涉及多种学科技术，还需要协调军兵种、部门和平台之间的关系。这就使得“综合集成既是一项应用技术，更是一种高层次的认识论”。因此，在进行军事信息系统建设时，就要依据综合集成的方法论，加强顶层设计，搞好整体规划，使之适应一体化联合作战的要求。

三、武器装备研发保障

装备体系是一个典型的开放复杂巨系统，其发展规划和保障应用需要综合考虑多方面的复杂因素。特别是大型的武器装备平台或系统，本身就是个复杂巨系统，由数量繁多、功能各异的子系统构成。对其进行研制开发，传统的论证方式由于其本身的局限性，已不能很好地解决该问题，而随着信息技术的发展，综合集成则作为更有效的方法在实践中不断得以应用。

对于武器装备发展论证研究，可由作战指挥员和各层次的装备专家构成专家体系，由武器装备的技战术性能指标等相关知识信息构成知识体系，由计算机和通信网络设备构成机器体系，运用从定性到定量综合集成的方法，依据一定的规则和过程，搭建武器装备论证综合集成研讨厅，用于装备体系顶层设计、武器装备型号综合论证评估、预研重大背景项目和国防关键技术综合论证评估、新军事需求与新概念装备分析研究等工作，支持武器装备规划的研究、决策、实施。

对于武器装备的保障应用，在采用远程技术支援保障的时候，就可将装备远程技术支援保障体系构建成一个人机结合、以人为主的智能化综合集成研讨厅。通过将传统技术保障工作中技术人员到场检修所形成的“人员流”，转化成在系统中实时交互的图像、数据所组成的“数据流”，实现跨地域、非接触式技术支援保障，可极大地提高装备保障效益。

四、军事系统工程应用

综合集成方法在军事系统工程领域的应用，是其实践应用的最好证明。众所周知，在航天领域中载人飞船、北斗卫星等工程项目的研发，在远洋防务中航空母舰等作战平台的研制，在国防工程基础建设中防护体系的建设等，这些实践活动都不同程度地应用了综合集成思想和方法。

这些军事系统工程的共同特点是，都涉及众多的学科、领域、技术等，体现了系统工程的复杂性。在组织军事需求论证、工程建设规划、重大资源统筹、建设绩效评估等各工作阶段，需要将专家经验、知识和技术综合集成，实现从定性认知到定量认识的提升，为工程建设提供科学、精确的决策支持。

综合集成方法在军事领域的实践应用，除了以上概括介绍的几个方面之外，还在军队建设规划论证、军事情报分析、后勤装备综合保障等实践活动中得到广泛应用。

下　篇

应用方法

第十二章

军事问题的系统研究

军事问题的系统研究是运用军事系统学的理论和方法，深入分析军事问题的本质和特点，发现关键因素和重要条件，提出有针对性的对策建议和行动步骤，有效解决面临的重要问题。本章主要说明系统研究概述、军事问题的系统描述、模型构建、模型求解和结论分析等内容，给出解决军事问题的步骤和方法，帮助军事研究人员掌握军事系统学理论和方法的应用。

第一节 系统研究概述

军事问题的系统研究针对复杂的军事问题，采用系统的思路和方法，将军事问题转化为军事系统问题。根据军事问题系统研究的过程，研究军事问题的系统组成和特点，运用军事系统学的理论和方法，解决军事问题系统模型的构建和求解，形成军事问题的研究结论，提出解决军事问题的对策建议。本节主要探讨系统研究的思路、框架和方法。

一、系统研究的思路

军事问题的系统研究思路是从系统的角度看问题，把握整体观念，注意循序渐进，突出创新思想，保持努力方向，不断调整完善，在军事问题研究、工作流程设计、研究时间安排和研究人员配备等方面统筹安排、系统协调，保证研究任务按照时间节点顺利完成。

军事问题的系统研究是把军事问题转化为军事系统问题，通过研究军事系统问题，得到军事问题的研究结果。研究军事系统需要分析军事系统的内部和外部情况。一是研究军事系统内部情况，主要包括军事系统的组成和使用，即系统的组成、运行和作用等内容；二是研究军事系统外部情况，主要包括军事系统的环境和影响因素，即系统运用的环境、条件和各种外部因素。

军事系统的内部分析主要研究军事系统组成部分的数量、构成和相互关系。军事系统的组成部分可以称为军事单元，军事单元可以是军种，也可以是部队，或者是专业兵种。根据军事系统任务和作用的需要，军事单元有多种选择；根据军事系统的任务和要求，军事单元的数量也会发生变化。不同军种在不同阶段担负不同的任务，同时与其他军种保持不同的关系。

军事系统的任务和作用决定了军事单元的数量和构成。在火力打击中，军事系统的军事单元是空军、火箭军、海军和陆军，其中空军主要是航空兵旅，火箭军主要是地地弹道导弹旅和巡航导弹旅，海军主要是海军航空兵旅和舰载航空兵旅，陆军主要是远程炮兵旅，根据任务确定各个军种旅的数量。

军事系统的任务和作用决定了军事单元的相互关系。在火力打击中，针对不同的打击目标和毁伤要求，空军、火箭军、陆军和海军在不同的阶段担负不同的角色和任务。在初期，火箭军和陆军的火力为主，空军和海军配合。在中期，空军和海军的火力为主，火箭军和陆军配合。在后期，各个军种按照需要提供火力，担负主要任务。

军事系统的外部分析主要研究外部环境对军事系统的影响。从系统角度是分析系统的作用对象和系统的运行环境，从军事系统看，主要分析军事系统的目标和军事系统的作用环境。

军事系统的目标是军事系统作用的对象，可能是打击目标，也可能是保护目标，根据目标类型的不同，军事系统组成和使用也不同，需要研究军事系统的目标情况。在火力打击中，打击目标的研究和选择是重要的内容，关系到部队的使用和打击效果。在火力打击初期，一般打击侦察预警装备、防空反导阵地和指挥通信设施等目标。在火力打击中期，主要打击部队驻地、重型装备和重要设施等目标。在火力打击后期，主要打击突然出现的军事目标、一些民用设施和政治目标。

军事系统的环境是影响军事系统作用发挥的重要因素。军事系统的环境主要包括自然环境、社会环境和作战保障等内容。自然环境有地理、气候和电磁环境等内容，山区和河流会影响部队的机动速度，雨雪天气会影响部队的打击时机，电磁环境会影响部队装备的使用。社会环境会影响部队使用的决心和范围，作战保障决定了部队使用的频率和效果。

军事系统内部和外部情况的全面分析加深了对军事问题的认识，知道了军事系统的构成和数量、使用的条件和范围、影响的环境和因素，得到了军事系统使用全过程的分析结果，为后续的深入研究奠定了基础。

二、系统研究的框架

军事问题的系统研究过程主要包括军事问题的研究界定、军事问题的系统分析、军事问题的模型构建、军事问题的模型求解和军事问题的结论分析，形成了军事问题的研究框架，是实践经验的总结，是军事问题系统研究规律性的体现，有助于推动军事问题的系统研究工作。军事问题系统研究框架如图 12.1.1 所示。

军事问题的系统研究主要依据研究框架的 5 个步骤，按照顺序开展研究。军事问题研究界定是梳理军事问题的主要概念、研究内容和要求等。军事问题系统分析是分析军事问题的系统组成和特点。军事问题模型构建是建立军事系统的军事概念模型和数学模型。军事问题模型求解是研究模型的算法和结果。军事问题结论分析是研究结论的实用性和适应性。

军事问题系统研究过程是不断反馈的过程。在按照顺序研究的过程中，后续步骤对前面步骤有反馈作用。例如，军事问题模型构建研究过程和结论，可以加深对军事问题系统分析和军事问题研究界定的理解和认识，修改和完善军事问题的研究界定和系统分析的内容。同样，军事问题结论分析对军事问题模型求解、模型构建、系统分析和研究界定内容的理解和认识都有帮助。

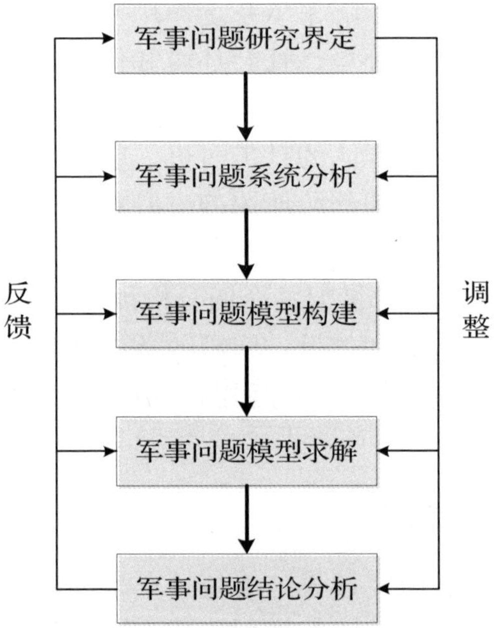

图 12.1.1　军事问题系统研究框架

军事问题系统研究过程是不断调整的过程。在按照顺序研究的过程中，前面的研究步骤对后面的步骤有调整作用。例如，军事问题研究界定对军事问题系统分析、模型构建、模型求解和结论分析都有指导作用。同样，军事问题模型构建对军事问题模型求解和结论分析都有明显的影响，有助于更好地解决军事问题。需要理解和意识到调整的意义和作用。

三、系统研究的方法

军事问题的研究方法是军事问题研究过程中采用的理论和方法，

是由研究内容和条件决定的，是取得科学合理研究结果的关键。在军事问题的研究过程中，任务分析、行动设计和兵力计算的研究内容有不同的特点，采用的分析理论方法也有所不同。根据军事问题研究的特点，考虑实际的研究过程、重点内容和简化的表达，把主要研究方法分为系统方法、定性方法和定量方法。

系统方法是研究军事问题的普遍方法，是采用系统的思维，运用军事系统学的理论方法，贯穿军事问题研究的全过程。在任务分析阶段，从系统角度研究任务，考虑任务总要求，分析任务的基本组成，研究细化任务之间的相互关系，分析影响任务完成的各种因素，从总体把握任务的主要内容，从任务的组成部分明确任务达成的途径和方法。在行动设计阶段，系统研究行动内容，从多军种的联合行动到单一军种行动，认真研究各种行动的作用，以及不同行动之间的相互影响，寻求更好的整体行动效果。在兵力计算阶段，系统分析所需部队的种类和数量，研究相同类型部队的使用数量和频率，不同类型部队相互替代和补充的效果，形成更好的兵力使用数量方案。

定性方法是研究军事问题的基本方法，是分析军事问题中内在的规律性内容，以历史事实和工作经验为基础，通过对比分析和逻辑推理，说明和阐述军事问题的研究结果。在任务分析阶段，定性方法主要研究任务概念、范围和组成，根据理论知识和历史经验，明确界定任务含义，细化任务的组成，分析达成任务的手段和方法。在行动设计阶段，定性方法主要研究行动种类、不同行动之间的关系和每个行动的全过程，分析和判断不同行动的效果和综合效果，寻找更好的行动设计方案。在兵力计算阶段，定性方法主要研究部队的能力和经验，完成各种行动的可能性，对比分析不同部队完成相同任务的效果，给出部队使用的定性分析结果。

定量方法是研究军事问题的重要方法，是分析军事问题中用数量表示的资料和信息，根据具体的军事问题，建立相应的军事概念模型和数学模型，通过对模型的计算和分析，得到军事问题的研究结果。在任务分析阶段，定量方法主要研究任务的地理范围、持续时间、涉及领域等内容，量化定性分析的内容和结果，明确定量分析的评价标准。在行动设计阶段，定量方法主要研究和计算行动的数量、不同行动之间配合的效果和每个行动的效果，分析和判断不同行动的效果和综合效果，寻找更好行动效果的设计方案。在兵力计算阶段，定量方法主要研究武器装备的使用效果和部队的行动能力，通过模型计算和分析不同部队完成相同任务的效果，给出部队使用和数量的定量分析结果。

军事问题研究方法是采用现有合适的方法研究军事问题，也是创新研究方法，得到更好的研究方法。在研究过程中，根据实际问题，需要调整方法、修改方法和创新方法，得到更加合适的方法，得到更加合理的结果。

第二节　军事问题系统描述

军事问题的系统描述是解决军事问题的基础，是运用军事系统学理论和方法的必然要求，是应用军事系统学方法的第一步。军事问题的系统描述是建立反映军事问题本质的军事系统，通过军事系统的研究加深对军事问题的理解和认识，从而得到解决军事问题的对策建议。军事问题的系统描述需要界定军事问题的概念和内容，确定军事问题的系统组成，研究军事系统内部的相互关系，以及军事系统的发展趋势。

一、军事问题系统界定

军事问题系统界定是根据军事问题的背景和条件确定军事系统的类型，该军事系统能够反映军事问题的特点和规律，通过研究该军事系统能够得到解决军事问题的研究结论和对策建议。军事系统的种类很多，常见的军事系统有联合作战系统、作战力量系统、武器装备系统和指挥信息系统等，通常根据军事问题的特点确定军事系统的类型和环境。

根据军事问题的概念和内容，确定军事系统的类型。例如，探讨作战行动问题，通常建立作战力量系统，研究作战力量的编组和行动，分析作战行动的效果和样式。探讨装备使用问题，通常建立装备系统，通过研究武器装备的使用效能，分析武器装备的问题和发展。

根据军事问题的对象和范围，确定军事系统的环境，主要包括作战对象、作战地域、作战样式和作战潜力等内容。例如，根据作战对象，可以确定对方的军事力量构成、部队编组、武器装备使用和作战能力等情况；根据作战地域，可以确定地理环境、电磁环境和战场容量等内容。

军事问题的系统界定为军事问题的系统描述奠定基础，是后续的军事问题系统组成的准备，是军事系统反映军事问题本质的保障。

二、军事问题系统组成

军事问题系统组成是根据军事问题的内容和要求，确定军事系统的组成部分和相互关系，使得军事系统的研究能够反映军事问题的本质，发挥军事系统理论和方法的作用。

根据军事问题的内容和特点，确定军事系统的类型和组成，主要包括军事系统由几个军事单元组成，每个军事单元的功能和作用，系统的主要功能和作用。例如，联合作战系统由地面作战集团、空中作战集团和海上作战集团组成，地面作战集团主要担负地面作战任务，同时担负支援空中作战集团和海上作战集团的任务。空中作战集团主要担负夺取制空权的任务，同时支援地面作战集团和海上作战集团完成任务。海上作战集团夺取制海权，同时支援地面作战集团和空中作战集团完成任务。联合作战系统具备执行联合作战任务的能力。

根据军事问题的要求和军事系统的组成，确定军事系统组成部分的相互关系。例如，军事问题是研究防空作战问题，联合作战系统主要完成防空作战任务，根据上述联合作战系统的组成部分，联合作战系统中空中作战集团担负主要任务，地面作战集团和海上作战集团支援空中作战集团完成任务。

军事问题的系统组成是军事问题系统描述的重要内容，是研究军事问题系统发展的基础，是军事系统模型构建和求解的出发点，为后续的军事系统研究打下基础。军事系统的组成部分和相互关系的确定是一个不断修改、完善、迭代的过程，随着对军事问题理解的深入和军事系统构建的完善，军事系统越来越反映军事问题的实质。

三、军事问题系统发展

军事问题系统发展是反映军事问题实际系统的发展趋势，是研究军事问题变化发展的基础。通过军事系统发展趋势的研究，能够理解和认识军事问题变化发展的特点和规律，把握军事问题的发展趋势。随着时间的延续和外界条件的变化，军事问题系统会不断演化，可能出现周期性变化或者适应环境的演变。

根据军事问题的内容和时间，研究军事系统随着时间变化的特点，可以认识军事问题随着时间变化的规律。例如，军事问题是研究防空作战，时间点确定在现在和 5 年后。随着时间推移以及武器装备更新换代、在联合作战系统中空中作战集团能力增强，采取的作战行动会发生变化，军事问题研究重点也会变化。

根据军事问题的内容和要求，分析军事系统随着外界条件变化的特点，可以认识军事问题适应外界环境变化的规律。例如，军事问题是研究防空作战，随着时间变化，作战对象发生变化，联合作战系统的空中作战集团的组成和采取的作战行动会发生变化，地面和海上作战集团的组成和支援方式也会变化。

军事问题的系统发展是军事问题系统描述的组成部分，是把握军事问题系统发展的关键，是军事系统模型构建和求解的出发点，为后续的军事系统研究说明方向。军事问题系统发展的研究，有助于认识军事问题的发展趋势，明确军事问题作用和意义。

第三节　军事系统模型构建

军事系统模型构建是军事问题深入研究的基础，是军事问题研究的重要过程，是定性与定量相结合研究军事问题的重要手段。军事系统模型分为军事系统概念模型和军事系统数学模型，军事系统的概念模型是军事问题的定性描述，是军事问题的简化和提炼；军事系统的数学模型是军事问题的定量描述，是军事问题的量化和细化。经过不断研究和调整，努力使军事系统模型反映军事问题的本质。本节主要探讨军事系统想定设计、概念模型构建和数学模型构建。

一、军事系统想定设计

军事系统想定设计是对军事系统执行作战任务的基本情况和条件进行设想和假定，主要包括作战时间、作战地点、作战编组、作战部署、战场环境和对抗过程等内容。军事系统想定设计要反映军事问题的背景，体现军事问题涉及的内容和范围，说明军事问题的主要特点。

军事系统想定设计要细化到部队的具体行动，包括部队的编组、行动开始和结束的时间、行动的路径、与作战对象的距离、交战的方式和效果、与其他部队相互配合的方法等内容，为军事概念建模奠定基础。

二、军事系统概念模型构建

军事系统概念模型是军事系统执行作战任务的定性描述，是军事系统具体作战行动的提炼和深化，是军事问题的抽象，是军事问题定性分析的重要内容，是军事问题定量分析的基础。

军事系统的概念模型是将军事系统具体的作战行动用文字、表格、图形等形式进行抽象描述，反映军事问题的特点，是作战行动的代表性描述，为建立数学模型奠定基础。

三、军事系统数学模型构建

军事系统数学模型是军事系统的量化描述，是军事系统概念模型的深化，是军事问题定量分析的基础。军事系统的数学模型要体现军事问题的数量关系，反映军事问题的实质，能够得出解决军事问题的结论。

军事系统的数学模型可以采用复杂网络方法、系统动力学方法和综合集成方法，也可以采用规划论、博弈论、排队论等方法，还可以自己提出和改进其他方法，用于描述军事系统，得到合理的数学模型。

系统建模过程是应用军事系统学的理论和方法的过程，是发挥军事系统学作用的过程。在实际工作中，应用军事系统学解决具体军事问题，取得了重要的研究成果。通过总结成熟的实践经验，形成了应用军事系统学理论和方法的步骤，具有规律性和普适性，能够指导军事问题的研究，获得有价值的研究成果。需要从系统的角度分析军事问题的特点，建立军事问题的系统模型，求解合理正确的结果，提出合理实用的对策建议。

第四节　军事系统模型求解

军事系统模型求解是解决军事问题的重要环节，是军事系统模型建立的必然要求，是获得重要研究结果的基础。军事系统模型的求解需要有关模型的数据和资料，选择合适的求解方法，分析不同数据的计算结果，不断调整数据和模型，最终获得反映实际情况的结论。本节主要探讨数据资料收集、求解方法选择和计算结果分析。

一、数据资料收集

数据和资料是定量研究的基础，是模型求解的关键，决定了模型计算结果的可行性、科学性和有效性。数据资料收集是根据模型的需要，收集与模型分析和计算相关的数据和资料，有效支持模型的求解和分析。数据资料收集的内容主要包括历史数据、现实数据和自主量化数据等。

历史数据是与模型求解相关的已有数据，是模型求解的基础，反映模型已有应用的情况，是模型求解借鉴的重要依据。历史数据通常散落在类似问题研究的成果中，包括军事问题的成果文献、类似模型的应用资料以及相关软件的数据库和程序，需要广泛查询相关文献，收集模型应用情况，获取有关模型的软件，从中获取历史数据。

现实数据是模型求解需要当时收集的数据,是模型求解的条件，反映模型的作用和意义,是模型求解结果符合实际情况的重要依据。现实数据通常存在于与军事问题相关的具体工作中，包括与军事问题相关的部队演习数据、训练数据和基础数据等内容，需要了解部队演习、训练和编组等基本情况，通过查阅相关资料、与相关人员交谈和现场收集行动数据等方法，获取现实数据。

自主量化数据是模型求解需要自主确定的数据，是模型求解的关键，反映模型的特点和规律，是模型求解能够顺利进行的关键。自主量化数据通常体现在与军事问题相关的各种构想中，包括与军事问题相关的作战对象能力的设定、作战行动的设计和部队编制装备的构想等内容，需要了解作战对手情况，设计作战行动构想，把握武器装备使用，通过设置部队具体行动的地域、方式和效果确定具体数据，获取自主量化数据。

总体情况是系统需求研究的基础，系统使用环境和条件的研究是重要内容，需要广泛收集资料，进行深入的分析和研究，主要包括发展过程、地理环境、自然条件、军事、经济、社会等情况，以形成正确的理解和认识。

二、求解方法选择

求解方法是模型求解的关键，是数学方法的应用，决定了模型计算的实时性、准确性和有效性。求解方法是根据模型的特点，选择与模型相关的数学理论和方法，有效支持模型的计算和求解。求解方法主要包括系统方法、定性方法和定量方法等。

系统方法是研究军事系统模型的有效方法，是采用系统思维运用军事系统学的理论方法，贯穿军事系统模型求解的全过程。根据军事系统模型的不同，可以采用军事系统学的方法、军事运筹学的方法和数学方法等。

定性方法是求解军事系统模型的基本方法，运用定性方法可以求解军事系统模型中难以用数学方法求解的内容，得到军事系统模型的研究结果。运用定性方法是分析军事系统模型中内在的规律性内容，以历史事实和工作经验为基础，通过对比分析和逻辑推理，求解军事系统模型，得到合理的研究结果。

定量方法是求解军事系统模型的重要方法，是分析军事系统模型中用数量表示的资料和信息，根据军事系统的军事概念模型和数学模型，通过对模型的计算和分析，得到军事系统模型的研究结果。

三、计算结果分析

计算结果是模型求解的结果，是军事系统模型作用的体现，反映了军事系统模型的科学性、准确性和有效性。计算结果与模型密切相关，通过计算结果的分析可以得到模型的实用性、适应性和使用范围。计算结果分析的内容主要包括一致性、灵敏度和有效性。

计算结果的一致性，主要体现在相同模型的不同求解方法得到的计算结果应该是相同的，或者针对同样的问题，不同的模型和求解方法，得到的计算结果也是相同的。计算结果的一致性能够加深对军事问题的理解和认识，发现其中的规律，得到有效解决问题的对策。

计算结果的灵敏度，是军事系统模型的一些参数发生变化后计算结果的变化情况，一些参数在一定范围内发生变化，计算结果变化不大；另外一些参数发生变化，计算结果会发生很大变化，说明有一些参数对计算结果的变化有明显的影响，需要深入研究影响计算结果的重要因素。

计算结果的有效性，是军事系统模型的计算结果能够反映实际情况，与研究人员的定性判断一致，说明军事系统模型的正确性。计算结果的有效性是军事系统模型求解的关键，是军事系统模型作用的体现，需要通过模型调整和求解方法的选择，使得军事系统模型的计算结果是有效的。

计算结果分析是军事系统模型求解的重要环节，是军事系统模型取得科学合理结果的重要步骤，是发挥军事系统模型作用的基础性工作。应当重视计算结果分析，切实做好计算结果分析工作，为军事问题的研究结论奠定坚实的基础。

第五节　军事问题结论分析

军事问题研究结论是军事问题的研究成果，是军事系统学理论和方法应用的结晶，也是有效解决军事问题的对策建议。军事问题的研究结论需要紧密结合实际情况，保证研究结论的有效性；广泛征求专家意见和各个方面人员的建议，保证研究结论的可行性；不断提炼和深化研究内容，形成相应的理论和方法，保证研究结论的适应性；采用简明扼要的表达方式，使得更多人理解和认同研究结论。结论分析的内容主要包括实际情况分析、各方意见综合、理论方法总结和清晰方式表达等。

一、实际情况分析

实际情况分析是研究军事问题结论的基础，贯穿在军事问题研究的全过程中。开展军事问题研究前，通过广泛调研，搞清军事问题的实际背景、影响范围和作用意义，通过深入研究预测可能的研究结果。在军事问题的研究过程中，随时根据实际情况的变化和发展，调整研究重点和方向，及时提供和检验先期研究成果。在军事问题的研究完成后，根据当时的实际情况，及时修改和完善研究结论，努力使得研究结论发挥重要作用。

根据军事问题的来源不同，需要采取不同的方式开展实际情况分析。如果军事问题是上级机关和相关单位赋予的研究任务，需要与有关单位保持紧密联系，随时沟通重要情况，征求单位意见，保持正确的方向。如果军事问题是本单位提出和研究中遇到的实际问题，需要随时关注军事问题的发展情况，调整研究重点和方向，提供满足实际需求的研究结论。

二、各方意见综合

各方意见综合是军事问题研究结论成熟的关键，能够提高军事问题研究结论的适应性和实用性，在更大的范围内对军事问题的研究结论形成共识，更好发挥军事问题研究结论的作用。军事问题的研究结论要广泛征求意见，听取各个方面人员的意见和建议，加深对结论的理解和认识。

各方意见主要包括相关领域专家、使用人员和管理人员的意见。领域专家对相关的军事问题有自己的认识和理解，对研究结论有自己的判断和见解，能够在理论层面和实际经验方面给出建议。使用人员具有丰富的实践经验，能够对军事问题研究结论的实用性做出判断，可以在操作层面提出实用和管用的建议。管理人员具有丰富的管理经验，能够对军事问题研究结论的可行性给出判断，可以在管理层面提出完善的建议。通过汇总各方意见，提高军事问题研究结论的适应性，发挥研究结论的作用。

三、理论方法总结

理论方法总结是军事问题研究结论提高层次的重要工作，是推广研究结论的重要基础，是发现军事问题规律的重要内容，能够有效解决类似的军事问题。科学的研究结论都符合一定的规律，对研究结论的理解和认识要上升到理论层次，需要总结研究过程形成的经验，从研究结论中发现符合客观规律的事物，进行科学和准确的提炼，形成正确的理论和方法。

理论方法总结主要包括概念界定、内容阐述和应用说明。概念的准确界定需要说明概念的内涵和外延，以及与其他概念的区别。内容的清晰阐述使得军事人员能够理解和掌握，方便理论方法的推广和使用。应用的正确说明使得军事人员能够掌握使用的步骤和方法，正确应用研究结论解决军事问题。

四、清晰方式表达

清晰方式表达是军事问题研究结论通俗易懂的基本要求，是广大军事人员正确理解研究结论的基础，是发挥军事问题研究结论作用的基本保证。军事问题的研究结论需要采用清晰的方式表达，使用大家能看懂的话，主要体现在术语准确、逻辑清晰、词语简单和通俗易懂。

清晰的表达方式主要体现在对于军事领域的内容优先使用军语，没有军语的术语需要给予准确的定义或描述。每个段落都采用类似的内容组织，段落与段落之间体现逻辑关系，整篇内容具备完整性，与标题一致，说明军事问题研究结论内容。

第六节　系统研究方法应用

军事系统学是军事理论的重要内容，是研究军事问题的重要理论和方法，在军事科研中发挥着重要作用。军事系统学广泛应用在国家安全战略、军事战略、联合作战、军队建设、后勤保障等研究领域。本节通过联合作战问题的研究，给出军事系统学在军事科研中的应用案例，说明军事系统学的作用和意义，以推广军事系统学的理论和方法，更好地发挥军事系统学的作用。

一、分析联合作战问题和构建联合作战系统

根据研究课题，分析联合作战问题的地点、规模和目的，构建由敌我双方组成的联合作战系统，敌方由水面舰艇部队、潜艇部队和航空兵部队等组成，我方由水面舰艇部队、航空兵部队和火箭军部队等组成。

分析研究课题的目标和任务，采用系统思维研究课题的重要问题，考虑军事系统的组成单元、相互关系和作用意义，构建合理的军事系统，反映和体现军事问题的基本特征。

二、收集系统资料和建立系统模型

收集联合作战系统有关数据，敌我双方装备性能、作战使用，部队的作战编组、训练和演习情况，根据联合作战系统特点，建立武器交战模型、部队行动模型和敌我对抗模型，多层次模型组合构成联合作战系统的综合模型。

收集与军事系统有关的数据和资料，研究军事系统的结构、功能和演化规律，深化对军事系统的理解和认识，根据课题研究需要和数据资料情况，建立军事系统分析模型。

三、求解系统模型和分析计算结果

根据联合作战系统模型，采用解析、仿真和统计等方法，分析计算模型。根据武器交战模型分析，确定武器的选择。根据部队行动模型分析，确定部队使用的种类。根据敌我对抗模型分析，确定联合作战效果。通过综合分析不同类型模型的计算结果，结合联合作战问题的实际情况，不断调整数据、修改模型，经过多次迭代，形成模型计算结果。

根据军事系统模型，采用定性与定量相结合的方法，求解各种类型的模型，研究模型的分析和计算结果，考虑结果的一致性、灵敏度和有效性。

四、完善研究结果和提出对策建议

根据课题的目标和需求，综合分析联合作战问题定性分析结果和联合作战系统模型的定量分析结果，广泛征求专家意见，不断修改完善，形成科学合理的研究结论。

课题研究过程中与主管单位多次沟通交流，加深对课题任务和目标的理解认识，不断调整研究思路和工作重点，完善研究结论和表述方式，提出有针对性、可操作性的对策建议。

通过模型和数据的多次迭代分析和征求专家意见的方法，不断完善研究结果，结合研究课题需求，以决策者能理解和听得懂的方式，提出解决实际军事问题的对策建议。

军事系统学为军事科研提供了理论和方法的支持。随着军事系统学理论的不断发展，应用领域的不断扩展和深化，军事系统学将发挥更大的作用。

第十三章

联合作战辅助决策研究

联合作战辅助决策研究是运用辅助决策方法研究联合作战决策问题，是运用系统思维和方法分析复杂的联合作战决策问题，把握决策问题的关键，提出解决问题的对策建议，提高联合作战决策的科学性和有效性。本章主要阐述辅助决策概述、联合作战决策分析、辅助决策方法和联合作战辅助决策系统。

第一节　联合作战辅助决策概述

联合作战辅助决策是运用辅助决策方法研究重要的决策问题，把握决策问题的关键，提出解决问题的对策建议，帮助决策者提高决策能力和水平。联合作战的辅助决策是联合作战取胜的基础，是提高指挥员和指挥机构决策水平和能力的途径。本节主要说明联合作战辅助决策目的、内容和应用。

一、联合作战辅助决策目的

联合作战是两个以上军种或两支以上军队的作战力量，在联合指挥机构的统一指挥下共同实施的作战。联合作战需要依托信息系统，使用具有一定信息化水平的武器装备和作战方法进行。联合作战需要决策的内容多、涉及的范围广，联合作战的指挥人员来源于各个军兵种，相互沟通和理解存在一定难度，并且联合作战的准备和实施时间较长，协调和组织工作繁重，如何提高决策效益是一项重要研究内容。

联合作战决策具有信息量大、指挥周期短和行动强度高等特点，这对联合作战指挥人员快速准确做出决策提出了严峻的挑战，辅助决策相关理论和技术是应对挑战的有效途径和措施。根据联合作战决策问题，使用决策分析方法，构建联合作战辅助决策系统，可保障指挥人员在短时间内做出正确决策，为取得作战胜利提供有力支撑。

联合作战辅助决策目的，是为联合作战指挥人员提供清晰的研究思路、科学的解决方法和有效的决策支持，从而提高联合作战指挥人员的决策效率。基于规范化的研究步骤，逐步明确决策人员的职责，并运用科学的方法和手段，对决策结果进行认真分析，通过不断重复和迭代，最终得到正确满意的决策结果。这同时也为辅助决策的研究和发展提供条件，有助于提高关于辅助决策对联合作战重要作用的认识，从而加强对联合作战辅助决策的研究和应用。

二、联合作战辅助决策研究内容

联合作战辅助决策的研究内容，主要包括对决策问题的归纳总结、理论方法的研究发展和决策支持系统的扩展应用。一是研究决策问题，根据联合作战理论、联合作战指挥流程和指挥人员的工作内容，分析其面临的主要决策问题，归纳总结出决策问题的特点和类型。二是研究决策的理论方法，根据决策问题的特点及类型，研究和发展相关的理论与方法，有效解决存在的问题。三是研究辅助决策系统，根据联合作战指挥人员的需求，结合决策问题的特点和求解方法，研究和分析不同类型决策支持系统的作用，提出联合作战辅助决策系统的设想。

联合作战辅助决策研究的主要思路是从决策问题出发，确定求解的理论方法，设计辅助决策系统。首先明确决策问题，根据联合作战指挥人员的主要工作，结合联合作战的理论著作和研究报告，归纳和整理出可能遇到的决策问题；其次是确定合适的决策理论及方法，根据联合作战的决策问题，研究和选择相关的决策理论和方法；最后提出辅助决策系统的设想，根据联合作战决策人员的特点、决策问题的类型和决策方法的选择，确定辅助决策系统的功能、结构和应用。

联合作战辅助决策研究根据联合作战的特点，分析联合作战指挥过程，研究指挥人员面临的各种决策问题，提出联合作战决策面临的主要问题有随机型决策问题、多目标决策问题、群决策问题，进而采用定性研究和定量分析相结合的方法，开展随机型决策分析、多目标决策分析、群决策分析，给出每种问题的求解方法和步骤。依据联合作战辅助决策的内容，结合指挥人员的需求、决策问题和决策方法的情况，研究决策支持系统的特点，提出联合作战辅助决策系统的初步设想，从系统的功能、结构、实现和应用等角度，阐述联合作战辅助决策系统的特点和作用。

三、联合作战辅助决策应用

辅助决策在军事领域有着广泛的应用。美国国防部于20世纪60年代初建立的规划、计划和预算系统，将军事战略目标、军事力量需求和国防预算结合在一起，通过费用与效益分析，实现了对国防资源的合理分配和宏观调控。多年来，经过不断改进，这已成为美国国防预算管理的基本模式，并推广到美国其他政府机构和部分民间部门。

在海湾战争中，美国及其盟国在指挥决策方面使用了作战方案评估系统，它是战区级战役模型，可全自动运转，达到旅级分辨率，能够为战略部署部队、人力、弹药需求以及防空等提供分析支持。发达国家军队都开发和配备了各种指挥决策软件，辅助指挥官战时迅速完成分配任务、组织兵力、制定方案等一系列复杂的决策工作，并由决策软件自动生成大部分作战初选预案，供指挥人员决策参考。

我军建立了战争综合模拟系统和指挥作业辅助决策系统。战争综合模拟系统是面向战争决策训练和战争决策分析的战略层次模拟系统。战争决策训练是根据国家和军队的重大战略决策课题，使用战争模拟系统提供的训练环境，按照战争决策程序和方法的基本要求，所进行的一种教育和训练活动。战争决策分析是指在战争模拟系统的支持下，通过人机结合、定性定量相结合的分析方法，以及模拟仿真等综合手段实现对战争方案的分析。指挥作业辅助决策系统是战役级的训练模拟，是面向战役级作战指挥人员的训练，整个系统由联合情况判断、联合作战决策、联合任务计划和联合行动控制模块组成。

辅助决策在军事领域的重要性日益体现，对辅助决策内容的研究、辅助决策系统的开发和辅助决策系统的广泛应用是关注的焦点，投入大量的经费研制辅助决策系统，并将其应用到军事管理、作战指挥和后勤保障等众多领域，其中辅助决策系统与作战指挥系统的结合，大大提高了参谋人员分析问题的能力，能够有效协助指挥员提高决策水平，充分发挥部队的作战能力。

第二节　联合作战指挥决策分析

联合作战指挥决策分析研究联合作战决策内容，总结归纳联合作战指挥决策的特点；分析指挥决策过程，说明指挥决策的具体步骤；梳理联合作战决策问题，给出决策问题的数学描述，为联合作战的辅助决策奠定基础。

一、联合作战指挥决策特点

联合作战指挥决策的影响因素多、决策时效性强，要求作战指挥人员以及参谋人员能够在短时间内完成组织作战的计划和决策，只靠指挥人员以及参谋人员的智慧和经验，通过手工操作和计算来指导决策，显然无法跟上现代作战的进程，必须借助新的手段和方法提高决策效益。分析联合作战指挥决策的特点，是研究决策问题的基础。

第一，作战力量联合，决策任务繁重。信息化条件下的联合作战，需要各军兵种按照联合作战的需要，通过信息网络的连接，编组成多个联合作战集团，实现高度作战联合。这种高度的联合使各军兵种在功能上优势互补，在行动上能形成最大的整体合力。各联合作战集团在联合作战指挥机构的统一指挥下，围绕共同目的展开联合行动。例如，火力打击和特种作战相结合，全纵深立体作战与精确打击相结合，构成了多元联合的作战行动体系，指挥决策的任务更为繁重。

第二，信息高度融合，决策实时性要求高。以信息化为核心和标志的联合作战，参战部队之间信息获取、传递、使用、管理与共享的能力得到了很大提高，各种作战力量之间通过纵横交错的信息网络，利用信息的支撑与纽带作用，实现了诸军兵种的战场信息保障的高度共享。信息化指挥控制系统实现了情报侦察、预警探测、信息传递、信息处理和指挥控制的实时化，这同时也对指挥决策的及时性提出了更高的要求。

第三，作战平台相融合，决策层次多。在信息技术的支撑下，不同军种的作战平台实现了互联、互通，在技术上、时空上融为一体，促使体系对抗成为联合作战的主体。各军兵种的信息化武器装备平台是实施联合作战的物质基础，信息化的武器装备平台，是以计算机技术为核心，以信息技术为支撑的联合作战系统。作战平台的主要构成包括侦察预警系统、信息传递和处理系统、机动作战武器系统、信息攻防武器系统、单兵数字化装备和指挥控制系统等。通过综合集成使得单个对抗转变为整体对抗，敌对双方的对抗是所有参战系统的对抗，是包括陆基系统、海基系统、空基系统和电基系统等的综合对抗，指挥决策层次更多。

第四，战场多维广阔，决策范围广。信息化条件下的联合作战，作战空间由传统的三维空间拓展至多维空间，由有限空间拓展为无限空间，由有形空间拓展为无形空间，敌对双方将在陆战场、海战场、空战场、太空战场以及电磁战场、网络战场、心理战场等广阔领域展开综合性的对抗。各个战场空间都有其不可或缺的重要作用，任何单一战场空间的作战都受到其他战场的制约和影响，使得指挥决策涉及的范围更加广泛。

第五，作战保障精确高效，决策种类多。作战保障是指为保障部队顺利遂行作战任务而采取的各项保证性措施和行动，主要有作战保障、后勤保障、装备保障和政治工作保障等。过去，作战行动和保障之间有着明显的区分，而且各种保障勤务也是相对独立的，军兵种间的保障界限更加分明。但在未来的联合作战中，作战与保障由分离走向了联合，并且朝着精确、高效的方向发展。依托信息化的作战、后勤、装备保障系统，以优化资源配置为前提，在适当的时间、地点对部队实施精确而高效的保障，提高了联合部队的持续作战能力，使得指挥决策的内容更加全面，种类更加丰富。

二、联合作战指挥决策过程

联合作战指挥决策是联合作战指挥员及指挥机关在掌握大量情报信息的基础上，对作战企图、作战目标、战法、保障等重要问题所作的筹划与决定。联合作战指挥决策是整个联合作战指挥活动中最关键的部分，决策正确与否将直接影响到作战的成败。联合作战指挥决策是一项十分复杂的系统工程，需要联合作战指挥机关、相关军兵种指挥员以及有关领域专家的参与和支持。

第一，明确作战任务。作战任务是整个决策工作的起点。明确作战任务，可以使上级意图具体化，统一各参战部队思想，规范军兵种的作战行动。联合作战指挥员在确定作战目的时，关键是要在充分领会战略意图、全面理解上级下达任务的基础上，将其转化为联合作战的具体作战任务。联合作战指挥员需要考虑上级下达的全部任务，包括已经明确分配的、暗含的、附加的、可能分配的以及应该分配的所有任务，并理解下达此任务的原因，以此确定本级联合作战应起的作用。联合作战具体任务一般包括：本级受领的任务，联合作战必须达到的结果，在什么时间段、什么地域达到必须达到的结果，为什么要向本级下达这样的任务，上级对本级联合作战行动的限制条件以及为什么会制定这些限制条件等内容。

第二，分析判断情况。联合作战指挥员要充分发挥相关部门和人员的作用，充分调动其积极性，在紧张、有序的决策支持环境下分析判断情况。在分析判断情况过程中，联合作战指挥员首先要阐明联合作战的初步设想，向有关人员介绍初始情况，包括本级具体任务、拟采用的作战样式与主要作战行动、当前形势、敌我兵力状况、战场环境、战场初始态势等情况，并责成指挥机关拟定决策支持、任务分配与工作进程表，规定各部门或人员完成决策支持任务的时限。

分析判断情况是联合作战运筹决策中的重要一步，分为两个层次：一是联合作战指挥机关以及下级指挥员等进行的初步分析判断；二是联合作战指挥员在此基础上进行的综合分析判断。联合作战指挥员通常是在联合作战指挥机关的协助下针对敌情、我情和战场环境等进行情况综合分析判断。

联合作战决策支持的主要任务有：指挥机关搜集情况与分析判断，指挥机关对作战决策提出建议，各相关军兵种指挥员对联合作战决策提出建议，有关领域专家对某些专业问题提出建议等。参谋人员在进行情况判断和制定方案过程中，会遇到一些联合作战指挥人员无法控制或未得到充分证实的问题，如当前形势、某些事件未来发展趋势。而解决这些问题又是进行决策所必需的前提，联合作战指挥员需对这些问题作必要的、现实的，往往是最坏的假设。当发现某些假设不正确时，就需要重新进行决策。

第三，确定作战目标。联合作战目标不同于前面提到的联合作战任务，联合作战任务主要是对上级意图和上级明确的任务在本级具体化，这种具体化一般比较概括、笼统和抽象，不便于分配和操作，要进一步分解、细化，并尽可能量化，形成联合作战目标体系，方能付诸实践。

联合作战目标体系通常包括作战总目标、作战各阶段的目标、各作战行动的目标等。为了使这些作战目标能够量化，还应建立相应的作战目标指标体系，每一目标指标必须有明确的定义、计量单位和评估方法。联合作战目标指标体系主要有：敌作战能力消耗、地域得失、战场态势控制等。另外，在联合作战中，作战的总目标和阶段目标，以及各军兵种行动目标的实现是需要由各种主客观条件决定的。确定作战目标时一定要分析各种主客观条件是否具备，有没有相应的能力来达成所确定的目标。只有把影响作战目标实现的时间、空间、能力等诸多约束条件分析透彻，才能使目标的确定高低适度，切实可行。

第四，拟制作战方案。根据明确的联合作战目标，寻找可供选择的方案，确定实现作战目标的各种方法、途径和手段。方案的拟制可以分为两步进行：第一步，联合作战指挥员尽可能地从多方面、多角度对作战进行各种构思，提出粗线条的方案轮廓，需确定的内容包括：作战实施的阶段，作战重点打击目标，采取的战法、手段，以及对各军兵种的使用等。第二步，在联合作战指挥员的指导下，由联合作战指挥机关对指挥员的作战构思和方案轮廓进一步细化、完善并进行局部的谋划。

拟制可供选择的方案是指挥决策活动中非常重要的一步。能不能实现目标，关键是要看方案的合理性和完善程度，所以在拟制方案时，联合作战指挥员应随着自己构想的深入，指导参谋人员不断完善作战方案。一是要注意方案的多样性和独立性。备选方案愈多，包含最佳方案或满意方案的可能性就愈大，但假如各个方案之间相互交叉、相互包含，反而很难进行优劣评判。二是要注意拟制方案的时间限制。再好的决策方案如果超过了限定的时间，不但起不到一点作用，更会贻误战机。三是要充分考虑作战条件的不确定性。在拟制方案的时候要从最困难的情况出发，尽可能把问题想深、想细、想全、想远。四是要注意方案的全面性。每个方案要尽可能详尽、周密，充分考虑各军兵种在不同作战阶段、作战行动、战场空间中的使用、配合和协调。

第五，评估选择方案。确定与选择方案是联合作战指挥决策过程的重要内容，为了保证所选方案能够更好地实现目标，应对决策方案进行评估和论证。评估优选方案是一项复杂的工作，通常先由联合作战指挥员明确方案评估的基本标准，主要包括：方案符合作战目标要求的程度，作战效益的高低，风险程度的大小，以及对战场情况变化的适应程度等。参谋人员依据评估的标准，细化出具体的指标，再综合运用经验判断、逻辑推理、行动推演、实兵演习等方法，对每个方案进行具体的分析评定。做好方案评估论证的关键是要预测各种作战行动可能的结果和影响，并把注意力集中在有差异和决定性的因素上。根据方案评估论证的结果对方案进行相应调整，然后进行再评估、再调整，直至达到要求。

需要从多个方案中选出一个最优方案作为决策的最终结果来指导下一步的行动，因此必须在对多个方案评估、论证的基础上进行最后的抉择。对多个方案进行抉择，关键是要确定一个正确的标准。联合作战指挥员必须依据作战的总要求，明确评估方案的各种标准和指标，以及重要程度，即在确定的评估方案的各项具体标准和指标中，确定好各项评定标准和指标的重要程度，然后依据各个指标的重要程度，对评估出的各个方案采取综合对比的方法进行筛选或归并，逐步地缩小方案选优的范围，最后确定出较为满意的方案。

三、联合作战决策问题

根据联合作战特点的分析和指挥过程的研究，归纳和梳理联合作战过程中遇到的主要决策问题，研究和把握决策问题的特点，对决策问题进行归纳分类，以便研究解决问题的理论、方法和手段。联合作战决策问题种类多，涉及的范围广，这里主要研究随机型决策问题、多目标决策问题、群决策问题。

随机型决策问题。由于自然状态的不确定性，决策者无论采取什么方案，都会因为自然状态的不同而出现不同的后果，这类决策问题称为随机型决策问题。该问题的特点如下：一是自然状态存在不确定性，每个自然状态有相应不同的后果集；二是后果的价值待定，需要结合不同的自然状态和属性来评价后果。

联合作战中，随机型决策问题非常多，也是“战争迷雾”的重要体现，由于联合作战中情况不明的现象随时出现，这就需要指挥员正确判断情况，并定下正确的决心。对随机型决策问题的研究和求解是辅助决策研究的重要内容。

随机型决策问题要素主要有：状态集，自然状态的集合或称状态空间、参数空间，用来表示所有可能的自然状态，记作 $\theta=\{\theta_1,\theta_2,\cdots,\theta_n\}$；后果集，后果集 $X=\{x^k\}$ 是决策问题各种可能后果 $x^k(k=1,2,\cdots,n)$ 的集合，x^k 表示在自然状态为 θ_k 时的评价值；信息集，亦称样本空间、观测空间或测度空间，在决策时，为了获取与自然状态 θ 有关的信息以减少其不确定性，往往需要进行调查研究，记作 z，信息集 $Z=\{z_1,z_2,\cdots,z_n\}$。

多目标决策问题。多目标决策是指在具有相互冲突的多个目标情况下进行的决策。多目标决策与多目标规划相联系，是从无限方案集中进行求解的决策方法。多属性决策与偏好结构相联系，是从事先拟定的有限方案集中进行选择的决策。多目标决策称为无限方案多目标决策，而多属性决策称为有限方案多目标决策，统称为多目标决策。

在联合作战中，多目标决策问题是非常普遍的，例如，在作战行动的具体设计中，如何动用最少的部队和装备，运用最有效的战术，来达到最好的作战效果，就是一个非常典型的多目标决策问题。由于这些目标之间难于比较，存在一定的矛盾性，并且目标属性也不是唯一的，因此联合作战中多目标决策问题往往属于多目标多属性决策问题。

多目标决策问题其决策模型可描述为：

$$\max_{x\in X}\left\{f\left(x\right)\right\} \tag{13.2.1}$$

上式中，X 是决策空间或可行域，根据实际决策问题的特点与要求确定；x 是决策变量，当 $x\in X$ 时，也常将 x 称为可行解。

$$f(x) = (f_1(x), f_2(x), \cdots, f_m(x)) \tag{13.2.2}$$

式（13.2.2）是表示 m 个目标的向量函数，m 为正整数。

群决策问题。在联合作战中，有许多群决策问题，开始时并无现成方案可供选择，方案的产生也绝非某个人所能完成，而是需要依靠各有关方面的专家，发挥众人的才智，在决策问题的求解过程中逐步形成多种方案，或者是若干行动的有序组合，并在方案的评价过程中不断改进方案，最终做出选择和确定实施办法。在这类问题的求解过程中，专家组成的群通常只是上级行政部门及其主管人员的参谋班子、咨询机构或智囊团，他们的主要作用是为主管部门或主管人员的评价和判断提供咨询意见，最终决策要由主管部门的负责人来做。考虑到联合作战技术保障人员的工作主要是技术咨询，所以主要研究群决策中的专家咨询问题。

群决策主要有以下特点：

第一，决策者多于一人。参与决策的人数直接影响到群决策行为的机理。由多个决策者或他们所组成的部门、组织以及多个组织之间进行的联合决策，都属于群决策理论研究的范围。

第二，群决策问题的复杂性。群决策问题往往是由于所要解决的问题过于庞大而复杂，单个决策者已没有能力进行处理，需要集中集体的智慧才能创造性地加以解决。

第三，问题的处理非结构化、处理方法集成化。群决策问题往往没有固定的模式，具有半结构化或非结构化的特点，并且问题本身还带有很大的不确定性或风险性。面对这样的问题，很难用一种方法直接加以解决，常常要集成不同的理论和方法才有可能进行处理。

第四，方案的不可实验性。尽管随着人工智能和仿真技术的发展，许多决策方案可以进一步科学化，但群决策所涉及的问题很多具有不可模拟、无法实验的特点，这也给群决策理论和方法研究的科学性提出了较高的要求。

以上群决策的任何一个特点都足以使得群决策理论和方法的研

究面临巨大的困难，因此在群决策理论的研究和方法的探索中，既要继承已有决策理论的成果，又要遵循群决策问题的特点，进行有效探索。

联合作战辅助决策研究了联合作战指挥决策的特点，分析了联合作战的指挥决策过程，明确了决策问题的类型和特点，形成了一个清晰的研究思路，得到了相应的研究成果。通过联合作战辅助决策分析的研究工作，可认识辅助决策研究的重要性，以及开展联合作战辅助决策研究的必要性。

第三节　联合作战辅助决策方法

解决联合作战决策问题，需要运用决策理论和运筹理论。应根据联合作战指挥人员面临决策问题的特点和类型，针对不同的决策目标和要求，运用不同的理论和方法，来研究和分析各类决策问题，从而得到满足不同需要的决策结果。通过研究随机型决策分析、多目标决策分析和群决策分析，得到分析的具体步骤和求解方法，为辅助决策系统设计和应用奠定基础。

一、随机型决策分析

随机型决策分析的理论基础是统计决策理论，人们通常用这种理论解决生产和经营管理中的实际问题。随机型决策问题具有如下特点：决策人面临多个行动方案可以选择，自然状态的不确定性，以及其所导致的后果不确定性。

随机型决策问题求解过程，主要通过4个步骤完成，如图13.3.1所示。第一步是构造决策问题，为决策问题提供可能的方案，并确定决策的目标。第二步是确定各种决策可能的后果，通过设定各种后果的发生概率，估计各种决策的结果。第三步是确定决策人对后果的偏好，即确定各种后果对决策人的实际价值。第四步是对备选方案进行评价和比较。

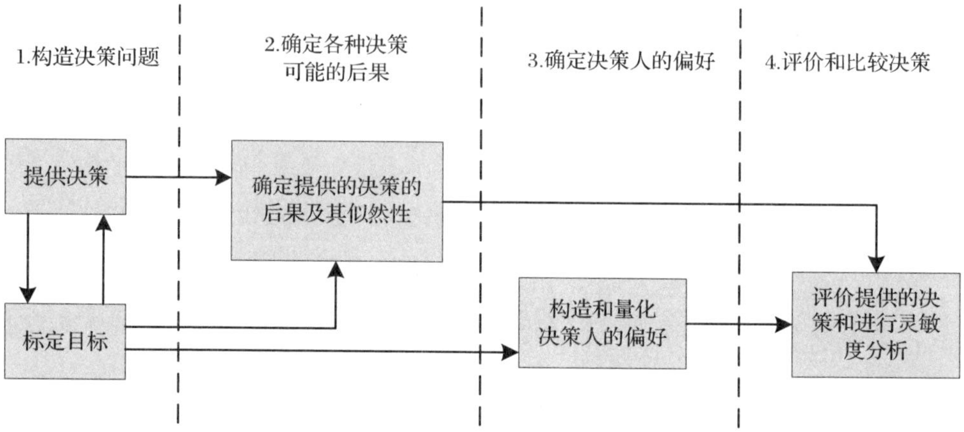

图 13.3.1　随机型决策问题求解的基本步骤

构造决策问题。这一步要为决策问题提供决策内容和标定目标。对于简单的决策问题，可供采用的决策方案和需要达到的目标都是非常清楚的。在面对复杂情况时，可供决策问题选择的决策很多，这就需要从可供选择的决策中进行筛选，尽可能剔除那些较差的决策。

确定各种决策可能的后果并设定各种后果发生的概率。对于一般的决策问题，根据效用理论计算各种后果的效用值，进而计算各个方案的期望效用，选择出期望效用最大的方案。此外也可以根据决策问题的特点，选择其他的评价准则。

确定决策人的偏好。根据决策人的性格特点和日常行为，构造决策人的偏好，并对决策人的偏好进行量化，满足后续评价和比较的要求。

评价和比较决策。实施这一步的目的是在以上 3 步的基础上选择出决策人最满意的决策，采用的评价决策依据是计算出的各种决策的期望效用。根据 Von Neumann–Morgenstern 的效用理论，可以选择期望效用最大的决策作为决策人最满意的决策。

随机型问题的决策可以应用随机优势决策规则。采用期望效用准则求解决策问题时，决策人具有方案偏好的全部信息，而在实际的决策过程中，由于决策人的认识偏差和量化误差，很难确定出唯一的且足够准确的效用函数。决策分析人员经常得不到决策人偏好的完全信息，只能获得关于偏好的部分信息，利用这些信息可将各个可行方案按偏序排列。随机优势决策规则就是利用获得的部分信息形成偏序的一种规则。其基本思路是：仅仅判断决策人的效用函数是否属于某个特定的类，如果对这种 U_C 类的效用函数均有 $a_i \succ a_j$ 则可以把一部分非优势方案或行动 a_j 删除，从而缩减有效行动集，以便作进一步的选择。

第一等随机优势的定义。当 $u \in U_1$，U_1 是第一类效用函数，$\forall x \in I_0$，$F_i(x) \leqslant F_j(x)$，且存在 x_0，使 $F_i(x_0) \leqslant F_j(x_0)$，则称行动 a_i 比 a_j 具有第一等随机优势，记作 $a_i \succ_1 a_j$。第一等随机优势的决策规则。$a_i \succ_1 a_j$ 当且仅当 $\forall u \in U_1$，$E_{a_i}u(x) \geqslant E_{a_j}u(x)$，且 $\exists u_0 \in U_1$ 使 $E_{a_i}u_0(x) \geqslant E_{a_j}u_0(x)$。

第二等随机优势的定义。设方案 a_i 和 a_j 关于收益的概率分布分别为 $F_i(x)$ 和 $F_j(x)$，x 的取值范围 $[a, b]$ 记为 I。当 $u \in U_2$ 时，有 $\forall x \in I$，$D_2(x) = \int_a^x [F_j(t) - F_i(t)]dt \geqslant 0$，且存在 x_0，使 $D_2(x_0) \geqslant 0$，则称行动 a_i 比 a_j 具有第二等随机优势，记作 $a_i \succ_2 a_j$。第二等随机优势的决策规则。$a_i \succ_2 a_j$ 当且仅当 $\forall u \in U_2$，$E_{a_i}u(x) \geqslant E_{a_j}u(x)$，且 $\exists u_0 \in U_2$ 使 $E_{a_i}u_0(x) \geqslant E_{a_j}u_0(x)$。

第三等随机优势的定义。设方案 a_i 和 a_j 关于收益的概率分布分别为 $F_i(x)$ 和 $F_j(x)$，概率密度函数分别为 $f_i(x)$ 和 $f_j(x)$，x 的取值范围 $[a, b]$ 记为 I，决策人的效用函数 $u \in U_3$ 时，则当 $\forall x \in I$，$D_3(x) = \int_a^x \int_a^z [F_j(t) - F_i(t)]dtdz \geqslant 0$，$E_{a_i}u(x) \geqslant E_{a_j}u(x)$，或 $D_2(b) \geqslant 0$，且其中有一个严格不等式成立，则称行动 a_i 比 a_j 具有第三等随机优势，记作 $a_i \succ_3 a_j$。第三等随机优势的决策规则。$D_3(x) \geqslant 0$ 且 $D_2(b) \geqslant 0$ 当且仅当 $\forall u \in U_3$，$E_{a_i}u(x) \geqslant E_{a_j}u(x)$。

第一等随机优势、第二等随机优势和第三等随机优势是逐次对 $f_i(x)$ 与 $f_j(x)$ 之差进行积分，积分值在 I 上非负，在方案上 a_i 比 a_j 占优势。判别第一等随机优势的依据是 $\forall x \in I$，有 $D_1(x) = F_j(t) - F_i(t) = \int_a^x [F_j(t) - F_i(t)]dt \geqslant 0$，且存在 x_0，使 $D_1(x_0) > 0$。判别第二等随机优势的依据是$\forall x \in I$，有$D_1(x)=\int_a^x[D_1(t)]dt \geqslant 0$，且存在$x_0$，使$D_2(x_0)>0$。判别第三等随机优势的依据是$\forall x \in I$，有$D_3(x)=\int_a^x D_2(z)dz=\int_a^x\int_a^z[F_j(t)-F_i(t)]dtdz \geqslant 0$，且$E_{a_i}u(x) \geqslant E_{a_j}u(x)$，或$D_2(b) \geqslant 0$，且其中有一个严格不等式成立。

随机优势是建立在占优关系和E–V排序两种优势原则基础上的。使用损失函数的“按状态优于”概念定义如下：

如果$\forall \theta_j \in \Theta$，$l(\theta_j, A_i) \leqslant l(\theta_j, A_k)$，且$\exists \theta_j \in \Theta$，使得$l(\theta_j, A_i) < l(\theta_j, A_k)$，则称$A_i$按状态优于$A_k$。

若用收益型后果评价c或者效用函数u取代损失，上式不等式取反方向即可。按状态优于的定义表示在任何状态下A_i的损失都不大于A_k，而且至少在某一种状态下的损失严格小于A_k，则称A_i按状态优于A_k。例如某决策问题的损失矩阵如表13.3.1所示，则A_1按状态优于A_2。

表 13.3.1　决策问题损失矩阵

θ_j \ A_i	A_1	A_2	A_3
θ_1	3	5	2
θ_2	6	7	8
θ_3	4	4	6

A_1按状态优于A_2也可以称之为A_1较之A_2处于优势；或者说，与A_2相比A_1具有随机优势；也可以称为A_2被A_1优超。按状态优于是一种很强的随机优势，通常很难满足。

用来解决随机型决策问题的辅助决策技术，一般有基于效用的决策方法、Bayes决策分析方法和决策树分析法。决策树分析法由于能够系统、连贯地考虑各方案之间的联系，使得整个决策分析过程直观易懂、清晰明了，因而成为当前解决随机型决策问题一种比较实用的辅助决策技术。

决策树分析法就是利用决策树状图进行决策分析的方法。当决策涉及多个方案的选择时,借助由若干节点和分支构成的树状图形,可形象地将各种可供选择的方案、可能出现的状态及其概率，以及各方案在不同状态下的条件结果值简明地绘制在一张图表上，以便研究、补充修正，做出最佳选择。两阶段决策树状图的结构，如图 13.3.2 所示。

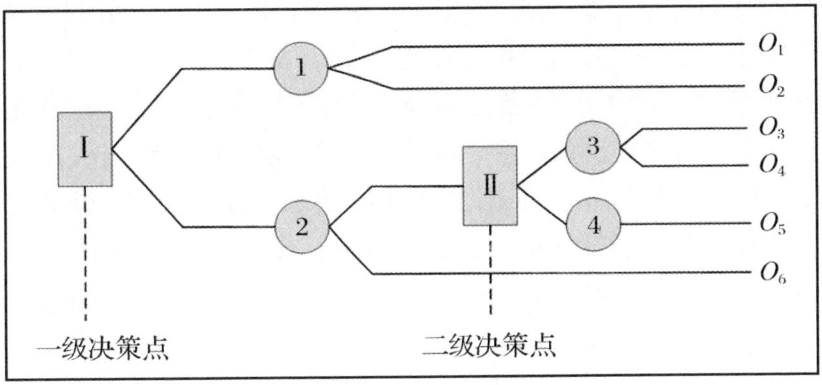

图 13.3.2　两阶段决策树状图的结构

决策树分析法的基本步骤如下:

画出决策树状图。决策树状图是人们对某个问题未来可能发生的状态与方案的可能结果所做出的预测在图纸上的分析。因此，绘制决策树状图的过程就是拟定各种可行方案的过程，也是进行状态分析和估算方案条件结果值的过程。画图时应按照图的结构规范由左至右逐步绘制、逐步分析。

计算各状态点的期望值。按照期望值的计算方法，从图的右端向左端逐步计算，并将计算结果标注在状态节点的上方。

修枝选定方案。根据不同方案期望值的大小,从右向左(逆推法)进行修枝选优。舍去期望收益值小的方案,保留期望值最大的方案。舍去的方案在图上标明修枝符号，最后得出最满意的方案。

二、多目标决策分析

多目标决策问题具有如下特点：决策问题的目标多于一个；多

目标决策问题的目标间不可公度，即各个目标没有统一的衡量标准或计量单位，难以进行比较；各个目标之间存在矛盾性。

求解一个多目标决策问题的全过程包括 5 个步骤。第一步是提出问题，这时对问题的认识是主观和含糊的，所提的目标也是高度概括的。第二步是阐明问题，要使目标具体化，要确定衡量各个目标达到程度的标准，要说明问题的边界和环境。第三步是构造模型，要选择决策模型的形式，确定关键变量以及变量之间的逻辑关系，估计各种参数，产生各种备选方案。第四步是分析评价，利用模型和主观评价，采集或标定各个备选方案的属性值，根据决策规则进行排序和优化。第五步是根据上述评价结果，选择方案，开始实施。

由于直接解决多目标问题比较困难，于是很多人想办法将它们转化为较容易求解的单目标或双目标问题。由于转化方法不一，就形成了多种方法，例如主要目标法、优选法、数学规划法、线形加权和法、平方和加权法、分层序列法和层次分析法等。

主要目标法。解决主要问题，并适当兼顾其他要求。

优选法。在实际问题中，通过分析讨论抓住其中的一两个主要目标，尽可能满足目标要求，而其他指标只要满足一定要求即可，优选过程可通过若干次试验以达到最佳。

数学规划法。设有 m 个目标 $f_1(x)$，$f_2(x)$，…，$f_m(x)$ 要考查，其中方案变量 $x \in R$（约束集合），若以某目标为主要目标，如 $f_1(x)$ 要求实现最优（最大），而对其他目标只满足一定规格要求即可，如：

$$f_i^{'} \leqslant f_i(x) \leqslant f_i^{''}(i = 2, \cdots, m) \qquad (13.3.1)$$

其中当 $f_i^{'} = -\infty$ 或 $f_i^{''} = \infty$ 就变成单边限制，这样问题便可转化成求下述非线性规划问题：

$$\max_{x \in R^{'}} f_1(x)$$

$$R^{'} = \{x \mid f_i^{'} \leqslant f_i(x) \leqslant f_i^{''}, i = 2, \cdots, m, x \in R\} \qquad (13.3.2)$$

线性加权和法。若有 m 个目标 $f_i(x)$，分别给以权系数 $\lambda_i(i = 1, 2, \cdots, m)$，然后作新的目标函数（也称效用函数）：

$$U(x)=\sum_{i=1}^{m}\lambda_i f_i(x) \tag{13.3.3}$$

该方法的难点是如何找到合理的权系数，使多个目标用同一尺度统一起来，同时所找到的最优解又是向量极值的有效非劣解。在多目标最优化问题中不论用何种方法，总会至少找到一个非劣解（或近似非劣解）。另外，因非劣解可能有很多，如何从中挑出较好的解，有时就需要综合考虑另一个目标了。

平方和加权法。设有 m 个规定值 $f_1^*,\cdots,f_m^*$，要求 m 个函数 $f_1(x)$，$\cdots,f_m(x)$ 分别与规定的值相差尽量小，若对其中不同值的要求相差程度又可不完全一样，即有的要求重一些，有的轻一些，这时可采用下述评价函数：

$$U(x)=\sum_{i=1}^{m}\lambda_i\left[f_i(x)-f_i^*\right]^2 \tag{13.3.4}$$

要求 $\min\limits_{x\in R}U(x)$，其中 λ_i 可按要求相差程度分别给出。

分层序列法。分层序列法的思想是把目标按其重要性给出一个序列，分为最重要目标、次要目标等。设给出的重要性序列为：

$$f_1(x),f_2(x),\cdots,f_m(x)$$

下面逐一求序列的最优化。

首先对第一个目标求最优，并找出所有最优解的集合记为 R_0。然后在 R_0 内求第二个目标的最优解，记这时的最优解集合为 R_1，如此处理一直到求出第 m 个目标的最优解 x^0，其模型如下：

$$\begin{aligned}
f_1(x^0)&=\max_{x\in R_0\subset R}f_1(x)\\
f_2(x^0)&=\max_{x\in R_1\subset R_0}f_2(x)\\
&\vdots\\
f_m(x^0)&=\max_{x\in R_{m-1}\subset R_{m-2}}f_m(x)
\end{aligned} \tag{13.3.5}$$

该方法有解的前提是 $R_0, R_1,\cdots, R_{m-1}$ 非空，同时 $R_0, R_1,\cdots, R_{m-2}$ 都不能只有一个元素，否则就很难进行下去。

当 R 是紧致集，函数 $f_1(x)$，$f_2(x)$，…，$f_m(x)$ 都是上半连续时，则按下式定义的集求解：

$$R_{k-1}^{*}=\{x \mid f_{k}(x)=\sup_{u \in R_{k-2}^{*}} f_{k}(u) ; x \in R^{*}{}_{k-2}\} \quad k=1,2,\cdots,m \qquad (13.3.6)$$

其中 $R_{m-1}^{*}=R$ 都非空，特别 R_{m}^{*} 是非空。故有最优解，而且是共同的最优解。

层次分析法。是一种定性与定量相结合的多目标决策分析方法，可以将决策者的经验判断给予量化，适用于目标结果复杂且缺乏必要数据的情况。层次分析法解决多目标决策问题的基本思路是：首先找出决策问题的主要因素，按目标、准则、措施等分类；然后构造一个各因素之间相互联结的层次结构模型，按目标、准则、措施，从上到下将各类因素排列于不同层次，构成一个层次结构图；再根据层次结构图确定每一层各因素的相对重要性的权数，直至计算出措施层各方案的相对权数，得到各方案的优劣次序，供决策者选择。

层次分析法的基本过程，大体可以分为如下 6 个基本步骤：一是明确问题，即弄清问题的范围，所包含的因素，各因素之间的关系等，以便尽量掌握充分的信息；二是建立层次结构，也就是构建目标准则体系；三是构造判断矩阵，判断矩阵表示针对上一层次中的某元素而言，评定该层次中各有关元素相对重要性的状况；四是层次单排序，是本层次的元素进行重要性排序，确定权重值，它是本层次所有元素对上一层次而言的重要性排序的基础；五是层次总排序，利用同一层次中所有层次单排序的结果，就可以计算针对上一层次而言的本层次所有元素的重要性权重值，即层次总排序；六是一致性检验，为了评价层次总排序计算结果的一致性，类似于层次单排序，也需要进行一致性检验。

三、群决策分析

群决策的决策人是多个，组成群，群中成员的地位平等或者基本平等，群中的每个成员都是决策者。备选方案是给定的，方案集是已知的，决策群只要从该方案集中选出最优的或令人满意的，或者决策群能接受的一个方案即可。群决策所涉及的领域很广，有投票表决体制、社会选择理论、委员会理论、队论与分散决策、递阶优化、专家评估、一般均衡理论、对策论和谈判与仲裁等。

在集体决策问题中，群的组织结构大致可以分为两种形式：一是递阶的权力结构，其特点是有明确的层次结构；二是委员会，其决策的基本特点是群中各成员之间地位平等，原则上各成员的权力基本相同。根据委员会基本职能的不同，又可分成两种：一种是作为权力机构的委员会,另一种是作为参谋班子或咨询机构的委员会。前一种委员会本身就是做决策的实体，其中不再存在有最后决策权的领导人，这种委员会的基本功能是要集结各成员的偏好以形成群即社会的偏好，得到最终决策。后一种委员会我们称之为专家咨询及群体参与，其中各成员的权力虽然平等，但其作用是提供各成员的经验、知识和信息，帮助决策人作价值判断，真正的最终决策往往要由组建委员会的高级行政人员来做。以上两种委员会决策问题的另一个重要区别在于前者往往有现成的备选方案集，而后者则通常要在研究问题的过程中形成方案，再给出对各方案的评价意见。

在联合作战过程中，联合作战指挥人员大都扮演参谋角色，或者是以专家咨询方式出现，目的是为上级机关、指挥部门或者决策机构提供必要的建议和意见，因此在联合作战过程中对于群决策问题，我们一般采用第二种委员会的形式组织群，进行专家咨询决策。

多准则群决策方法。对方案评价的实质是决策人对方案偏好的表达。由于群中成员对方案的评价有多项标准或准则，而各方案又各有优劣，有时总体性能也不相上下。这些准则有些可以定量描述，有的则只能定性说明。可定量描述的准则可以用赋值、打分或以基数效用函数来评价；而定性的准则只能通过方案的两两比较给出次序关系。因此，多准则群决策的评价方法中有基数性方法，也有序数性方法。所谓基数法是指根据某准则为各方案赋值时，这些数的大小不仅表示方案的优劣，还表示优劣的程度；而序数法的实质是排序，即根据某准则为各方案定值，打分时，也只是用这些值的大小来反映方案的优劣次序，而不反映优劣的程度。为了评价的准确性，凡是能作定量测度的场合，应尽量采用基数法。

集体参与分配网。这种方法是一种利用计算机进行辅助计算的数值评价方法，这种评价方法的功能相当于投票表决体制，把群中各成员的价值判断聚合起来得出群的决策，适用于采集专家的意见，该方法对各种规模的群和不同类型问题的求解，都比传统的群决策方法更为优越。

反复迭代的公共规划方法。这种方法的目的是要使所作的决策能够更准确地反映群众的利益、愿望和要求，为此该方法鼓励公众不断参与规划过程。整个规划过程包括四个方面：明确问题；确定方案；效果分析；方案排序。在公共规划方法的反复迭代过程中，这四个活动是同时并行而不是依次进行的。其中有两点很重要：一是在任一阶段，任何一种行动都会对其他行动产生影响；二是四种行动之间的关联是由评价因素构成的。利用系统的思路，应用系统工程的方法是解决复杂问题非常有效的手段，因此，在群决策的理论和方法研究中更好地结合系统的观点，是非常重要的和可行的研究方向。

专家咨询问题的系统方法是从系统的角度来认识决策问题，并运用系统的方法来求解决策问题。对认识和解决群决策问题有着得天独厚的优势，因此在用系统方法求解复杂群决策问题时多采用此方法。该方法通常包括如下步骤：专家和参与者的选择；问题的阐述；备选方案的产生；各方案的评价与选择；选定方案的实施与管理；上述某些步骤的反复迭代。

第一，专家和参与者的选择。在这一步中要确定所需专家的人数与类型，这不仅需要根据问题本身的性质和复杂性展开分析，还要考虑求解问题的方法。决定具体人选时要考虑两个因素，一是要具有广泛的代表性，对所研究问题持有各种不同观点的人都应当有代表参加；二是所选的专家具备较高的学术造诣，具有广博的专业知识和丰富的实践经验。

第二，问题的阐述。这是整个问题求解过程中的关键性步骤，需明确总目标，并规定各种约束条件。在群的成员对同一证据有不同理解时，要鼓励他们畅所欲言，发表各种意见，进行充分讨论。

第三，备选方案的产生。这一阶段要提出解决问题的各种可能措施，很可能会有许多能够达到目标的方针政策和可供选择的行动步骤。产生备选方案的方法很多，可以分成两大类：一类强调自由思考，另一类强调对问题的求解作结构上的引导。第一类方法中又包括鼓励专家发表意见的方法和收集专家意见的方法。第二类方法中对系统结构的探索包括系统的分解与综合，即首先把问题分解成定义明确的一组要素，再把要素综合成整体，通过关联矩阵、关系图、信号流图等把含糊不清的思维模型变成直观清晰的结构模型。

第四，方案的评价与选择。这一阶段要对上一阶段生成的各种备选方案做出评价，以确定各方案满足目标及达到目的的程度，再根据事先规定的若干准则从中找出一个付诸实践。由于各准则的不可公度性，方案与方案的直接比较难以进行，所以要采用某种定量化的办法和投票的方法。通过仿真模型可以用较少的时间和费用来评估哪个方案更适于解决问题，因此可以根据具体情况选用解析的或者经验的仿真模型。

第五，方案的实施与管理。要把选定的方案付诸实施，需要认真制定规划，一个完整的规划应当有实施方案的行动步骤、实施框图和每一步行动的结果。常用的方法有进度表、计划评审技术（PERT）、关键路径法（CPM）、规划设计进度和预算系统（PPBS）等。

第六，迭代过程。对系统的探索必然会有反复，复杂问题不可能一次尝试就做出完善的决策。最重要的原因是参与决策的人在研究复杂系统的过程中会对问题有进一步的了解，其次是由于解决问题的艰难认识过程迫使他们不断思考第一次提出的方案是否完善、对有关问题的考虑是否周到。在方案实现之前，任何方案都只是暂时性的，即便是选定的所谓最终方案也是如此，随时都有可能出现某种科学技术的重大突破，使方案再次发生变化或修改。

第四节　联合作战辅助决策系统

联合作战决策问题越来越复杂，需要定量分析方法求解决策问题，也需要构建辅助决策系统，提高解决问题的效率。通过建立面向联合作战的辅助决策系统，实现对联合作战指挥决策全过程的支持，缩短指挥周期，提高指挥效率，保证决策的准确、及时和高效。

一、联合作战辅助决策系统功能需求

联合作战决策过程围绕着理解任务、了解敌情我情、分析判断、提出作战方案并预测结果几个主要环节进行，以确定联合作战中作战方针、联合作战布势、作战行动、任务区分、指挥与协同、作战效果估计等具体问题为主要内容。联合作战决策过程最终的成果形式，是联合作战决心和与之相适应的联合作战方案或作战计划。

根据联合作战决策过程的特点和需求，确定联合作战辅助决策系统的功能，为联合作战决策活动提供全方位的支持。其主要功能有以下 5 个方面：一是对侦察、情报获取、战场基本信息了解的支持；二是对分析判断、筹划的支持；三是对作战计算、仿真和作业的支持；四是对作战方案评估的支持；五是对各种作战文书拟制的支持。

第一，获取战场信息。信息的获取来自战场探测系统、情报系统、战场管理系统、气象保障系统等。辅助决策系统的目标是帮助指挥员高效、准确地了解情况，即借助现代信息管理技术，有效管理各类情况，对决策者所关心问题提供简洁、精确的回答。辅助决策系统应建立数据库和知识库，收集并管理已有资料和知识，提供高效的搜索引擎并与各专业部门建立方便的数据链接。

第二，分析判断情况。判断是决策的基础，分析是判断的基础。判断由决策者做出，辅助决策系统提供分析过程和方法。分析由问

题的性质不同分为定性分析和定量分析，实际应用中定性分析和定量分析总是相辅相成的。资料服务和知识服务对定性分析具有最直接和最经常的作用。在联合作战决策所需知识服务中，简单问题可以直接搜索结果。复杂问题在联合作战决策时限内是无法详细分析的，因此不可能提出完全周密的解决方案，这需要靠平时对可预见问题的积累。对可预见的问题，平时要不断投入大量人力、物力进行专门研究，这些研究是各种军事专家对各自领域的专业问题进行周密思考的结论。即使是那些无定论的研究，其分析要点和基本观点对进一步认识问题也十分宝贵。

第三，计算联合作战行动。定量分析是影响决策工作效率和质量的重要因素，大量手工作业的计算效率很低。参谋人员面对日益细分的专业知识时，采用主观估计和模糊处理，会导致产生解决问题上的偏差。定量分析主要涉及军事科学的基础领域，具有较多的科学性和较少的随意性，具有一系列固有的解决方案。辅助决策系统可以建立辅助作业工具，如完善的目标库、目标分析模型库和作战计算模型库，使决策者从事务性工作中解放出来，提高定量计算效果。

第四，评估联合作战方案。决策过程中，需要对各种预案的后果做出快速和反复的评估，以排除计划中的明显不足和协助决策者寻求满意的解决方案。评估的内容十分广泛，涉及作战行动、兵力协调、作战保障、后勤保障、装备保障等内容，以及兵力计算和效果评估等内容。为适应需评估事件的多样性，联合作战辅助决策系统应建立评估库，集中管理、独立运行不同用途的评估系统，对提交的方案能做出正确的评估,使指挥员权衡后能最后确定作战方案。

第五，拟制作战文书。决策者在确定作战方案、定下联合作战决心后，要以各种作战文书的形式下发给下属的部队。拟制作战文书虽然不是很复杂的事情,但也需要指挥机关人员花费大量的时间。为节约时间，减少命令传输时间，降低指挥机关人员工作量，建立统一的格式和文档，辅助决策系统应具备对各种作战文书拟制的支持功能，提高指挥员及指挥机关的工作效率。

二、联合作战辅助决策系统结构设计

联合作战决策形成的过程中，不同的决策支持系统在不同的环境、不同的阶段可以在不同的方面对决策进行支持，而任何一个单独的决策支持系统都不能完全有效地支持一个决策形成的所有阶段。在对决策形成的过程中，它们各有优缺点。因此，如何充分融合各项技术，综合集成这些系统，建立可以支持决策形成全过程的系统，在近年来受到普遍关注和充分重视。

决策形成支持系统是用户与计算机交互的支持用户决策形成全过程的信息系统。其用户可以是单人或群体，对用户的决策支持可以是直接的也可以是间接的，决策形成过程可以用不同的方法展现，用户与计算机的交互是多维的。该系统提供的支持包括许多技术，这些技术是从众多领域中提取出来的，这些领域包括计算技术、认识科学、计算机技术、经济、工程、管理科学以及统计等。决策形成支持系统的重点在于在决策形成的全过程为用户提供支持。其未来将向着更为智能化和分布式的方向发展。

联合作战辅助决策系统的分析子系统、方案生成子系统、评价子系统是整个系统的核心部分。实现该系统的理论关键是联合作战决策的科学化、规则化和推理机制，技术关键是与各类作战决策问题相关联的模型的建立和知识表达，以及对应的模型库和知识库的研制与实现。

数据库是数据信息的主要来源。主要存储敌情、上级指示和命令、气象条件、地理条件以及部队当前状态（含物资、器材储备、兵力部署、阵地、部队素质、人员状况、武器装备情况）等与作战指挥相关的信息与数据。模型库是模型的集合，也是辅助决策系统运行的科学依据。它是提高决策结论科学性和可信度的重要基础。知识库是辅助决策系统的关键部分，也是系统智能化程度高低的体现。方法库是指与作战指挥有关的所有算法和进行辅助决策的推理算法。图形库是系统形象、直观的基础。推理机既是数据库、模型库、知识库、方法库、图形库的“连接器”，又是推理的实施者。

决策方案输出是辅助决策系统最终提供给决策者的运行结果，也是人机界面的重要部分。解释子系统，其作用是使决策者更好地接受决策方案。人机接口的作用是提供决策者与辅助决策系统里联系交流的窗口。已建成的各类技术支持体系，都是通过对数据库、模型库、知识库、方法库、图形库等内容做规划，结合相应的库管理系统，构成辅助决策的软环境。

三、联合作战辅助决策系统实现步骤

联合作战辅助决策系统的实现，就是将系统设计阶段的技术设计结果转变为实际可以运行的物理系统，是对系统设计结果的具体实现。辅助决策系统实现阶段的工作包括：首先根据系统设计阶段产生的系统控制结构图、数据库设计、系统配置方案等详细设计资料完成系统程序的设计、调试；然后在各部件的程序编制完成后，解决系统部件间的接口问题，实现整个系统的集成；最后进行系统的安装、试运行，组织实验人员对系统进行使用，并给出系统评价意见。

辅助决策系统的实现主要包括两大方面的内容：一方面是根据设计阶段的文档进行程序编码，并进行调试、集成；另一方面是进行系统运行的实施准备。辅助决策系统的开发工作大部分是在实验室里进行的，要实现辅助决策系统的真正运行还需要做大量的准备工作，包括制定实施计划，建立运行环境，进行数据准备，人员培训等。

第一，制定实施计划。辅助决策系统实施阶段涉及的研制人员、部门非常多，工作的内容和类型也很多，因此为了使实施过程高效有序，必须制定高质量的辅助决策系统研制实施计划，可以通过甘特图或工程网络图等形式安排实施过程各环节的工作和人员的调配，达到各种资源的有效应用和时间的节省。

第二，建立辅助决策系统运行环境。系统实施阶段将完成对硬件设备和软件的购买工作。硬件设备和软件的购买应该根据设计说明书要求来进行。硬件设备包括网络设备、计算机以及其他外部设备等。硬件设备在购买后还要进行设备的测试、安装和网络的施工、系统调试等多项工作。购置的系统软件则包括操作系统软件、数据库管理系统、编程工具、开发平台等。合理地选择系统的硬件和软件对于实现系统功能、降低系统成本以及提高系统的扩展都有重要的影响。

第三，程序编码。程序编码是根据系统设计阶段产生的文档和处理要求，使用系统规定的开发环境和开发工具编写源程序，实现文档规定的技术要求。在进行程序编码时，首先要求程序编码的正确性，包括没有语法和语义错误，满足系统设计要求的功能等，这是对编码的最基本的要求；其次要求程序具有很好的可读性，可读性通过良好的程序结构、清晰的格式以及尽可能详细的注释等来实现；最后要求程序具有很好的可维护性，采用模块化、组件等技术，方便开发人员为了不断满足用户的新需求而进行的修改和完善程序的工作，便于使用快速原型开发技术进行系统开发。

第四，数据准备。建立系统时，首先需要将原来的固定数据、历史数据和初始数据等按照系统数据模型的要求输入到系统中。这是一项非常细致的工作，事先要认真做好数据的准备工作，这不仅是一个数据录入的过程，还包括对原始数据的检验、整理和补充等大量工作，而且数据的正确与否可能会对决策结果产生影响，因此必须给予充分的重视。

第五，系统集成和评价。在系统各部件的程序编制完成后，将解决部件间的接口问题，进行整个系统的集成。实现由总控程序来控制各部件的运行和组合，进行人机交互，完成辅助决策的功能。系统集成之后，将尽快进行系统的试运行，组织研制人员对系统进行使用，并给出系统评价意见。

第六，人员培训。辅助决策系统运行之前需要事先对系统使用人员进行必要的培训。这里包括系统维护人员的培训、系统管理人员的培训和联合作战指挥人员的培训等。

四、联合作战辅助决策系统应用流程

联合作战辅助决策系统的应用要结合联合作战的具体情况，有针对性地开展应用研究，加强辅助决策系统的应用效果。

为了提高联合作战辅助决策系统的使用效果，根据联合作战的过程，划分不同的阶段，确定各个阶段主要的决策问题，选择辅助决策的方法，确定解决方案。

第一,划分联合作战阶段。联合作战的不同阶段有不同的侧重点，指挥人员分工各不相同，通过对联合作战整个过程进行分析，将整个联合作战划分为不同的阶段。归纳每一个阶段的特点，确定每个阶段需要完成的主要工作，研究参与阶段工作的人员的种类和特点；同时，为联合作战这个复杂问题分出了层次，明确每一阶段的工作重点，进一步简化了问题的复杂程度。

第二，确定主要决策问题。根据联合作战各个阶段的具体工作情况，列出联合作战各个阶段中出现的主要决策问题，弄清楚这些决策问题的本质，联合作战中担任决策者的人员种类以及决策类型等种种问题。说明联合作战阶段、问题名称、目标、事件以及它们之间的关系。这一步工作是上一步工作的最终总结和细化，从而真正完成将复杂问题简单化细化的工作。

第三，选择辅助决策方法和技术。根据决策问题选择一种合适的辅助决策方法，简单或相对复杂的模型，确定性或不确定性的仿真，直接分析或推演式理论分析，最优化或探索性分析，推理分析或主观评估，固定模型或系统动态模型等。为了使方法和技术与问题匹配，应明确影响决策问题因素的种类和最主要的因素，决策问题的复杂程度，求解这种类型决策问题的成功案例。

第四，确定解决方案。在明确了决策问题和拟采用的辅助决策方法和技术种类以后，就要进行具体的解决方案的开发工作。主要工作包括：充实具体的模型，设计仿真与分析模型，确定问题求解步骤等。联合作战决策问题类型众多，有些能够利用辅助决策技术有效解决，有些则在目前还没有比较成熟的技术可以解决，因此主要是为能够利用辅助决策技术解决的决策问题提供具体的辅助决策技术以及解决方案。

联合作战辅助决策系统是在决策形成支持系统的基础上，集合专家系统、群决策支持系统、智能决策支持系统和综合决策支持系统等相关决策支持系统的思想、技术和功能，根据联合作战指挥人员的需求、决策问题的特点和决策方法的要求，有针对性地开展辅助决策系统研究和开发，经过不断的应用和完善，推出实用的联合作战辅助决策系统。

联合作战辅助决策研究加深了对联合作战的理解和认识，提出了解决联合作战决策问题的方法和手段，为深入研究联合作战问题奠定了坚实的基础。联合作战辅助决策的研究主要包含 3 个方面：一是明确决策问题。在联合作战过程中有许多问题需要分析研究，其中决策问题的有效解决至关重要，理解和明确决策问题的类型和特点是解决问题的关键。二是确定决策问题的求解方法。针对联合作战过程中具体问题，研究和选择合适的决策方法、运筹方法、军事系统方法，梳理和归纳联合作战辅助决策方法体系，可以明确方法的适用范围，加深对理论与方法的理解，有利于后续的应用。三是设计联合作战辅助决策系统。辅助决策系统是提高决策效率的重要手段，可以高效解决联合作战的决策问题，帮助指挥人员实施正确和高效的指挥，保证联合作战顺利进行，提高联合作战指挥人员的效率和水平。

第十四章

联合作战筹划研究

联合作战筹划研究是运用作战筹划分析方法，研究联合作战问题，把握联合作战问题的关键，提出解决联合作战问题的对策建议，形成联合作战行动方案和计划，指导联合作战行动的实施。作战筹划分析方法由作战力量分析、作战行动分析和作战进程分析构成，三种分析是不断递进的关系，也称为三重分析法，是运用系统思维，从整体的角度研究联合作战问题，得出符合实际情况的研究结论和作战方案。

第一节　三重分析法概述

三重分析法是研究作战问题的重要方法，可以支持作战问题的研究和作战方案的评估，也可以辅助指挥员和指挥机构研究作战行动和制定作战计划，形成对作战问题的全面和直观的理解和认识，得出合理有效的研究结论和作战计划，提高作战筹划的针对性、有效性和科学性。本节主要说明三重分析法的定义和作用、主要工作、运用和发展。

一、三重分析法的定义和作用

三重分析法是系统分析作战力量、行动和进程的三重状态，形成对作战问题的全面认识和科学结论的研究方法。三重分析法突出作战问题研究的三重状态，按照作战问题的研究规律，循序渐进，不断深化对作战问题的理解和认识，利用作战力量分析表、作战行动分析图和作战进程分析表，完整和直观地研究整个作战问题，得出合理和有效的研究结论。

第一重状态是作战力量的分析和认识。主要研究红蓝作战力量的使用和效果，形成红蓝作战力量分析表，经过统计分析，得到红蓝作战力量对比表和作战力量分析结果，为作战行动研究打下基础。

第二重状态是作战行动的分析和认识。主要研究红蓝作战行动配合和效果，画出红蓝作战行动分析图，综合分析红蓝可能出现的对抗行动，画出红蓝对抗行动图，形成作战行动研究结论，为作战进程研究奠定基础。

第三重状态是作战进程的分析和认识。主要研究军事、政治、经济、外交和社会等方面对作战过程的影响，分析作战进程中可能出现的各种问题和影响作战进程的各种因素，研究各种问题的相应对策和效果，形成对作战进程的全面认识。

二、三重分析法的主要工作

作战力量分析是三重分析法的第一重，也是后续研究的基础。主要研究红蓝作战力量种类和数量、主要武器装备的性能、可能打击的目标和效果，通过对比分析，发现红蓝作战力量强弱点，为研究作战行动提供准备。

作战力量分析的主要工作包括：搜集红蓝作战力量的种类、数量和性能数据，通过模型计算和仿真分析计算主战武器装备对重要目标的打击效果，分别填写红方作战力量分析表、蓝方作战力量分析表，统计分析红蓝作战力量分析表的内容，形成红蓝作战力量比较表，得出作战力量分析结果。

作战行动分析是三重分析法的第二重，需要利用作战力量分析的结果，也为后续作战进程分析提供基础。主要研究红蓝可能采取的多种作战行动，计算不同行动组合的效果，通过对比分析，得出红蓝作战行动对抗结果，为研究作战进程提供准备。

作战行动分析的主要工作包括：搜集和整理红蓝主要行动的方法和步骤，设想红蓝可能采取行动方式和顺序，计算和分析各种行动的效果，分别画出红方作战行动分析图和蓝方作战行动分析图，研究和分析红蓝行动的特点，画出红蓝作战行动对抗图，得出红蓝作战行动对抗结果。

作战进程分析是三重分析法的第三重，需要利用作战力量和行动分析的结果，也为形成作战问题分析结论提供基础。主要研究军事、政治、经济、外交和社会等方面对作战进程的影响，寻找解决各种问题的方法和对策，为形成作战问题的研究结论做准备。

作战进程分析的主要工作包括：根据作战力量和行动分析的研究结果，设想作战进程中可能出现的各种情况，明确军事、政治、经济、外交和社会等方面对作战行动的影响，发现和预想可能出现的各种情况，明确作战进程的变化规律，认识关键时节和重要节点，把握作战节奏和态势，有效掌控作战行动的总体态势，提出有效的应对措施。

三、三重分析法的运用和发展

三重分析法可以应用于作战研究、指挥和训练等方面。在作战研究方面，三重分析法是研究作战问题有效方法，可以协助研究人员加深对作战问题的理解和认识，得到合理的研究结果。在作战指挥方面，三重分析法可以辅助指挥员和指挥机构快速形成作战方案。在训练方面，三重分析法可以作为训练工具，有效提高指挥员的指挥能力。

三重分析法的发展要实现计算机化和便利化。三重分析法以计算机软件的形式展现，嵌入指挥信息系统，可以方便各类人员的使用。作战力量分析表、作战行动分析图和作战进程分析表与相关数据库和模型库相连，可实现快速生成和自动计算，及时得到各种分析结果，有效支持研究人员和指挥员的使用。

第二节　作战力量分析

作战力量分析主要采用填写作战力量分析表的方法，掌握各方武器装备的种类、型号、使用方法和打击效果，不同武器装备的对抗效果，明确武器装备正确的使用方法，形成对各方作战力量的整体认识。作战力量分析表是研究作战行动的基础，是条令中力量编成与运用的表现形式，是军兵种部队平时需要完成的重要工作，是牵引部队建设、训练和发展的重要手段。

一、作战力量分析表的组成和作用

作战力量分析表由红方作战力量分析表、蓝方作战力量分析表和红蓝作战力量对比分析表组成。红方作战力量分析表是研究红方作战力量的编成、任务和作战能力的结果。蓝方作战力量分析表是分析蓝方作战力量的编成、任务和作战能力的结果。红蓝作战力量对比分析表明确红蓝力量和能力的优劣，形成对作战行动结果的初步判断。

二、作战力量分析表的栏目和内容

作战力量分析表的栏目由力量、任务、装备、目标和效果组成。力量是作战行动中的有效力量编组，填写部队类型和数量；任务是该部队在行动中可能担负的主要任务，以文字表述；装备是该部队的主要装备，填写种类和数量；目标是装备可以打击的目标，填写目标种类和数量；效果是该部队与蓝方部队对抗的效果，填写蓝方部队的种类和毁伤程度。如表 14.2.1 所示。

三、作战力量分析表的分析和计算

作战力量分析表中填写的内容需要通过定性与定量相结合的方法分析计算。力量是根据给定的力量，分析部队的作用，确定合理编组。任务是根据编组情况，计算部队能力，确定主要任务。装备是根据任务要求，分析装备性能和效果，确定装备的种类和数量。目标是根据装备情况，分析目标的毁伤效果，确定目标的类型和数量。效果是根据任务、装备和目标情况，综合分析对抗程度和作战能力，确定部队的行动效果。分析和计算方法主要有：模型分析、模拟仿真、数值计算和数理统计等。

表 14.2.1　红军作战力量分析表

力量		任务	装备		目标	效果	
			平台	武器		计算结果	预计效果
远程打击集团	导弹旅 × 个	攻击航母和护航舰艇	导弹型号	反辐射导弹	舰艇雷达	突防概率 ×	中度毁伤
				侵彻战斗部	航母	命中概率 ×	中度毁伤
					舰艇	命中概率 ×	重度毁伤
海上作战集团	潜艇支队 × 个	攻击舰艇和航母，拦截舰载机和导弹	潜艇型号	反舰导弹	航母	突防概率 ×	中度毁伤
						命中概率 ×	
				鱼雷	舰艇	突防概率 ×	重度毁伤
						命中概率 ×	
	舰艇支队 × 个		舰艇型号	防空导弹	飞机导弹	毁伤概率 ×	击毁
				反舰导弹	水面舰艇	毁伤概率 ×	重度毁伤
空中作战集团	航空兵师 × 个	拦截舰载机，攻击舰艇和航母	飞机型号	反舰导弹	巡洋舰	毁伤概率 ×	中度毁伤
					驱逐舰	毁伤概率 ×	重度毁伤
			飞机型号	空空导弹	敌方战机	毁伤概率 ×	击毁

四、作战力量分析表的运用和发展

作战力量分析表可以应用于作战研究、指挥和建设等方面。在作战研究方面，作战力量分析表是作战行动研究的基础、成果的展现形式和计算方法的需求牵引。在作战指挥方面，作战力量分析表是作战指挥的基础、辅助分析的方法和形成共识的手段。在建设方面，作战力量分析表是训练标准的依据、力量发展的要求和作战能力的标准。

作战力量分析表的发展要实现使用的计算机化和便利化。作战力量分析表与作战数据库相连，相关数据可以从数据库直接提取；作战力量分析表与模型相连，计算结果在作战力量分析表中体现；作战力量分析表与行动图相连，作战力量分析表的相关内容在行动图的指定区域显示。编写作战力量分析表软件，实现作战力量分析表生成、使用和修改的便利化。

第三节　作战行动分析

作战行动分析采用绘制作战行动分析图的方法，掌握部队行动特点、流程和时间，双方对抗的结果，不同行动的顺序和效果，形成对作战行动的全面认识。作战行动分析图是研究作战行动的有效手段，可作为条令中描述作战行动、体现作战原则的一种形式，还可作为作战指挥中研究行动和协同的平台，提高作战行动的针对性、有效性和科学性。

一、作战行动分析图的定义和组成

作战行动分析图是作战行动的一种工程化描述，它由红方作战行动分析图、蓝方作战行动分析图和红蓝对抗行动分析图组成。红方作战行动分析图重点描述红方作战行动的主要过程、所属部队的行动、效果和协同。蓝方作战行动分析图重点描述蓝方作战行动的主要过程、所属部队的行动、效果和协同。红蓝对抗行动分析图用来描述红蓝对抗过程、所属部队的对抗行动和效果。

二、作战行动分析图的布局和含义

红方和蓝方作战行动分析图从左至右分别是力量、行动和效果，从上到下是作战力量的具体行动和主要过程。第一条横线表示作战行动开始时间、主要行动和结束时间。后续横线表示所属部队按照时间顺序主要行动的情况，横线前后分别标注部队名称和行动效果。如图 14.3.1 所示。

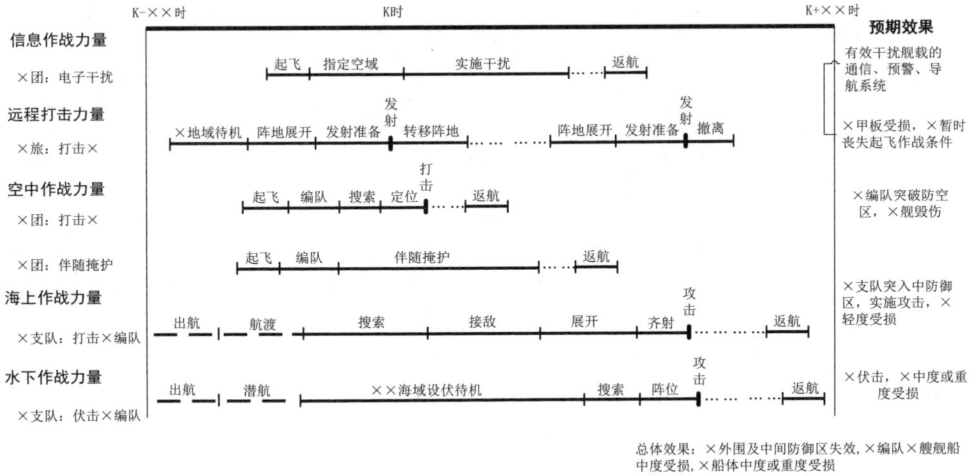

图 14.3.1　红军作战行动分析图

红蓝对抗行动分析图从左至右是红方力量与毁伤、具体行动与效果、蓝方力量与毁伤，从上到下是主要对抗过程和所属部队具体对抗内容，横线上面是红方行动，横线下面是蓝方行动。第一条横线表示对抗行动开始时间、主要对抗行动和结束时间，横线左标注红方总体被毁伤情况，横线右标注蓝方总体被毁伤情况。下面横线表示红蓝部队按照时间顺序的对抗行动情况，横线左标注红方部队名称和被毁伤情况，横线右标注蓝方部队名称和被毁伤情况。如图 14.3.2 所示。

三、作战行动分析图的分析和计算

行动图的分析和形成过程是在第一横线设计和填写作战行动的主要过程，在下面横线分别填写所属部队的行动，与第一横线的行动对应，并注意不同部队之间的协同。采用模型分析和数值计算的方法，计算部队行动效果，注意部队行动顺序的影响和效果的叠加效应。根据分析和计算结果，调整部队种类、数量和顺序，形成合理作战行动过程，实现作战行动的预期结果。

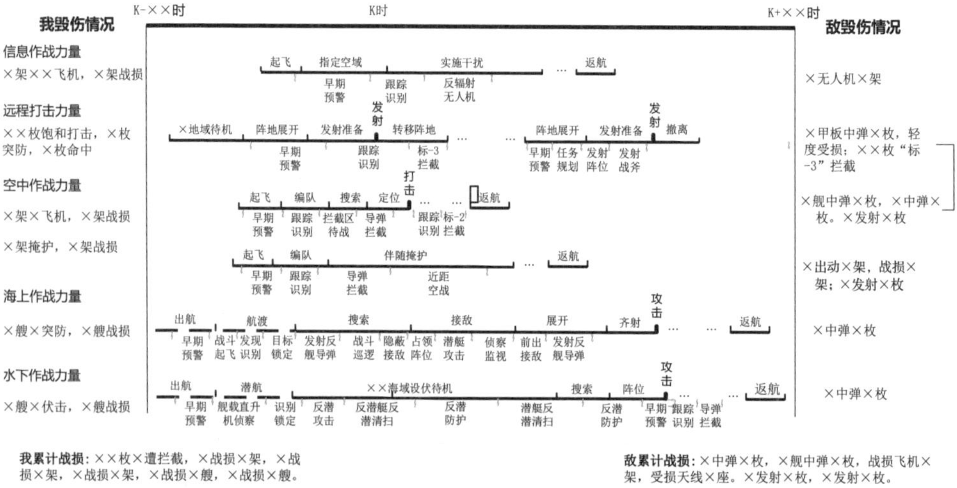

图 14.3.2　红蓝对抗行动分析图

四、作战行动分析图的运用和发展

行动图可以应用于作战研究、指挥和训练等方面。在作战研究方面，行动图是作战行动研究的基础、成果的展现形式和计算的主要内容。在作战指挥方面，行动图是作战指挥作业的平台、辅助分析的方法和形成态势的准备。在训练方面，行动图是训练的工具和标准。

行动图的发展要实现计算机化和便利化。行动图与作战力量分析表相连，相关数据从表提取；行动图与模型相连，计算结果在行动图中体现；行动图与作战态势分析图相连，行动图的内容在态势图上显示。

第四节　作战进程分析

作战进程分析是采用填写作战进程分析表的方法，掌握军事、政治、经济、外交和社会等方面对作战过程的影响，分析作战进程中可能出现的各种问题和影响作战进程的各种因素，研究各种问题的相应对策及其效果，形成对作战进程的全面认识。

作战进程分析表在作战行动分析图的基础上，对作战进程进行全方位的展现和分析，是深化作战行动研究的重要手段，是条令中作战进程展现的重要方法和作战原则体现的重要形式，是作战进程中各种情况分析和处置的基础，是提高作战行动针对性、有效性和科学性的重要途径。

一、进程表的组成和作用

作战进程分析表是由各个阶段各种力量在军事、政治、经济、外交和社会等方面的主要情况，以及总体评价和发展趋势组成，反映各个阶段不同方面的各种情况和变化发展的趋势，是分析作战进程的重要工具，是把握作战进程制定有效对策的关键。阶段通常按照作战进程的变化划分，体现作战进程的变化规律。各个方面通常分为对抗的两方和中立方，在作战过程中有不同的立场和行动。

作战进程分析表能够使指挥员了解作战进程的整体情况，明确军事、政治、经济、外交和社会等方面对作战行动的影响，发现和预想可能出现的各种情况，提出有效的应对措施，明确作战进程的变化规律，认识关键时节和重要节点，把握作战节奏，有效掌控作战行动的总体态势，提高指挥能力和水平。

二、进程表的栏目和内容

作战进程分析表的栏目由军事、政治、经济、外交、社会、总体评价和发展趋势组成。军事是不同阶段各个方面作战进展情况，填写作战总体情况。政治是不同阶段各方的国家政治发展情况，填写国家政治层面总体情况。经济是不同阶段各方的经济发展情况，填写经济发展情况。外交是不同阶段各方外交变化情况，填写外交发展总体情况。社会是不同阶段各方社会反映情况，填写社会反映总体情况。总体评价是不同阶段各方的综合情况，填写国家态势总体情况。发展趋势是不同阶段各方变化情况，填写发展趋势总体情况。如表 14.4.1 所示。

表 14.4.1 作战进程分析表

阶段＼情况		军事	政治	经济	外交	社会	评价	趋势
阶段 1	红方							
	蓝方							
	绿方							
阶段 2	红方							
	蓝方							
	绿方							
阶段 3	红方							
	蓝方							
	绿方							

三、进程表的分析和计算

作战进程分析表中填写的内容需要通过定性与定量相结合的方法分析计算。军事是分析不同阶段各方作战行动效果，给出作战总体情况结论。政治是分析不同阶段各方国家政治发展情况，给出各方政治层面总体情况结论。经济是分析不同阶段各方的经济发展情况，给出经济发展情况结论。外交是分析不同阶段各方外交变化情况，给出外交发展总体情况结论。社会是分析不同阶段各方社会反映情况，给出社会反映总体情况结论。总体评价是分析不同阶段各方的综合情况，给出作战态势总体情况结论。发展趋势是分析不同阶段各方变化情况，给出发展趋势总体情况结论。分析和计算方法主要有：模型分析、模拟仿真、数值计算和数理统计等。

四、进程表的运用和发展

作战进程分析表可以应用于作战研究、指挥和训练等方面。在作战研究方面，进程表是全方位展现作战进程的手段，是有针对性地计算作战关键内容的基础，是有效处置各种作战情况的平台。在作战指挥方面，进程表是辅助分析作战进程的方法，是设想和处置各种情况的平台，是有效达成作战目的的准备。在作战训练方面，进程表是训练的工具和标准。

作战进程分析表的发展要实现计算机化和便利化。进程表与作战力量分析表相连，相关数据从表提取；进程表与模型相连，计算结果在进程表中体现；进程表与作战行动分析图相连，进程表的内容在态势分析图上显示。

第五节　作战筹划方法应用

海上作战行动是未来作战的重要内容，涉及的军种多、交战行动复杂，需要加强研究，取得科学有效的研究成果。本节通过海上作战行动的筹划和研究，说明三重分析法的运用，为辅助作战指挥提供新的方法和手段。

一、问题分析和界定

海上作战行动分析要根据交战各方的作战力量，研究合适的战法，分析打击的效果，形成合理的研究结论。根据未来发生军事冲突的可能性，设计作战行动的地域，作战力量的规模和运用。根据作战任务，研究需要的作战力量种类和数量，采取的作战行动和可能的作战效果。

海上作战行动想定内容。红军远程打击集团有导弹 × 旅，海上作战集团有驱护舰 × 艘，空中作战集团有轰炸航空兵师 × 个、歼击航空兵师 × 个，以及其他支援保障力量。蓝军作战力量有航母 × 艘，舰载机联队 × 个，水面舰艇 × 艘，核潜艇 × 艘，以及其他支援保障力量。蓝军作战力量位置距红军约 × × 千米，时间大约在 × × × × 年。

二、研究思路和方法

海上作战行动分析采用定性分析与定量计算相结合的方法，分析作战力量编成、运用和效果，研究主要作战行动的方法、顺序和效果，设想作战进程中可能出现的情况和处置方法，得到合理的研究结论。

海上作战行动分析应用三重分析法，首先应搜集海上作战行动的数据和资料，明确界定研究内容和范围；然后展开作战力量分析、作战行动分析和作战进程分析三重状态分析，其间利用计算模型、统计分析法、仿真实验法和比较分析法等进行计算和分析，研究的过程和结果通过“一图两表”展现；最终形成研究结论，验证三重分析法的可行性和科学性。

三、作战力量分析

作战力量分析主要研究红蓝作战力量种类和数量、主要武器装备的性能、可能打击的目标和效果，通过对比分析，发现红蓝作战力量强弱点，为研究作战行动提供准备。

作战力量分析的主要工作包括：搜集红蓝作战力量的种类、数量和性能数据，通过模型计算和仿真分析计算主战武器装备对重要目标的打击效果，分别填写红方作战力量分析表、蓝方作战力量分析表，统计分析红蓝作战力量分析表的内容，形成红蓝作战力量对比表，得出作战力量分析结果。

（一）红方作战力量分析

海上作战行动研究中，红方作战力量主要依据想定给出，分别计算红方各种主战装备对蓝方作战力量主要目标的打击效果，填写红方打击蓝方作战力量作战力量分析表。例如，红方导弹可以突击蓝方航母编队的航母和护航舰艇，建立仿真模型，通过计算得到攻击航母时，突防率 ×%，命中率 ×%，毁伤率 ×%。

统计分析红方作战力量分析表的主要内容，得到红方作战力量的分析结果。一是红方导弹可以有效打击蓝方作战力量。弹道导弹突防率高、毁伤效果好，可以有效打击航母和编队的护航舰艇。但是导弹数量较少，难以持续攻击。二是红方空中力量可以有效攻击蓝方航母编队的护航舰艇。红方飞机使用远程空舰导弹，能够有效毁伤蓝方护航舰艇，可以利用数量优势弥补装备性能和训练水平的劣势。三是红方水面舰艇和潜艇可以攻击蓝方护航舰艇。红方舰舰导弹和潜舰导弹射程比较远，在有空中掩护的条件下，可以毁伤蓝方作战力量。

（二）蓝方作战力量分析

根据蓝方作战力量编成，计算蓝方作战力量对红方重要目标的打击效果，填写蓝方作战力量分析表。统计分析蓝方作战力量分析表的主要内容，得到蓝方作战力量的分析结果。一是蓝方作战力量的远程打击力量对红方构成较大威胁。蓝方护航舰艇携带巡航导弹的数量可能达到 × 枚，可以有效打击红方弹道导弹发射阵地、机场和雷达站等重要目标。蓝方舰载机也可以突袭红方地面和水上目标。二是蓝方作战力量自我防护能力强。蓝方舰载机可以拦截红方攻击机群，水面舰艇拦截红方空袭兵器，核潜艇攻击红方潜艇和水面舰艇。三是蓝方作战力量侦察预警距离远。航母编队舰载预警机的探测距离比较远，周边基地也可以提供预警信息，侦察预警卫星可以实时提供相关信息。

（三）红蓝作战力量对比分析

综合比较分析得到红蓝双方作战力量的分析结果，填写红蓝作战力量对比分析表。综合比较对比分析表的作战力量情况，形成红蓝作战力量的强弱分析结论。如表 14.5.1 所示。一是红方远程打击力量总体处于劣势。红方弹道导弹与蓝军巡航导弹相比数量少，使用条件高。但是，可以利用弹道导弹突破能力和毁伤效果好的特点，实施突然攻击，达到作战目的。二是红方空中力量总体占优。红方空中作战力量数量多，装备性能与蓝方相当，可以通过数量优势弥补装备性能和训练水平的劣势，形成对蓝方作战力量的优势。三是红方海上和水下作战力量可以发挥作用。红方舰艇的反舰导弹可以在蓝方主要装备的射程外发起攻击，在空中力量的掩护下，有效打击蓝方作战力量。

表 14.5.1　红蓝作战力量对比分析表

作战力量	红军			蓝军			对比结果
	部队	装备	效果	部队	装备	效果	
远程打击力量	导弹旅 × 个	各型导弹发射架 × 个	重度毁伤 × 艘航母，中度毁伤 × 艘航母	水面舰艇和潜艇中队 × 个	巡航导弹	重度毁伤导弹发射架、机场和雷达	蓝军远程打击力量占优
空中作战力量	航空兵师 × 个	各型飞机 × 架	中度毁伤航母，有效毁伤水面舰艇	各型中队 × 个	各型飞机 × 架	部分拦截战机，有效攻击水面舰艇	红军空中打击力量占优
海上作战力量	舰艇支队 × 个	水面舰艇 × 艘	重度毁伤水面舰艇，中度毁伤潜艇	各型舰艇中队 × 个	水面舰艇 × 艘	重度毁伤水面舰艇	红军水面打击力量占优
水下作战力量	潜艇支队 × 个	潜艇 × 艘	重度毁伤水面舰艇，中度毁伤潜艇和航母	潜艇中队 × 个	潜艇 × 艘	重度毁伤水面舰艇，中度毁伤潜艇	红军水下打击力量占优

四、作战行动分析

作战行动分析需要利用作战力量分析的结果，也为后续作战进程分析提供基础。主要研究红蓝可能采取的多种作战行动，计算不同行动组合的效果，通过对比分析，得出红蓝作战行动对抗结果，为研究作战进程提供准备。作战行动分析的主要工作包括：搜集和整理红蓝主要行动的方法和步骤，设想红蓝可能采取行动的方式和顺序，计算和分析各种行动的效果，分别画出红方作战行动分析图和蓝方作战行动分析图，研究和分析红蓝行动的特点，画出红蓝作战行动对抗图，得出红蓝作战行动对抗结果。

（一）红方作战行动分析

红方作战行动主要依据武器装备的打击效果，采用联合作战的方式，重点使用航空兵部队和导弹部队，水面舰艇部队和潜艇部队配合，计算红方不同部队前后顺序的作战行动累加效果，画出红方打击蓝方作战力量作战行动分析图，通过评估行动效果，确定优化的行动组合和使用时机。

根据红方作战行动分析图的研究和论证，形成红方作战行动研究结论。一是红方打击行动要发挥联合作战的优势。各军兵种的作战力量使用不同的武器装备，从不同角度和方向实施打击，可以使蓝方作战力量难以有效抗击，提高打击效果。二是红方作战行动要提高效率。蓝方机能够实时监控红方的行动，所以需要提高作战行动的时效,使蓝方无法预测和阻止红方作战力量的机动和打击行动。三是红方作战行动要相互配合。红方实施联合打击行动，需要各种作战力量相互配合，空中作战力量要夺取制空权，也要打击蓝方水面舰艇。红方海上作战力量要攻击蓝方海上作战力量，也要拦截蓝方空袭兵器。

（二）蓝方作战行动分析

蓝方行动主要根据蓝方作战力量的作战使用规律，设想针对红方的打击行动可能采取的多种对策，计算蓝方作战力量各种对抗行动的效果，画出蓝方作战力量的作战行动分析图，分析对红方构成最大威胁的行动。

根据蓝方作战行动分析图的研究和论证，形成蓝方作战行动研究结论。一是蓝方作战力量随时防备红方打击行动。蓝方作战力量前出，会时时关注红方动向，随时反制红方可能采取的各种行动，避免部队遭受损失。二是蓝方作战力量努力夺取战场综合控制权。

蓝方想掌握战场的控制权，采用禁飞区、禁航区等形式，阻止红方采取其他军事行动。三是蓝方作战力量可能远程打击红方重要目标。蓝方作战力量的护航舰艇可以携带大量巡航导弹，与舰载机配合，有效攻击红方重要目标和重要民用设施。蓝方可能的行动是防备弹道导弹攻击和夺取战场控制权。蓝方可拦截红方弹道导弹，打击发射架，攻击红方飞机、潜艇和水面舰艇，夺取战场从空中到水下的控制权。

（三）红蓝对抗行动分析

综合比较分析红蓝双方作战行动的研究结果，画出红蓝对抗行动分析图，分析研究红方可能面临的严峻形势，明确有效海上作战行动步骤和方法。

根据红蓝对抗行动分析图的研究和论证，形成红蓝对抗行动研究结论。一是红方打击行动要提高突然性和隐蔽性。红方的打击行动可能在蓝方的实时监控下，需要隐蔽作战企图，注意行动的突然性，才有可能达成作战目的。二是红方打击行动要保持高强度和持续性。红方多种作战力量保持打击的强度和持续，以空中、水面、水下作战力量和弹道导弹部队的攻击，联合打击和袭扰蓝方部队，有效达到目的。三是红方打击行动要注意灵活性和有效性。蓝方的反击行动可能使红方无法按计划开展行动，需要红方各种作战力量注意相互支援，弥补其他作战行动出现的漏洞。还要留有预备队，应对各种突发情况，保持作战态势的稳定。

五、作战进程分析

海上作战行动的进程分析是采用填写作战进程分析表的方法，了解海上作战行动过程，掌握军事、政治、经济、外交和社会等方面对作战过程的影响，分析海上作战行动中可能出现的各种问题和发展趋势，研究各种问题的相应对策及其效果，有效指挥整个作战行动。

海上作战行动进程分析表能够使指挥员了解作战过程的整体情

况，明确军事、政治、经济、外交和社会等方面的总体情况，掌握各个阶段不同方面的整体情况和发展趋势，提出有效的应对措施。

海上作战行动可以分为冲突阶段、相持阶段和结束阶段三个阶段，根据作战力量和行动的分析结果，设想海上作战过程中各个阶段不同方面的总体情况，分别填写作战进程分析表，研究打击蓝方作战力量行动的全过程。

（一）冲突阶段分析

海上作战行动的冲突阶段，军事方面，红蓝两方根据各自作战方案开展作战行动，同时根据战场形势调整部队使用，提高对抗强度，努力取得优势，双方各有损失。政治方面，开展宣传攻势，争取同情和支持。经济方面，加强武器装备生产，对经济发展影响不大。外交方面，加强与邻国和盟国的联系，寻求各方面支持，各国根据自身利益反应不一。社会方面，舆论支持作战行动多，对社会生活影响不大。总体评价，对双方影响不大，发展趋势是冲突结束，也可能升级。

（二）相持阶段分析

海上作战行动的相持阶段，军事方面，红蓝两方增加作战力量，做好升级准备，同时考虑有效打击对方，取得战场优势，为谈判创造条件。政治方面，展现各自主张的坚定性，同时考虑调整的可能性。经济方面，正常生产受到影响，武器装备生产压力大。外交方面，邻国和盟国根据战场态势，选择参与少，中立多。社会方面，社会生活受到影响，舆论支持和平多。总体评价，双方都有结束冲突意愿，发展趋势是结束冲突，也可能持续。

（三）结束阶段分析

海上作战行动的结束阶段，军事方面，红蓝两方减少作战地域的部队数量，重新部署作战力量，防备后续的冲突。政治方面，各自宣布取得胜利，同时考虑后续政策的变化。经济方面，正常生产逐渐恢复，经济发展创新高，武器装备更新换代。外交方面，邻国和盟国根据冲突结果，选择有利自己一方，加强联系合作。社会方面，社会生活逐渐恢复，舆论总结和反思冲突情况。总体评价，双方获得一定好处，也都有损失，发展趋势是维持和平态势，也准备应对可能出现的冲突。

六、研究结论和建议

海上作战行动的分析运用三重分析法，研究红蓝双方的力量使用、行动方法和进程分析结果，主要得到以下结论：一是打击蓝方作战力量可以达到中度以上的毁伤程度。二是为了达成作战目的，红方需要留有预备兵力用于隔绝战场。三是作战过程呈现三个阶段，各种因素和各个方面影响作战进程发展。海上作战行动的研究效果受制于人员、数据和模型，仅得到初步的结论。如果开展深入细致的研究，还需要更准确的数据、更多的模型和人员，以使研究结论更有说服力。

根据海上作战行动研究过程和三重分析法的运用情况，提出以下建议：一是三重分析法可以支持作战行动的研究论证。通过海上作战行动的研究，形成和完善了三重分析法，用于后续作战行动实验论证问题研究，可以规范论证过程和实现论证效果。二是三重分析法可以辅助作战指挥的计划研究。通过三重分析法可以深入了解作战力量的使用、作战行动的安排和作战进程的变化，加深指挥员和指挥机构对作战任务的全面认识，提高指挥员的指挥能力和决策水平。三是三重分析法可以成为方便使用的软件。通过固化三重分析法的研究流程，搜集装备性能和部队演习数据，集成相关模型和计算方法，编写计算机软件。三重分析法软件有利于推广，也可以嵌入红方指挥信息系统，方便指挥人员使用。

第十五章

作战风险分析研究

作战中风险是客观存在的，深入了解作战中的各种风险，可在面对风险时以可控、有效的方式作出反应，减少不必要的损失，使得作战行动更加有效。本章从概念入手，说明作战风险分析框架，阐述三类典型作战风险的具体分析方法，促进作战风险分析方法研究，增强作战筹划分析的科学性和合理性。

第一节 作战风险分析概述

作战决策者的筹划分析以及对相关作战问题的研究，是以科学和艺术相结合的方式进行的作战谋略，必须进行全面谋划，才能获得完满胜利，其中作战风险因素的考量正越来越引起决策者和研究人员的重视。本节说明作战风险的概念和分类、作战风险分析的步骤。

一、作战风险的概念

作战是一个有一定周期、投入力量众多、体系十分复杂的对抗过程。作战在性质上属于非线性的复杂巨系统，由于系统固有的内在随机性的影响，作战中存在着大量的不确定性因素，其中包括有未知因素、随机因素和模糊因素等。而且，随着作战时间的推移，战场条件在不断变化，双方的态势也在迅速发生改变，不确定性因素的影响也在不断变化。由此造成了作战存在不同程度的风险，作战风险是客观存在的。

作战风险是指在作战过程中军事力量无法完成作战任务的可能性，及遭受重大损失的可能后果。作战风险的主要后果首先是作战任务目标的失败，这是作战中发生的最大可能损害，同时还要考虑作战代价问题。战略使命规定了部队的作战任务以及任务目标，作战失败的后果则涉及人员、飞机、舰艇的损失，遭到对方重大打击，作战规模加大，手段升级，作战时间拉长，导致的战局失控。作战风险应包括作战中的意外事件、该事件发生的可能性和该事件发生后产生的不良后果这三个要素。

作战风险的产生有内部因素和外部因素，有主观因素和客观因素，导致作战风险产生的原因有很多，因此进行作战风险研究时要综合考虑各种因素，概括起来包括如下四个方面。

作战行动的对抗性方面。作战行动是一种复杂的思维与行为过程，复杂性易导致不确定性。而且作战是一种暴力对抗，是敌对双方激烈对抗的活动，对抗双方斗智斗勇、互施计谋，激烈的对抗性，使作战条件更加复杂、更加不确定，使指挥人员和部队承受的压力增大，必将影响他们指挥能力和作战潜力的正常发挥。作战对抗还使信息的可信度降低，加剧了信息不确定性，从而滋生风险。

作战组织计划方面。作战主体包括指挥员、指挥机关和参战部队。指挥员和指挥机关作为指挥主体，一方面在作战中始终处于高度紧张的对抗状态，另一方面由于知识水平、认识水平以及经验的有限，使得指挥决策难免会受到影响。因此，指挥主体的决策活动经常会带有主观性、片面性和局限性，从而使决策与实际情况有一定的偏差，这种偏差将会产生风险。在现代作战条件下，参战部队一般是由诸军兵种组成的，其作战方式更加复杂、协同更加困难，作战潜力在战时能否正常发挥存在着很大的不确定性。此外，部队能否在战时保持高昂的士气，也是决定作战成败的关键性不确定因素。在作战过程中，由于指挥主体指挥效能发挥的不确定性，以及部队作战潜力发挥的不确定性，风险不可避免地会产生。

作战条件的复杂性和多变性方面。作战条件，是指影响作战行动的客观环境因素的综合，主要包括敌情、战场环境情况，以及社会政治、经济、技术条件和国际环境。任何作战行动都与一定的环境条件有关。这些环境条件将直接影响作战行动的效果，从而使其蕴含着不同性质、不同程度的风险。在所有的因素中，对方情况是最主要的和不断变化的，对方会刻意隐蔽自己的企图、隐藏自己的行踪，这必然会增大双方侦察、了解对方情况的难度，也就增大了对方情况的不确定性。随着未来大量高新技术武器装备广泛运用于战场，使得作战节奏进一步加快，战场情况瞬息万变，增大了指挥员对战场未来发展趋势预测的难度。作战条件的复杂性和多变性，蕴含着诸多的不确定性，这些都将导致作战风险。

作战信息的不充分性和不准确性方面。在作战行动中，所需信息是大量的和多方面的，但信息在质和量两个方面往往都不能满足决策的需要。在作战行动中，交战双方各显神通，通过侦察与反侦察、干扰与反干扰，以及欺骗、伪装等措施进行信息对抗，争夺信息优势。作战信息中充满了过时的、虚假的、相互矛盾的信息，真实性和准确性都难以把握。海量信息的处理和综合的难度很大，有价值的信息往往被淹没在信息海洋之中。不充分的信息使指挥员与指挥机关不可能对决策条件和行动方案的效果有一个全面认识和把握，也就不可能完全洞察未来战场态势的发展。作战信息不准确，将使指挥员对情况的判断发生偏差甚至错误，从而定下错误的决心、作出错误的决策，造成作战风险的发生。

二、作战风险的分类

作战风险可以分别按风险来源、风险特征、作战过程等进行划分。按风险来源进行划分，主要是从作战行动所面临的不确定性角度出发，侧重于从作战行动的结果来划分风险类别。按风险特征进行划分，主要是从作战所涉及的活动、任务以及面临的环境等方面对风险进行分类。按作战行动过程进行划分，主要是从作战过程的不同阶段，对作战过程中的风险进行归类。

从不同划分方法的分类结果来看，按风险来源进行划分所得出的风险类别，可以很好地描述作战行动的风险后果；按风险特征进行划分所得出的风险类别，由于是从作战行动所涉及的活动、任务以及面临的环境等方面考虑，所以可以很好地描述作战风险因素的组成。

从作战风险来源的角度来分类。从作战风险来源的角度看，风险类型主要有任务风险、装备风险、保障风险、环境风险、人员无意行为风险等。在风险来源中，任务因素主要包括任务的性质、时间、地域和要求等；装备因素主要包括装备的适用性、完好率、维修保养、备品备件等；保障因素包括政治思想工作保障、后勤保障和技术保障等；环境因素指的是由于自然、社会、电磁等环境的影响带来的风险，主要包括航道情况、水文条件、气象条件等；人员无意行为因素，指的是来自作战部队内部的人为无目的的违规、疏忽等行为对作战行动构成的风险，包括人员的思想状况身体素质、在位率和训练水平等。

从作战风险特征的角度来分类。从作战风险特征的角度来看，作战风险类型主要有代价过大风险、意外事件风险、战局失控风险以及不可持续性风险等。

代价过大风险，突出的是作战代价过大，超出决策者忍受程度的风险。

意外事件风险，指的是由于作战能力的缺陷和不足，在作战中不足以应对突发的事件或者敌方的意外行动带来的风险。作战目标的达成，是各基本作战阶段所体现出来的作战能力的集中表现，因此意外事件作战风险是作战风险中一类十分重要的风险。

战局失控风险，是指战局发展超出预期，且能力不足以使战局发展处于掌控之中的风险。对战局进行有效控制是未来战争实践中的重要问题之一。再完善的计划，也不可能精确适应实际战争形势和战场态势的变化及发生的问题。由于战局的发展演变受多种内外因素影响，存在很多的不确定性，因此，必须在进行作战筹划时考虑战局失控的风险。

不可持续性风险，指的是由于后勤装备保障、兵员补充、国防基础设施等方面的不足，使得作战行动难以持续进行的风险。

上述作战风险类型，具有一定的交叉关联关系。

三、作战风险分析步骤

作战风险分析是指对作战中产生的风险加以识别、进行评估，并做出全面的、综合的分析，寻找降低风险的策略方法，为决策人员控制或者规避作战中的风险提供辅助手段，实现风险管理。

作战风险分析活动的主体是运筹分析人员，对象是作战行动中可能出现的各种作战风险。其最终目的是尽可能地减少作战中风险带来的损失，实现作战目标。

作战风险分析与作战筹划决策过程密切相关，作战风险分析是作战筹划决策过程的一部分，对风险的分析和处理本身也包括了决策的过程。作战风险分析的一个重要目的就是为了更好、更科学地辅助决策，作战风险分析应该贯穿整个作战筹划决策过程。

作战风险分析主要可以分为作战风险识别、作战风险评估和作战风险控制三个方面。

作战风险识别是对尚未发生的潜在的各种作战风险场景事件，进行系统归纳和全面识别的过程。它主要强调对问题认识的全面性，即对存在的、尚未发生的具有典型性的风险场景事件加以客观且有一定创造性的识别。

作战风险评估是作战风险分析中一个重要的步骤。通过作战风险的评估，可以得到定性和定量的数据，为指挥人员决策提供依据。根据作战风险的定义，作战风险评估应该至少回答以下 3 个主要问题：作战中可能发生的风险场景（事件）是什么，风险场景（事件）发生的可能性或概率有多大，风险场景（事件）一旦发生后会产生什么严重的后果。

作战风险控制是指控制和应对作战风险的行为，是决策机构或指挥人员根据分析的结果进行规避和消除风险的过程，它是整个作战风险分析的最终目的。

面向作战筹划或者军事问题研究的作战风险分析过程，主要包含 3 个阶段：冲突场景空间构想、作战选项（方案）空间构建和主要作战选项（方案）分析。在作战选项（方案）的对比量化分析中，还要考虑效益、可行性、灵活性等问题，可能还会涉及包括政治、经济、民意、规划及物资保障等诸多的因素，重点关注 3 类主要作战风险的分析流程、方法及指标的量化分析模型。着重考虑与作战直接相关的因素，意在探索对作战风险这一全新复杂领域定量研究的方式方法。如图 15.1.1 所示，给出了面向作战筹划的作战风险分析总体步骤。

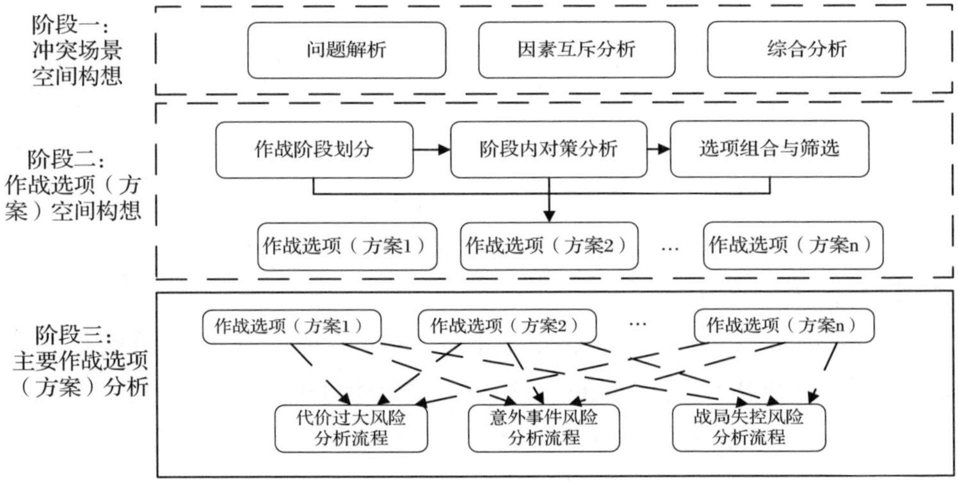

图 15.1.1　面向作战筹划的作战风险分析总体步骤

阶段一，冲突场景空间构想：根据未来可能的危机事件或冲突诱因，构想一个冲突的场景作为分析的基本出发点和基础。

阶段二，作战选项（方案）空间构建：以冲突场景为依托，根据军事战略确定的战争目标和关于敌方意图及可能行动的判断，提出如何使用我方军事手段，作用于敌方什么部分，即提出如何运用军事手段的概略构想。

阶段三，主要作战选项（方案）分析：根据不同的作战构想或军事行动对风险分析的需求，按照所关注的具体作战风险类型有针对性地展开分析。对不同类型的作战风险设计相应的具体分析方法流程和模型。

如上 3 个阶段的步骤，是通过多次针对重大军事问题研究过程的实践总结得来的，较符合目前我军开展军事决策问题分析活动的基本特点。对于第三阶段主要作战选项（方案）分析阶段进行了较为深入的研究，提出了代价过大风险、意外事件风险及战局失控风险 3 种主要的作战风险类型，并根据每一类风险的不同特点，分别提出了相应的较有针对性的量化分析流程、方法及模型。

第二节　代价过大风险分析

代价过大风险是指作战代价过大、超出决策者忍受程度的风险。代价过大风险需要从两个方面来进行评估，即造成损失的事件发生的可能性和代价损失的严重程度，风险等级是对这两个变量评估的函数，它将为战略战役决策人员提供方案评估的依据。本节主要说明代价过大风险分析流程、代价过大风险场景分级和过滤等内容。

一、代价过大风险分析流程

作战中代价超出预期设想，而造成的代价过大风险，主要是由于作战方策略运用的失误、恶劣环境或者其他不利因素，导致任务失败，造成人员、装备等的损失。代价损失与利益往往是一个问题的两个方面，而代价过大风险分析的最终目的考虑的是，如何在不付出代价或少付出代价的情况下达到作战目的、获得预期利益。

对代价过大风险的分析过程，不应仅仅是对导致代价过大风险的因素、事件和转化条件等构成要素的单独分析，而应该是一个着眼于时空全要素的系统分析。在分析代价过大风险的时候，将这些导致人员装备等损失过大的种种场景，定义为代价过大风险场景，通过对这些代价过大风险场景的评估，分析得出各种方案选项面临的代价风险。

代价过大风险分析的基本流程是一个“合分迭代”的过程。其中，“合”是指局中人（研讨专家）集体讨论，集中专家的集体智慧；“分”是指专家分开研究，各自评判、决策，即各专家单独对一些问卷及评判选项进行裁决评估；“迭代”是指研讨到某个阶段，可以返回到以前某个阶段，对某些环节重新进行决策再进行合并。作战代价过大风险分析流程如图 15.2.1 所示。

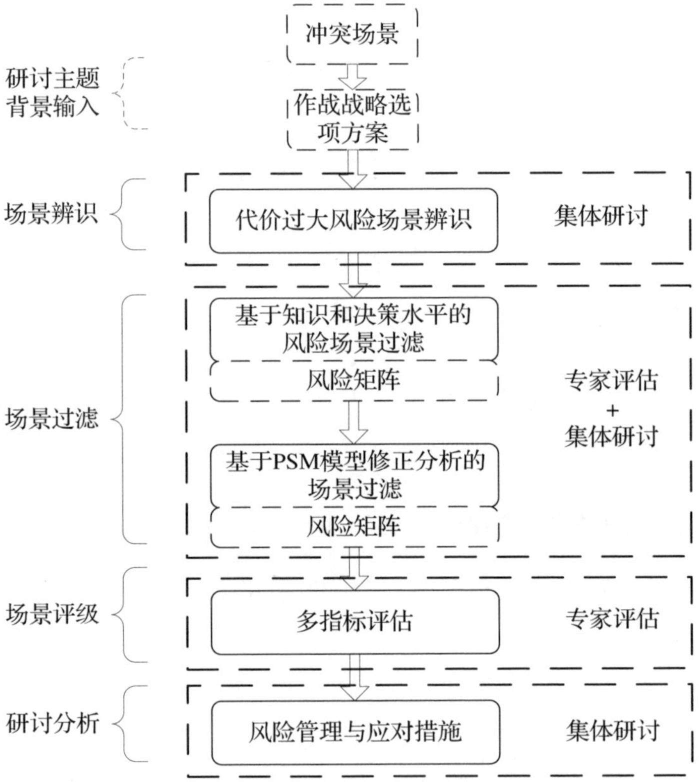

图 15.2.1　代价过大风险框架式研讨分析流程

其中，风险场景辨识是根据问题背景及作战选项（方案）对作战过程的设想，对可能的风险场景进行辨识，构建全息风险场景树模型。风险场景过滤是首先对辨识的风险场景，进行定性的过滤，剔除通过定性判断就能发现的不是太重要的风险场景；然后对保留的风险场景进行可能性和后果严重程度的计算或判断，在此基础上，根据风险场景发生的可能性及其后果严重程度两个指标，运用风险评估矩阵对风险场景进行聚类分析；之后，利用过程序列建模和蒙特卡罗仿真，对之前评估的结果进行修正后再次进行场景的过滤。风险场景评级是通过风险评估标准表，由专家对过滤后的风险场景进行判断，并按风险严重程度进行排序。研讨分析是在整个方案中，根据风险排序情况，结合具体因素，研究方案应如何调整，以降低潜在的严重风险。

二、代价过大风险场景的分级

根据对作战风险的定义，可以认为任一代价过大风险场景的风险评价（RA）依赖于造成的损失影响 I、发生概率 P_0 两个主要变量，即满足函数 $(RA) = f(I, P_0)$。假设若分析的问题中涉及的风险场景总数为 n 个，那么实施代价风险评估就是判断这 n 个风险场景在作战实施过程中的重要程度，以找出其中关键的风险，供决策人员权衡分析，从这个角度去理解代价风险分析问题的话，目标函数可以表示为：$\max\limits_{i=1}^{n} RA_i = \max\limits_{i=1}^{n} f(I_i, P_{0i})$。

那么其中就要确定变量 I_i 和 P_{0i}，以及函数关系 f。变量 I_i 和 P_{0i} 的评估过程，采用基于专家判断及定量评估的方式，同时引入模糊集理论，以减少评估过程中的主观依赖性。对于函数关系 f，主要采用基于风险矩阵的理论来进行确定。

在分析作战代价过大风险的后果损失问题时，代价也就是后果损失的影响程度，主要由两方面组成：武器装备的损耗和人员伤亡。要对代价风险进行过滤与评估，那么需要对风险等级的定义进行细化，定义的内容应该是军事含义明确、可测量或便于由专家判断的具体风险判断指标。为此在分析中，基本依据如下方式对代价过大风险场景的分级定义及计算方法进行描述。

定义 1：代价风险对后果损失的影响程度分为 5 个等级：关键、严重、一般、微小、可忽略；每个等级对应一组对装备损耗 $C_i(i = 0,1,2,3)$ 及人员伤亡 $R_i(i = 0,1,2,3)$ 的具体描述，如表 15.2.1 所示。

表 15.2.1 代价风险后果影响程度分级定义详细描述示意表

等级划分	符号	装备损耗	人员伤亡
关键	C（Critical）	大于 C_3	大于 R_3
严重	S（Serious）	C_2–C_3	R_2–R_3
一般	Mo（Moderate）	C_1–C_2	R_1–R_2
微小	Mi（Minor）	C_0–C_1	R_0–R_1
可忽略	N（Negligible）	0–C_0	0–R_0

对于其中具体描述的各个等级对应的装备损耗及人员伤亡边界值，是按照如下思路进行获取的。

确定可忽略等级具体描述。首先，根据预期达成目的要付出代价底线中描述的装备损耗和人员伤亡率定义为可忽略等级。在一方实施作战行动时，对于每种作战的方式选项，指挥员都会有一个达成己方预期目的要付出伤亡的最低值（最乐观情况），将这个伤亡的最低值描述中装备的损失率描述定义为 C_0，人员伤亡率的描述定义为 R_0。由于该值是预期的价值底线，于是可以将其看作是低风险等级后果损失的具体描述。

确定关键等级具体描述。对于关键等级详细描述中装备损耗 C_3 的具体定义，可以用估算进攻方放弃进攻的临界点定性模型确定，如表 15.2.2 所示。该表聚焦于部队素质、士气、感知到的继续战斗的理由 3 个关键变量，这 3 个变量将会决定临界点的取值。根据所需分析对象军队的训练、士气和政治素质等情况，可基本判定在实施作战中各阶段装备损耗临界点，并由此定义代价风险关键等级描述中装备损耗 C_3 的具体取值。

表 15.2.2　进攻方放弃进攻的临界点定性模型示意表

进攻部队的素质	士气	感知到的继续战斗的理由	装备损耗临界点
很好	狂热的程度	不相关	75%
很好	好	> =一般	50%
很好	好	差	25%
很好	< 好	< =差	10%

在确定关键等级描述中人员伤亡率 R_3 的具体取值时，基于如下的假设：作战物资损失率与人员伤亡率密切相关。在大多数情况下，当坦克、车辆和火炮被击中时，人员也同样受到打击，因此，引起人员伤亡的因素与毁伤作战物资的因素是基本相同的。这意味着人员伤亡率与作战装备物资损失率之间存在着一定的关系，由此，可以通过后者来估计前者。这些关系随着作战物资的项目不同而不同，而且要视战场密度和武器装备的分布，以及在敌火力下的相对易损性而定。依据文献的论述，可以概略得出 R_3 的计算方法：

$$R_3 = rc*hc*sh*tz*op*C_3 = k*C_3 \qquad (15.2.1)$$

其中，k 表示人员伤亡率对于装备损耗率的修正系数，它由地形（rc）、气象（hc）、作战方式（sh）、兵力与规模（tz）、对抗强度（op）决定。各因素对修正系数的影响，如表 15.2.3 所示。

表 15.2.3　因素对修正系数影响关系表

因素	影响关系描述
地形（rc）	地形越复杂，人员伤亡越少
气象（hc）	恶劣的气候将降低伤亡率
作战方式（sh）	在大规模的渡海、河作战或两栖作战中，处于或靠近登陆场时节，攻方的伤亡要多于守方的伤亡
兵力与规模（tz）	兵力规模越小，伤亡率越高
对抗强度（op）	该因素由双方战斗力比而定。战斗力比值越大，则另一方伤亡越高

这些因素是需要考虑的主要方面，但有时很难精确地量化，所以在分析代价风险问题时，将这些因素统一起来考虑，用人员伤亡

率对于装备损耗率的修正系数 k 来概略地代替，而 k 的取值主要根据历史数据的统计经验值得来。

之后可根据式（15.2.2）和式（15.2.3）求得其余装备损耗及人员伤亡等级划分的边界值 C_1、C_2 及 R_1、R_2。

$$C_i = C_0 + \frac{i*(C_3 - C_0)}{3}, \text{ 其中} i = 1,2; \tag{15.2.2}$$

$$R_i = R_0 + \frac{i*(R_3 - R_0)}{3}, \text{ 其中} i = 1,2; \tag{15.2.3}$$

利用该式分别计算出 C_1、C_2 及 R_1、R_2 后，再利用之前分析得出的 C_0、C_3 及 R_0、R_3，就可以利用表 15.2.1 得出后果损失影响程度的分级定义中各个区间的详细量化描述。

定义 2: 代价风险场景发生可能性可分为几乎不可能、可能性小、有可能、很可能、几乎必然 5 个等级。其中：

$$L=\begin{cases} \text{几乎不可能} & p \leqslant 10\% \\ \text{可能性小} & 10\% < p \leqslant 40\% \\ \text{有可能} & 40\% < p \leqslant 60\% \\ \text{很可能} & 60\% < p \leqslant 90\% \\ \text{几乎必然} & 90\% < p \end{cases} \tag{15.2.4}$$

风险发生的概率等级依据其发生的可能性大小分为 5 个等级，在这 5 个等级的划分中，其百分比间距为：10、30、20、30、10，可以看出，其百分比间距是对称的，符合对作战代价风险发生概率的可能大小划分。

事件发生可能性判断是风险分析量化的重要组成部分，一般需要根据风险事件的定义，借助模拟仿真来完成，必要时，也可采用专家判断。分析中将代价风险场景发生可能性的量化分为两个部分：

（1）通过专家判断进行首轮量化

在没有历史数据可用时，通过专家主观确定的概率称为先验概率，这反映了根据过去的经验和知识对某一不确定事件或多或少的认识。具体做法是，在将 5 个等级分别赋予 1~5 的分值基础上，对多个专家的等级选择进行加权求和，而得到分值平均值 $\bar{x}$，再反过来映射成为 5 个等级的描述，如表 15.2.4 所示。

表 15.2.4　专家评分结果区间映射示意

概率等级	专家评分映射区间
几乎不可能	$1 = \bar{x} \leqslant 1.5$
可能性小	$1.5 < \bar{x} \leqslant 2.5$
有可能	$2.5 < \bar{x} \leqslant 3.5$
很可能	$3.5 < \bar{x} \leqslant 4.5$
几乎必然	$4.5 < \bar{x} = 5$

由于专家进行的是定性判断，上述做法给出的只是相应的分值，该分值对应于表 15.2.4 中的某一等级。为了获得位于某一区间的结果分值 $\bar{x}$ 对应的主观概率值 p，可采用以下算法：令前一等级对应概率区间上限值为 P_m^{i-1}，相对应等级概率区间上限值为 P_m^i，相对应等级概率区间下限值为 P_n^i，相对应等级分值区间上限值为 X_m^i，相对应等级分值区间下限值为 X_n^i，于是有转换公式：

$$p = P_m^{i-1} + \frac{P_m^i - P_n^i}{X_m^i - X_n^i} * (\bar{x} - X_n^i)\text{（最小等级除外）} \qquad (15.2.5)$$

因此，对应各等级，其计算如下：

当等级为几乎不可能时：$p = \dfrac{0.1}{(1.5-1)} * (\bar{x}-1) = 0.1\bar{x} - 0.1$

当等级为可能性小时：$p = 0.1 + \dfrac{0.4-0.1}{(2.5-1.5)} * (\bar{x}-1.5) = 0.3\bar{x} - 0.35$

当等级为有可能时：$p = 0.4 + \dfrac{0.6-0.4}{(3.5-2.5)} * (\bar{x}-2.5) = 0.2\bar{x} - 0.1$

当等级为很可能时：$p = 0.6 + \dfrac{0.9-0.6}{(4.5-3.5)} * (\bar{x}-3.5) = 0.3\bar{x} - 0.45$

当等级为几乎必然时：$p = 0.9 + \dfrac{1-0.9}{(5-4.5)} * (\bar{x}-4.5) = 0.2\bar{x}$

（2）通过贝叶斯公式对专家主观概率进行校正

先验概率背后总是隐藏着不确定性，要减少不确定性，就要通过搜集资料、建立数学模型，进行实验、计算机模拟等方式，获得有关信息之后，利用贝叶斯公式来改善对风险事件出现概率的估计精度，提高对风险事件概率估计的准确性。改善后的概率称为后验概率。其公式如下：

$$p(B_i \mid A)=\frac{p(A \mid B_i)p(B_i)}{\sum p(A \mid B_i)p(B_i)} \tag{15.2.6}$$

三、代价过大风险场景的过滤

风险矩阵法是将决定危险事件风险的两种因素，即风险严重度 (S) 和风险可能性 (P)，按其特点划分为相应的等级，形成一种风险评价矩阵，并赋以一定的加权值来定性衡量风险大小。根据风险事件发生可能产生的损害程度，将风险事件发生的严重度定性地分为若干等级，称为风险事件严重度等级；根据风险事件发生的频繁程度，将风险事件发生的可能性定性地分为若干等级，称为风险事件的可能性等级。采用风险矩阵的方法来描述风险，在风险矩阵中行的内容表示为风险场景发生时所产生结果的严重程度 (S)，列的内容表示风险场景发生的可能性，即发生概率 (P)。

利用风险矩阵方法设计了一种应用分析方式，分析代价过大风险场景的过滤问题。基本思想是：事先建立风险场景后果影响程度和风险场景发生可能性的对应矩阵，按照“代价过大风险场景的分级定义及计算方法”，求得各个代价过大风险场景对应值，将风险场景数据填入矩阵中相应位置，形成一个对代价风险场景评估过滤矩阵。具体步骤如下：一是将代价过大风险场景后果损失的影响程度作为矩阵的行。对代价过大风险场景一旦发生后会造成的后果损失的影响程度进行分级，并对每一级别装备损耗和人员伤亡的具体值进行描述。二是将代价过大风险场景发生的可能性作为矩阵的列。三是依据代价过大风险场景后果损失的影响程度和发生可能性的分级，确定代价风险的等级划分。

在风险矩阵中，随着风险场景发生可能性的增大、风险场景后果损失影响程度的增强，风险等级也会逐步增加。事实上，在风险矩阵方法原始风险等级尺度表中，风险发生概率等级和风险潜在后果等级都是5级，可是依据两者而确定的风险等级尺度却只有“高、中、低”3个等级。相对于风险场景的5个概率等级和风险场景的5个后果影响等级而言，风险等级尺度的划分显然过于单一、笼统，且区分度不高、描述不详细，这样的风险等级尺度划分更无法满足对作战代价过大风险场景分析的客观要求。由此可见，风险矩阵方法的原始风险等级尺度划分对本问题的分析存在一定的不合理性。为了提高风险矩阵方法运用于作战代价过大风险场景的分析与过滤过程的合理性、可靠性和科学性，对风险等级尺度划分进行了改进，把风险等级尺度区分为低风险等级、中等风险等级、高风险等级、不可接受风险等级4个尺度，并分别给出具体的描述。

低风险，即基本不可能失败，耗用在可接受范围内的装备和人员，就可以实现目标。中等风险，即基本不可能失败，但是取得成功所消耗的装备和人员可能要增加。高风险，即失败有可能发生，同时装备损耗大，人员伤亡远超出预期底线。不可接受风险，即失败有可能发生，而且损耗大量装备、造成人员重大伤亡之后也不能保证取得有利的结果。

同时结合对代价过大风险后果损失影响程度以及代价风险发生可能性的量化过程，可以将评语集映射到代价风险分类集中，细化分类提升风险评估的准确性。这4个等级按照代价风险场景后果损失（5个等级）及发生可能性（5个等级）的取值对应情况，如图15.2.2所示，其中不同颜色区域对应不同等级风险。

在矩阵行、列以及代价风险等级确定的基础上，构建代价风险场景分析过滤矩阵：向分析研讨成员中的领域专家发放调查问卷，获得专家评估结果，将对应的风险场景值填入矩阵，依据各个场景在矩阵中的分布，判断出其风险等级，并对较低等级的风险过滤。如图15.2.3所示，就是经一次分析后得出的结果，其中不可接受风险等级场景7个、高风险等级场景6个、中等风险等级场景6个、低风险等级场景 6 个。一般在基于知识和决策水平的场景过滤阶段将中等风险和低风险等级的风险场景过滤掉。

后果＼可能性	几乎不可能（0~10%）	可能性小（10%~40%）	有可能（40%~60%）	很可能（60%~90%）	几乎必然（大于 90%）
关键 C (Critical)	不可接受风险	不可接受风险	不可接受风险	不可接受风险	不可接受风险
严重 S (Serious)	高风险	高风险	高风险	高风险	不可接受风险
一般 Mo (Moderate)	中等风险	中等风险	中等风险	高风险	不可接受风险
微小 Mi (Minor)	低风险	低风险	中等风险	中等风险	高风险
可忽略 N (Negligible)	低风险	低风险	低风险	低风险	中等风险

低风险	中等风险	高风险	不可接受风险

图 15.2.2　风险等级划分详细定义示意图

后果＼可能性	几乎不可能	可能性小	有可能	很可能	几乎必然
关键 C (Critical)		S24	S44	S13 S15	
严重 S (Serious)		S32 S12	S13 S31	S22	S43
一般 Mo (Moderate)		S33	S13 S31	S42	
微小 Mi (Minor)	S41	S21 S11	S14 S24		
可忽略 N (Negligible)			S24 S35		S23 S34

低风险	中等风险	高风险	不可接受风险

图 15.2.3　代价风险矩阵分析过滤结果示意图

在进行代价风险场景过滤时，一个重要的环节就是领域专家利用自己在该领域知识及经验，对具体风险场景的后果影响程度以及发生可能性，依据评价标准进行详细定量评估判断。各个评价标准是一个区间值，评估过程是多专家参与集体研讨评估，将带来的问题是：不同专家对同一评估对象的评估结果会落在不同区间内，在保证评估的合理性和独立性条件下，该如何科学地将这些评估结果综合，得出最终的结果。针对这一问题，应尽可能减少评估过程的主观依赖性。本书应用模糊集理论，设计了风险场景后果影响和发生可能性的模糊综合评估模型。该模型在考虑多方面因素的基础上，应用模糊数学的相关知识对分析对象做出综合评价，模型建立过程如下：

（一）建立评语集及多级的风险场景集

定义 3：通过风险场景识别出的代价过大风险场景集为 $S = (s^1, s^2, \cdots, s^l)$，评语集 $V = (v^1, v^2, \cdots, v^m)$，其中 $V^1 = (v_1^1, v_2^1, \cdots, v_i^1)$，$(i = 5)$，表示代价风险场景后果影响评语集，$V^2 = (v_1^2, v_2^2, \cdots, v_i^2)$，$(i = 5)$，表示代价风险场景发生可能性评语集。

之前介绍过采用基于等级全息建模的方式识别代价风险场景，识别出的代价风险场景可能会是一个多层级结构。

不妨设第 k 层第 l 组风险场景集为：

$$S^{(kl)} = (s_1^{(kl)}, s_2^{(kl)}, \cdots, s_q^{(kl)})(k = 1,2,\cdots; l = 1,2,\cdots) \tag{15.2.7}$$

相应的权重向量为：$a^{(kl)} = (a_1^{(kl)}, a_2^{(kl)}, \cdots, a_q^{(kl)})$，$\sum_{l=1}^{q} a_i^{(kl)} = 1$，其中，$a_1^{(kl)}$表示 $S_i^{(kl)}$在 $S^{(kl)}$ 中的比重。当考虑等权重时，$a_1^{(kl)} = \frac{\sum a_1^{(kl)}}{q}$。

（二）确定模糊矩阵

对第 $k(k = 1,2,\cdots)$ 层第 $l(l = 1,2,\cdots)$ 组风险场景评价时，建立模糊映射：

$$\tilde{f}_l\text{：} S^{(kl)} \to F(V) \tag{15.2.8}$$

$$\tilde{f}_l(S_i^{(kl)}) = (r_{i1}^{(kl)}, r_{i2}^{(kl)}, \cdots, r_{in}^{(kl)}) \in F(V) \tag{15.2.9}$$

其中，$r_{ij}^{(kl)}$（$i=1,2,\cdots,m$；$j=1,2,\cdots,n$）表示子场景层指标 $S_i^{(kl)}$ 对于第 j 级评语 V_j 的隶属度。

隶属度函数的构造方法有多种，如集合套法、样板法、模糊统计法、择优比较法、优先关系法等，选用模糊统计法。$r_{ij}^{(kl)}$ 取值方法如下：

当 $S_i^{(kl)}$ 是最底层指标时，依照隶属频度法计算得到，即：对各个专家的评分结果统计整理，得到对于场景 $S_i^{(kl)}$ 有 v_{j1} 个 v_1^1 评语，v_{j2} 个 v_2^1 评语，$\cdots v_{jn}$ 个 v_n^1 评语，则对于 $i=1,2,\cdots,m$ 有：

$$r_{i1}^{(kl)}=\frac{v_{ij}}{\sum_{j=1}^{n}v_{ij}}\quad (j=1,2,...,n) \tag{15.2.10}$$

这样就得到从 $S^{(kl)}$ 到评语集 V 的模糊评估矩阵 $\tilde{R}_{kl}$：

$$\tilde{R}_{kl}=\begin{bmatrix} r_{11} & r_{12} & \dots & r_{1n} \\ r_{21} & r_{22} & \dots & r_{2n} \\ \vdots & \vdots & \vdots & \vdots \\ r_{m1} & r_{m2} & \dots & r_{mn} \end{bmatrix} \tag{15.2.11}$$

当 $S_i^{(kl)}$ 不是最底层场景时，从最底层指标开始向上，依照式（15.2.8），计算每组指标对应上级指标的模糊评价向量：

$$r=(a^{(kl)}\circ\tilde{R}_{kl})\in F(V) \tag{15.2.12}$$

这里“∘”是指合成算子，不妨选用普通加乘运算，它便于理解且有利于保留细节，适用于本模型的运算。依次向上进行模糊矩阵运算，即可得到非底层的风险场景对于评语集的隶属向量 $r=(r_1,r_2,\cdots,r_n)$。

（三）模糊结果分析计算

模糊评价结果分析，常用方法有最大隶属度原则、最大接近度原则、加权平均原则、模糊向量单值化等。本书选用最大接近度原则来综合判定。

对于隶属度矩阵 R 中风险场景 i 的隶属向量 $R_i=[r_{i1},r_{i2},\cdots,r_{im}]$，（$1\leqslant i\leqslant n$），确定其评定等级的规则如下：

（1）设$r_{il}=\max\limits_{1\leqslant j\leqslant m} r_{ij}$，计算$\sum\limits_{j=1}^{l-1} r_{ij}$及$\sum\limits_{j=l+1}^{m} r_{ij}$。

若$\sum\limits_{j=1}^{l-1} r_{ij}<\frac{1}{2}\sum\limits_{j=1}^{m} r_{ij}$，或者$\sum\limits_{j=l+1}^{m} r_{ij}<\frac{1}{2}\sum\limits_{j=1}^{m} r_{ij}$，则评定等级为评语集$V$中的第$l$级；若$\sum\limits_{j=1}^{l-1} r_{ij}\geqslant\frac{1}{2}\sum\limits_{j=1}^{m} r_{ij}$，则评定等级为评语集$V$中的第$(l-1)$级；若$\sum\limits_{j=l+1}^{m} r_{ij}\geqslant\frac{1}{2}\sum\limits_{j=1}^{m} r_{ij}$，则评定等级为第$(l+1)$级。

（2）若$R_i=[r_{i1},r_{i2},\cdots,r_{im}]$，$(1\leqslant i\leqslant n)$中有$q$个$(q\leqslant m)$相等的最大数，则按（1）中的规定分别做移位计算，移位后的评定等级若仍然离散，则取移位后的中心等级评定；若中心评定等级有两个，则取权系数大的所在位置评定等级。

基于模糊综合评估模型，确定代价风险场景后果等级和发生可能性的方法基本相同，这里以对前者为例说明。只是对于发生可能性的评估过程，有时需要将发生可能性的等级评定转换为场景发生的概率值。

第三节　意外事件风险分析

针对作战筹划决策问题的复杂性及非结构化特性，以作战筹划决策可能面临的意外事件为基础，设计了作战中应对意外事件风险的分析框架；提出了基于意外事件的风险场景生成方法；通过敌、我及第三方能力对比分析量化意外事件的发生概率及后果损失，以条件期望的方式抽取极端事件样本，得出各个风险场景的风险量化描述，并提出两种对量化结果进行分析的方式。

一、意外事件的风险分析流程

作战行动中存在着大量的不确定性，其中包括未知因素、随机因素和模糊因素。同时，随着作战行动时间的推移，战场条件在不断变化，双方的态势也在动态改变，不确定性因素的影响在不断变化，由此造成了作战行动存在不同程度的意外因素和风险。风险事件发生的不确定性可以用概率或可能性大小来表示。在研究作战风险问题时，发现要全面准确地识别、评估作战过程中潜在的风险，一个重要的问题就是如何处理整个作战过程中可能出现的诸多不确定的意外事件。

针对作战筹划决策问题的复杂性及非结构化的特性，以作战过程可能面临的意外事件为基础，设计了一种基于意外事件分析的作战风险分析方法框架，将具有重要意义的不确定性意外因素聚类为意外事件，建立意外事件集，提出了基于意外事件的风险场景生成方法，通过敌、我及第三方的能力对比分析，量化意外事件发生的概率及后果损失，以条件期望的方式抽取极端事件样本，得出各个意外事件风险场景的风险量化描述，并对量化结果的分析提出了两种方式，以实现对意外事件风险的分析。这里所说的意外事件特指对作战战局有重要影响的事件，比如敌方采取的某种意外决策；突发的一些影响作战全局的意外事件；第三方或其余国家采取的干预行动或重要态度等。意外事件作战风险问题的分析步骤具体描述，如图 15.3.1 所示。

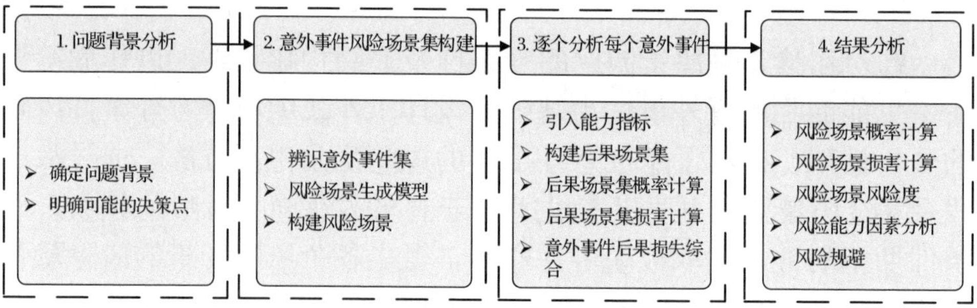

图 15.3.1　基于意外事件分析的作战风险分析方法总体框架

问题背景分析。辨识可能面临的威胁等因素，针对各类威胁因素确定决策问题、决策选项（方案）可能会面临的意外风险事件。分为两个部分：一是感知意外风险事件，即通过调查和了解，识别意外事件的存在；二是分析意外风险事件，即通过归类，掌握意外事件产生的原因和条件以及风险所具有的性质。

意外事件风险场景集构建。逐个细化每个决策问题中决策选项可能面对的意外事件集，并利用意外事件风险场景生成树，构建该决策问题对应的意外事件风险场景集。

逐个分析每个意外事件。首先，引入我方应对该事件能力，敌方应对该事件能力和第三方介入程度三个指标，并确定其各自的程度等级；之后，利用后果场景生成树，构建该意外事件的后果场景集，分别确定敌我能力对比的指标评判描述，并对每个后果场景的可能性和后果进行赋值计算；最后，综合得出整个意外事件的后果影响，为意外事件作战风险场景集的量化计算做好辅助。

结果分析。通过计算每个意外事件的超越概率后果影响期望值；利用意外事件风险场景生成树定义的意外事件风险场景概率及后果传递算法，计算意外事件风险场景相应的风险值；之后，对意外事件风险场景的风险值进行分析，找出影响风险值大小的主要能力因素，提出规避风险的措施。

二、意外事件风险场景构建模型

所设计的基于意外事件分析的作战风险分析方法中，意外事件集和意外事件风险场景集是两个核心要素。意外事件集，主要用于描述在某一选项（方案）决策作出后，有可能发生的一些对作战进程有影响、或对作战行动能否顺利实施造成影响的可能状况；意外事件风险场景集，主要用于描述由于诸多不确定性的存在所造成的各种可能出现的风险场景描述。在设计意外事件风险场景集的生成方式时，充分地考虑了意外事件的影响，使得意外事件风险场景的描述与各意外事件的实际状态联系更加紧密，为后续分析的科学性提供了良好支持。

定义 4：作战筹划中的决策问题 d_i：$\{c_{i1}, c_{i2},\cdots,c_{il}\}$，其中 c_{i1}, $c_{i2},\cdots,c_{il}$ 为对应的选项（方案），l 代表决策选项（方案）数量，面

临的一系列不确定情况称为意外事件集 $C\{ce_1,ce_2,\cdots,ce_n\}$。对于每一个意外事件 ce_i，不妨有两种状态 ce_i：(S_1,S_2)，其中，S_1 代表事件发生，S_2 代表事件不发生。对于两种状态分别赋予概率属性 $Lce_i(1)$ 和 $Lce_i(0)$ 以描述各状态出现的可能性；每一个意外事件的后果值属性 $conq(ce_i)$，描述该意外事件会造成的不利后果。

定义 5：决策问题 d_i：$\{c_{i1}, c_{i2},\cdots,c_{il}\}$ 及意外事件集 $C\{ce_1,ce_2,\cdots,ce_n\}$，$n$ 为该决策选项（方案）主要意外事件的数量。对应于该决策问题的意外事件风险场景集为：$RS\{rs_1,rs_2,\cdots,rs_m\}$，其中，$m$ 表示意外事件风险场景树，rs_j 代表一种可能的意外事件风险场景。

意外事件风险场景集生成模型，是以所有决策选项及其对应的意外事件集为基础，构建该决策问题的意外事件风险场景集，具体构建方法如下。

定义 6：记 $Tr = (V, E)$ 表示一个意外事件风险场景生成树，V 为树中的结点集合、E 为连接结点间边的集合。其中，结点 V 按照根结点、叶结点以及其他结点分为三类，即 $V = (v_{root}, v_{risk}, v_{contingency})$，根结点 v_{root} 代表所分析的决策问题，它位于意外事件风险场景生成树的最顶层，其分支数量由该决策问题可能的决策选项数目决定；叶结点 v_{risk} 代表生成的所有可能的意外事件风险场景，它位于意外事件风险场景生成树的最底层，且没有分支；其余结点 $v_{contingency}$ 代表了所有意外事件，它位于意外事件风险场景生成树的中部，每一层代表一个意外事件，每个结点都只有两个分支，分别代表该意外事件发生与不发生的两种状态。

对于决策问题 d_i：$\{c_{i1}, c_{i2}, c_{i3}\}$ 及其对应的意外事件集 $C\{ce_1, ce_2, ce_3\}$，可构建一个该决策问题对应的意外事件风险场景生成树，如图 15.3.2 所示。

图 15.3.2 描述的是一个拥有 3 个决策选项的决策问题 d_1：$\{c_1, c_2, c_3\}$，和对应的包含 3 个意外事件的意外事件集 $C\{ce_1, ce_2, ce_3\}$，构造的意外事件风险场景生成树。其中，共聚合出 24 种意外事件风险场景。对于每个意外事件风险场景的发生概率及后果影响程度，都与

其生成树路径上意外事件的状态紧密相关。比如，对于意外事件风险场景 rs_9，对应的描述为：关于决策问题 d_1 当决策者依据选项 c_2 决策时，在意外事件 ce_1、意外事件 ce_2 及意外事件 ce_3 都发生时可能产生的风险。

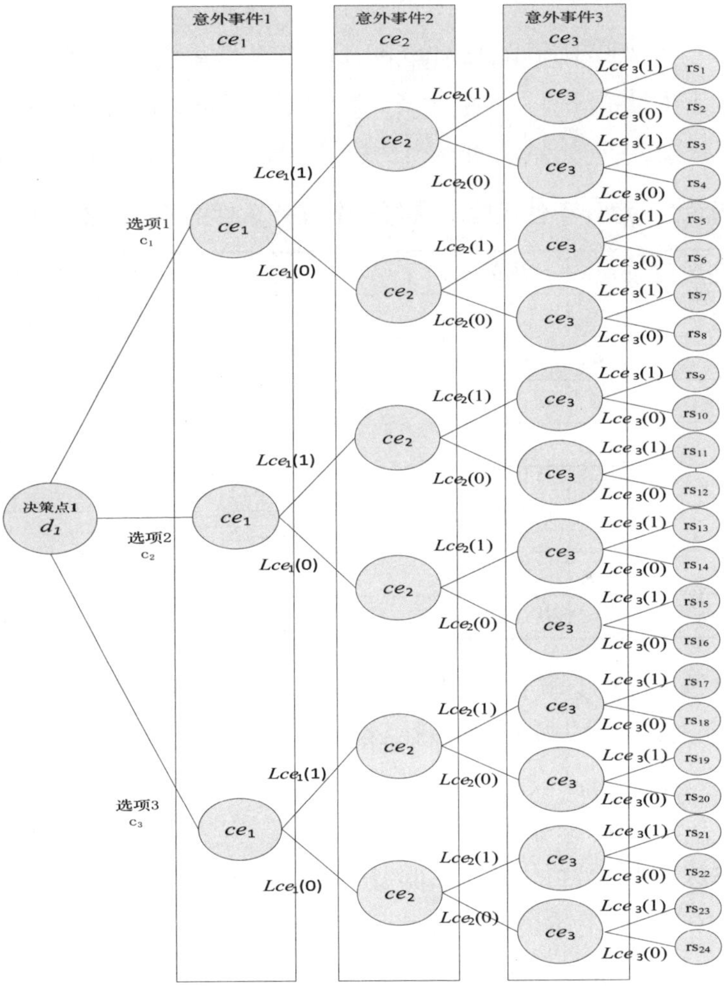

图 15.3.2　决策问题 d_i 意外事件风险场景生成树

从所构建的意外事件风险场景生成树中，可以得出整个意外事件风险场景集 $RS\{rs_1, rs_2,\cdots,rs_m\}$ 中包含意外事件风险场景的数量 m，

它取决于决策问题 d_i：$\{c_{i1}, c_{i2},\cdots,c_{il}\}$ 中决策选项的数量 l，以及意外事件集合 $C\{ce_1, ce_2,\cdots,ce_n\}$ 中意外事件 n 的数量，意外事件风险场景数量 m 的计算方法为：$m = l*2^n$。

三、意外事件风险场景计算

意外事件风险场景的构建,采用基于意外事件状态组合的方式。如图 15.3.2 中决策选项 c_1 的 8 个意外事件风险场景，与各个意外事件的不同状态对应关系，如表 15.3.1 所示。

表 15.3.1　意外事件风险场景与各个意外事件的不同状态对应关系

意外事件风险场景	意外事件 ce_1	意外事件 ce_2	意外事件 ce_3
rs_1	S_1	S_1	S_1
rs_2	S_1	S_1	S_2
rs_3	S_1	S_2	S_1
rs_4	S_1	S_2	S_2
rs_5	S_2	S_1	S_1
rs_6	S_2	S_1	S_2
rs_7	S_2	S_2	S_1
rs_8	S_2	S_2	S_2

基于各个意外事件用于描述各状态出现可能性的概率属性 $Lce_i(1)$ 和 $Lce_i(0)$，以及用于描述该意外事件会造成的不利后果的后果值属性 $conq(ce_i)$，设计了意外事件风险场景发生概率及后果损失值的计算方法，具体如下：

图 15.3.2 中的意外事件风险场景集 $RS\{rs_1, rs_2,\cdots,rs_m\}$，各个意外事件风险场景 rs_i 发生的概率计算方法如下：

$$p(rs_1) = Lce_1(1)*Lce_2(1)*Lce_3(1); \quad (15.3.1)$$

$$p(rs_2) = Lce_1(1)*Lce_2(1)*Lce_3(0); \quad (15.3.2)$$

$$p(rs_3) = Lce_1(1)*Lce_2(0)*Lce_3(1); \quad (15.3.3)$$

$$p(rs_4) = Lce_1(1)*Lce_2(0)*Lce_3(0); \quad (15.3.4)$$

$$p(rs_5) = Lce_1(0)*Lce_2(1)*Lce_3(1); \quad (15.3.5)$$

$$p(rs_6) = Lce_1(0)*Lce_2(1)*Lce_3(0); \quad (15.3.6)$$
$$p(rs_7) = Lce_1(0)*Lce_2(0)*Lce_3(1); \quad (15.3.7)$$
$$p(rs_8) = Lce_1(0)*Lce_2(0)*Lce_3(0); \quad (15.3.8)$$

…

这里给出的是决策问题 d_i: $\{c_{i1}, c_{i2}, c_{i3}\}$ 中一个决策选项，其对应的意外事件集 $C\{ce_1, ce_2, ce_3\}$ 有三个意外事件的风险场景发生概率计算方法，其余状况可以此类推。

对应图 15.3.2 中构建的意外事件风险场景集，各个意外事件风险场景 rs_i 后果值的计算方法，如表 15.3.2 所示。

表 15.3.2　基于意外事件组合的意外事件风险场景后果计算方法示意

RS_i	ce_1 状态	ce_2 状态	ce_3 状态	$Conq$（后果）
rs_1	S_1	S_1	S_1	$Conq_{c1}(ce_1)+Conq_{c1}(ce_2)+Conq_{c1}(ce_3)$
rs_2	S_1	S_1	S_0	$Conq_{c1}(ce_1)+Conq_{c1}(ce_2)+0$
rs_3	S_1	S_0	S_1	$Conq_{c1}(ce_1)+0+Conq_{c1}(ce_3)$
rs_4	S_1	S_0	S_0	$Conq_{c1}(ce_1)+0+0$
rs_5	S_0	S_1	S_1	$0+Conq_{c1}(ce_2)+Conq_{c1}(ce_3)$
rs_6	S_0	S_1	S_0	$0+Conq_{c1}(ce_2)+0$
rs_7	S_0	S_0	S_1	$0+0+Conq_{c1}(ce_3)$
rs_8	S_0	S_0	S_0	0+0+0
…	…	…	…	…

这里给出的是决策问题 d_i: $\{c_{i1}, c_{i2}, c_{i3}\}$ 中一个决策选项，其对应的意外事件集 $C\{ce_1, ce_2, ce_3\}$ 有三个意外事件的风险场景后果损失计算方法。同理，其余状况可以此类推。

第四节　战局失控风险分析

根据指挥决策的有关要素，从战局控制的角度出发，构建战局失控风险分析影响图模型；以作战过程态势演变为线索，通过作战过程阶段划分，红蓝双方多轮决策互动，综合运用战略决策互动研究、专家研讨、模型计算等方法，借助影响图模型预测和估计战局发展，对战局失控风险进行分析。

一、战局失控风险分析流程

利用影响图可直观表示各因素的因果关系，且能有效分析人在风险条件下或面临不确定性因素情况下应该如何抉择的特性。采用基于决策互动的方式，利用战局控制宏观模型构建战局失控风险分析影响图，将作战过程按阶段划分，从初始态势开始分析，之后将结果输入下一阶段作为分析的初始状态，逐步分析各个作战阶段，根据战局态势演变的发展，分析战局陷入僵局和危局的战局失控风险。在对战局失控风险分析影响图中相应结点概率分布及条件概率表（CPT）赋值时，综合考虑到诸多战局发展的影响因素，设计了相应的战场态势演变辅助分析规则模型、兵力等级及对比辅助分析规则模型等，并结合专家评估的方式，确定影响图计算所需的结点数据，研究的总体思路如图 15.4.1 所示。

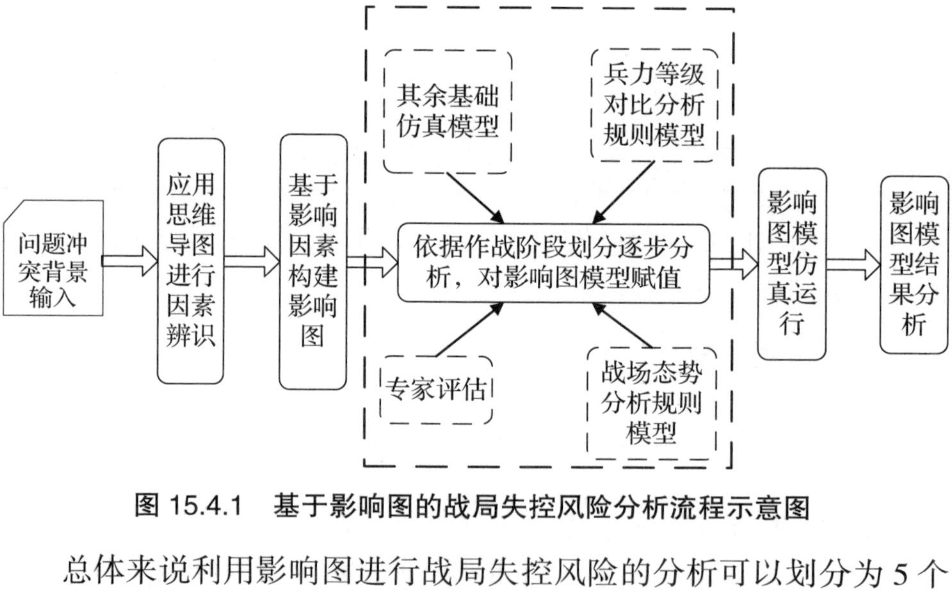

图 15.4.1　基于影响图的战局失控风险分析流程示意图

总体来说利用影响图进行战局失控风险的分析可以划分为 5 个主要步骤。

第一，分析影响战局发展的相关因素。根据所要分析问题的冲突背景，分析采集可能对作战战局发展产生影响的因素。一般分析中认为主要包含：国际政治等外部综合因素，突发事件，作战目标（基准），作战双方各个阶段的策略，双方初始兵力，兵力对比情况，第三方的介入等因素。

第二，基于战局控制过程的双环结构，构建影响图分析模型。从控制论的角度对战局的控制过程建立宏观概念模型，其中包括基准控制环、状态控制环两个层次结构。基准控制周期是一个较长时期的控制周期，可以看作是对作战战局控制的高层次目标基准的把握；状态控制在基准基本不变的前提下进行，是对作战态势具体的把握控制层次。宏观概念模型包含两个决策点，基准控制环的决策点是对战争总体目标的判断选择，状态控制环的决策点是对作战具体策略的判断选择。依据此结构通过分析影响战局的各种因素以及它们之间的关系，分别确定影响图的结点和弧，建立描述战局发展的影响图模型。

第三，确定相关结点的概率分布及条件概率表（CPT）。影响图模型构建后，一个重要的环节就是各结点要素数据值的确定（概率分布或者条件概率表）。在确定不同类型结点取值时采取不同方式。如，针对主观因素比较多、难以模型计算和量化的指标，可通过专家评估，完成结点的赋值；针对主观因素比较少、量化程度较高的指标，可通过统计、模型计算、仿真等方法来得到。本书在充分借鉴已有研究成果的基础上对战局态势演变、双方兵力对比结点设计了辅助分析规则模型，具体内容在后续介绍。此外，本节提出的基于影响图模型对战局失控风险进行分析的思路，主要是一个方法流程框架，构建的影响图模型分析结论的科学性，需要其中数据的有力支持。在设计整个方法时也考虑了这方面的因素，模型中每个结点的数据确定都具有很好的开放性，对一些基础数据的确定，可以灵活借鉴各种手段或模型进行辅助。

第四，分阶段运行影响图模型。影响图模型的运行，是按照划分的作战阶段逐阶段展开的，将前一阶段的结束态势数据，作为后一阶段的初始态势数据，直至最后一个作战阶段。分析过程如图15.4.2所示。

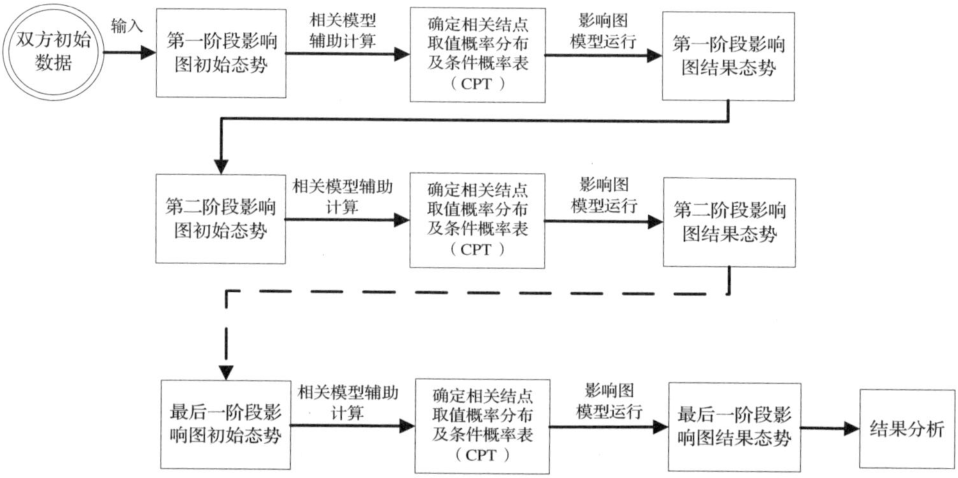

图 15.4.2　影响图分阶段运行示意图

第五，结果分析。根据各个阶段战场态势演变的数据结果，以及最终态势的数据结果，对战局失控风险进行分析。“战局”概括起来可以分为主动、相持、被动3种形态，而相持和被动将分别会诱导僵局和危局的出现，利用影响图模型各个阶段分析结果态势描述，可以勾勒出整个战场态势的演变趋势，分析各个作战阶段战局陷入僵局和危局的可能，从而实现对战局失控风险的分析。

二、战局失控风险分析模型

从整体分析流程中可以看出，分析的核心内容是围绕基于影响要素、决策选项及价值评判影响关系的战局失控风险分析影响图展开的，影响图模型的构建需重点解决好两个方面的问题：一是影响图结构应合理反映实际战局发展中各要素之间的影响关系；二是要确定好各要素结点的数据取值，对于确定型结点主要指结点各可能情况的概率分布，对于机会型结点主要指反映各要素结点之间影响关系的条件概率表。

在作战中，红、蓝对抗双方以及第三方实际都有对战局实施有效控制的意图，这里从红方的角度进行建模分析，为简化问题，仅用“第三方干预”结点来代替第三方的战局控制过程。战局失控风险分析影响图的构建分为两个步骤。

一是通过思维导图进行因素辨识。即借助于思维导图工具，通过专家研讨对影响战局发展的要素进行辨识。

二是综合考虑影响战场态势的 5 大要素及其相互影响关系，基于战局控制的双环结构描述，针对战略战役级战局失控风险分析的需要，建立影响图模型。

按如上步骤建立的战局失控风险分析影响图模型，如图 15.4.3 所示。

模型中共包含 4 种类型的结点，各类结点具体如表 15.4.1 所示。

战局失控风险分析影响图模型中数据的确定，综合运用了专家研讨、模型计算等方法，以定性与定量相结合的方式完成。确定型结点的取值，一般都是在初始状态给定的条件中直接赋予。机会结点中难以用模型计算又缺少数据支持的结点，应用了主观判断法，以及在 AHP 基础上的插值计算方法来完成结点数据的赋值工作，涉及的有政治等外部因素结点、作战目标对意外事故的影响结点等。对于一些能用一定数量、逻辑关系描述的结点及结点间的关系，通过构建规则模型来进行分析，例如：设计兵力等级及对比分析规则模型，辅助分析红、蓝下一阶段兵力等级结点，以及红蓝兵力对比结点的数据；设计战场态势演变分析规则模型，辅助分析红方下一阶段态势评估结点。

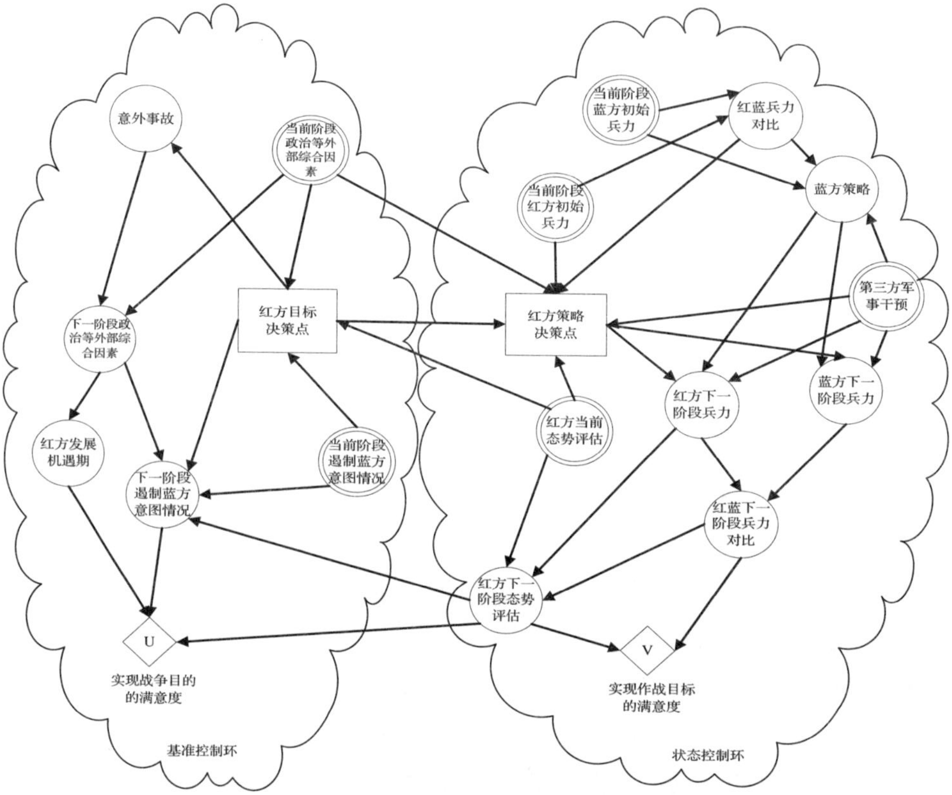

图 15.4.3　战局失控风险分析影响图结构示意图

表 15.4.1　战局失控风险分析影响图模型结点类型

类型	结点
决策结点	红方目标、红方策略
机会结点	红方下一阶段初始兵力、蓝方下一阶段初始兵力、红蓝兵力对比、蓝方策略、红方下一阶段态势评估、红蓝下一阶段兵力对比、意外事故等
确定型结点	当前政治等外部综合因素、当前红方兵力、当前蓝方兵力、红方当前态势评估、当前第三方军事干预情况等
价值结点	实现战争目的的满意度、实现作战目标的满意度

三、兵力等级及对比辅助分析模型

在战局失控风险分析影响图模型中，兵力等级结点是评价双方各个阶段兵力状况的一种状态结点，该结点数据的确定，对于准确描述战局发展的趋势，分析战局失控的风险具有重要的意义。将影响图模型中兵力的等级定性地划分为很强、强、一般、弱、很弱 5 个等级，为辅助各个等级的判断，设计了兵力等级及对比分析规则。兵力等级分析规则是针对具体的兵力数据展开的，数据的来源分为两种：一种是初始态势给定的双方兵力；另一种是经过不同对局损耗计算的阶段间剩余兵力（这些数据可以借助仿真、探索性分析等手段获得）。兵力对比分析规则是依据 3 ∶ 1 的战斗理论，概略提出了一个评估双方兵力对比优势、均势、劣势的指标，用于为专家主观判断提供依据。

（一）构造对抗双方等级评价指标

确定评价的等级为很强、强、一般、弱和很弱 5 个等级，之后根据具体问题分析的需要，依据专家意见确定对抗双方（红方、蓝方）兵力等级的评价因素（主要是确定影响兵力等级评判的主要武器平台类型），再确定各评价因素对应不同等级的评价指标（武器平台数量），形式如表 15.4.2 所示。

表 15.4.2　红方兵力等级评价指标

因素	作战兵力的等级				
	很强	强	一般	弱	很弱
因素 1	$>\gamma_{14}$	$\gamma_{13}\sim\gamma_{14}$	$\gamma_{12}\sim\gamma_{13}$	$\gamma_{11}\sim\gamma_{12}$	$<\gamma_{11}$
因素 2	$>\gamma_{24}$	$\gamma_{23}\sim\gamma_{24}$	$\gamma_{22}\sim\gamma_{23}$	$\gamma_{21}\sim\gamma_{22}$	$<\gamma_{21}$
因素 3	$>\gamma_{34}$	$\gamma_{33}\sim\gamma_{34}$	$\gamma_{32}\sim\gamma_{33}$	$\gamma_{31}\sim\gamma_{32}$	$<\gamma_{31}$
因素 4	$>\gamma_{44}$	$\gamma_{43}\sim\gamma_{44}$	$\gamma_{42}\sim\gamma_{43}$	$\gamma_{41}\sim\gamma_{42}$	$<\gamma_{41}$
…	…	…	…	…	…
因素 i	$>\gamma_{i4}$	$\gamma_{i3}\sim\gamma_{i4}$	$\gamma_{i2}\sim\gamma_{i3}$	$\gamma_{i1}\sim\gamma_{i2}$	$<\gamma_{i1}$

其中，γ_{ij} 表示第 i 种武器平台对应 5 个等级的数量边界值。由于对抗双方（红方、蓝方）同一类型影响因素的作战能力存在一定的差别（比如同一类型不同型号的武器单元），因而对各个影响因素分别设定一个对比值参数 α_1、α_2、α_3、$\alpha_4 \cdots\cdots \alpha_i$，用于表示红方单个武器单元作战能力与蓝方同种类武器单元作战能力的比值。

那么，对应表 15.4.2 红方兵力等级评价指标，可以通过其中各种类型武器不同等级相应的取值范围，以及对应的比值参数确定蓝方兵力等级评价指标，如表 15.4.3 所示。

表 15.4.3　蓝方兵力等级评价指标

因素	作战兵力的等级				
	很强	强	一般	弱	很弱
因素 1	$>\gamma_{14}\alpha_1$	$\gamma_{13}\alpha_1 \sim \gamma_{14}\alpha_1$	$\gamma_{12}\alpha_1 \sim \gamma_{13}\alpha_1$	$\gamma_{11}\alpha_1 \sim \gamma_{12}\alpha_1$	$<\gamma_{11}\alpha_1$
因素 2	$>\gamma_{24}\alpha_2$	$\gamma_{23}\alpha_2 \sim \gamma_{24}\alpha_2$	$\gamma_{22}\alpha_2 \sim \gamma_{23}\alpha_2$	$\gamma_{21}\alpha_2 \sim \gamma_{22}\alpha_2$	$<\gamma_{21}\alpha_2$
因素 3	$>\gamma_{34}\alpha_3$	$\gamma_{33}\alpha_3 \sim \gamma_{34}\alpha_3$	$\gamma_{32}\alpha_3 \sim \gamma_{33}\alpha_3$	$\gamma_{31}\alpha_3 \sim \gamma_{32}\alpha_3$	$<\gamma_{31}\alpha_3$
因素 4	$>\gamma_{44}\alpha_4$	$\gamma_{43}\alpha_4 \sim \gamma_{44}\alpha_4$	$\gamma_{42}\alpha_4 \sim \gamma_{43}\alpha_4$	$\gamma_{41}\alpha_4 \sim \gamma_{42}\alpha_4$	$<\gamma_{41}\alpha_4$
…	…	…	…	…	…
因素 i	$>\gamma_{i4}\alpha_i$	$\gamma_{i3}\alpha_i \sim \gamma_{i4}\alpha_i$	$\gamma_{i2}\alpha_i \sim \gamma_{i3}\alpha_i$	$\gamma_{i1}\alpha_i \sim \gamma_{i2}\alpha_i$	$<\gamma_{i1}\alpha_i$

（二）影响因素均处于同一等级内的评判规则

如果对提供的数据中所有因素的值，依据兵力等级评判指标匹配后，所有的评价因素正好均处于同一等级之内时，则该方的作战兵力等级即为这一等级。

（三）影响因素处于不同等级的评判规则

如果对提供的数据中所有因素的值，依据兵力等级评判指标匹配后，评价因素不处于同一等级之内时，则首先确定各个影响因素（即主要武器平台间的主次及影响关系），之后依据确定的主次及影响关系制定评估的准则。这里以某个案例中的联合火力打击作战行动样式为例，对该过程的示例性描述如下（对于其余类型的问题思路大体一致，只是根据不同的武器平台间的影响还需要具体分析）。

首先，根据案例分析面向的联合火力打击作战行动样式，确定影响对抗双方（红方、蓝方）兵力等级的主要影响因素为：飞机、弹道导弹、防空导弹、雷达及机场。同时经过分析，认为在该问题背景下兵力等级的判断中，飞机和导弹是等级判断的主要因素，而雷达和机场作为信息获取和后勤保障单位，其作用也是不可小视的，但其数量达到一定后，对静态兵力等级的增加却不是关键因素。

之后，建立如下的兵力等级评价规则。

评价因素为{飞机，弹道导弹，防空导弹，雷达，机场}，具体的指标区间选择的取值，如表 15.4.4 所示。

表 15.4.4　评价因素取值示例

飞机	取值	弹道导弹	取值	防空导弹	取值	雷达	取值	机场	取值
γ_{11}	50	γ_{21}	50	γ_{31}	50	γ_{41}	5	γ_{51}	5
γ_{12}	300	γ_{22}	300	γ_{32}	300	γ_{42}	15	γ_{52}	15
γ_{13}	600	γ_{23}	600	γ_{33}	600	γ_{43}	25	γ_{53}	25
γ_{14}	1000	γ_{24}	1000	γ_{34}	1000	γ_{44}	30	γ_{54}	30

其中主要的评价因素为{飞机，弹道导弹，防空导弹}，兵力评价的等级集合为{很强,强,一般,弱,很弱},其等级值可设为{0.8 ~ 1，0.6 ~ 0.8，0.4 ~ 0.6，0.2 ~ 0.4，0 ~ 0.2}，最后通过加权计算后得出各方整体兵力等级，如式（15.4.1）所示。

$$R = \lambda_P R_P + \lambda_M R_M + \lambda_D R_D \tag{15.4.1}$$

其中，R_P、R_M、R_D 分别为飞机、防空导弹、弹道导弹的等级，λ_P、λ_M、λ_D 分别为飞机、防空导弹、弹道导弹的等级权重，设其权重为 {0.5，0.2，0.3}。计算中关于某一类型武器的剩余数量值 S 与其等级值 R 之间的转换关系由如下方式确定，首先根据武器的类型以及剩余数量值 S，对照表 15.4.2 或表 15.4.3，查找出所处的等级以及在该等级中所处的分布位置；之后再根据等级，以及在等级中所处的位置确定具体的等级值。比如弹道导弹的数量为 650，“强”等级范围为 [600，1000]，可知其属于“强”等级，而“强”等级数值

区间为 [0.6，0.8]，则数量为 650 的等级数值 R 为 0.625。

飞机、弹道导弹及防空导弹 3 种主要的评价因素，等级数值 R 的计算方法如下：

①弹道导弹等级 R_D 的确定

考虑到弹道导弹效用的发挥具有一定的特殊性，在研究中为便于等级的确定，只单独取其数量作为等级划分的标准。

②防空导弹等级 R_M 的确定

考虑到防空导弹效用的发挥与地面雷达的数量及性能有一定关系，但起决定作用的还是导弹的数量，因此，在研究中为便于等级的确定，设定如下等级确定规则：

a. 若雷达数量的等级值不小于防空导弹数量的等级值，则我们约定防空导弹等级值 R_M 按防空导弹数量的等级；

b. 若防空导弹数量的等级值大于或等于雷达数量的等级值，则防空导弹的等级值 R_M 根据下式计算：

$$R_M = R_{MV} \times [1-\beta^{-x}] \qquad (15.4.2)$$

其中 R_{MV} 为防空导弹的数量在其对应的等级中的数值，$1-\beta^{-x}$ 为雷达对防空导弹的影响度。通过计算得出 R_M 的值，判断其处于哪个等级即可。

③飞机等级 R_P 的确定

由于飞机实际作战效能的发挥一定程度上受雷达、机场的数量影响，但其中起主要作用的还是飞机的数量，因此，约定如下规则用于确定飞机的等级值：

a. 若飞机数量的等级值小于机场数量、雷达的等级值，则飞机等级值 R_P 的确定按飞机数量的等级；

b. 若飞机数量的等级值大于或等于机场、雷达数量的等级值，则飞机等级值 R_P 的确定根据下式计算：

$$R_P = R_{PV} \times [1-\beta_R^{-x}] \times [1-\beta_M^{-x}] \qquad (15.4.3)$$

其中 R_{PV} 为飞机的数量在其对应的等级中的数值，$1-\beta_R^{-x}$、$1-\beta_M^{-x}$ 分别为雷达、机场对飞机的影响度，通过计算得出 R_P 的值，判断其处于哪个等级即可。

（四）第三方影响因素的考虑

兵力等级的计算是在一些基础模型运行结果的基础上，对结论进行分析而得来，但大多基础模型中对于第三方的介入大都没有细致的考虑。为了进一步确定影响图模型中，下一阶段红、蓝兵力等级结点的条件概率表取值，引入第三方介入程度影响因子 θ，用于通过考虑第三方介入方式修正双方的兵力等级。

这里的第三方通常意义下是指对蓝方有利的第三方，于是从作用于红方不利而对蓝方有利的角度考虑，第三方的介入不管程度如何，都会对红方的兵力等级有所削弱，而对蓝方的兵力等级有所加强。

设红方、蓝方兵力等级对应很强、强、一般、弱、很弱五个等级的概率分别为（r_1, r_2, r_3, r_4, r_5）和（b_1, b_2, b_3, b_4, b_5），引入第三方影响因子 θ 后的各个等级的概率修正为（$r'_1, r'_2, r'_3, r'_4, r'_5$）和（$b'_1, b'_2, b'_3, b'_4, b'_5$），计算方法如下：

$$r_1' = \begin{cases} r_1' = r_1, & \text{当} r_1 = 0 \text{时}; \\ r_1' = r_1 - r_1 * \theta, & \text{当} r_1 \neq 0 \text{时}; \end{cases} \tag{15.4.4}$$

$$r_i'(i=2,3,4,5) = \begin{cases} r_i' = r_i, & \text{当} r_i = 0 \text{且} r_{i-1} = 0 \text{时}; \\ r_i' = (r_i - r_i * \theta) + (r_{i-1} * \theta), & \text{当} r_i \neq 0 \text{时}; \\ r_i' = r_i + (r_{i-1} * \theta), & \text{当} r_i = 0 \text{且} r_{i-1} \neq 0 \text{时}; \end{cases} \tag{15.4.5}$$

$$b_5' = \begin{cases} b_5' = b_5, & \text{当} b_5 = 0 \text{时}; \\ b_5' = b_5 - b_5 * \theta, & \text{当} b_5 \neq 0 \text{时}; \end{cases} \tag{15.4.6}$$

$$b_i'(i=1,2,3,4) = \begin{cases} b_i' = b_i, & \text{当} b_i = 0 \text{且} b_{i+1} = 0 \text{时}; \\ b_i' = (b_i - b_i * \theta) + (b_{i+1} * \theta), & \text{当} b_i \neq 0 \text{时}; \\ b_i' = b_i + (b_{i+1} * \theta), & \text{当} b_i = 0 \text{且} b_{i+1} \neq 0 \text{时}; \end{cases} \tag{15.4.7}$$

双方作战兵力对比。按照 3 ∶ 1 的战斗理论，根据历史数据和部分战例定量模型的分析结果，表明当攻守双方兵力的对比在 3 ∶ 1 以上时，攻方获胜概率很大，也有攻守双方有效战斗力之比为 1.5 ∶ 1

以上时攻方获胜的个别战例，而当攻守双方有效战斗力之比不到 1 ：1 以上时，攻方肯定失败，并且付出较大的代价。

因此，设立攻方对守方的优势、均势和劣势的对比标准值，如表 15.4.5 所示。

表 15.4.5　攻方对守方的优势、均势和劣势能力指标

能力指标类型	攻守战斗力之比
优势	A ≥ 2.5
均势	2.5 > A ≥ 1.2
劣势	A < 1.2

基于此，可以让专家在此原则的基础上，结合自身的经验判断评估得出双方兵力对比结点的条件概率分布表。

第十六章

军事基地规划研究

军事基地是遂行军事任务的基础和保障，军事基地规划理论和方法的研究具有重要的理论意义和实用价值。本章根据军事基地规划的要求,围绕军事基地规划定量分析方法,说明军事基地规划概念、军事基地布局分析、军事基地规模分析、军事基地体系优化等方面内容。

第一节　军事基地规划概述

军事基地规划是根据军事基地建设与发展的要求，研究军事基地规划实施的依据，明确基地的整体发展过程和关键任务环节。本节主要阐述军事基地规划的概念、军事基地规划的主要内容和军事基地规划的步骤，为军事基地规划提供基本理论依据。

一、军事基地规划的概念

规划是个人或组织制定的比较全面长远的发展计划，是对未来整体性、长期性、基本性问题的思考和考量，设计未来整套行动的方案。军事基地规划是有计划地引导建立军事基地的一系列活动，即规划者提出各种目标，并将提出的目标付诸实施的方法。军事基地规划的主要任务是确定军事基地整体的建设过程和关键发展步骤，涉及空间、时间和费用等问题。空间问题主要解决军事基地的选址问题和布局问题，包括基地的选址评估和布局态势等。时间问题是关于军事基地的发展建设时间表，主要是先在哪里建、后在哪里建、建多少数量等问题。费用问题主要是考虑在保证军事基地体系有效运行前提下费用最优化问题，包括库存成本、运输成本、运行成本等类型成本。

军事基地规划的分类有以下不同方式。根据军事基地规划的范围不同，可以分为全球级、区域级、地区级三类。全球级的军事基地规划，是对全球范围内的军事基地的布局、建设和组织结构、管理方式等方面进行总体安排。区域级的军事基地规划，主要以区域范围内的建设需求为目的，是在全球范围内总体规划的基础上，进行军事基地的建设与布局安排。地区级的军事基地规划，主要负责该地区军事基地的建设事宜，是整体军事基地规划的基础。

根据军事基地规划所涉及的内容，可分为综合型军事基地规划和专项型军事基地规划。综合型军事基地规划是以军事基地体系作为研究对象，对基地的选址布局、规模、体系优化等方面进行全面安排和设计，制定出军事基地发展的总体框架。专项型军事基地规划是针对具体的基地建设问题，如基地选址、基地布局、基地的规模分析等内容进行专门规划，是具体落实综合型规划的重要基础。

按照规划时间的范围可分为军事基地长期规划、军事基地中期规划和军事基地短期规划三类。军事基地长期规划是对未来基地发展的整体脉络和战略目标做出的远景性勾勒，是军事基地建设和发展的重要原则和依据，时间跨度在未来二十到三十年。军事基地中期规划则是基地建设的阶段性目标，是实现长期规划的重要步骤和关键环节，时间跨度在未来十到二十年。军事基地短期规划则主要针对现阶段即将要展开的基地建设活动，是实现中长期规划目标的基础，时间跨度在未来五到十年。

二、军事基地规划的内容

军事基地长期建设发展过程中的关键环节是规划工作关注的重点，主要包括军事基地布局、军事基地规模分析、军事基地体系优化等核心任务，每项核心任务包含若干项具体内容。

军事基地布局是根据政治、军事的需求，伴随着基地的规划与设计而确定的。军事基地的布局规划应遵循整体规划与分步实施的原则、合理超前的原则、统一规划的原则等。在一定条件下，军事基地的布局规划与覆盖水平、易接近性、建设成本有着必然联系，需要充分考虑它们之间的作用关系。

布局与覆盖水平的关系。建成的军事基地要实现覆盖广大重要目标，在布局时要尽量保持较为分散的状态，这样可以覆盖到尽可能多的地区，有效影响范围较大，覆盖水平较高。布局时切忌太过集中，否则军事基地的影响范围较小，保障的范围有限，覆盖水平较低。

布局与易接近性的关系。军事基地要实现易接近性的目标，较短的服务距离非常重要。在进行基地布局时，要尽量靠近需要重点保护的目标,以保证在突发事件发生时,能在第一时间迅速做出反应,迅速将部队、物资装备等投送到突发事件发生地，做到及时、高效地维护重要目标。

布局与经济成本的关系。经济成本与当地物资水平有关，也与基地数量成正比。一般来说，当地经济发展水平较低，基地的建设成本不会太高;增加基地数量,则会带来经济成本的大幅增长。因此,最佳的布局方案是易接近性最好、覆盖水平最高、经济成本最低三者的交汇点。

布局与动态性的关系。建立军事基地是一个循序渐进、数量上由少到多的过程，要实现从点到面、由局部到整体的布局目标，要考虑布局的动态性问题，即军事基地先在哪里建、后在哪里建，各个阶段的建设目标和建设数量等。

军事基地的规模结构主要取决于军事基地所担负的保障任务，其与军事行动密切相关。在确定基地的规模时，主要考虑储备的物资数量和类型、驻停的运载工具、存储设施的规模等问题。在进行规模分析时，不能简单分析单一基地的规模大小，要系统分析所有基地的情况，使各个基地间形成有效配合、互相支援的机制。

军事基地的规模并不是一成不变的,需要根据重要目标的变化，随着时间不断调整。在军事基地静态规划阶段，对于战略位置重要、发展前景良好、担负重要保障任务的基地，可将其打造为功能突出、设施齐全、规模结构丰富的综合型大规模军事基地；当基地的重要程度下降，功能地位不再突出，可适时缩小其规模结构，保持适当的军事存在水平。对于战略位置较为一般、基地前景不明确、平时只承担少量补给任务的基地，可以暂时将其限定在保障力量预置模式或补给模式；当形势发生变化，再重新扩充基地的规模，扩展其功能类型，将其升级为军事基地模式。

军事基地体系优化，是为了有效避免风险的出现，预先重新开设或关闭一些基地点，及时调整军事基地体系，使系统顺利运行，保证军事行动不受到严重影响。根据对未来战略形势的预判，结合军事行动需求，顺应重要目标不断发展的趋势，采取关闭基地、调整基地和开启基地等措施。

关闭基地。为避免军事基地保障体系的运行状态受到影响，基地所在地发生如下情形时应及时关闭基地：政治外交走向不明朗，双边关系可能急转直下；当地民众反对基地浪潮此起彼伏，大有影响政府决策之势；当地政权不稳，有被推翻的风险；基地花费巨大且作用不明显。

调整基地。对于关闭基地所带来的体系结构功能缺失问题，根据军事基地体系的功能需求，考虑在政治较为平稳、军事基地运营较为稳定的地区，重新调整部署基地的规模和功能，以期满足军事行动的物资需求，有效弥补关闭其他基地带来的负面影响。

开启基地。未来重要目标必将持续拓展，风险因素随之增加，军事行动的频率也会有所提高，现有的军事基地数量及规模可能无法满足这种形势的需求，可及时建立新的军事基地，有效弥补失效基地带来的负面影响，提高军事基地体系运行效率。

三、军事基地规划的步骤

根据军事基地规划的基本目标和主要内容，军事基地规划应包括先期准备阶段、静态布局阶段和动态调整阶段三个主要阶段。这些阶段在基地规划的时间上前后递进、联系紧密，在基地规划的空间上由点及面、由局部到整体，在基地规划的内容上持续拓展、不断丰富。每个阶段均可按照如下思路进行研究：明确问题，分析问题，解决问题。

先期准备阶段。对军事基地进行规划设计，首先要分析研究重要目标的现状，包括利益的分布、面临的潜在风险等，找出重要目标在维护方面存在的问题，提出军事基地规划的目标。在此基础上，收集并分析相关的情报资料，经过系统分析研究，得到适当的基地建设可选地点。

静态布局阶段。根据军事基地的建设需求，基于基地可选地点方案，选择适合的计算模型，对军事基地选址布局问题和军事基地规模问题进行研究，形成军事基地规划静态布局方案，构建初步的军事基地体系。

动态调整阶段。在军事基地规划静态布局方案的基础上，系统分析基地、物资配送路径的可靠性、风险性情况，选择数学规划模型，对军事基地体系进行优化分析，形成军事基地体系调整方案；并对调整前后进行对比分析，通过比较发现需要改进之处。

第二节　军事基地布局分析方法

军事基地布局是静态布局规划阶段的首要任务，结合多种布局目标和发展变化需求，在合适的地点建立基地而形成军事基地布局态势。军事基地布局方法是有效实现军事基地多种布局目标、科学制定军事基地布局方案、保证军事基地布局顺利实施的技术支撑。本节主要阐述军事基地布局的要求和研究框架，分析布局的多目标性和动态性，给出军事基地动态布局模型。

一、军事基地布局分析

在进行军事基地布局时，为了军事基地的良好态势形成和长期稳定发展，应当兼顾多种既定目标，满足多种布局需求和多阶段布局要求，包括覆盖有效性、易接近性、经济性和多阶段布局需求等内容。

覆盖有效性。军事基地具有一定的辐射范围，可将基地向周围辐射的范围看成是其能够有效覆盖的区域，若需求点散落在覆盖范围之内则称之为覆盖。为了有效应对军事行动的不确定性和低频率特性，布局时应当考虑到分布广泛的需求点，保证任何区域执行军事任务或出现危害重要目标的突发事件时，基地均能提供有效保障，即选择基地建设点所形成的基地网络能够覆盖到尽可能多的需求点。

易接近性。为了有效应对突发事件，在布局时应使军事基地尽量分散，尽可能接近潜在的重要目标风险区域，具备能够在规定的时间内派出兵力抵达需求点执行军事行动的能力。一旦重要目标所在地发生突发事件，能够迅速做出反应确保需求点的安全，在最大程度上为目标区域提供及时的保障服务。

经济性。建立军事基地是一项大型基建工程，前期的建设和后期的运营、维护开销巨大。为了使军事基地建设具有可持续发展能力，要充分考虑开设基地的总花费，使其保持在较为合理的水平。

多阶段布局需求。军事基地布局包含若干个时间阶段，每个阶段均对军事基地的选址布局提出了一定的需求，单阶段布局需求实际上是对多阶段布局需求的有效分解。在进行军事基地布局规划时，以上一阶段的布局结果为基础，同时结合下一阶段的布局目标，充分考虑军事基地的多阶段布局目标，以此谋划本阶段基地的布局策略。

军事基地布局问题的求解过程较为复杂，需要通过有组织有系统的方法进行深入研究，以获得科学的结论。基于上述基地布局问题的主要特征和总体要求，军事基地布局问题的研究框架主要分为以下 4 个关键环节。

问题分析。在进行军事基地布局之前，要对布局问题进行定义，对研究对象、研究目标、约束条件等进行分析与描述。其中目标描述是指问题研究的总体目标，即合理确定军事基地的选址布局，形成有效布局态势，满足保护重要目标的需求；约束条件是对军事基地布局的时间空间范围的约束，是对布局问题适用范围的整体限定。

建立数学规划模型。这是军事基地布局问题的核心环节。在问题分析的基础上，结合布局的特征和需求，抽取数学概念，运用合适的数学工具，建立数学规划模型。军事基地布局具有多目标动态性特征，如何合理描述、分析和处理这种特征，寻找满足条件的布局方案，是解决问题的关键。

设计智能算法。这是军事基地布局问题的重要步骤。军事基地数学规划模型具有多目标性，传统的算法无法以转化为单目标求解的形式对其进行求解，实际上并没有真正实现多目标问题的有效分析。需要针对其特点，设计一种智能算法进行有效求解。

布局分析。即运用上述数学规划模型和智能算法，进行军事基地布局分析，得到可行的军事基地布局方案，为决策层提供辅助决策。在整个研究过程中，需要与相关部门密切沟通，保证提供的布局方案能够反映实际情况。

军事基地布局研究的核心问题是构建军事基地布局模型。根据军事基地的多种布局目标和多阶段布局需求，对模型的多目标性和动态性进行分析，构建基于多目标的军事基地动态布局模型。

二、布局多目标性分析

军事基地的布局具有多目标特性，需要根据军事基地的特点，结合传统布局模型，设计出适合军事基地特性的目标方程。

覆盖性。覆盖需求点是基地布局的重要目标，覆盖服务有效性主要体现在基地的最大服务距离或最短服务时间。其中，最大覆盖范围模型是较为常用的覆盖模型，其特点是预先确定基地建设数量，以实现覆盖最多的需求点，达成覆盖范围最大化的目的。覆盖可以这样定义：设每个需求点存在一个最大服务距离 $R_{\max}$（或最短服务时间 T_s），当基地 i 与需求点 j 之间的服务距离 D_{ij}（或服务时间 S_{ij}）小于最大服务距离 $R_{\max}$（或小于最长服务时间 T_s）时，则可认为基地 i 有效覆盖了需求点 j，或称需求点 j 被基地 i 覆盖。

军事基地会根据各需求点间地理环境、自身价值的不同，提供具有等级差异的服务水平。基地的保护能力主要集中于一个固定的区域，称这个区域为覆盖范围。军事基地的覆盖范围存在最小临界值 $R_{\min}$ 和最大临界值 $R_{\max}$。当一个基地 i 单独保护一个需求点 j 时，其提供的覆盖水平与两点间的距离 R_{ij} 有关。若 R_{ij} 在最小临界值 $R_{\min}$ 内，则基地提供的保护水平处于最高水平，提供高质量维护，称为一级覆盖。若 R_{ij} 在最大临界值 $R_{\max}$ 内，则基地提供的维护水平随 R_{ij} 的增加逐渐衰减，基地提供一般保护，称为二级覆盖。若 R_{ij} 超出了基地的最大临界值 $R_{\max}$，则基地提供的保护水平为零，即无法有效维护需求点。

如图 16.2.1 所示，需求点 J_1 在选址点 I 的最小临界值 $R_{\min}$ 内，提供一级覆盖；需求点 J_2 在选址点 I 的最大临界值 $R_{\max}$ 内、最小临界值 $R_{\min}$ 外，提供二级覆盖；需求点 J_3 在选址点 I 的最大临界值外，无法提供保护。这是考虑不同距离 R_{ij} 提供不同质量保护水平的阶梯型保护模式。距离越近，军事基地为需求点提供的保护水平越高；距离越远，提供的保护水平越低。

为了计算方便，假设保护水平与距离 R_{ij} 呈线性关系，具体的数学模型如公式（16.2.1）所示，其中 S_j 表示需求点 j 收到的保护水平。

$$S_j = \begin{cases} 1 & R_{ij} \leqslant R_{\min} \\ \dfrac{R_{\max} - R_{ij}}{R_{\max} - R_{\min}} & R_{\min} < R_{ij} < R_{\max} \\ 0 & R_{ij} \geqslant R_{\max} \end{cases} \tag{16.2.1}$$

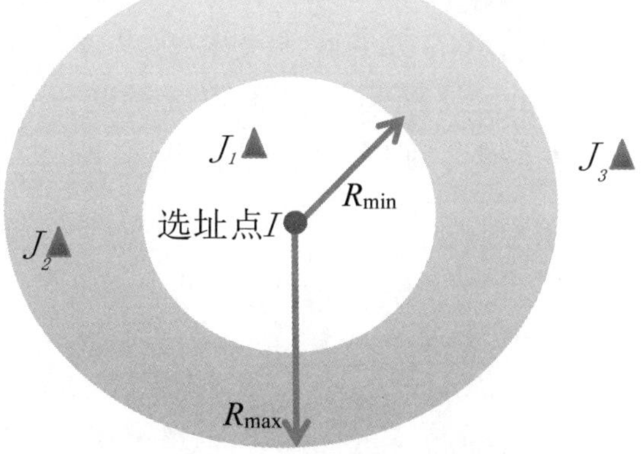

图 16.2.1　不同等级的保护水平

对于某个需求点 j，可能存在多个基地对其保护的情况，则此时需求点 j 接受的保护水平 S_j 如公式（16.2.2）所示，其中 N_j 表示能够覆盖需求点 j 的军事基地集合。

$$S_j = \begin{cases} 1 & R_{ij} \leqslant R_{\min} \\ 1-\prod_{i \in N_j}\left(1-R_{ij}\right) & R_{\min} < R_{ij} < R_{\max} \\ 0 & R_{ij} \geqslant R_{\max} \end{cases} \quad (16.2.2)$$

最大覆盖范围的目标函数可以表示为：

$$\max \ z_1 = \sum_{j \in J} W_j S_j y_j \quad (16.2.3)$$

其中，变量 W_j 表示需求点 j 的价值（人口总数、经济总额或其他），S_j 表示需求点 j 的服务水平，y_j 表示需求点 j 是否被覆盖。

易接近性。衡量军事基地布局好坏的另一个重要标准，是基地到达需求点的平均距离，平均距离越近，说明军事基地的易接近性越强。考虑到需求点的重要程度不同，测量基地布局有效性的一个等价的方法是，对需求点与军事基地的距离进行加权，并计算基地与需求点的总加权距离。价值权重反映了需求点的实际价值，主要由需求点的经济价值和人员数量表示。价值越高的需求点，受到的关注度越高，因此在军事基地布局时更会有选择地靠近。

一个军事基地可能覆盖多个需求点，一个需求点也可能被多个军事基地所覆盖。需求点的服务距离是指多个军事基地中距离需求点最近的距离。如图 16.2.2 所示，需求点 3 被基地 1、2 和 3 同时覆盖，但其距离基地 1 最近，则需求点 3 的服务距离为基地 1 与需求点 3 的距离。

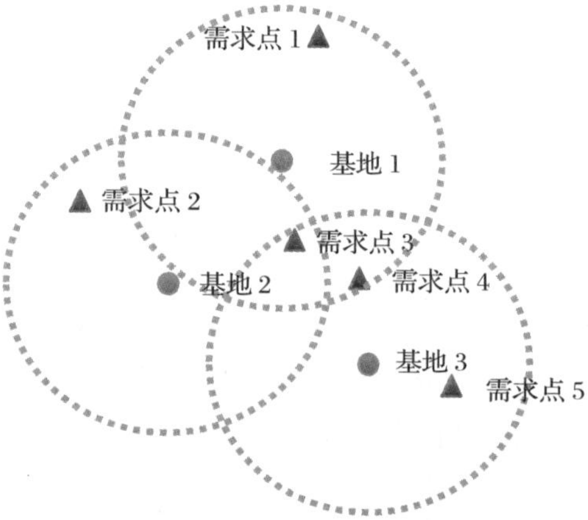

图 16.2.2　服务距离示意图

最大易接近性的目标函数可以表示为：

$$\min \quad z_2 = \sum_{j \in J} W_j P_j y_j \tag{16.2.4}$$

其中，变量 W_j 表示需求点 j 的价值（人口总数、经济总额或其他），P_j 表示需求点 j 的服务距离，y_j 表示需求点 j 是否被覆盖。

经济性。军事基地一旦建成，便很难在短时期内改变，对于设计与规划军事基地建设而言，基地的成本花销是一项重要因素。在上述模型中，前提条件是假设所有的建设费用是相同的。实际上，由于不同地区间的经济发展、物价水平具有一定的差异性，因而对于决策者来说，这种假设可能是不合适的。

经济性最好的目标函数可以表示为：

$$\min \quad z_3 = \sum_i O_i x_i \tag{16.2.5}$$

其中，O_i 表示在选址点 i 处建设基地的成本。

三、布局动态性分析

军事基地的布局决策实际上是对军事基地的提前规划和部署，随着时间的推移会发生一定程度上的重组与调整，部分军事基地存在开设、关闭和转移的可能性。因此，需要充分分析一些动态性和不确定性因素，如物价因素、地区风险程度、重要目标的发展趋势等。在研究模型的动态特性时，可以加入时间变量 k，实现多阶段动态特性的描述。

在覆盖性和易接近性方面，一方面，需求点与基地之间是多源性服务，即一个需求点可由多个基地服务；另一方面，基地所提供的服务能力均采用单一标准，若基地到需求点的距离或时间不大于固定值，则认为需求点被覆盖，并未考虑不同需求点间服务需求可能存在差异性。由于各个需求点即目标的利益含量不同，所处地区的风险程度有差别，因此需求点所需提供服务的基地数量、需要的服务水平具有一定的差异性。此时，需求点可均加入其重要性随时间变化的特征，并且需求点的覆盖变量和服务距离变量均具备随时间变化的特性，覆盖性目标函数和易接近性目标函数变为：

$$\max\ z_1 = \sum_{i \in I} \sum_{j \in J} W_{jk} S_{jk} y_{jk} \tag{16.2.6}$$

$$\min\ z_2 = \sum_{j} \sum_{k} W_{jk} P_{jk} y_{jk} \Big/ \sum_{j} \sum_{k} W_{jk} y_{jk} \tag{16.2.7}$$

在经济性方面，军事基地的布局是一个动态发展过程，需要考虑未来基地关闭的可能性和重新开启的状态，并结合费用随时间变化的特性，加入关闭基地费用 C_i，在开启费用和关闭费用均加入时间变量 k。第一阶段只有基地开启的情况，而之后的阶段基地有关闭和开启的可能，则经济性目标函数变为：

$$\min\ z_3 = \sum_{i} \sum_{k=1} O_{ik} x_{ik} + \sum_{i} \sum_{k \geqslant 2} \left[O_{ik} x_{ik} (1 - x_{i(k-1)}) + C_{ik} x_{i(k-1)} (1 - x_{ik}) \right] \tag{16.2.8}$$

四、动态布局模型

在军事基地的多目标动态布局问题中，行为主体主要是军事基地和需求点，涉及的因素包括：需求点的风险程度，需求点的价值，军事基地覆盖范围的最小临界值和最大临界值，军事基地的开设成本和关闭成本，上述各类因素的时间动态性特征等内容。

根据军事基地布局多目标和动态性的定义，明确布局模型的假设前提。空间距离是需求点的交通条件，以地理坐标表示，根据经纬度计算两点之间的空间距离。开设或关闭基地费用主要参考选址点的物价水平，确定建设基地的基本费用，关闭基地费用假设为开设基地费用的 10%。按照通货膨胀率，假设按开设或关闭基地费用以 0.3% 的比例逐年提升。需求点的价值权重，分为“非常重要”“很重要”“比较重要”“一般重要”4 个档次的价值权重级别。

为了简化描述，模型中采用如下符号：i 为军事基地选址点编号；j 为需求点编号；k 为时间阶段编号；x_{ik} 为二进制变量，0 代表时间阶段 k 军事基地选址点 i 未被选中，1 代表被选中；y_{jk} 为二进制变量，0 代表时间阶段 k 需求点 j 未被覆盖，1 代表被覆盖；W_{jk} 为时间阶段 k 需求点 j 的价值；S_{jk} 为时间阶段 k 需求点 j 收到的服务水平，$S_{jk} \in [0,1]$，其中 0 代表未被服务，1 代表完全服务；P_{jk} 为时间阶段 k 需求点 j 的服务距离；O_{ik} 为时间阶段 k 军事基地选址点 i 开设设施的成本；C_{ik} 为时间阶段 k 军事基地选址点 i 关闭设施的成本；N_j 为根据需求点的风险程度，要求在时间阶段 k 需求点 j 至少被覆盖的选址点数量。记所有能覆盖需求点 j 的基地选址点集合为 $Q_j = \{i \mid R_{ij} \leqslant R_{\max} \}$，$R_{\max}$ 为基地的最大覆盖距离。

结合模型符号，综合上述多目标和动态特性分析，构建基于多目标的军事基地动态布局模型：

$$\max\ z_1 = \sum_j \sum_k W_{jk} S_{jk} y_{jk} \tag{16.2.9}$$

$$\min\ z_2 = \sum_j \sum_k W_{jk} P_{jk} y_{jk} / \sum_j \sum_k W_{jk} y_{jk} \qquad (16.2.10)$$

$$\min\ z_3 = \sum_i \sum_{k=1} O_{ik} x_{ik} + \sum_i \sum_{k \geqslant 2} \left[O_{ik} x_{ik} (1 - x_{i(k-1)}) + C_{ik} x_{i(k-1)} (1 - x_{ik}) \right] \qquad (16.2.11)$$

$$s.t. \quad \sum_{i \in N_j} x_{ik} - y_{jk} \geqslant 0 \quad \forall j,k \qquad (16.2.12)$$

$$x_{ik}, y_{jk} \in \{0,1\} \quad \forall i,j,k \qquad (16.2.13)$$

其中，目标函数（16.2.9）是军事基地布局模型的有效性，体现出尽可能扩大布局方案的多重覆盖范围，实现在不同时间阶段下加权覆盖范围的最大化；目标函数（16.2.10）是军事基地布局模型的效率性，尽可能减少各时间阶段布局点与需求点间总加权距离，使得基地与需求点距离较近，提高布局效率；目标函数（16.2.11）是军事基地布局模型的经济性，令各时间阶段基地开设和关闭的总成本最低；约束条件（16.2.12）保证了覆盖需求点的基地数量不少于需求点应被覆盖的次数；约束条件（16.2.13）保证 x_{ik}、y_{jk} 为二元整数决策变量。

第三节　军事基地规模分析方法

军事基地规模分析是静态布局阶段的重要工作，应根据军事行动的资源需求，具体分析军事基地内部存储设施、运载工具、战备资源等内容。确定军事基地规模是初步构建军事基地体系的关键环节，也是完成军事基地规划静态布局的重要步骤。军事基地规模分析方法是合理确定军事基地规模、有效满足各类需求的重要支撑。本节主要阐述军事基地规模分析的主要关注点，说明问题的研究框架，说明模型的内容和条件，给出军事基地规模分析模型。

一、军事基地规模分析

军事基地规模分析是根据保障军事行动及日常补给需要，从整体上确定各军事基地的战备资源、运载工具、存储设施等储备量的预研性工作。其目的是针对特定军事行动的资源保障需求，确定基地所需具备的运输保障能力和存储能力，组织资源前置存储和运输，充分发挥各类保障力量的作用，在重要的关键性军事行动地点形成作战能力，保障军事任务顺利完成。军事基地规模分析要充分结合军事行动的保障需求和军事基地内部的协同合作，分析时需要注意如下方面：

保障的时效性。军事行动对保障资源的需求具有强时效特征，保障资源及时输送对于军事行动十分重要，不能按时抵达会造成战场上的被动和无谓的损失。

经济性。军事基地的日常运转和战时工作均需要大量国防费用的支出。过大的基地规模在满足军事行动需求的同时，会对国防经济造成巨大压力；过小的基地规模虽然经济状况良好，却不能保障行动的整体需求。需要定量分析适当的基地规模，在满足军事行动需求的基础上，保证一定的经济性。

供应保障的多资源特征。现代战争强调具有多种作战能力的一体化联合作战，投入的军兵种、武器装备、后勤资源类型多样化，因此需要保障的作战资源种类也多种多样。

运力和容量约束。资源运输能力和存储能力是分析军事基地规模所需重点考虑的约束条件。运输能力在重量和面积方面的约束与保障时效性需求是军事行动供应保障中的一对关键矛盾，军事基地内部的存储设施往往具有一定的容量约束。

多种运载形式。现代多种类型的大运量远程运载工具的出现及其在战时保障中的运用，使得运载方式变得日益多样化，通常存在陆路、海上和空中运输同时使用的情况。

费用类型的多样化。军事基地在运行过程中会产生类型多样的费用，既包括基地日常的运营和维护费用，也含有执行军事行动时所产生的运输费用和作战花费等。

动态特性。未来的军事行动可能较为频繁，各军事行动发生的时间、地点均不同，行动的强度、持续时间长度具有一定的差异性，行动的样式、需求有明显差别。需要以此为根据分时间阶段不断调整基地的规模，实现基地的最大运用效率。

系统性。分散在各处的军事基地并不是孤立静态地发挥作用，而是相互配合、互相协作共同构成了一个具备一定功能的整体，向世界各地执行军事行动的部队提供有力支援。

军事基地规模问题的复杂性较强，需要通过有组织有结构的方法进行深入分析，得到科学的结论。军事基地规模问题的研究框架主要分为以下 4 个步骤。

问题定义。在进行军事基地规模分析之前，要对规模问题进行定义，对研究对象、研究目标等进行分析与描述。其中目标描述是问题研究的主要目标，即合理确定军事基地规模，形成的军事基地体系能够有效满足军事行动保障需求；限定是对规模问题适用范围的整体规定。

问题分析。该环节是军事基地规模问题的关键步骤。通过对影响军事基地规模因素的深入分析，明确规模分析的主要关注点，寻求解决问题的合理途径，为下一步建立数学规划模型奠定理论基础。

建立数学规划模型。这一环节是军事基地规模问题的核心环节。在问题分析的基础上，对规模问题进行数学抽象，归纳出系统运行状态下的行为主体和动作状态，并以此总结出规模分析的输入输出项，结合各类约束条件，运用合适的数学工具建立数学规划模型。

规模分析。运用上述数学规划模型进行军事基地规模分析，得到可行的军事基地规模分析方案，为决策层提供辅助决策。

二、规划模型描述

军事基地规模分析的核心是构建军事基地规模分析模型。对军事基地保障系统的运行过程进行抽象，归纳出模型主体和行为状态；对模型的输入输出进行分析；结合模型条件设定，从资源储备约束、资源装载约束、资源运输约束和运载工具约束 4 个方面分析模型的约束条件；以总费用最低为目标，构建军事基地规模分析数学模型。

在一场军事行动中，由分散在不同地区的军事基地、在不同地点执行行动的部队、担负运输任务的运载工具、战备资源作为行为主体构成军事基地保障系统。军事基地是供给点，执行军事任务的部队是需求点，运载工具和战备资源是资源流，其中运载工具资源流属于双向资源流，战备资源流则是单向资源流。整个运行状态实际是供给点和需求点关于资源流的一个互动过程。军事基地保障系统的运行过程为：执行军事任务的部队提出战备资源需求，为保障军事行动顺利展开和实施，军事基地组织本单位的运输力量装载战备资源，在规定的时间内将战备资源运至部队，运载工具在执行此次运输任务后即刻返回，为继续执行运输任务做好准备，整个过程持续循环直至军事行动完毕。

在军事基地保障系统的运行过程中，抽象出主要的行为主体和关键行为状态，对行为主体在各种约束条件下的行为状态进行数学描述，构建军事基地规模分析模型。模型需要将军事基地与军事行动有机结合，令基地储备规模、运载工具数量与所需要保障的战备资源有效对应起来，令军事基地规模能够有效反映出保障需求的客观变化情况。军事基地保障系统的行为主体抽象为基地存储设施、运载工具、战备资源、军事基地、需求点 5 类。

军事基地保障系统的行为包括资源储备状态、资源装载状态、资源运输状态和运载工具输送状态 4 类。资源储备状态是战备资源在基地中的组织形式，主要描述战备资源在基地中的基本储备情况，行为主体包括资源和基地。资源装载状态是关于战备资源在运载工具内部装载状态的重要描述，行为主体包括战备资源和运载工具。资源运输状态是运行系统中资源流在供应点和需求点间单向输送的表现形式，主要描述供应点提供资源、需求点获取资源的实时状态，行为主体包括战备资源、基地和需求点。运载工具输送状态是保障系统中关于运载工具情况的重要表现，主要描述运载工具在供应点和需求点间往返运动的实时状态，行为主体包括运载工具、基地和需求点。

根据模型的行为主体和行为状态的分析和描述，界定军事基地规模分析模型的输入输出项目。根据特定军事行动阶段内部队的分布状况以及预计的对战备资源种类、数量和时间等方面的保障需求，结合军事基地的布局态势，综合考虑各类运输保障力量以及设施容量、保障时间约束等多方面的限制，使军事基地能在适当的时间、适当的地点向部队提供在数量、种类等方面均与需求相符的战备资源，优化作战资源储备布局和保障资源的使用方案，从而确定军事基地的规模。

如图 16.3.1 所示，为军事基地规模分析模型的输入输出项目主要内容。

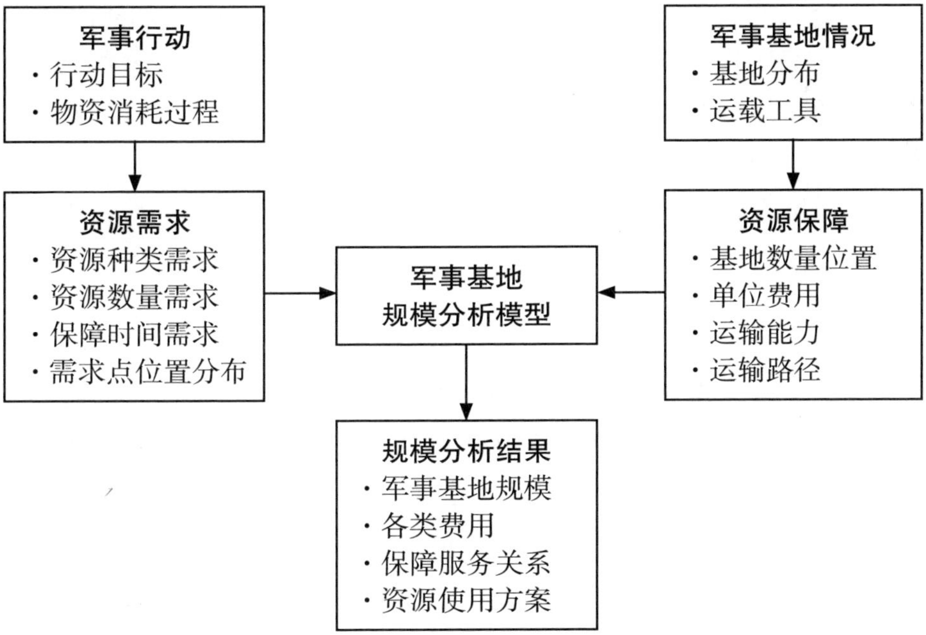

图 16.3.1　军事基地规模分析模型的输入输出项目

资源需求。军事行动资源需求可以从战备资源的需求数量、需求种类、需求时间、需求地点四个方面加以明确。资源需求根本上是由军事行动决定的，军事行动类型和采用的行动方案决定了部队的资源消耗过程，可由军事行动相关指挥部门明确资源需求。

资源保障。军事基地布局情况，主要包括基地的数量和布局位置。运输路径是不同类型的运载工具执行运输任务选择的道路，通常空中运输和陆上运输以军事基地与需求点间直线距离计算，海上运输则需通过专业软件平台测量运输路径。运输能力受到运载工具的数量和运载能力、遭遇的运输困难等多方面因素的影响。军事基地的运载工具量主要根据基地的日常保有量和临时调运量来确定。运输速度和所能装载的资源重量和面积，会对运输能力产生约束影响；运输路线上战备资源的运送难度会影响运输速度，进而影响运输能力。

单位费用。军事基地正常运转会产生多种费用，如运输费用、设施建设费用、资源存储费用、基地运转费用等。在满足充分保障需求点的基础上,需要充分考虑经济性原则,合理控制军事基地规模。

军事基地规模分析模型的输出项主要包括：军事基地规模，包括建造和使用的设施数量、战备资源的储备量、运载工具的保有量等；军事基地与需求点的保障服务关系；存储设施、运载工具、战备资源等资源流的分配使用方案；产生的各类费用。

三、模型条件设定

模型条件设定的主要内容有：需求点是执行军事行动的部队关于战备物资的接收地点。需求点需求量是可预知或预估的，如区域控制行动、联合打击行动、反恐维稳行动和国际救援行动的战备资源需求量可根据以往的统计数据得到。时间变量分为时间和保障需求时间，保障需求时间是需求点的时间变量，是在时间范围内的某个时间段。时间变量 i、保障需求时间变量 h、需求点 c 初始时间变量 κ_c 之间的转换公式为 $i=\kappa_c+h-1$。

每个阶段初始时刻，基地可放置多个战备资源和运载工具，各阶段系统的战备资源和运载工具的总量是一定的。无任务的运载工具不消耗基地同一时间派出运载工具的数量，返回军事基地的运载工具不消耗同一时间用户接收运载工具的数量和基地同一时间派出运载工具的数量。军事基地可以利用附近的机场或港口输送战备资源。陆上运输方式可直接通过陆上运载工具有效运输；空中运输方式通过将资源运输至附近机场，再通过大型空中运载工具运输；海上运输方式则将资源运输至附近港口，再通过大型海上运载工具运输。陆上运输方式最多可以穿越两国国境；不同国家的陆路基础交通建设存在差异，需要根据其经济发展程度对陆上运载工具的速度作出修正，如公式 16.3.1 所示，其中 ψ_c 表示当地 c 的速度修正系数。

$$V_c = \psi_c V \tag{16.3.1}$$

陆上运载工具通过一国边境，运输时间额外增加一天；海上运载工具通过战略通道，运输时间额外增加一天。假设空中和陆上运载工具可直接抵达需求点。海上运载工具视情况而定，若需求点附近 10 千米有港口，则算作直接抵达；若超过 10 千米，则需计算从港口到需求点的运输时间，以陆上运载工具的运输时间为计。

模型中的符号可以分为集合符号、参数和变量 3 种类型。

集合符号。$a \in A$：战备资源类型。其中 a_1 表示后勤补给资源；a_2 表示装备运输资源；a_3 表示武器弹药资源。$b \in B$：表示军事基地集合。$c \in C$：表示需求点集合。$e \in E$：资源输送的运载方式。其中 e_1 表示空中运输；e_2 表示陆路运输；e_3 表示海上运输。$f \in F$：存储设施类型。其中 f_1 表示非弹药存储设施，能够存放后勤补给资源 a_1 和装备运输资源 a_2；f_2 表示弹药存储设施，能够存放武器弹药资源 a_3。$h \in H$：需求点的保障需求时间。$i \in I$：时间。将阶段分割为多段时间，全部时间构成一个完整的阶段。$k \in K$：阶段。所有阶段共同组成军事基地运转的时间周期。

相关参数。$\Pi_{b,f}$：军事基地 b 额外建造 f 类存储设施的费用。$\Lambda_{a,b}$：军事基地 b 中储存 a 类资源的费用。$\Upsilon_{a,b,c,e}$：e 类运载工具将 a 类资源从军事基地 b 运至需求点 c 的费用。$\Omega_{e,k}$：在阶段 k 额外获取 e 类运载工具的费用。ψ_a：额外获取 a 类资源的费用。δ_a：a 类资源的最高存储水平。τ：军事基地最低存储设施利用率。κ_c：在需求点 c 执行任务的初始时间。通过初始时间 κ_c，能够实现需求点 c 的保障需求时间 h 与时间 i 间的转换，转换公式为 $i=\kappa_c+h-1$。ω_c：部队在需求点 c 执行任务的持续时间。υ_c：从需求点 c 至附近港口的陆路运输时间。ψ_c：需求点 c 附近 10 千米内是否有港口（1 表示没有，0 表示有）。η_c：需求点 c 的行动构想。Ξ_c：需求点 c 所对应的阶段。$\alpha_{a,f}$：单件 a 类资源所占 f 类存储设施的面积比。$\gamma_{b,f}$：军事基地 b 最多可容纳的 f 类存储设施数量。$\theta_{a,e}$：a 类资源占 e 类运载工具面积比。$\varepsilon_{a,e}$：a 类资源占 e 类运载工具重量比。$\rho_{b,c,e}$：军事基地 b 至需求点 c 的 e 类运载工具运输时间，$\rho_{b,c,e}=0$ 表示军事基地 b 和需求点 c 在同一地点。$\lambda_{b,e}$：在军事基地 b 用 e 类运载工具将战备资源装载至附近港口或机场内的时间。μ：将战备资源装载至陆上运载工具的时间。$\xi_{b,e}$：军事基地 b 在同一时间能够派出的 e 类运载工具数量。$\pi_{c,e}$：需求点 c 在同一时间能够接收的 e 类运载工具数量。$\sigma_{e,k}$：k 阶段 e 类运载工具数量的初始数量。$\phi_{a,c,h}$：保障需求时间 h 需求点 c 对 a 类资源的需求量。

相关变量。$Q_{a,b,k}$：阶段 k 军事基地 b 中 a 类资源的初始储备量。$V_{b,c,e,h}$：在保障需求时间 h，离开军事基地 b 开赴需求点 c 的 e 类运载工具数量。$XX_{a,b,i,k}$：k 阶段军事基地 b 中资源 a 在时间 i 的存储量。$U_{b,f,k}$：k 阶段军事基地 b 中 f 类存储设施的使用数量。$N_{b,f}$：军事基地 b 中 f 类存储设施的建设数量。$T_{a,b,c,e,h}$：在保障需求时间 h，通过 e 类运载工具从军事基地 b 运输至需求点 c 的 a 类资源数量。$Y_{e,k}$：在阶段 k 额外获取的 e 类运载工具数量。$Z_{a,k}$：在阶段 k 额外获取的 a 类资源。

根据数学模型 4 类行为状态的刻画，以及模型输入输出项的分析，从 4 个方面描述模型的约束条件。

战备资源储备状态的约束条件。阶段 k 军事基地 b 的战备资源储备数量$\sum_a Q_{a,b,k}$不能超过上限值$\sum_a$（$100\delta_a$），不能低于下限值τ；阶段k基地中a类战备资源储备数量$\sum_a Q_{a,b,k}$不能超过储备的资源量δ_a与额外获取的资源量$Z_{a,k}$之和；a_1和a_2类战备资源均存放于f_1类存储设施中，a_3类战备资源存放于f_2类存储设施中；阶段k军事基地b存储设施f的使用数量$U_{b,f,k}$不能超过建设的存储设施f的数量$N_{b,f}$；军事基地b建设的存储设施f的数量$N_{b,f}$不能超过军事基地b关于存储设施f的最大可建数量。

资源装载状态的约束条件。在时间h军事基地b向需求点c派出的运载工具数量要超过战备资源的运输面积要求$\sum_a \theta_{a,e}T_{a,b,c,e,h-\lambda b,d}$和运输重量要求$\sum_a \varepsilon_{a,e}T_{a,b,c,e,h-\lambda b,d}$。资源运输状态的约束条件。k阶段军事基地b在i时间的a类资源储备量$XX_{a,b,i,k}$等于上一时间资源储备量$XX_{a,b,i\text{-}1,k}$与向外运输资源量之差$XX_{a,b,i,k}$；k阶段时间i军事基地b向需求点c的战备资源运输量不能超过此时基地的资源储备量$XX_{a,b,i,k}$；截至保障需求时间h向需求点c运输的战备资源累积量$\sum T_{a,b,c,e,h'}$，要满足需求点在需求时间h内的资源需求累计$\sum_{h' \ni h' \leqslant h} \phi_{a,c,h'}$。

运载工具状态的约束条件。军事基地b内e类运载工具在同一时间的派出数量$\sum_h V_{b,c,e,h}$不能超过基地的最大派出数量$\xi_{b,e}$；e类运载工具在同一时间到达需求点c的数量$\sum_b V_{b,c,e,h-\rho_{b,c,e}}$不能超过需求点的最大接受数量$\pi_{c,e}$，其中陆上运载工具包括直接输送和从港口装载资源间接运输两种方式；k阶段i时间待命的e类运载工具数量$\sum_h V_{b,c,e,h}$不能超过系统中的最大数量$\sigma_{e,k}+Y_{e,k}$与正在执行运输任务的运载工具数量$V_{b,c,e,h \leqslant (\mathrm{i}-\kappa_C)}$之差。

四、规模分析模型

根据对模型行为主体和主体行为状态的分析，结合模型的输入输出项和模型的约束条件，以模型条件设定为前提，构建了军事基地规模分析的混合整数规划模型，模型如公式（16.3.2）~（16.3.19）所示，共计 18 项公式。

$$Min \ \sum_{b,f}\Pi_{b,f}N_{b,f}+\sum_{e,k}\Omega_{e,k}Y_{e,k}+\sum_{a,k}\Psi_{a,k}Z_{a,k}+\sum_{a,b,k}(\Lambda_{a,b}Q_{a,b,k}+\sum_{\substack{c\ni\Xi_c=k,\\ e,h}}\Upsilon_{a,b,c,d,e}T_{a,b,c,e,h}) \quad (16.3.2)$$

目标函数（16.3.2）限定了军事保障系统的总花费最小。总花费主要包括额外建设存储设施的费用，额外获取运载工具的费用，额外获取资源的费用，基地日常运营的费用和运载工具的运输费用。

$$\sum_{a}Q_{a,b,k}\leqslant\sum_{a}\left(100\delta_a\right) \quad \forall b,k \quad (16.3.3)$$

条件（16.3.3）规定了军事基地中战备资源存储数量的上限值，保证了战备资源的储备量处于较为合理的水平。

$$\sum_{a}Q_{a,b,k}\geqslant\tau \quad \forall b,k \quad (16.3.4)$$

条件（16.3.4）规定了军事基地中战备资源存储数量的下限值，保证了军事基地运行效率，避免了出现基地空转的现象。

$$\sum_{b}Q_{a,b,k}\leqslant\delta_a+Z_{a,k} \quad \forall a,k \quad (16.3.5)$$

条件（16.3.5）限定了军事基地中 a 类战备资源的存储数量。

$$\alpha_{a_1,f_1}Q_{a_1,b,k}+\alpha_{a_2,f_1}Q_{a_2,b,k}=U_{b,f_1,k} \quad \forall b,k \quad (16.3.6)$$

$$\alpha_{a_3,f_2}Q_{a_3,b,k}=U_{b,f_2,k} \quad \forall b,k \quad (16.3.7)$$

条件（16.3.6）~（16.3.7）规定了军事基地中两类存储设施数量与资源储备的对应关系，严格区分了弹药类和非弹药类战备物资在储备方式上的差别。

$$U_{b,f,k}\leqslant N_{b,f} \quad \forall b,f,k \quad (16.3.8)$$

$$N_{b,f}\leqslant\gamma_{b,f} \quad \forall b,f \quad (16.3.9)$$

条件（16.3.8）表示军事基地存储设施的使用数量不能超过已建数量；条件（16.3.9）表示军事基地存储设施的已建数量不能超过可

建数量。由于存储设施经常出现资源储备不满的状态，设施的使用量一般都会少于已建量，两个约束条件区分了存储设施在使用和建设方面的差别。

$$V_{b,c,e,h} \geqslant \sum_{a} \theta_{a,e} T_{a,b,c,e,h-\lambda_{b,e}} \quad \forall b,c,e,h \in h \leqslant \omega_c - \rho_{b,c,e} \qquad (16.3.10)$$

$$V_{b,c,e,h} \geqslant \sum_{a} \varepsilon_{a,e} T_{a,b,c,e,h-\lambda_{b,e}} \quad \forall b,c,e,h \in h \leqslant \omega_c - \rho_{b,c,e} \qquad (16.3.11)$$

条件（16.3.10）~（16.3.11）限定了军事基地派出的运载工具与向需求点运输战备资源量间的对应关系，保证运载工具能够满足战备资源的运输要求。

$$XX_{a,b,i_1,k} = Q_{a,b,k} \quad \forall a,b,k \qquad (16.3.12)$$

条件（16.3.12）表示每个阶段内军事基地的初始资源存储水平等于基地战备资源的初始储备量。

$$XX_{a,b,\mathrm{i},k} = XX_{a,b,\mathrm{i}-1,k} - \sum_{\substack{c \ni \Xi_c = k,e, \\ h \ni \kappa_c + h - 1 = \mathrm{i}-1}} T_{a,b,c,e,h} \quad \forall a,b,\mathrm{i} > 1,k \qquad (16.3.13)$$

条件（16.3.13）表示军事基地的资源存储水平等于上一时间的资源存储量与向外运输资源量之差，相应地建立了资源储备量与运输量之间的定量关系。

$$\sum_{\substack{c \ni \Xi_c = k,e, \\ h \ni \kappa_c + h - 1 = \mathrm{i}}} T_{a,b,c,e,h} \leqslant XX_{a,b,\mathrm{i},k} \quad \forall a,b,\mathrm{i},k \qquad (16.3.14)$$

条件（16.3.14）表示军事基地向外运输的资源量不能超出基地的资源存储量，规定了运输量的上限值。

$$\sum_{b,e,h' \ni h' \leqslant h - \lambda_{b,e} - \rho_{b,c,e}} T_{a,b,c,e,h'} \geqslant \sum_{h' \ni h' \leqslant h} \phi_{a,c,h'} \quad \forall a,c,h \ni h \leqslant \omega_c \qquad (16.3.15)$$

条件（16.3.15）表示军事基地通过空中、陆上、海上多种运输方式运载的资源累积量要满足需求点的资源累计需求，相应地保证了战备资源能够按时抵达，满足了资源保障的时效性要求。

$$\sum_{c \ni \Xi_c = k, h \ni \kappa_c + h - 1 = \mathrm{i}} V_{b,c,e,h} \leqslant \xi_{b,e} \quad \forall b,e,\mathrm{i},k \qquad (16.3.16)$$

条件（16.3.16）是对同一时间下军事基地能够派出的空中和海

上运载工具数量的约束，是关于军事基地派出能力的限定。

$$\sum_{b} V_{b,c,e,h-\lambda_{b,e}-\rho_{b,c,e}} \leqslant \pi_{c,e} \quad \forall c, e \in e \neq 2, h \in h \leqslant \omega_{c} \tag{16.3.17}$$

条件（16.3.17）规定了在同一时间内需求点能够进出的空中、海上运载工具最大数量，是关于需求点接受能力的限定。

$$\sum_{b} V_{b,c,e_2,h-\lambda_{b,e_3}-\rho_{b,c,e}} + (1-\psi_{c}) \sum_{a,b} \theta_{a,e_2} T_{a,b,c,e_3,h-\lambda_{b,e_2}-\lambda_{b,e_3}-\rho_{b,c,e_3}} \leqslant \pi_{c,e_2} \quad \forall c, h \in h \leqslant \omega_{c} \tag{16.3.18}$$

条件（16.3.18）限定了在同一时间内需求点能够进出的陆上运载工具最大数量。进入需求点的陆上运载工具既包括直接从军事基地派出直抵的运载工具，也涵盖了将需求点附近港口卸载的战备资源运输至需求点的运载工具，此类属于间接运输方式。

$$\sum_{\substack{b,c \ni \Xi_{c}=k, \\ h \ni \kappa_{c}+h-1=\mathrm{i}}} V_{b,c,e,h} \leqslant \sigma_{e,k} + Y_{e,k} - \sum_{\substack{b,c \ni \Xi_{c}=k, h \ni h \leqslant (\mathrm{i}-\kappa_{c}) \\ \cap h \geqslant (\mathrm{i}-\kappa_{c}-2\rho_{b,c,e}+2)}} V_{b,c,e,h} \quad \forall e, \mathrm{i}, k \tag{16.3.19}$$

条件（16.3.19）表示相同时间内军事基地保障系统中处于待命状态的运载工具数量，不能超过系统的保有数量与正在执行运输任务的运载工具数量之差，规定了运载工具的数量上限。

第四节　军事基地体系优化方法

军事基地体系优化是动态调整阶段的主要任务，是对已经建立的军事基地体系进行调整与优化，即为了有效应对外部环境的不确定性和满足内部发展需求，对军事基地体系内部的部分基地进行关闭、开启、规模调整等操作。军事基地体系优化是军事基地动态调整的核心环节，也是军事基地规划的最终步骤。军事基地体系优化方法是科学制定军事基地体系优化方案、提高基地体系运行效率和稳健性的技术方法支撑。本节主要说明体系优化的分析、优化模型的描述、模型条件的假设和体系优化模型的内容。

一、体系优化分析

军事基地体系会遭遇各种风险，具有一定的脆弱性，需要进行内部结构的调整与优化。下面对军事基地体系优化问题进行描述，归纳影响军事基地体系稳健性的风险因素，提出问题的研究框架。

军事基地体系内部的基地节点分布广泛、数量众多，类型规模的情况各异，导致军事基地体系的规模较大，复杂性较强。基地间具有相互依赖和影响的关系，密切关联性较强，一旦某个基地发生失效会产生级联效应，对整体体系造成巨大危害。军事基地体系优化是为了有效应对外部环境的不确定性和自身的发展需求，对基地体系内部结构进行的调整与优化，包括部分基地的关闭、全新基地的开启、部分基地规模的调整等一系列工作。通过优化与调整策略，能够提高军事基地体系的稳健性，保证军事行动的顺利进行，从整体上进一步提升体系的运行效率。在对军事基地体系优化问题进行分析时，要注意以下内容。

风险的不确定性。军事基地体系在运行过程中会遭遇类型各异、强度不同的风险。这些风险的不确定性程度高，具有突发性强、风险等级不定、发生时间地点难以把握等特点，需要综合考虑所有可能的情况。

基地的开启和关闭。具有巨大安全隐患的军事基地需要及时关闭，以免在风险发生时影响基地体系的运行效率，造成体系内部结构缺失，并及时开启新基地进行替代，提高应对风险的能力。当基地体系的战略重心和保障方向发生转移时，在全新区域开设基地，并关闭冗余和作用不突出的基地，保证基地体系的经济性。

基地的规模调整。根据军事基地体系调整的需求和自身担负任务的变化，体系内各基地的规模要做出适当调整，增加可靠性较强基地的规模，同时降低风险程度较高的基地规模，从整体上提高基地体系的保障能力。

基地间的关联性。军事基地体系内部的基地关联性较强，相互配合、共同协作完成对军事行动的保障任务。若某个基地发生失效，其保障任务将由临近的基地代为执行，这样会影响到此基地的正常运转，从而产生级联效应，对整个基地体系造成负面影响。

军事基地体系优化问题考虑因素较多、规模较大、复杂性较强，需要通过有组织有结构的方法进行深入分析，得到科学的结论。军事基地体系优化问题的研究框架主要分为以下 4 个关键环节。

问题定义。在进行军事基地体系优化之前，要对问题进行定义，对研究对象、研究目标等进行分析与描述。其中目标描述是问题研究的主要内容，即通过合理优化调整军事基地体系，达到有效应对外部环境的不确定性和满足自身内部的发展需求的目的；限定是对体系优化问题适用范围的整体规定。

问题分析。该环节是军事基地体系优化问题的关键步骤。通过对影响军事基地体系稳健性风险因素的归纳，对问题主要特征的深入分析，明确体系优化的主要关注点，寻求解决问题的合理途径，为下一步建立数学规划模型奠定理论基础。

建立数学规划模型。这一环节是军事基地体系优化问题的核心环节。在问题分析的基础上，对体系优化问题进行数学抽象，并以此总结出体系优化的输入输出项。结合各类约束条件，运用合适的数学工具建立数学规划模型，进行基地体系的优化决策工作。

体系优化分析。运用上述建立的数学规划模型进行军事基地体系优化分析，结合自身的需求和客观条件的限制，得到可行的军事基地体系优化分析方案，为决策层提供辅助决策。

二、优化模型描述

军事基地体系优化研究的核心是构建军事基地体系优化模型。对具有失效风险的军事基地体系运行过程进行抽象，总结出模型的输入输出，结合模型的约束条件，以总费用最低为目标，构建军事基地体系优化数学模型。

军事基地体系优化模型是对具有失效风险的军事基地体系运行

过程的一种数学抽象。考虑由军事基地、运载工具和军事行动点为主体构成具有失效风险的军事基地体系，其运行过程为：需求点在一定时间范围内提出资源需求，军事基地接到任务并派出运载工具执行运输任务，运载工具将资源运输至军事行动点，运输任务结束后立即返回基地继续下次运输任务。其间，基地 1 发生失效事件导致无法运转，基地 2、基地 3 接替基地 1 完成运输任务直至其恢复正常工作状态。全部过程形成闭合回环，直至军事行动周期结束。

军事基地体系优化模型，即是抽象出军事基地保障网络中的行为主体和行为状态，通过对行为主体在各种约束条件下行为状态的数学描述，完成对具有失效风险的军事基地体系运行过程的模型刻画，使数学模型能够真实反映出军事基地体系的主要特点。

失效情景的不确定性，使得确定失效事件的发生情况成为体系优化问题研究的重点。为了公平对待每个基地，现假设每个基地均有失效的可能性，综合所有失效事件均发生的情况，根据失效事件的发生概率，逐次遍历每种失效可能性，从而计算出系统总成本最低的体系优化结果。这种分析方法充分考虑了每种失效的可能性，是对失效情景的平均综合考量。所获得的优化方案是否具备抵御失效风险的能力，需要在具体失效事件发生的情况下与未优化的原有方案从军事基地体系的各项成本、用户的资源满足水平等多方面进行对比分析，以验证优化方案的优越性。军事基地体系优化需要注意两点：一是充分考虑各种失效风险；二是严格区分失效状态前后的行动状态差别。

军事基地体系优化模型的输入输出项目的主要内容，如图 16.4.1 所示。

失效事件。失效事件可以从事件发生时间、事件发生地点、事件规模大小 3 个方面加以明确。失效事件具有不确定性，需要以综合集合的形式输入到模型中，逐次遍历每种失效的可能。

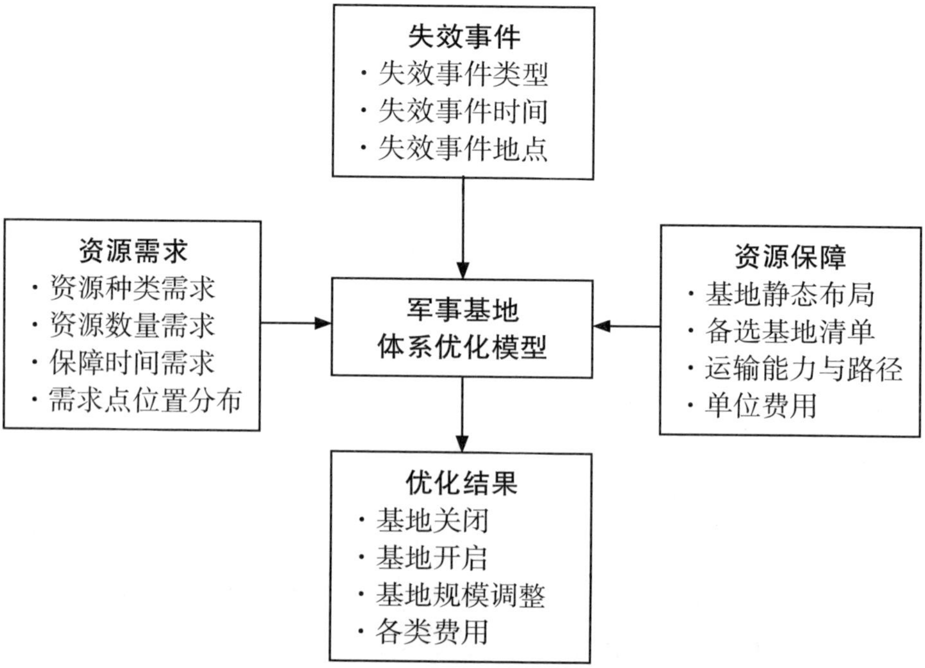

图 16.4.1　军事基地体系优化模型的输入输出项目

资源需求。军事行动资源需求包括战备资源的需求数量、需求种类、需求时间、需求地点 4 个方面。军事行动类型和方案从根本上决定了资源需求和资源消耗过程。

资源保障。分析以下几个方面：一是军事基地静态布局情况。主要包括基地的数量、布局位置和具体规模，前两节已对军事基地的布局和规模问题进行了深入研究，分析结果可作为模型输入。二是备选基地清单。军事基地优化涉及部分新基地的开启，需要提供合适的备选基地清单。三是运输路径。不同类型的运载工具会选择不同的运输路径执行运输任务，通常空中运输和陆上运输以军事基地与需求点间直线距离计算，海上运输则需通过专业软件平台测量运输路径。四是运输能力。运输能力受到运载工具的数量和运载能力、遭遇的运输困难等多方面因素的影响。军事基地的运载工具量主要根据基地的日常保有量和临时调运量来确定；运输速度以及重量和面积装载上限则限制运输工具的运输能力；运输路线的基础条件会影响运载工具的移动速度，对运输能力造成一定影响。五是单位费用。军事基地正常运转会产生多种费用，如运输费用、设施建设费用、资源存储费用、基地运转费用等。在满足充分保障需求点的基础上，需要充分考虑经济性原则，合理控制军事基地规模。

军事基地体系优化的决策输出主要包括：军事基地关闭决策方案，军事基地开启决策方案，军事基地体系内部规模调整的决策方案，优化军事基地体系所产生的各类费用。

三、模型条件假设

模型条件假设有：为区分失效前后基地运行的差异性，便于计算分析，把运输资源数量、运载工具数量、资源储备量等相关变量划分为失效前状态与失效后状态，将系统总成本区分为一般成本和未来成本。基地发生失效事件，资源运输任务暂时交由其他基地承担，待失效时间结束，恢复正常运转后，重新投入工作状态。需求点附近是否有港口，会对海上运载工具的运输状态产生影响。为了区分失效事件对两种运输状态的影响，设定两种变量，$W_{a,b,c,h,h'}$ 仅说明从军事基地港口装载资源开赴需求点，$O_{a,b,c,h,h'}$ 则强调在需求点港口转载资源至陆上运载工具，并通过陆路方式运至需求点的一系列动作状态。

无任务的运载工具不消耗基地同一时间的运载工具派出数量，返回基地的运载工具不消耗同一时间部队用户的运载工具接收数量和基地的运载工具派出数量。将时间变量分为时间 i 和需求时间 h。时间 i 表示整个物流系统运转周期，失效时间属于全局时间；需求时间 h 是部队用户的时间属性，代表部队用户的执行任务周期，其在任务周期外无资源需求。假设 κ_c 为军事行动点 c 的初始时间，行动地点 c 的需求时间 h 与时间 i 间的转换公式为 $i = \kappa_c+h-1$；系统中的主体行为受到时间变量的约束，将基地系统运转周期划分为若干个时间段。

模型中的符号主要分为集合符号、参数符号、变量符号3类。

集合符号。$a \in A$：战备资源类型。其中a_1表示后勤补给资源；a_2表示装备运输资源；a_3表示武器弹药资源。$b \in B$：军事基地集合。$c \in C$：需求点集合。c_a表示任务开始时间早于失效时间的需求点集合；c_b表示任务开始时间晚于失效时间的需求点集合。$e \in E$：资源输送的运载方式。e_1表示空中运输；e_2表示陆路运输；e_3表示海上运输。$f \in F$：存储设施类型。f_1表示非弹药存储设施，能够存放后勤补给资源a_1和装备运输资源a_2；f_2表示弹药存储设施，能够存放武器弹药资源a_3。$h \in H$：需求点的保障需求时间。$i \in I$：时间。将阶段分割为多段时间，全部时间构成一个完整的阶段。$k \in K$：阶段。所有阶段共同组成军事基地运转的时间周期。$g \in G$：失效事件。表示在失效时间内无法运行的军事基地集合。

相关参数。p：失效事件的发生时间。d：失效事件的持续时间。$\Pi_{b,f}$：军事基地b额外建造f类存储设施的费用。$\Lambda_{a,b}$：军事基地b中储存a类资源的费用。$\Upsilon_{a,b,c,e}$：e类运载工具将a类资源从军事基地b运至需求点c的费用。$\Omega_{e,k}$：阶段k额外获取e类运载工具的费用。ψ_a：军事基地体系额外获取a类资源的费用。δ_a：a类资源的最高存储水平。τ：军事基地最低存储设施利用率。κ_c：在需求点c执行任务的初始时间。通过初始时间κ_c，能够实现需求点c的保障需求时间h与时间i间的转换，转换公式为$i = \kappa_c + h - 1$。ω_c：部队在需求点c执行任务的持续时间。υ_c：从需求点c至附近港口的陆路运输时间。ψ_c：需求点c附近10千米内是否有港口（1表示没有，0表示有）。η_c：需求点c的行动构想。Ξ_c：需求点c所对应的阶段。$\alpha_{a,f}$：单件a类资源占f类存储设施面积比。$\gamma_{b,f}$：军事基地b最多可容纳的f类存储设施数量。$\theta_{a,e}$：a类资源占e类运载工具面积比。$\varepsilon_{a,e}$：a类资源占e类运载工具重量比。$\rho_{b,c,e}$：军事基地b至需求点c的e类运载工具运输时间，$\rho_{b,c,e}=0$表示军事基地b和需求点c在同一地点。$\lambda_{b,e}$：军事基地b用e类运载工具将战备资源装载至附近机场或港口内的时间。μ：将战备资源装载至陆路运载工具的时间。$\xi_{b,e}$：军事基地 b 在同一时间能够派出的 e 类运载工具数量。$\pi_{c,e}$：需求点 c 在同一时间能够接收的 e 类运载工具数量。$\sigma_{e,k}$：k 阶段军事基地体系内 e 类运载工具数量的初始数量。$\phi_{a,c,h}$：保障需求时间 h 需求点 c 对 a 类资源的需求量。

相关变量。$Q_{a,b,k}$：k 阶段军事基地 b 的 a 类资源储备量。$V^1_{b,c,h}$：在需求时间 h（$\kappa_c+h-1<p$），离开军事基地 b 附近的机场开赴军事行动点 c 的空中运载工具数量。$V^2_{b,c,h,g}$：在失效事件 g 的影响下，在需求时间 h（$\kappa_c+h-1\geqslant p$），离开军事基地 b 附近的机场开赴军事行动点 c 的空中运载工具数量。

$L^1_{b,c,h}$：在需求时间 h（$\kappa_c+h-1<p$），离开军事基地 b 开赴军事行动点 c 的陆上运载工具数量。$L^2_{b,c,h,g}$：在失效事件 g 的影响下，在需求时间 h（$\kappa_c+h-1\geqslant p$），离开军事基地 b 开赴军事行动点 c 的陆上运载工具数量。

$S^1_{b,c,h}$：在需求时间 h（$\kappa_c+h-1<p$），离开军事基地 b 开赴军事行动点 c 的海上运载工具数量。$S^2_{b,c,h,g}$：在失效事件 g 的影响下，在需求时间 h（$\kappa_c+h-1\geqslant p$），离开军事基地 b 开赴军事行动点 c 的海上运载工具数量。

$XX^1_{a,b,k,i}$：在 k 阶段 i 时间（i < p）军事基地 b 的 a 类资源存储量。$XX^2_{a,b,i,k,g}$：受到失效事件 g 的影响，k 阶段 i 时间（i ⩾ p）军事基地 b 的 a 类资源存储量。$U_{b,f,k}$：k 阶段军事基地 b 中 f 类存储设施的使用数量。$N_{b,f}$：军事基地 b 中 f 类存储设施的建设数量。$T^1_{a,b,c,e,h}$：需求时间 h（$\kappa_c+h-1<p$），通过 e 类运载工具从军事基地 b 运至军事行动点 c 的 a 类资源数量。$T^2_{a,b,c,e,h,g}$：在失效事件 g 的影响下，需求时间 h（$\kappa_c+h-1\geqslant p$），通过 e 类运载工具从军事基地 b 运至军事行动点 c 的 a 类资源数量。

$W^1_{a,b,c,h,h'}$：在需求时间 h 军事基地 b 港口将 a 类资源装载至海上运载工具，并于时间 h'（$h'\geqslant h$，$\kappa_c+h'-1<p$）开赴军事行动点 c 的海上运载工具数量。$W^2_{a,b,c,h,h',g}$：受到失效事件 g 的影响，在需求时间 h 军事基地 b 港口将 a 类资源装载至海上运载工具，并于时间 h'

（$h' \geqslant h$，$\kappa_c+h'-1 \geqslant p$）开赴军事行动点 c 的海上运载工具数量。

$O^1_{a,b,c,h,h'}$：在需求时间 h（$\kappa_c+h-1 < p$）装载 a 类资源离开军事基地 b 的港口后，开赴军事行动点 c 港口的海上运载工具数量。此运载工具在抵达 c 附近港口后，将资源转载至陆上运载工具，陆上运载工具在时间 h'（$h' \geqslant h+\rho_{b,c,e_3}$）离开 c 的港口开赴行动点 c。$O^2_{a,b,c,h,h',g}$：受失效事件 g 的影响，在需求时间 h（$\kappa_c+h-1 \geqslant p$）装载 a 类资源离开军事基地 b 港口后，开赴军事行动点 c 附近港口的海上运载工具数量。此运载工具在抵达 c 港口后，将资源转载至陆上运载工具，陆上运载工具在时间 h'（$h' \geqslant h+\rho_{b,c,e_3}$）离开 c 的港口开赴行动点 c。$Y^1_{e,k}$：k 阶段额外获取的 e 类运载工具数量。$Y^2_{e,k,g}$：k 阶段失效事件 g 发生后额外获取的 e 类运载工具数量。$Z_{a,k}$：k 阶段军事基地体系额外获取的 a 类资源。

根据对数学模型行为状态的刻画，可以从 4 个方面描述模型的约束条件。在将约束条件转换为数学公式时，需要严格区分失效事件发生前后的状态，综合考虑运载工具类型、战备资源类型、存储设施类型等在约束条件下的表现形式。

资源储备约束：军事基地的战备资源储备量在一个限定的范围内，处于上限值和下限值之间；军事基地体系某类战备资源储备量有一个上限值，不能超过已储存的和额外获取的资源量；根据不同类型战备资源对于储备环境的要求，选择存储设施类别的差别；军事基地存储设施使用数量、已建设的存储设施数量、存储设施的最大拓展数量之间的约束关系。

资源装载约束：军事基地派出的运载工具数量要满足战备资源面积和重量的运输要求。

资源运输约束：军事基地战备资源储备量随时间的变化量与军事基地向外输出的战备资源量之间的线性关系；军事基地战备资源储备量和向外输出战备资源量间的约束关系；军事基地体系向需求点输送的战备资源量与需求点的资源需求量之间的线性关系。

运载工具约束：军事基地同一时间派出的运载工具数量不能超

过基地的最大派出数量；同一时间抵达需求点的运载工具数量不能超过需求点的最大接受数量；军事基地体系中处于待命状态的运载工具数量、体系内运载工具总数量、处于运输状态的运载工具数量三者之间的线性关系。

四、体系优化模型

基于对模型行为主体和主体行为状态的分析，结合模型的输入输出项和模型的约束条件，以模型条件假设为前提，构建了军事基地体系优化的混合整数规划模型，模型如公式（16.4.1）~（16.4.52）所示，共计 52 项数学公式。

$$Min\ CommonCost+\sum_{g} FutureCost_{g}\ /|g| \tag{16.4.1}$$

目标函数（16.4.1）限定了军事基地体系运行的总花费最小，包括失效事件发生前后的花费之和。

$$CommonCost=\sum_{b,f}\Pi_{b,f}N_{b,f}+\sum_{e,k}\Omega_{e,k}Y_{e,k}^{1}+\sum_{a,k}\Psi_{a,k}Z_{a,k}+\sum_{a,b,k}\left(\Lambda_{a,b}Q_{a,b,k}+\sum_{c\ni\Xi_{c}=k,e,h}\gamma_{a,b,c,e}T_{a,b,c,e,h}^{1}\right) \tag{16.4.2}$$

函数（16.4.2）表示失效事件发生前军事基地体系的运行成本。主要包括额外建设存储设施的费用，额外获取运载工具的费用，额外获取资源的费用，基地日常运营的费用和运载工具的运输费用。

$$FutureCost_{g}=\sum_{e,k}\Omega_{e,k}Y_{e,k,g}^{2}+\sum_{a,b,c,e,h}\gamma_{a,b,c,e}T_{a,b,c,e,h,g}^{2} \tag{16.4.3}$$

函数（16.4.3）表示失效事件发生后军事基地体系的运行成本。主要包括额外获取运载工具的费用，基地日常运营的费用和运载工具的运输费用。

$$\sum_{a}Q_{a,b,k}\leqslant\sum_{a}(100\delta_{a})\quad\forall b,k \tag{16.4.4}$$

条件（16.4.4）规定了军事基地中战备资源存储数量的上限值，保证了战备资源的储备量处于较为合理的水平。

$$\sum_{a} Q_{a,b,k} \geqslant \tau \quad \forall b,k \tag{16.4.5}$$

条件（16.4.5）规定了军事基地中战备资源存储数量的下限值，保证了军事基地运行效率，避免了出现基地空转的现象。

$$\sum_{b}(1+\varepsilon_{a,b})Q_{a,b,k} \leqslant \delta_{a} + Z_{a,k} \quad \forall a,k \tag{16.4.6}$$

条件（16.4.6）限定了军事基地体系中 a 类资源的数量。

$$\alpha_{a_1,f_1}Q_{a_1,b,k} + \alpha_{a_2,f_1}Q_{a_2,b,k} = U_{b,f_1,k_1} \quad \forall b,k \tag{16.4.7}$$

$$\alpha_{a_3,f_2}Q_{a_3,b,k} = U_{b,f_2,k} \quad \forall b,k \tag{16.4.8}$$

条件（16.4.7）~（16.4.8）规定了军事基地中两类存储设施数量与资源储备的对应关系，严格区分了弹药类和非弹药类战备物资在储备方式上的差别。

$$U_{b,f,k} \leqslant N_{b,f} \quad \forall b,f,k \tag{16.4.9}$$

$$N_{b,f} \leqslant \gamma_{b,f} \quad \forall b,f \tag{16.4.10}$$

条件（16.4.9）表示军事基地存储设施的使用数量不能超过已建数量；条件（16.4.10）表示军事基地存储设施的已建数量不能超过可建数量。由于存储设施经常出现资源储备不满的状态，设施的使用量一般都会少于已建量，两个约束条件区分了存储设施在使用和建设方面的差别。

$$XX^{1}_{a,b,\mathrm{i}_1,k} = Q_{a,b,k} \quad \forall a,b,k \tag{16.4.11}$$

条件（16.4.11）表示每个阶段内军事基地的初始资源存储水平等于基地战备资源的初始储备量。

$$XX^{1}_{a,b,\mathrm{i},k} = XX^{1}_{a,b,\mathrm{i}-1,k} - \sum_{c_a \ni \Xi_{c_a}=k,e,h \ni \kappa_{c_a}+h-1=\mathrm{i}-1} T^{1}_{a,b,c_a,e,h} \tag{16.4.12}$$
$$\forall a,b,1<\mathrm{i}<p+1,k$$

$$XX^{2}_{a,b,\mathrm{i},k,g} = XX^{1}_{a,b,\mathrm{i}-1,k} - \sum_{c_b \ni \Xi_{c_b}=k,e,h \ni \kappa_{c_b}+h-1=\mathrm{i}-1} T^{2}_{a,b,c_b,e,h,g} \tag{16.4.13}$$
$$\forall a,b,\mathrm{i}=p+1,k,g$$

$$XX^2_{a,b,\mathrm{i},k,g}=XX^2_{a,b,\mathrm{i}-1,k,g}-\sum_{c_b\ni\Xi_{c_b}=k,e,h\ni\kappa_{c_b}+h-1=\mathrm{i}-1}T^2_{a,b,c_b,e,h,g} \tag{16.4.14}$$
$$\forall a,b,\mathrm{i}>p+1,k,g$$

条件（16.4.12）~（16.4.14）分别描述了失效事件发生前后军事基地资源存储的状态，表示当前军事基地资源存储量等于上一时间的资源存储量与向外运输资源量之差，相应地建立了资源储备量与运输量之间的定量关系。

$$\sum_{c_a\ni\Xi_{c_a}=k,e,h\ni\kappa_c+h-1=\mathrm{i}}T^1_{a,b,c_a,e,h}\leqslant XX^1_{a,b,\mathrm{i},k}\quad\forall a,b,\mathrm{i}<p,k \tag{16.4.15}$$

$$\sum_{c_b\ni\Xi_{c_b}=k,e,h\ni\kappa_{c_b}+h-1=\mathrm{i}}T^2_{a,b,c_b,e,h,g}\leqslant XX^1_{a,b,\mathrm{i},k}\quad\forall a,b,\mathrm{i}=p,k,g \tag{16.4.16}$$

$$\sum_{c_b\ni\Xi_{c_b}=k,e,h\ni\kappa_{c_b}+h-1=\mathrm{i}}T^2_{a,b,c_b,e,h,g}\leqslant XX^2_{a,b,\mathrm{i},k,g}\quad\forall a,b,\mathrm{i}\geqslant p,k,g \tag{16.4.17}$$

条件（16.4.15）~（16.4.17）分别描述了失效事件发生前后资源存储量对资源运输量的约束关系，表示失效事件发生前后军事基地向外运输的资源量不能超出基地的资源存储量，规定了运输量的上限值。

$$V^1_{b,c_a,h}\geqslant\sum_a\theta_{a,e_1}T^1_{a,b,c_a,e_1,h-\lambda_b} \tag{16.4.18}$$
$$\forall b,c_a,h\in h\leqslant\omega_{c_a}-\rho_{b,c_a,e_1},\kappa_{c_a}+h-1<p$$

$$V^2_{b,c_b=c,h,g}\geqslant\sum_a\theta_{a,e_1}(T^1_{a,b,c_a=c,e_1,h-\lambda_{b,d}}+T^2_{a,b,c_b=c,e_1,h-\lambda_{b,d},g}) \tag{16.4.19}$$
$$\forall b,c,h\in h\leqslant\omega_{c_b}-\rho_{b,c_b,e_1},\kappa_{c_b}+h-1\geqslant p\cap\kappa_{c_b}<p,g$$

$$V^2_{b,c_b,h,g}\geqslant\sum_a\theta_{a,e_1}T^2_{a,b,c_b,e_1,h-\lambda_b,g} \tag{16.4.20}$$
$$\forall b,c_b,h\in h\leqslant\omega_{c_b}-\rho_{b,c_b,e_1},\kappa_{c_b}\geqslant p,g$$

$$L^1_{b,c,h}\geqslant\sum_a\theta_{a,e_2}T^1_{a,b,c,e_2,h-\mu_b} \tag{16.4.21}$$
$$\forall b,c,h\in h\leqslant\omega_c-\rho_{b,c,e_2},\kappa_c+h-1<p$$

$$L_{b,c,h,g}^{2} \geqslant \sum_{a} \theta_{a,e_2} (T_{a,b,c,e_2,h-\mu}^{1} + T_{a,b,c,e_2,h-\mu,g}^{2})$$

$$\forall b,c,h \in h \leqslant \omega_c - \rho_{b,c,e_2} \cap \kappa_c + h - 1 \geqslant p \cap \kappa_c < p, g \tag{16.4.22}$$

$$L_{b,c,h,g}^{2} \geqslant \sum_{a} \theta_{a,e_2} T_{a,b,c,e_2,h-\mu,g}^{2}$$

$$\forall b,c,h \in h \leqslant \omega_c - \rho_{b,c,e_2}, \kappa_c \geqslant p, g \tag{16.4.23}$$

$$\sum_{h' \ni h' \geqslant h \cap h' \leqslant \omega_c - \rho_{b,c,e_3} - v_c} W_{a,b,c,h,h'}^{1} \geqslant \theta_{a,e_3} T_{a,b,c,e_3,h-\chi_b}^{1}$$

$$\forall a,b,c,h \in h \leqslant \omega_c - \rho_{b,c,e_3}, \kappa_c + h - 1 < p \tag{16.4.24}$$

$$\sum_{h' \ni h' \geqslant h \cap h' \leqslant \omega_c - \rho_{b,c,e_3} - v_c} (W_{a,b,c,h,h'}^{1} + W_{a,b,c,h,h',g}^{2}) \geqslant \theta_{a,e_3} (T_{a,b,c,e_3,h-\chi_b}^{1} + T_{a,b,c,e_3,h-\chi_b,g}^{2})$$

$$\forall a,b,c,h \in h \leqslant \omega_c - \rho_{b,c,e_3} \cap \kappa_c + \omega_c - 1 \geqslant p, g \tag{16.4.25}$$

条件（16.4.18）~（16.4.25）分别描述了失效事件发生前后军事基地派出的陆、海、空 3 类运载工具与战备资源运输量之间的对应关系，限定了运载工具量不能少于运输战备资源所需求的数量，保证了运载工具能够满足战备资源的运输要求。

$$S_{b,c,h}^{1} \geqslant \sum_{a,h' \ni h' \leqslant h} W_{a,b,c,h',h}^{1}$$

$$\forall b,c,h \in h \leqslant \omega_c - \rho_{b,c,e_3} - \upsilon_c \cap \kappa_c + h - 1 < p \tag{16.4.26}$$

$$S_{b,c,h,g}^{2} \geqslant \sum_{a,h' \ni h' \leqslant h} W_{a,b,c,h',h,g}^{2}$$

$$\forall b,c,h \in h \leqslant \omega_c - \rho_{b,c,e_3} - \upsilon_c \cap \kappa_c + h - 1 \geqslant p, g \tag{16.4.27}$$

条件（16.4.26）~（16.4.27）分别描述了失效事件发生前后海上运载工具与战备资源运输量之间的对应关系，限定了海上运载工具量不能少于运输战备资源所需求的数量，保证了海上运载工具满足战备资源的运输要求。

$$\sum_{h' \ni h' \geqslant h + \rho_{b,c,e_3} \cap h' \leqslant \omega_c - \upsilon_c} O_{a,b,c,h,h'}^{1} = \psi_c (\sum_{h' \ni h' \leqslant h} W_{a,b,c,h',h}^{1})$$

$$\forall a,b,c,h \in h \leqslant \omega_c - \rho_{b,c,e_3} - \upsilon_c \cap \kappa_c + h - 1 < p \tag{16.4.28}$$

$$\sum_{h' \ni h' \geqslant h+\rho_{b,c,e_3} \cap h' \leqslant \omega_c - \upsilon_c} O^2_{a,b,c,h,h',g} = \psi_c \Big(\sum_{h' \ni h' \leqslant h} W^2_{a,b,c,h',h,g} \Big)$$

$$\forall a,b,c,h \in h \leqslant \omega_c - \rho_{b,c,e_3} - \upsilon_c \cap \kappa_c + h - 1 \geqslant p \qquad (16.4.29)$$

条件（16.4.28）~（16.4.29）分别就失效事件发生前后开赴军事行动点海上运载工具的动作状态作出进一步明确。规定了需求点附近是否存在港口情况下两类动作状态的差别，即直接抵达需求点，或在港口将资源转载至陆上运载工具随后间接抵达需求点。

$$\sum_{c_a \in \Xi_{c_a} = k, h \ni \kappa_{c_a} + h - 1 = \mathrm{i}} V^1_{b,c_a,h} \leqslant \xi_{b,e_1} \quad \forall b, \mathrm{i} < p, k \qquad (16.4.30)$$

$$\sum_{c_b \in \Xi_{c_b} = k, h \ni \kappa_{c_b} + h - 1 = \mathrm{i}} V^2_{b,c_b,h,g} \leqslant \xi_{b,e_1} \quad \forall b, \mathrm{i} \geqslant p, g, k \qquad (16.4.31)$$

$$\sum_{c_a \in \Xi_{c_a} = k, h \ni \kappa_{c_a} + h - 1 = \mathrm{i}} X^1_{b,c_a,h} \leqslant \xi_{b,e_3} \quad \forall b, \mathrm{i} < p, k \qquad (16.4.32)$$

$$\sum_{c_b \in \Xi_{c_b} = k, h \ni \kappa_{c_b} + h - 1 = \mathrm{i}} X^2_{b,c_b,h,g} \leqslant \xi_{b,e_3} \quad \forall b, \mathrm{i} \geqslant p, k, g \qquad (16.4.33)$$

$$\sum_{a, c_a \in \Xi_{c_a} = k, h \ni \kappa_{c_a} + h - 1 = \mathrm{i}} \theta_{a,e_2} (T^1_{a,b,c_a,e_1,h-\lambda_b} + T^1_{a,b,c_a,e_2,h-\mu} + T^1_{a,b,c_a,e_3,h-\chi_b})$$

$$\leqslant \xi_{b,e_2} \quad \forall b, \mathrm{i} < p, k \qquad (16.4.34)$$

$$\sum_{\substack{a,c \in \Xi_c = k, \\ h \ni \kappa_c + h - 1 = \mathrm{i}}} \theta_{a,d,e_2} (T^1_{a,b,c,e_1,h-\lambda_b} + T^2_{a,b,c,e_1,h-\lambda_b,g} + T^1_{a,b,c,e_2,h-\mu} + T^2_{a,b,c,e_2,h-\mu,g}$$

$$+ T^1_{a,b,c,e_3,h-\chi_b} + T^2_{a,b,c,e_3,h-\chi_b,g}) \leqslant \xi_{b,e_2} \quad \forall b, \mathrm{i} \geqslant p, k, g$$

$$(16.4.35)$$

条件（16.4.30）~（16.4.35）分别约束了失效事件发生前后同一时间军事基地能够派出的空中、海上和陆上运载工具数量，是关于军事基地派出能力的限定。其中陆上运载工具量既包括直接进行运输的运载工具，也包括负责将资源存储设施运输到附近港口和机场的运载工具。

$$\sum_b V^1_{b,c_a,h-\rho_{b,c_a,e}} \leqslant \pi_{c,e_1} \quad \forall c_a, h \ni h \leqslant \omega_c \cap \kappa_{c_a} + h - 1 < p \qquad (16.4.36)$$

$$\sum_{b}\left(V^{1}_{b,c_a,h-\rho_{b,c_a,e},g}+V^{2}_{b,c_b,h-\rho_{b,c_b,e},g}\right)\leqslant\pi_{c,e_1} \tag{16.4.37}$$
$$\forall c,h\ni h\leqslant\omega_c\cap\kappa_c+h-1\geqslant p\cap\kappa_c<p,g$$

$$\sum_{b}V^{2}_{b,c_b,h-\rho_{b,c_b,e},g}\leqslant\pi_{c_b,e_1}\quad\forall c_b,h\ni h\leqslant\omega_{c_b}\cap\kappa_{c_b}\geqslant p,g \tag{16.4.38}$$

$$\sum_{a,b,h'\ni h'\leqslant h-\rho_{b,c,e_3}-\upsilon_c}(\theta_{a,e_2}/\theta_{a,e_3})O^{1}_{a,b,c,h',h-\upsilon_c}+\sum_{b}L^{1}_{b,c,h}\leqslant\pi_{c,e_2} \tag{16.4.39}$$
$$\forall c,h\ni h\leqslant\omega_c\cap\kappa_c+h-1<p$$

$$\sum_{a,b,h'\ni h'\leqslant h-\rho_{b,c,e_3}-\upsilon_c}(\theta_{a,e_2}/\theta_{a,e_3})\left(O^{1}_{a,b,c,h',h-\upsilon_c}+O^{2}_{a,b,c,h',h-\upsilon_c,g}\right)+\sum_{b}L^{2}_{b,c,h,g}\leqslant\pi_{c,e_2}$$
$$\forall c,h\ni h\leqslant\omega_c\cap\kappa_c+h-1\geqslant p\cap\kappa_c<p,g \tag{16.4.40}$$

$$\sum_{a,b,h'\ni h'\leqslant h-\rho_{b,c,e_3}-\upsilon_c}(\theta_{a,e_2}/\theta_{a,e_3})O^{2}_{a,b,c,h',h-\upsilon_c,g}+\sum_{b}L^{2}_{b,c,h,g}\leqslant\pi_{c,e_2} \tag{16.4.41}$$
$$\forall c,h\ni h\leqslant\omega_c\cap\kappa_c\geqslant p,g$$

$$\sum_{b}S^{1}_{b,c,h-\rho_{b,c,e}}\leqslant\pi_{c,e_3}\quad\forall c,h\ni h\leqslant\omega_c\cap\kappa_c+h-1<p \tag{16.4.42}$$

$$\sum_{b}\left(S^{1}_{b,c,h-\rho_{b,c,e},g}+S^{2}_{b,c,h-\rho_{b,c,e},g}\right)\leqslant\pi_{c,e_3} \tag{16.4.43}$$
$$\forall c,h\ni h\leqslant\omega_c\cap\kappa_c+h-1\geqslant p\cap\kappa_c<p,g$$

$$\sum_{b}S^{2}_{b,c,h-\rho_{b,c,e},g}\leqslant\pi_{c,e_3}\quad\forall c,h\ni h\leqslant\omega_c\cap\kappa_c\geqslant p,g \tag{16.4.44}$$

条件（16.4.36）~（16.4.44）分别规定了失效事件发生前后能够同一时间进出需求点的空中、海上和陆上运载工具的最大数量，是关于需求点接受能力的限定。其中陆上运载工具包括从军事基地出发直接抵达和从需求点附近港口出发间接抵达两种方式。

$$\sum_{\substack{b,c\in\Xi_{c_a}=k,\\ h\ni\kappa_{c_a}+h-1=\mathrm{i}}}V^{1}_{b,c_a,h}\leqslant\sigma_{e_1,k}+Y^{1}_{e_1,k}-\sum_{\substack{b,c_a\in\Xi_{c_a}=k,h\ni h\leqslant(\mathrm{i}-\kappa_c)\\ h\geqslant(\mathrm{i}-\kappa_c-2\rho_{b,c,e_1}+2)}}V^{1}_{b,c_a,h}\quad\forall\mathrm{i}<p,k \tag{16.4.45}$$

$$\sum_{\substack{b,c_b\in\Xi_{c_b}=k,\\ h\ni\kappa_{c_b}+h-1=\mathrm{i}}} V^2_{b,c_b,h,g} \leqslant \sigma_{e_1,k}+Y^2_{e_1,k,g}-\sum_{\substack{b,c\in\Xi_c=k,h\ni h\leqslant(\mathrm{i}-\kappa_c)\\ h\geqslant(\mathrm{i}-\kappa_c-2\rho_{b,c,e_1}+2)}}(V^1_{b,c_a,h}+V^2_{b,c_b,h,g})\ \forall \mathrm{i}\geqslant p,k,g$$

（16.4.46）

$$\sum_{\substack{b,c_a\in\Xi_{c_a}=k,\\ h\ni\kappa_{c_a}+h-1=\mathrm{i}}} L^1_{b,c_a,h} \leqslant \sigma_{e_2,k}+Y^1_{e_2,k}-\sum_{\substack{b,c_a\in\Xi_{c_a}=k,h\ni h\leqslant(\mathrm{i}-\kappa_{c_a})\\ h\geqslant(\mathrm{i}-\kappa_{c_a}-2\rho_{b,c_a,e_2}+2)}} L^1_{b,c_a,h}\quad \forall \mathrm{i}<p,k$$

（16.4.47）

$$\sum_{\substack{b,c_b\in\Xi_{c_b}=k,\\ h\ni\kappa_{c_b}+h-1=\mathrm{i}}} L^2_{b,c_b,h,g} \leqslant \sigma_{e_2,k}+Y^2_{e_2,k,g}-\sum_{\substack{b,c\in\Xi_c=k,h\ni h\leqslant(\mathrm{i}-\kappa_c)\\ h\geqslant(\mathrm{i}-\kappa_c-2\rho_{b,c,e_2}+2)}}\left(L^1_{b,c_a,h}+L^2_{b,c_b,h,g}\right)\ \forall \mathrm{i}\geqslant p,k,g$$

（16.4.48）

$$\sum_{\substack{b,c_a\in\Xi_{c_a}=k,\\ h\ni\kappa_{c_a}+h-1=\mathrm{i}}} S^1_{b,c_a,h} \leqslant \sigma_{e_3,k}+Y^1_{e_3,k}-\sum_{\substack{b,c\in\Xi_{c_a}=k,h\ni h\leqslant(\mathrm{i}-\kappa_{c_a})\\ h\geqslant(\mathrm{i}-\kappa_{c_a}-2\rho_{b,c_a,e_3}+2)}} S^1_{b,c_a,h}\quad \forall \mathrm{i}<p,k$$

（16.4.49）

$$\sum_{\substack{b,c_b\in\Xi_{c_b}=k,\\ h\ni\kappa_{c_b}+h-1=\mathrm{i}}} S^2_{b,c_b,h,g} \leqslant \sigma_{e_3,k}+Y^2_{e_3,k,g}-\sum_{\substack{b,c\in\Xi_c=k,h\ni h\leqslant(\mathrm{i}-\kappa_c)\\ h\geqslant(\mathrm{i}-\kappa_c-2\rho_{b,c,e_3}+2)}}\left(S^1_{b,c_a,h}+S^2_{b,c_b,h,g}\right)\ \forall \mathrm{i}\geqslant p,k,g$$

（16.4.50）

条件（16.4.45）~（16.4.50）分别表示失效事件发生前后相同时间内军事基地体系中处于待命状态的运载工具数量，不能超过系统的保有数量与正在执行运输任务返回的运载工具数量之差，规定了体系内运载工具的数量上限。

$$\sum_b\Bigg[\sum_{h'\ni h'\leqslant h-\rho_{b,c,e_3}-\upsilon_c}\Big(\sum_{h''\ni h''\geqslant h'+\rho_{b,c,e_3}\cap h''\leqslant h-\upsilon_c} O^1_{a,b,c,h',h''}+(1-\psi_c)\sum_{h''\ni h''\leqslant h'} W^1_{a,b,c,h'',h'}\Big)$$

$$*1/\theta_{a,e_3}+\sum_{h'\ni h'\leqslant h-\lambda_b-\rho_{b,c,e_1}} T^1_{a,b,c,e_1,h'}+\sum_{h'\ni h'\leqslant h-\mu-\rho_{b,c,e_2}} T^1_{a,b,c,e_2,h'}\Bigg]\geqslant\sum_{h'\ni h'\leqslant h}\phi_{a,c,h}$$

$$\forall a,c,h\ni h\leqslant\omega_c\cap\kappa_c+h-1<p$$

（16.4.51）

$$\sum_{b}\left\{\sum_{h'\leqslant h-\lambda_b-\rho_{b,c,e_1}}\left(T^{1}_{a,b,c,e_1,h'}+T^{2}_{a,b,c,e_1,h',g}\right)+\sum_{h'\leqslant h-\mu-\rho_{b,c,e_2}}\left(T^{1}_{a,b,c,e_2,h'}+T^{2}_{a,b,c,e_2,h',g}\right)+\left(1/\theta_{a,e_3}\right)*\right.$$

$$\left.\sum_{h'\leqslant h-\rho_{b,c,e_3}-\upsilon_c}\left[\sum_{h''\ni h''\geqslant h'+\rho_{b,c,e_3}\cap h''\leqslant h-\upsilon_c}\left(O^{1}_{a,b,c,h',h''}+O^{2}_{a,b,c,h',h'',g}\right)+(1-\psi_c)\sum_{h''\ni h''\leqslant h'}\left(W^{1}_{a,b,c,h'',h'}+W^{2}_{a,b,c,h'',h',g}\right)\right]\right\}$$

$$\geqslant\sum_{h'\ni h'\leqslant h}\phi_{a,c,h}\ \forall a,c,h\ni h\leqslant\omega_c\cap\kappa_c+h-1\geqslant p,g$$

（16.4.52）

条件（16.4.51）~（16.4.52）分别表示失效事件发生前后，军事基地通过空中、陆上、海上多种运输方式运载的资源累积量要满足需求点的资源累计需求，相应地保证了战备资源能够按时抵达，满足了资源保障的时效性要求。

第十七章

装备体系论证研究

装备体系论证是研究装备体系的规模结构，是合理确定未来装备体系所能达到的整体规模，以及各类各型装备在整个装备体系中比例和数量等内容。针对装备体系的规模结构问题，运用复杂系统理论分析其本质，通过分析其影响因素的相互关系及合理描述，构建装备体系的论证框架，运用科学合理的模型方法，分析解决装备体系的描述、方案生成、评估以及优化等关键问题。本章主要内容包括装备体系概述、设计、评估和优化。

第一节　装备体系概述

装备体系构建需要满足完成多样化军事任务的能力需求，依据国防和军队建设指导方针，满足国防经费和科学技术限制条件，研究确定装备体系应具有的整体规模，以及各类装备在整个装备体系中的数量和比例。本节主要内容有装备体系概念、影响因素、描述和论证过程。

一、装备体系概念

装备是武器装备的简称，是用于作战和保障作战及其他军事行动的武器、武器系统、电子信息系统和技术设备、器材等的统称。主要指武装力量编制内的舰艇、飞机、导弹、雷达、坦克、火炮、车辆和工程机械等。装备分为战斗装备、电子信息装备和保障装备。

装备体系是由功能上相互关联的各种类各系列装备构成的整体。通常由战斗装备、综合电子信息系统、保障装备构成。装备体系是根据体系的组成、结构、关系、能力等规则要求，将一定数量相互关联的多种武器装备，组成更高层次的武器装备系统。按照结构层次和功能作用，对装备体系进行分类。在结构层次上，又可以按照不同的视角来进行区分。

从军兵种角度，可分为陆军、海军、空军等兵种装备体系，依据作战行动层次，可分为战略、战役、战术三个层级的装备体系。依据体制编制，可分为战区、军、旅、营级等层次。按照物理结构，可分为武器装备单元、武器装备系统、装备体系等层次。从功能作用上，按照完成使命任务的功能作用，可将装备体系分为联合火力打击体系、海上护航体系、濒海作战体系、反空袭体系、反进入体系、应急作战体系等。

装备体系是一个复杂的开放动态系统，它具有复杂开放系统的一系列特性，具体表现为各子系统的多样性、独立性、交互性，以及体系的相似性、整体性、涌现性、演化性等。装备体系子系统的多样性与异构性是指装备体系是由多种性能不同的实体组成，各组成部分中有些结构、功能差别很大，并且在执行任务过程中相互之间的关联方式也不尽相同。装备体系子系统的独立性与自主性是指武器装备子系统作为独立的个体，在脱离体系整体时，具有独立的行为与功能。装备体系子系统间的交互性是指装备体系子系统作为能动的适应性主体，相互之间通过纵横相连，且在运用过程中不断交互。装备体系的相似性是指装备体系子系统与其他子系统或体系整体，在形态、功能、信息、时间与空间等方面具有统计意义上的自相似性，这也是体系的基本特征。装备体系的整体性是指其在对外作用过程中强调发挥整体作用，这也是武器装备子系统相互连接形成体系的目的，其整体性不是各要素功能的简单相加，而是要求达到“整体大于部分之和”。装备体系的涌现性源于武器装备系统行为的累计和子系统之间的交互。涌现行为是非线性的，分为良性涌现与恶性涌现。良性涌现符合装备体系设计者的初衷，是装备体系执行使命任务的行为设计；恶性涌现源于装备体系子系统间复杂交互的不可控性，是整个装备体系的主要风险因素。装备体系的演化性是指装备体系在其生命周期内功能、能力以及生命力的变化。装备体系整体的演化源于武器装备系统的演化以及体系结构的演化。装备体系的演化性在一定程度上也表现出了装备体系的自组织与自适应性。

装备体系论证是制定武器装备发展战略和规划计划的重要工作内容,也是拟定军费分配方案的基本依据。通过运用科学的理论方法，规范论证流程，研制各种决策支持系统或模型系统，可确保武器装备规模结构论证快速有效。装备体系论证中需要量化计算的内容包括装备体系需求计算、费用需求、费用分配、装备体系能力计算等。

二、装备体系的影响因素

装备体系论证需要考虑军事需求、武器装备现状、国防经费支持、科技生产能力、风险等因素的影响。

武器装备的军事需求是装备体系论证的出发点，根据武器装备系统的使命任务，决定装备体系中武器的种类、样式和技术性能，也决定武器装备系统在整个体系中的作用及平衡、配套关系。装备体系的军事需求分析，要考虑军事能力需求、装备发展面临形势、发展趋势、可能担负的任务等方面的影响。

武器装备现状是制约和影响装备体系建设发展的重要因素。现有装备的战技术性能是论证开发新型装备体系的基础，对现有装备了解的程度直接影响论证的合理性。装备体系分析主要内容包括：装备体系现状、武器装备总体作战使用性能水平、武器装备系统配套（包括战术和技术配套等）状况、现有武器装备体制和武器装备作战使用性能存在的问题、外军装备体系现状与发展趋势等。

国防经费是影响装备体系建设发展的关键因素。在装备体系论证过程中，需要预测国家财政支出可用于装备建设的规模，明确装备建设经费的投向和投量。既要考虑国家经济发展的整体运行情况，又要预测评估军事威胁对于国家安全的影响。在安全形势相对平稳时，国家对于国防经费的投入，将会与国民经济同步增长；在国家安全面临重大威胁时，国防经费就会有跳跃式的增长。用于装备建设的总经费，通常包括装备科研费、装备购置费和装备维修经费。对其进行研究需要考虑装备建设经费需求规模、投入可能、内部分配比例等。

科技生产能力是装备体系建设的重要依据和制约因素，也是影响装备体系论证的重要因素，它限定了研制和提供新型装备或改进装备的数量和质量。科技生产能力分析主要包括：关键技术储备情况、新型装备研制能力和研制周期、骨干装备的生产能力等。

风险因素是武器装备体系建设的制约因素。由于装备体系论证面向未来一个相当长的时期，因而面临着很多不确定性，如国际形势发展的不确定性、周边环境的不确定性、主要对手的不确定性、军事技术发展的不确定性等，这也给装备体系军事需求分析带来一定的风险。装备系统的风险分析是装备体系论证的一项不可或缺的内容，需要分析的风险主要为武器装备研制风险，包括技术风险、费用风险和进度风险等，以及对承担使命任务预测判断的风险。

三、装备体系的描述

装备体系的描述应反映其背景及需求、系统组成、结构层次及相互之间关系等信息。假设某装备体系在 t 时刻包含 n 个武器装备系统，该装备体系的具体描述可以采用数学方程，描述装备体系的公式如（17.1.1）所示。

$$C(t)=\{\{(S_1(t),Q_1(t)),(S_2(t),Q_2(t)),\cdots,(S_n(t),Q_n(t))\},R(t),Cap(t)\} \tag{17.1.1}$$

其中 $C(t)$ 表示 t 时刻的装备体系；

$S_i(t)$ 表示 t 时刻第 i 个武器装备系统；

$Q_i(t)$ 表示 t 时刻第 i 个武器装备系统的数量；

$R(t)$ 表示构成体系的各个武器装备系统之间的关联关系；

$Cap(t)$ 表示 t 时刻装备体系具备的能力。

武器装备系统的数学描述公式如（17.1.2）所示。

$$S_i(t) \in \{\{(ELF_{i1}(t), q_1), (ELF_{i2}(t), q_2), \cdots, (ELF_{in}(t), q_n)\}, r_i(t), F_i(t)\} \quad (17.1.2)$$

其中 $ELF_{ij}(t)$ 表示第 i 个装备系统在 t 时刻所包含的第 j 个的装备单元；包含的信息有单元的名称、类型、型号、性能参数等具体属性；

$r_i(t)$ 表示构成第 i 个装备系统的组成元素即武器装备单元之间的关系；

$F_i(t)$ 表示第 i 个装备系统在 t 时刻所具有的功能；

$ELF_{ij}(t)$，$F_i(t)$，$Cap_i(t)$ 表示都是空间向量。

装备体系的数学描述内容和公式含义说明如下。装备体系 $C(t)$ 是动态的，不同的使命任务，不同的战役、不同的时期，其结构与功能都随时间变化。关系 $R(t)$ 的关联作用形成一个复杂网络，作战中各类武器装备系统互相配合使用，形成作战单元，每一个武器装备系统受其他装备系统的影响，也会使其他武器装备系统发生变化，这个过程通过信息运作的形式实现。$R(t)$ 的这种关联作用表现为松耦合性，根据局势的变化，各个武器装备系统之间的作用会发生变化，配合协作程度以及形式都可能会不同。

装备体系的数学描述是公式（17.1.1）和公式（17.1.2），说明了装备体系构成框架和“体系—系统—单元”层次之间的关系，通过嵌套的形式描述了装备体系多层次多功能的结构。结构复杂导致功能复杂，每一层次武器装备系统均为上一层次的单元，同时也是下面层次的综合。不同层次之间存在着各种混乱的不规则的交互，共同配合从而促成装备体系（系统）功能的实现。如在同一次战役行动中，$ELF_{ij}(t)$ 包含飞机、地空导弹、雷达等武器装备，飞机具有空战攻击、保护地面目标等功能，地空导弹具有防空能力，雷达具有情报探测功能，这些装备相互配合，组合成新的作战单元，具有战役作战功能。

装备体系数学描述的公式（17.1.1）和公式（17.1.2）具有相同的结构，反映出装备体系与武器装备系统之间的同构性与同态性，很好地体现了装备体系是“系统的系统”这一本质，二者的相似性给装备体系相关问题的研究提供了借鉴的思路。装备体系是开放的，与环境密切联系，发生交互作用，装备体系具有演化性和自适应性，在演化发展中不断学习，对其层次结构、功能结构进行重组与完善，以适应环境变化。装备体系必须与军队建设方针、装备发展战略、作战需求、科研生产能力等环境相适应。装备体系中包含的各种信息量庞大，存在大量不确定性，同时政策、人力、随机因素及偶然事件的干预与影响，也会造成其发展方向的不确定性。

四、装备体系论证过程

装备体系论证是武器装备建设的重要内容，是整个武器装备规划计划的关键环节。而武器装备规模结构分析论证过程的方法和形式，通常采用装备体系论证框架，它能提供装备体系论证的研究重点和分析思路。

装备体系论证过程如图 17.1.1 所示。首先，以国家安全战略、军事战略方针以及联合作战构想为指导，确定军队的使命任务；对各使命任务进行分解，制定相应的威胁想定；通过任务牵引，进行能力需求分析，映射到武器装备性能指标的需求；参考现有装备体系，在费用、科技水平、时间等约束条件下生成满足不同使命任务的装备体系，形成武器装备规模结构的预案。然后，从装备体系的近远期目标以及演化发展角度对其进行评估。最后，在风险可承受情形下进行优化分析与调整，形成装备体系的目标方案。

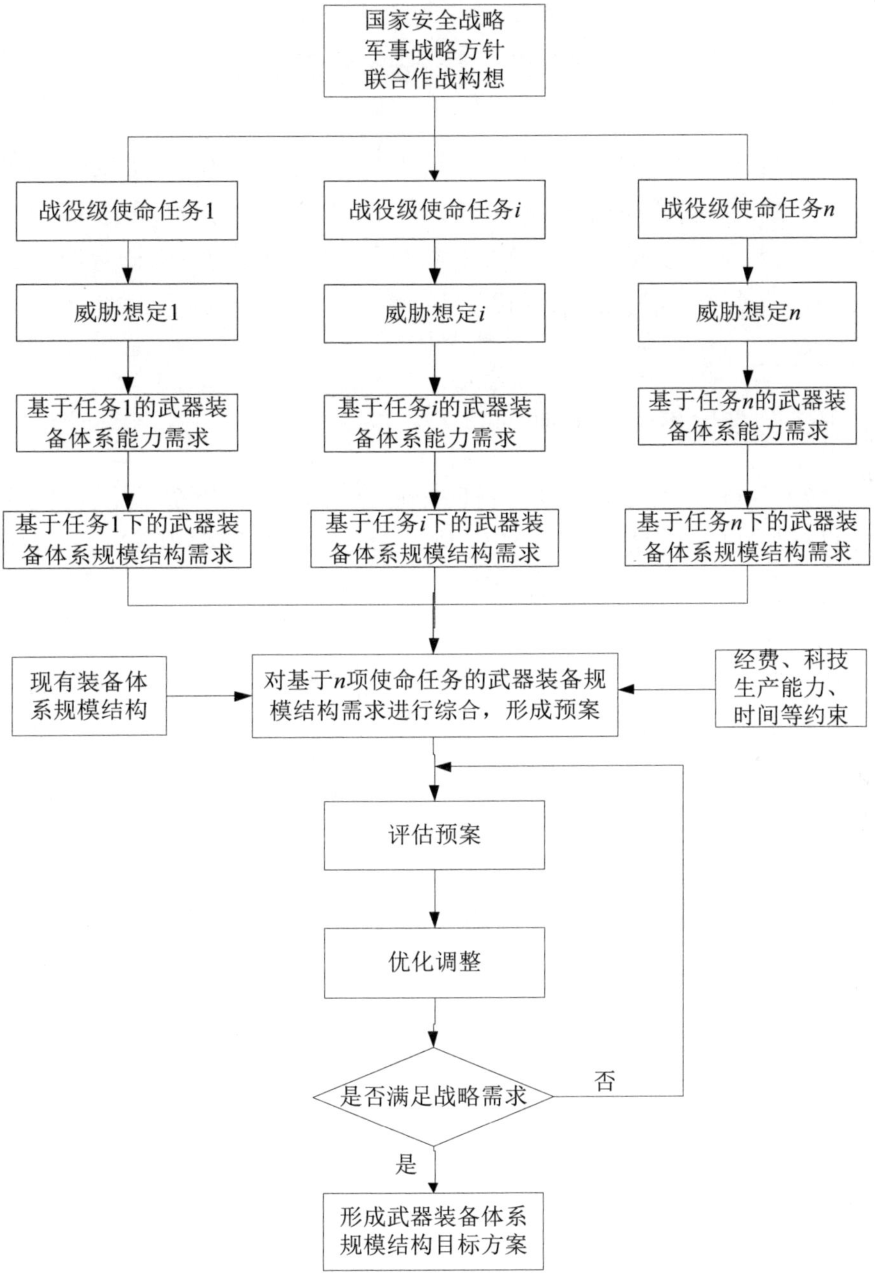

图 17.1.1　装备体系论证流程图

第二节　装备体系设计

装备体系的设计是指为满足某种战略需求，在某种威胁与使命任务下，综合考虑各种影响因素，设计装备体系方案的过程，是装备体系论证的出发点。在军事任务牵引和已知能力需求情形下，运用基于使命任务的装备体系设计方法，可确定装备体系中主要装备的系统种类、数量和比例。

一、装备体系设计原则

装备体系设计是整个装备体系论证的基础和依据，设计的初始方案直接影响了后续的评估和优化的范围,需要把握好方向和重点，必须遵循任务牵引、能力为主、因素权衡、方法科学等原则。

（一）任务牵引

装备体系是以时代为背景的具有动态特征的复杂系统，对它的设计要紧贴未来的历史使命和可能担负的作战任务，将装备体系的军事需求作为设计方案的基本出发点，以及衡量与评估方案可行与否的重要参考指标。

（二）能力为主

设计装备体系的目的是为决策提供可供评判优化的前提和基础，所以要明确设计的装备体系中需要考虑的各类、各型武器装备及相关性能参数，以整个装备体系满足能力需求作为设计的重要目标。在生成装备体系的过程中，不仅要把各种武器装备能够提供的能力指标作为重要依据，也要将其作为武器装备单元、系统和体系的联系纽带。

（三）因素权衡

装备体系的设计是在国际关系、地缘政治、经济发展、科技水平等一系列不确定因素的影响下进行分析研究的。在综合考虑这些不确定因素时，要分清主次轻重，权衡把握重点，明白哪些因素是绝对满足变量，哪些是相对满足变量。

（四）方法科学

在不确定的背景下，研究受不确定因素制约影响的装备体系的设计问题，具有难以预见的难度，需要运用科学的方法和宝贵的历史经验，这就要借助定性与定量相结合的综合集成方法。越是复杂的系统问题，越需要注重定性分析与定量计算相结合，只有科学地把握严谨与灵活的平衡点，才能找到最佳的解决问题办法。

二、装备体系设计方法

装备体系的设计方法可大致归纳为直接方法和间接方法两种。直接方法是指根据作战使命、任务需求以及未来可能的经费支持与科技能力的支撑，利用运筹思想建立解析模型，直接估算满足未来需求的装备体系预想方案。间接方法是由经验丰富的各军兵种武器装备研究专家、机关人员根据自己对未来战略方针和军事需求的理解，提出装备体系预案，再在这些方案中进行评估选择。两种方法相比较，直接方法思路清晰、易于理解，缺点是建模难度大；间接方法由于其预案生成环节受主观因素影响大，不论后面评估选择算法有多么科学精确，都是建立在前面方案设计的主观性基础上的，因而不能保证最终结果是符合条件的最优方案。

为尽量减少方案的设计过程中主观性因素对结果的影响，我们采用数学规划方法，在假设已知能力需求基础上确定装备体系。在研究装备体系实际问题时，需要同时考虑几个方面目标都达到最优，如装备体系能力最大、所需经费最少、承担的风险最低等，或者面临多种条件的限制，如经费、研制时间、人力以及所需的高新技术支持等都要满足。

假设某装备体系包含 n 类武器装备系统，第 j 类武器装备系统的数量规模用 $x_j(j=1,\cdots,n)$ 表示，$x_j(j=1,\cdots,n)$ 为决策变量。该装备体系需要具备侦察预警能力、火力打击能力、指挥控制能力、立体机动能力、综合保障能力等 m 种能力，该问题的约束条件可以表示为：

$$\begin{cases} w_{11}a_{11}x_1 + w_{12}a_{12}x_2 + \cdots + w_{1n}a_{1n}x_n \geqslant b_1 \\ w_{21}a_{21}x_1 + w_{22}a_{22}x_2 + \cdots + w_{2n}a_{2n}x_n \geqslant b_2 \\ w_{31}a_{31}x_1 + w_{32}a_{32}x_2 + \cdots + w_{3n}a_{3n}x_n \geqslant b_3 \\ \vdots \\ w_{m1}a_{m1}x_1 + w_{m2}a_{m2}x_2 + \cdots + w_{mn}a_{mn}x_n \geqslant b_m \end{cases} \quad (17.2.1)$$

对上式中的符号进行简要说明：

a_{ij} 表示装备体系中第 j 个武器装备系统的第 i 种能力的评分数值；

$b_i(i = 1,2,\cdots,m)$ 表示装备体系的第 i 种能力需求；

w_{ij} 表示装备体系中第 j 个武器装备系统对装备体系第 i 种能力的贡献度，其中 $i = 1,2,\cdots,m$；$j = 1,2,\cdots,n$。

“+”“·”表示一种合成算子，根据不同的具体能力评估指标定义选择不同的合成算法。

另外再考虑经费的限制和风险的控制，假设该装备体系所需的各种费用之和最多不能超过 M，且能承担的最大风险为 R，能为各种武器装备系统提供的最大生产能力支持为 P，则有如下约束：

$$\sum_{j=1}^{n} M_j\left(x_j\right) \leqslant M \quad (17.2.2)$$

$$\bigvee_{1 \leqslant j \leqslant n} R_j\left(x_j\right) \leqslant R \quad (17.2.3)$$

$$\bigvee_{1 \leqslant j \leqslant n} P_j\left(x_j\right) \leqslant P \quad (17.2.4)$$

其中 $M_j(x_j)$ 表示第 j 类武器装备系统所需的各种费用之和；

$R_j(x_j)$ 表示第 j 类武器装备系统的研制和使用过程中所承担的风险；

$P_j(x_j)$ 表示第 j 类武器装备系统所需的研制、开发、生产能力。

在目标约束（即多目标规划的约束条件）中加入正、负偏差变量 d^+ 和 d^-，表示在达到要追求的目标值时允许发生正或负偏差，即决策值超过或未达到目标值的部分。由于决策值不可能既超过同时又未达到目标值，因而恒有 $d^+ \times d^- = 0$。

装备体系问题多目标规划的约束条件为：

$$\begin{cases} \sum_{j=1}^{n} M_j(x_j) - d_1^+ + d_1^- = M \\ \bigvee_{1\leqslant j\leqslant n} R_j(x_j) - d_2^+ + d_2^- = R \\ P_j(x_j) - d_3^+ + d_3^- = P \\ w_{11}a_{11}x_1 + w_{12}a_{12}x_2 + \cdots + w_{1n}a_{1n}x_n - d_4^+ + d_4^- = b_1 \\ w_{21}a_{21}x_1 + w_{22}a_{22}x_2 + \cdots + w_{2n}a_{2n}x_n - d_5^+ + d_5^- = b_2 \\ w_{31}a_{31}x_1 + w_{32}a_{32}x_2 + \cdots + w_{3n}a_{3n}x_n - d_6^+ + d_6^- = b_3 \\ \vdots \\ w_{m1}a_{m1}x_1 + w_{m2}a_{m2}x_2 + \cdots + w_{mn}a_{mn}x_n - d_{3+m}^+ + d_{3+m}^- = b_m \\ w_{ij}, a_{ij}, x_j, d_k^+, d_k^- \geqslant 0, i = 1,\cdots,m; j = 1,\cdots,n; k = 1,\cdots,m+3 \end{cases} \quad (17.2.5)$$

我们假设研究的装备体系的规模结构问题是在一定的国防经费限制下，在可承受的风险条件下寻求能力的最大化，所以对费用、风险、能力三个目标赋予优先因子 p_1、p_2、p_3，则该问题的目标函数为：

$$\min z = p_1 d_1^+ + p_2 d_2^+ + p_3 d_3^+ + p_4\left(d_4^- + d_5^- + d_6^- + \cdots + d_{3+m}^-\right) \quad (17.2.6)$$

在上面的多目标规划模型中，装备体系所需要的各种费用之和，要在 M 的范围内尽可能地最小化；各种研制风险、技术风险要在可控范围内；该装备体系的防空预警能力、火力打击能力、指挥控制能力、机动能力、综合保障能力等，在达到基本要求的条件下，应尽可能地追求最大化。其中关于经费、风险、能力等目标的优先级，可根据具体战略形势、军事任务以及武器装备的发展规划要求作相应的调整；各种能力之间还可以添加权重系数表示不同的重视程度。

基于多目标规划的装备体系设计方法需要以下关键环节支撑：装备体系的武器装备系统能力评估，武器装备系统对体系的能力贡献度，装备体系所需经费预测，国防科技生产能力支撑预测，装备体系承担风险估算。

第三节　装备体系评估

装备体系评估是装备体系论证的重要工作，是设计装备体系初步方案之后的一个重要环节，目的是检验设计的装备体系满足军事需求的程度，关注装备体系的需求满足度评估、均衡性评估和适应性评估。

一、装备体系评估概述

在装备体系论证过程中，装备体系评估用来检验设计的装备体系满足军事需求的程度，主要确定规模是否适中，结构是否合理，风险是否可承受，经费是否在可控范围内，以及对装备体系的均衡性与适应性进行评价。装备体系评估应把握以下几个准则。

第一，选择合适的评估指标。装备体系评估是为了检验设计的装备体系能否达成作战使命，是否符合作战需求，是从规模结构的角度深化对装备体系的认识和反映装备体系的特性。要围绕这一根本任务的实现来选择评估指标；同时考虑装备体系的组成种类多、结构复杂，在评估过程中，还要选择能够体现装备体系规模是否适中、结构是否合理的指标。

第二，选择适当的评估方法。由于装备体系评估是装备体系设计的后续环节，待评估的装备体系采用的设计方法直接影响到评估指标的选取，因而选取的评估方法应与设计方法紧密衔接。

第三，重视评估结果的分析。装备体系评估作为服务决策的一个手段和过程，不仅要运用精细数学模型和严密仿真计算，更要重视对评估结果进行充分合理的描述、分析与解释，使得评估结论易于被理解和利用，从而将评估工作发挥出最大作用。

第四，应遵循可持续发展思想。考虑装备体系需要能够适应未来一定时期内战略形势的不确定变化，在进行装备体系评估时，需要突出均衡性和适应性等反映装备体系稳态发展的指标。

装备体系评估应着眼装备体系论证目的，从装备体系的军事价值、均衡性、适应性等方面选择合适的评估指标和评估方法。一是要考察装备体系完成使命任务的程度；二是从均衡性角度考察装备体系的合理性或者冗余度，即整个装备体系中功能冲突、重复、对作战任务遗漏等现象；三是从系统演化发展的角度，以装备体系与环境不确定性的匹配，来检验该装备体系的灵活性与适应性。

二、装备体系需求满足度评估

军事价值是装备体系作用的体现，并受其制约。装备体系的军事价值越高，表明其对军事战略需求的满足程度就越高，装备体系的军事价值与装备体系的需求满足程度，在一定程度上有着一致的对应关系，可以用装备体系的规模结构在未来潜在的军事威胁下的价值评估，反映装备体系对战略需求的满足度。

装备体系军事价值的评估是根据装备体系特性，建立装备体系能力指标体系，评估武器系统的性能，聚合武器系统的性能评分，得到装备体系能力价值。具体评估步骤如图 17.3.1 所示。

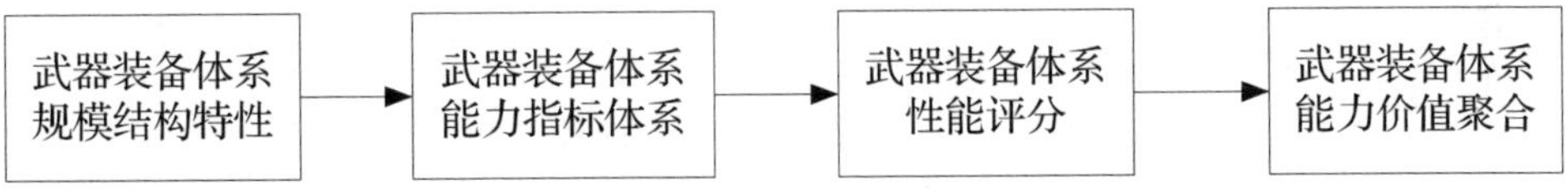

图 17.3.1　装备体系军事价值评估步骤

依据装备体系特性和综合战略需求，构建武器装备军事价值指标体系。该指标体系是一个树形层次结构，顶层为目标层，即综合战略需求层，或称为军事价值层；第二层是子目标层，即战略目标层，是在时间、性质上区分成的不同战略目标，如可将其设定为“军事斗争准备”“应对可能威胁”“军队建设”3 个需求目标；对于不同的战略目标，其下层指标体系含义又各不相同，需要按战略目标类型建立相应的下层评估指标。如图 17.3.2 所示。

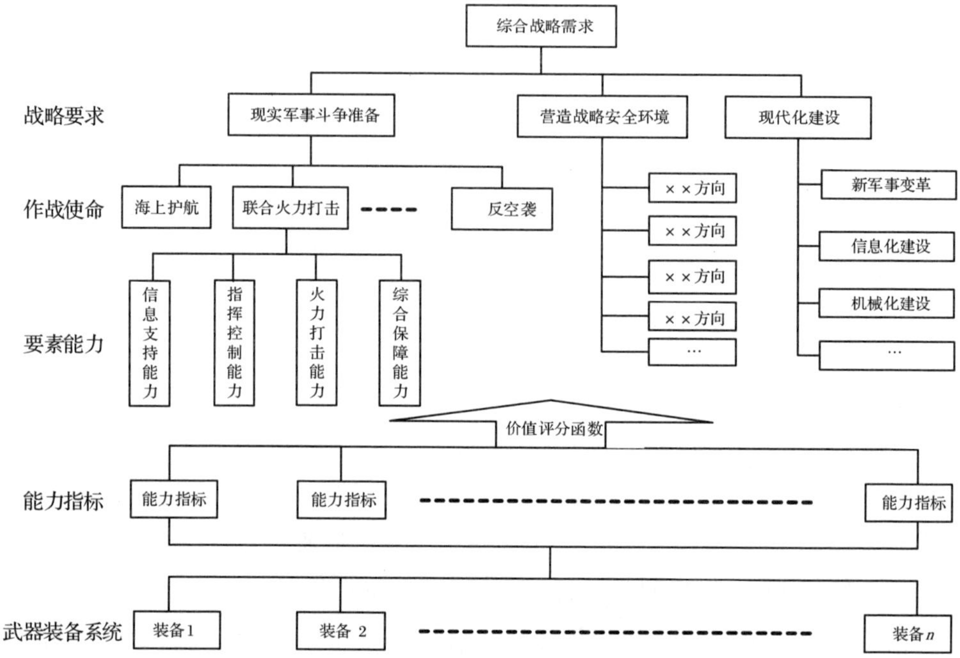

图 17.3.2　武器装备军事价值层次结构示意图

在给定装备体系的能力指标值、装备体系能力指标需求值、装备体系各层次指标权重系数等数据信息的情况下，可逐层聚合出装备体系的综合军事价值。装备体系对于战略目标的军事价值评估模型描述如下。

假定在战略目标下，可能面临的使命任务为 t_l（l=1，2，⋯，L），如果使命任务 t_l 的权重用 tw_l 表示，则使命任务空间表示为：

$$T = \{(t_l, tw_l), l = 1,2,\cdots, L\} \qquad (17.3.1)$$

假设使命任务 t_l 下，有 Q^l 个想定 $sen_q^l(q = 1,2,\cdots,Q^l)$，$sw_q^l$ 表示想定的权重，可以用想定发生的概率来代替。则基于空间使命任务 t_l 下的想定空间可表示为：

$$SEN = \{(sen_q^l,\ sw_q^l),\ q = 1,2,\cdots,Q^l\} \qquad (17.3.2)$$

针对使命任务 t_l，在特定想定 sen_q^l 下的装备体系中第 k 种能力价值为 $E_{\mathrm{lqk}}^{\mathrm{War}}$，则装备体系对战略目标的军事价值为：

$$E^{War}=\sum_{l=1}^{L}tw_l\cdot\sum_{q=1}^{Q^l}sw_q^l\cdot\sum_{k=1}^{m}E_{\mathrm{lqk}}^{\mathrm{War}} \tag{17.3.3}$$

装备体系对于“应对可能威胁”军事价值评估模型为：假设未来有L个可能威胁来源，则威胁集合为 $TH=\{th_1,th_2,\cdots,th_L\}$，威胁权重集合 $THW=\{thw_1,thw_2,\cdots,thw_L\}$，$thw_l$ 表示威胁 th_l 的权重，$l=1,2,\cdots,L$。如果应对威胁来源 th_l 的装备体系第 k 种能力价值为 $E_{\mathrm{lk}}^{\mathrm{Threat}}$，则装备体系应对未来威胁的军事价值为：

$$E^{\mathrm{Threat}}=\sum_{l=1}^{L}thw_l\cdot\sum_{k=1}^{m}E_{\mathrm{lk}}^{\mathrm{Threat}} \tag{17.3.4}$$

装备体系对“军队建设”军事价值评估模型为：假设未来有 L 个现代化建设因素，则因素集合为 $MD=\{md_1,md_2,\cdots,md_L\}$，因素权重集合 $MDW=\{mdw_1,mdw_2,\cdots,mdw_L\}$，$mdw_l$ 表示因素 md_l 的权重，$l=1,2,\cdots,L$。若装备体系针对现代化建设因素 md_l 的第 k 种能力价值为 $E_{\mathrm{lk}}^{\mathrm{Modern}}$，则对于军队现代化建设装备体系的能力价值为：

$$E^{\mathrm{Modern}}=\sum_{l=1}^{L}mdw_l\cdot\sum_{k=1}^{m}E_{\mathrm{lk}}^{\mathrm{Modern}} \tag{17.3.5}$$

可求得装备体系的综合军事价值。假设装备体系对“军事斗争准备”能力价值为 E^{War}、“应对可能威胁”能力价值为 E^{Threat}、“军队建设”能力价值为 E^{Modern}，三类战略目标的权重分别为 w^{War}、w^{Threat} 和 w^{Modern}，则装备体系的综合军事价值为：

$$E=w^{War}\cdot E^{War}+w^{Threat}\cdot E^{Threat}+w^{Modern}\cdot E^{Modern} \tag{17.3.6}$$

最终，用装备体系的综合军事价值表示装备体系对综合战略需求的满足度。

三、装备体系均衡性评估

装备体系的均衡与否，是指装备体系的组成对体系能力的支撑是否相对均衡，是反映装备体系在威胁环境、技术发展等条件发生变化时不做改动仍能满足能力需求的一种指标，在一定程度上体现了装备体系的合理性、健壮性和稳定性。

理想装备体系的任何一种能力都不应该由一个系统支持，而是至少由两个系统或者武器装备单元提供支持，否则整个装备体系的可靠性、健壮性就不够好。另外，如果某种武器装备系统只能提供一种功能，对体系能力的供给单一，则该武器系统的效费比较低，就应考虑置换或增加系统功能。

装备体系均衡性评估可采用构造“系统—能力”分析矩阵的方法，依据装备体系的描述数据信息以及能力需求，构造“系统—能力”矩阵，计算均衡性指标，分析装备体系的整体均衡性，如图 17.3.3 所示。

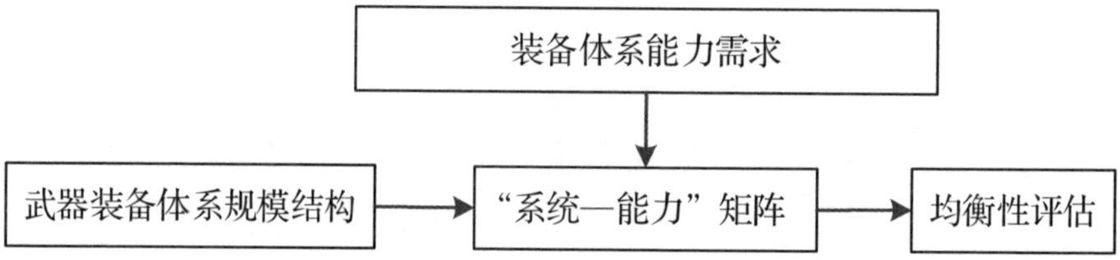

图 17.3.3　装备体系均衡性评估思路

采用构造“系统—能力”分析矩阵的方法来研究装备体系的均衡性，主要通过两个指标对体系结构均衡性进行评估。一个指标是反映体系能力的冗余程度。尽管要求每一种能力越大越好，但是在经费等条件约束下，是不可能全数实现的，理想状态是体系能力整体方差越小越好。如果用体系某种能力的系统的数量及其方差来表示，则理想的体系能力冗余指标，应该是每一个能力的冗余数不小于 2（或者是给定阈值），且方差越小越好。另一个指标是每一种武器装备系统对体系能力的支持度，用系统可以提供的体系能力的数量表示。这个指标越大说明该系统对整个体系的贡献越大，在整个体系中所处的地位也越重要。

依据装备体系均衡性评估思路，可确定其评估步骤。

第一，构造“系统—能力”矩阵。分析装备体系可能担负的作战任务及能力需求的结构，在此基础上根据装备体系规模结构的组成系统能否参与完成某项作战任务或者提供能力支持，定义“系统—能力”矩阵 $SE=(s_{ij})_{m\times n}$。

$$s_{ij}=\begin{cases}1, & \text{第}i\text{个系统支持体系第}j\text{项能力}\\0, & \text{第}i\text{个系统不支持体系第}j\text{项能力}\end{cases} \tag{17.3.7}$$

第二，定义均衡性评估指标。如将装备体系中系统的能力支持度指标定义为 $ConRate(i)$，表示第 i 个系统对体系能力承担的支持度；将体系实现能力需要的系统数定义为 $RateCon(j)$，表示完成第 j 个子能力需要支持的系统数量。则有：

$$ConRate(i)=\sum_{i=1}^{m}S_{ij} \tag{17.3.8}$$

$$RateCon(j)=\sum_{j=1}^{n}S_{ij} \tag{17.3.9}$$

第三，进行均衡性评估。主要是根据“系统—能力”矩阵 SE 中的元素 S_{ij}、系统的能力支持度 $ConRate(i)$、体系能力的系统支持度 $RateCon(j)$，完成整个体系的均衡性分析。

四、装备体系适应性评估

装备体系对环境的适应性主要取决于两个方面，一是装备体系本身适应调整功能，二是环境的不确定性程度。由此，可确定装备体系适应性评估的主要内容是装备体系的柔性和环境的不确定性。评估思路和步骤为：首先，根据装备体系特性，对装备体系的柔性进行评估；其次，根据环境影响因素对环境的不确定性进行量化评估；最后，建立匹配模型，根据判断准则评估装备体系对环境的适应性。具体评估过程如图 17.3.4 所示。

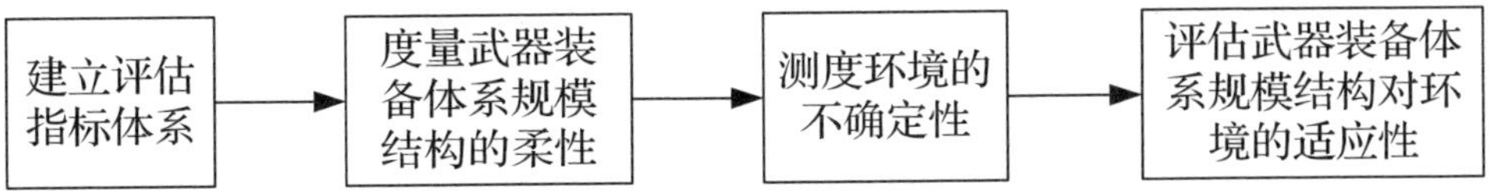

图 17.3.4　装备体系适应性评估过程

装备体系柔性表示装备体系与环境相匹配的能力以及对环境影响具有的适应与调整能力，它在一定程度上体现了装备体系的灵活性与适应性。由此，可初步构建装备体系柔性评估指标体系，如表17.3.1 所示。

表 17.3.1　装备体系柔性指标体系

准则	指标
目标柔性	目标多样性、目标系统完善程度、目标可实现性
结构柔性	结构正规化程度、结构系统完善程度、功能专门化程度、子系统分权程度、信息交流方式的多样性、数据统一性程度
组分柔性	系统构成多样性、系统自动化水平

装备体系的环境是对装备体系行为活动及生存发展构成影响或潜在影响的所有因素，是一个由装备体系外部环境和内部环境构成的系统。根据装备体系论证特点和方案设计的内外部影响因素，构建环境不确定性评估指标体系，如表 17.3.2 所示。

表 17.3.2　环境不确定性评估指标体系

准则层	一级指标层	二级指标层
外部环境不确定性	一般环境	国际形势、国家安全环境、军事威胁、国家发展战略、军事战略、国家经济能力、国家科技能力、国防经费投入水平、国家科技生产能力
	工作环境	论证部门、规模结构的使命任务、国外先进经验影响力、国内研究推动力
内部环境不确定性	装备体系管理	武器装备系统使用情况、存储及维护水平、经费使用情况
	装备体系生命周期	装备体系的发展阶段、建设水平
	装备体系的技术	互联互通水平、信息处理水平

对装备体系柔性和环境的不确定性进行计算，可运用主客观分析相结合的方法。具体计算模型为：

$$\mu = \nu * \eta \qquad (17.3.10)$$

以环境的不确定性计算为例，对测算模型进行说明。式中 μ 表示环境的不确定性水平，v 是对装备体系环境客观因素的不确定性水平的度量，是环境客观因素的指标值，可用专家评定法取得，需要进行无量纲化和标准化处理，$v \in [0,1]$。η 是环境不确定性对装备体系中某模块系统柔性影响程度的权重系数，反映环境不确定性影响力的主观判断，可运用 BP 神经网络确定。需要对装备体系柔性与环境不确定性匹配度进行计算，并依据评判法则评估装备体系对环境的适应性。如果二者达到基本匹配，说明装备体系对环境的适应性较好，装备体系较为合理；反之，则说明装备体系对环境的适应性较差，装备体系不合理。

第四节 装备体系优化

装备体系优化与调整是设计装备体系初步方案并进行评估后的重要工作，是根据作战背景、能力需求、资源约束等不确定性因素变化而调整装备体系所必需的过程，也是装备体系论证的关键环节。

一、装备体系优化分析

装备体系优化是一个系统工程的最优化问题，是以武器装备的总体结构为研究对象，根据未来作战环境、任务特点和典型作战样式等，系统分析各类武器装备的规模和比例关系，寻求最优装备体系方案的过程。

（一）优化原则

装备体系的优化通常应遵循 5 个原则。一是种类齐全，即装备体系能够满足近期和远期全部军事需求，没有能力短板和缺项。二是军事价值最大化，即装备体系的军事价值，在现有条件下能够得到最大程度的体现。三是功能互补，即装备体系中各类武器装备在功能上形成良好的互补关系，组成一个有机整体，装备体系整体能力最强。四是规模适度，即装备体系中每类武器装备的数量以及整个装备体系的规模，都应该在一个合理的范围之内。五是整体优化，即装备体系优化要立足于整体最优，避免出现装备体系构成系统功能最优而整体能力并非最优的情形，始终从全局角度把握装备体系的优化。

（二）优化分类

装备体系的优化从内容上可分为两类：装备体系规模的优化和装备体系结构的优化。装备体系规模的优化，可以根据不同威胁、不同使命任务、不同想定建立相应的交战模型，分析计算所需要的武器装备单元、系统的数量，进而对现有装备体系进行调整，使其具备适当的数量规模。装备体系结构的优化，主要指根据影响因素的变化对装备体系的组成系统类型、型号、系统间的比例关系等作出相应调整的过程，是保证武器装备组合配套和协调发展的重要前提。

装备体系的优化，可以借助不同方案中模型的计算结果，分析最佳武器装备配置方案和比例结构。在实际论证过程中，需要重点考察装备体系内各类武器装备系统之间的主战装备的数量比、各类武器装备系统内部主战装备的数量比、主战装备与保障装备的数量比、主战装备与指挥系统的数量比等方面。

（三）优化思路

装备体系的优化问题是根据装备体系影响因素的变化，在装备体系的组成、数量结构、比例关系等方面，寻找一个最优的控制方案或者最优的控制规律，从而使得装备体系能够最好地达到预期目标。从总体上来说，装备体系影响因素，可分为装备体系外部影响因素和装备体系内部影响因素。装备体系外部影响因素是指战略目标、使命任务、武器装备建设经费比例、承受的风险等。装备体系内部影响因素是指骨干装备在体系中的贡献率、关键技术的成熟程度、研制周期的长短、武器装备科研采购费的承受能力、安排骨干装备的研制顺序和研制时间、确定骨干装备交付部队和形成初始作战能力的时间等。装备体系优化的总体思路，是根据设计方案、评估结果以及发生改变的内外影响因素，分别采用不同的方法进行优化和调整。对于内部影响因素发生变化导致的装备体系调整，可运用数学规划灵敏度分析优化方法；对于外部影响因素发生变化导致的装备体系调整，可运用组合分析优化方法。

二、装备体系优化方法

灵敏度分析是指对系统或体系因条件变化所显示敏感程度的分析。灵敏度分析优化方法是在运用数学规划模型设计装备体系之后，针对模型参数的不稳定而发生的改变，对前面计算结果进行修正，从而实现装备体系优化的一种方法。具体来讲，整个分析过程分为4个步骤：确定优化目标，建立优化模型，进行灵敏度分析，求取最优装备体系。

装备体系优化的目标为达成装备体系整体作战能力的最大化，而其约束条件则为：经费限制、规模适度、各子能力满足需求。具体模型可描述如下：

$$\max f(x) = \sum_{j=1}^{n} c_j x_j \tag{17.4.1}$$

$$s.t.\begin{cases} \sum_{j=1}^{n} M_j(x_j) \leqslant M \\ a_{11}x_1 + a_{12}x_2 + \cdots + a_{1n}x_n \geqslant b_1 \\ a_{21}x_1 + a_{22}x_2 + \cdots + a_{2n}x_n \geqslant b_2 \\ \vdots \\ a_{m1}x_1 + a_{m2}x_2 + \cdots + a_{mn}x_n \geqslant b_m \\ x_j \leqslant v_j \\ x_j \geqslant u_j \\ a_{ij} \geqslant 0, x_j \in N, i = 1,2,\cdots,m; j = 1,2,\cdots,n \end{cases} \tag{17.4.2}$$

其中，c_j 表示第 j 类武器装备系统的综合作战能力；

x_j 表示第 j 类武器装备系统的数量规模；

$M_j(x_j)$ 表示第 j 类武器装备系统所需的各种费用之和；

a_{ij} 表示装备体系中第 j 个武器装备系统的第 i 种能力的评分数值；

$b_i(i=1,2,\cdots,m)$ 表示装备体系的第 i 种能力需求；

v_j，u_j 分别表示第 j 个武器装备系统的最小数量和最大数量。

而对于装备体系灵敏度进行优化分析，需要考虑以下几种情形：

（1）装备体系中某类主战装备系统的关键部件进行更换或者关键技术的突破引起性能的提高；

（2）由于作战形势的改变或者使命任务的变化导致装备体系能力需求发生变化；

（3）研发出一种新型装备时，分析判断这种装备应该列装多少数量，原有的装备体系如何进行变化；

（4）增加或改变作战需求时；

（5）费用改变时，包括装备体系投入经费的改变或者是武器装备系统所需费用发生改变；

（6）武器装备系统数量的上下界发生变化。

组合分析理论是在以实现财富效用最大化、投资风险最低为前提的背景下，用于解决多种投资项目选择和组合的最优决策问题。在装备体系优化问题上，决策者与资产投资者所追求的目标有相似之处，不但要立足于短期内应对各种突发事件或应急作战的准备工作；而且还要着眼于利用中长期战略发展机遇期，同时兼顾对高风险、不确定的军事战略安全环境和未来威胁进行预测管理，加强军队整体建设。借用经济领域的组合分析理论，结合装备体系规划的具体特点，对装备体系所涉及的各要素进行综合考虑，并以综合收益率和方差作为指标，建立优化模型，通过武器装备系统的组合以及加强风险的管理，可实现装备体系的优化目标。

装备体系投资收益的描述可依据价值中心思想，用装备体系的军事价值表示。用投资于武器装备系统的军事价值表示该武器装备系统的收益率,也反映该武器装备系统对军事战略目标的贡献程度。如前面所讲,军事价值可以用能力价值表示。若有 n 个武器装备系统，第 i 个武器装备系统的军事价值是 E_i，则第 i 个武器装备系统的收

益率 r_i 就可表示为：

$$r_i = \frac{E_i}{M_i}, (i = 1, 2, \cdots, n) \qquad (17.4.3)$$

其中，M_i 表示对每个武器装备系统的投资。

若装备体系的收益率向量表示为 $R' = r_1, r_2, \cdots, r_n$，则整个装备体系的综合收益率为：

$$R = R \cdot Y^T = \sum_{i=1}^{n} r_i y_i \qquad (17.4.4)$$

其中，$Y = (y_1, y_2, \cdots, y_n)^T$ 表示装备体系中 n 个武器装备系统的投资比例，y_i 表示第 i 个武器装备系统的投资比例。

根据组合分析理论，装备体系方案的风险性可以通过综合收益率的均值和综合收益率的方差进行刻画。综合收益率的均值表示装备体系的单位投资产生的军事价值对所有战略态势的期望值；综合收益率的方差表示实际收益率偏离期望值的程度，体现了未来战略环境的不确定性对装备体系投资带来的风险。如果用 u_i 表示第 i 个武器装备系统的收益率均值，装备体系收益率 R' 的均值为 $E(R') = [u_1, u_2, \cdots, u_n]^T$，$R'$ 的协方差矩阵为 $V = E\left[\left(R' - U\right)\left(R' - U\right)^T\right] = \left(v_{ij}\right)_{n \times n}, (i, j = 1, 2, \cdots, n)$ 可以推出装备体系的综合收益率 R 的均值为：

$$m = U^T \cdot Y \qquad (17.4.5)$$

综合收益率 R 的方差为：

$$\sigma^2 = Y^T \cdot V \cdot Y \qquad (17.4.6)$$

在建立装备体系的组合分析优化模型前，可先进行相应的模型假设：

（1）假设装备体系规划投资的经费限额为 M_0 元，规定第 i 个武器装备系统的投资上限为 M_i^U，下限为 M_i^L；

（2）装备体系及组成系统对军事战略的贡献程度能够被量化为收益值，即军事价值；

（3）装备体系及组成系统在未来不确定的战略环境中的表现能够被预期，可以描述其分布；

（4）装备体系的决策者愿意在综合收益率均值指标 m 和表示风险的方差指标 σ^2 的权衡上选择投资比例；

（5）决策者是不知足的和风险厌恶型的，是具有理性的，满足边际期望收益效用非负和递减规律。

若装备体系中每个武器装备系统的投资分别为 $M_1,M_2,\cdots,M_n$，装备体系中各装备系统投资比例为 $Y=[y_1,y_2,\cdots,y_n]^T$，满足条件：

$$y_1+y_2+\cdots+y_n \leqslant 1 \tag{17.4.7}$$

$$\frac{M_i^L}{M_0}\leqslant y_i\leqslant\frac{M_i^U}{M_0}, i=1,2,\cdots,n \tag{17.4.8}$$

为获得最优投资比例，尽可能使得投资收益最大化且风险最小化，决策者通常遵循某种决策行为准则来权衡武器装备系统的投资收益和风险。此类问题属于双目标优化问题，由公式（17.4.5）和（17.4.6），可将目标函数表示为：

$$\max m = U^T \cdot Y \tag{17.4.9}$$

$$\min \sigma^2 = Y^T \cdot V \cdot Y \tag{17.4.10}$$

在实际应用中，可根据决策准则的不同，明确装备体系优化模型的目标函数和约束条件。

根据以上情况可知，应用组合分析理论对装备体系进行风险分析和优化可通过 4 个步骤：装备体系分析、指标计算与分析、决策准则确定、组合选择，如图 17.4.1 所示。

装备体系分析是根据装备体系规划需要投资的 n 个武器装备系统，判断战略形势，得出战略走势空间 $\Omega=\{(s_k,p_k)\mid k=1,2,\cdots,K\}$；并针对每种战略走势 S_k，得出第 i 个武器装备系统对军事战略总的价值贡献 E_{ik}。

指标计算与分析是对武器装备系统平均收益率向量 U 和协方差矩阵 V 进行计算。

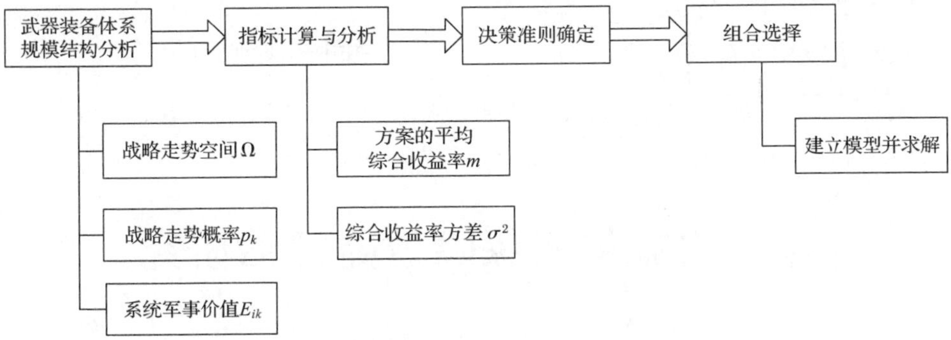

图 17.4.1 装备体系优化步骤

决策准则确定是充分考虑装备体系决策者的决策偏好，在综合收益率与风险间权衡，确定适合的决策准则。

组合选择是根据风险决策准则，建立相应的军事价值—风险组合优化模型，进行求解和分析，得出优化方案。

根据上述分析可知，灵敏度分析优化方法直接对应于基于数学规划的设计方法,根据在描述方法中装备体系内部影响因素的变化，如经费支持情况、生产能力支持情况、技术改进以及某项能力需求变化等，对已生成的装备体系方案进行调整优化，以满足新要求。

组合分析优化方法则是面向装备体系的外部影响因素，即整个战略趋势的变化，按军事价值、风险、成本对构成装备体系的不同武器装备系统进行组合，评估各构成系统的贡献和平衡状况，平衡在体系组合中各系统的投资，尽可能满足所有目标，降低所有风险。这种方法能够把资源配置与战略目标联系起来，综合考虑多个使命的能力需求满足度，同时兼顾费用和各种规划风险的约束，支持与高层决策的交互迭代。

第十八章

军事设施体系保障效能评估研究

军事设施体系保障效能评估研究是根据军事设施保障效能评估的需要，综合运用多种评估方法，研究军事设施体系保障情况，把握影响保障效能的关键因素，提出改进保障效能的对策建议。通过军事设施体系保障效能评估，可以了解军事设施现状，掌握当前运行情况，发现存在的短板，明确建设的目标和重点，优化军事设施保障模式，提高军事设施的使用效益，牵引军事设施建设发展。

第一节　军事设施体系保障效能评估概述

军事设施体系保障效能评估是采用定性与定量相结合的方法，对军事设施体系保障军事行动、达到预期目标程度的综合分析与评价，是提高军事设施管理水平和建设效益的重要手段，具有重要的理论和实践意义。

一、评估的目的和意义

军事设施体系保障效能评估能够掌握实际情况，发现存在的问题，明确建设重点，提高保障效能。军事设施的建设与维护，具有投资大、周期长、涉及面广、结构复杂、影响因素多等特点，直接关系到军队战斗力生成和持续作战效能。运用现代科学方法和技术手段，评估军事设施保障效能，从整体与部分、部分与部分、整体与环境的协调匹配等方面，可以系统地掌握体系的保障能力和运行状况，发现其中的薄弱环节，提高保障能力和建设效益。

军事设施体系保障效能评估可以分析错综复杂的影响因素，提供宏观层面的实证依据，提高决策者的决策能力和工作效率，作出更加科学合理的选择判断，确定未来发展方向和建设重点，做好资源使用配置、经费投向投量的有效调控，促进军事设施在结构与比例、数量与质量上的整体优化，实现组织、结构和功能上的改进完善及协调发展。

二、评估的内容和指标

军事设施体系保障效能评估主要内容是体系布局、保障容量、综合防护和设施建设等情况，摸清保障能力，发现体系短板，提出建设重点和方向。评估指标如图 18.1.1 所示。

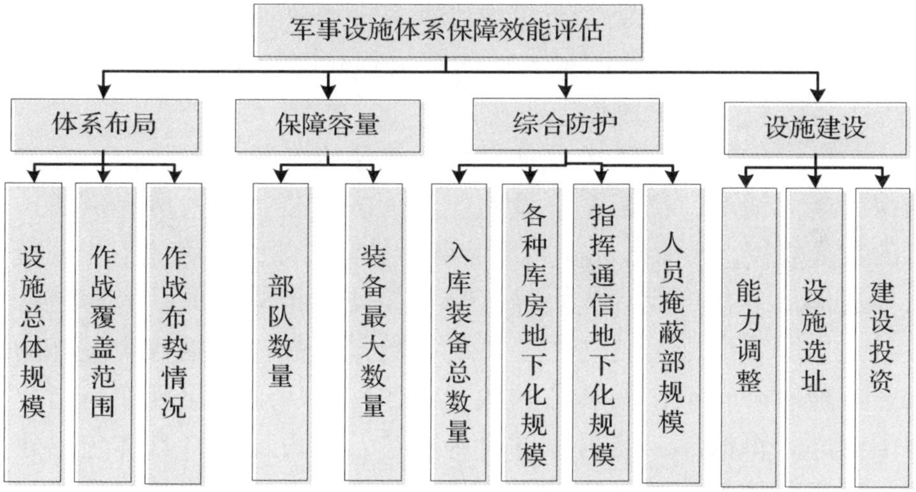

图 18.1.1　军事设施保障效能整体评估指标体系

（一）体系布局评估

军事设施的体系布局评估是根据军事设施的建设现状，衡量其总体规模、遂行保障任务的辐射范围和完成预定保障任务的满足程度。评估指标由设施总体规模、作战覆盖范围和作战布势情况 3 个指标组成。设施总体规模是指军事设施体系内各类性质设施的总体规模、所占比例和分布密度，具体包括空军、海军、陆军航空兵设施的数量和比例，永备、野战设施数量，常驻、预备设施数量，一线、二线、三线设施的数量和比例。作战覆盖范围是指军事设施体系内各个设施保障部队所能辐射区域的覆盖面积和覆盖度。作战布势情况是指当前军事设施布局能否满足部队执行给定任务的保障需求，包括军事设施整体布势的优势和问题。

（二）保障容量评估

军事设施的保障容量评估是根据体系内各设施在机型起降、部队驻屯方面的保障能力情况，衡量军事设施整体保障部队和装备的数量规模。评估指标由保障部队数量和保障装备最大数量 2 个指标组成。保障部队数量是指军事设施当前所保障的部队数量，具体包括各种类型旅的数量，以及办公生活用房能够容纳各类人员的数量；保障装备最大量是指整个军事设施最多能够保障作战装备的数量，具体包括各类作战装备的最大使用数量和驻屯数量。

（三）综合防护评估

军事设施的综合防护评估是根据体系内各设施在防护生存方面的保障能力情况，衡量军事设施能够为各类装备和人员提供防护工事的数量规模。评估指标由入库装备总数量、各种库房地下化规模、指挥通信地下化规模和人员掩蔽部规模 4 个指标组成。入库装备总数量是指军事设施装备防护工事的总数量，具体包括各个设施的洞库、掩蔽库可容纳作战装备的数量；各种库房地下化规模是指建有地下油库、军械库、器材库的设施数量及所占比例，具体包括建有地下库房防护工事的设施数量规模；指挥通信地下化规模是指建有地下指挥通信设施的数量及所占比例，具体包括指挥所、收发信台、电站等各类防护工事设施数量规模；人员掩蔽部规模是指建有地下人员防护工事的设施数量及所占比例。

（四）设施建设评估

军事设施的设施建设评估是根据体系内各设施存在的问题与不足，优化保障能力、设施位置和投资重点，提升军事设施保障效能。

评估指标由能力调整、设施选址和建设投资 3 个指标组成。

军事设施的能力调整是根据军事设施保障效能整体评估情况，分析某个（些）设施的单项或多项能力指标对整体保障效能的影响，进行能力调整，以满足作战需求，实现子系统虽非最优但整体系统最优目的。

设施选址是根据军事设施保障效能最优要求，考虑自然环境、交通运输、基础设施和政策法规等因素，在经费、时空和技术限制等资源约束下，建立设施多目标选址模型，从多个备选方案中选出最佳设施位置。

建设投资是在军费有限的前提下，围绕要素齐全、功能互补、规模适度和价值最大的体系优化要求，建立基于费效比的建设投资效益评估模型，分析军事设施资源消耗成本和综合保障效能之间的关系，为科学合理地确定军费投资方向和投资重点，最大限度发挥军费投资效益提供辅助决策依据。

三、评估的流程和方法

军事设施体系保障效能评估以问题为导向，按照提出问题、分析问题、解决问题的思路，针对评估问题的特点，确定合适的评估方法。

（一）评估流程

军事设施体系保障效能评估流程如图 18.1.2 所示，包括确定对象和条件，研究评估指标和方法，开展评估和形成结论。

1. 明确评估目的对象，做好评估准备

明确效能评估的目的和评估对象。评估目的是评估的出发点和落脚点，评估对象不同则评估所涉及的问题、范围和复杂程度也不同，需要军委机关业务主管部门、领域专家和评估人员一起深入调研和充分讨论，明确界定评估需求。

做好评估准备工作。根据确定的具体评估需求，着手进行相关的各项准备，包括建立评估组织机构，指定评估的执行者和使用者，

提出评估的指导思想和基本原则，明确有关的注意事项和要求，界定评估的规模和范围。

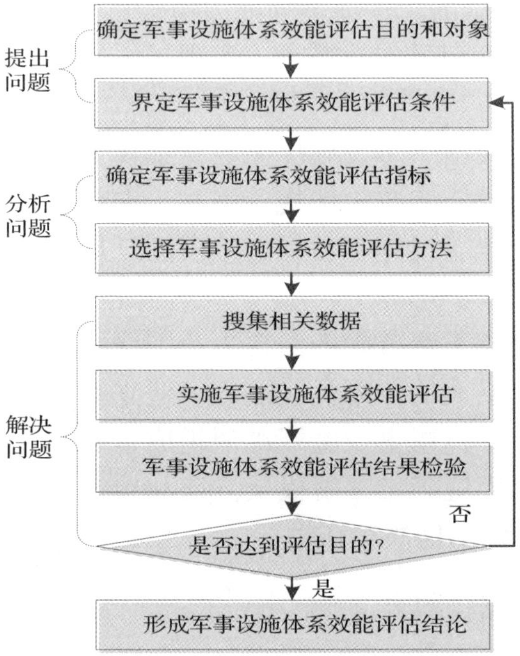

图 18.1.2　军事设施体系保障效能评估流程

2. 确定评估内容指标，选择评估方法

确定评估内容，建立指标体系。这是评估的关键步骤，其过程如图 18.1.3 所示。

评估对象的复杂性和对抗行动的多样性，决定了评估内容指标的多样性。通过围绕评估目的，全面认识评估对象，把握其内在特征，对评估目的进行具体化，提出有实际意义、有较强针对性的评估内容。针对预定的评估内容，进行要素和功能分析，对构成军事设施保障能力、保障效能的各个方面进行综合比较和分类，按照一定的层次和结构关系，对评估内容进行分解和细化，逐步形成包含总目标和若干分目标或子目标的层次化评估指标体系，并按照独立、完备的原则，完成指标体系简化、权重确定和结构规范化。

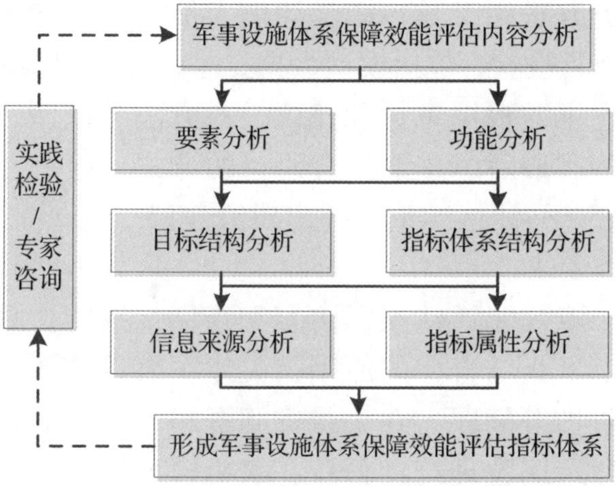

图 18.1.3　军事设施体系保障效能评估指标体系构建

选择评估方法，构建评估模型。根据评估指标体系的特点，综合选取一种或多种评估方法，从不同的侧面、不同的角度和要求出发，对评估内容及其指标进行全面系统的评价度量。由于各类军事设施的多功能特性、执行任务的多样性以及系统状态的动态性，决定了模型的复杂性，要依据军事设施的内部运行程序及各种外部因素对整体保障效能的影响机理，进行效能的定性描述和数学抽象。评估方法根据具体评估问题确定，模型只能考虑主要目标，突出关心的主要变量，淡化次要影响因素。

3. 开展保障效能评估，得出评估结论

搜集相关数据，开展效能评估。通过历史积累、计算预测、统计分析、专家咨询等多种方式，采集真实可靠的一手数据，明确有关的约束条件和使用范围，并根据指标计算所能利用的形式对部分原始数据进行必要的结构化转换。按照评估目的对结果的精度要求，综合运用多种评估方法，调用定量评估模型进行指标计算，对结果数据进行统计、合成，通过对各项指标值的处理，最终求解出效能综合评估值。

分析评估结果，得出评估结论。首先，采用回归分析、灵敏度分析等辅助分析方法和工具，结合评估人员的专业知识和经验，对评估活动进行全面检验，包括模型数据、运算过程和误差等。其次，广泛征求各方意见，根据意见和建议，对方法、模型、数据、过程等进行修改完善。最后，采取综合研讨的方式，组织专家综合分析定量结果，得出有关评估结论，提出对策建议。

（二）评估方法

军事设施保障效能评估根据内容和指标，按照“具体问题具体分析、定性与定量相结合”的原则，关注军事设施的体系布局、保障容量和综合防护等问题，在大量查阅资料、调查研究、采集数据的基础上，综合运用数理统计分析、解析模型计算、作战仿真实验和综合分析评价等方法，对军事设施体系内各个设施的装备使用、部队驻屯、防护生存、运行状态等设施数据样本进行处理和分析，使用数据图表展示军事设施的总体情况，解析分析军事设施保障情况，得出有关结论与对策建议。

军事设施建设主要涉及体系能力调整、设施选址和投资重点，需要从体系角度，全面分析保障需求，优化建设方案，提高建设效益。针对军事设施能力调整问题，建立体系的贡献度数学模型，根据各个设施对体系能力的贡献度不同，优选出最佳的备选方案。针对设施选址问题，根据选址的关键因素，构建层次化的评估指标体系，然后运用综合评价法，按照方案的整体排序情况，确定设施地址。针对投资重点问题，运用费用效能分析方法，确定备选方案的优劣，实现建设经费的合理分配。

第二节　军事设施体系保障效能分析

军事设施体系保障效能分析是军事设施体系保障效能评估的基础，需要根据军事设施体系保障效能评估的具体问题，分析军事设施体系的特点，研究军事设施体系保障效能评估的要求，注意评估要素的相互配合，得到科学合理的研究结论。

一、军事设施体系特点

军事设施体系是由多种类型和数量的军事设施形成一个整体，保障军队完成各项作战任务。体系是由两个以上相互联系的系统有机组成的整体，是系统组成的系统，不是子系统的简单相加，而是呈现整体效能的跃升，具有各子系统所不具有的整体功能。

体系具有四个基本属性：一是在构成上，由具有独立功能的两个或两个以上的系统构成；二是在关系上，各独立系统之间存在信息交流、功能互补等相互联系和相互作用；三是在组织上，各独立系统通过一定的规则，进行组合或融合；四是在功能上，具备单个系统所不具有的整体功能，整体呈现“1+1>2”的涌现效果。

体系具有结构网络化、功能集成化和整体关联化等特征，主要体现为：一是体系的各子系统、子子系统之间的有机组合，形成了一个多层次的网状深度结构，而同一层各子系统之间，甚至不同层的一些子系统之间，存在错综复杂的因果关系和信息交换，形成了一个多层次的网状横向结构；二是体系的各功能要素高度集成，当功能相匹配时能达成“涌现效应”，功能不相匹配时也可能产生“木桶效应”，每一个子系统的性能过高或过低都不是最理想的选择；三是体系各组成要素之间相互支撑、相互依赖程度加深，单要素功能的发挥日益依靠其他要素乃至体系的支撑，子系统的局部变化对相关要素会产生联动影响。

二、军事设施体系保障效能

军事设施体系保障效能是军事设施体系保障部队完成各项作战任务的效果和能力，是军事设施的重要指标，是军事设施作用的体现和建设目标。

效能是系统在一定条件下完成任务的能力和程度，即系统在规定的条件下，达到规定目标的有效程度。其中，“规定的条件”指的是人力、物力、财力、时间、战场环境、使用方法等多种主客观因素；

"规定目标"指的是系统完成预定目标所要达到的目的；"有效程度"则是指达到目标的定量大小度量或定性程度权衡。

按照效能的不同层次，可区分为单项效能、系统效能和作战效能 3 类度量方式，如图 18.2.1 所示。单项效能是指在一定条件下，系统满足单一使用目标的保障能力程度，一般以性能表示。例如，一条飞机跑道可以为一架或多架飞机提供起降保障能力。系统效能是指在一定条件下，系统满足一组特定使用目标集合的保障能力程度,但它指的不是系统的效能,而是一个系统完成其任务的整体能力，是一种综合的度量方式。例如，军事设施保障多机种、多机型的保障效能。作战效能是指考虑人的因素和敌我对抗环境,多个系统之间，与作战指挥、侦察情报等其他系统相结合，完成给定作战任务的保障能力程度。

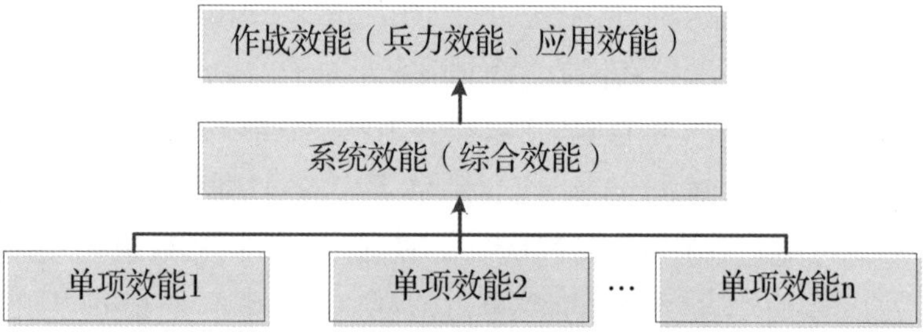

图 18.2.1　效能的层次和关系

作战效能涉及作战人员、复杂的对抗环境等非结构化问题，需考虑战役战术、力量部署、武器运用等各种因素。作战效能要覆盖系统在实际作战中可能承担的各种主要任务，并且涉及整个作战过程，因此它是最根本、最综合的指标。在上述 3 类效能中，单项效能是系统效能的基础，而系统效能又是作战效能的前提。

三、军事设施体系评估要素

军事设施评估由多个要素组成，共同完成评估任务。评估是对所研究的对象或系统的某个属性 / 效果进行客观的度量，并在此基础上加以主观判断的过程。评估涉及统计、分析、对比、综合等一系列活动。评估一般由评估主体、评估对象、评估内容、评估方法、评估结果 5 个要素组成，如图 18.2.2 所示。

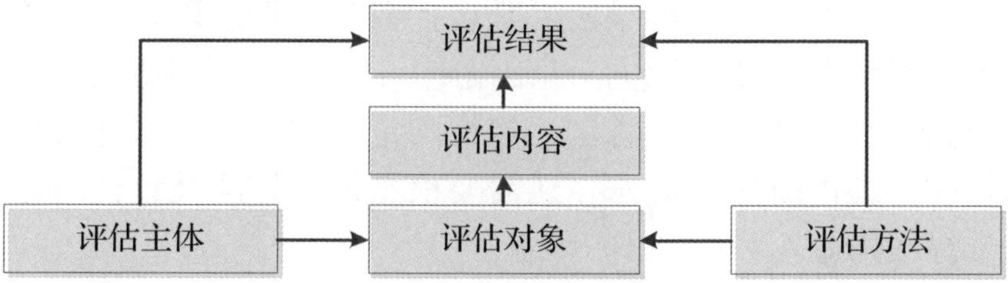

图 18.2.2　评估的基本要素

（一）评估主体

评估主体是实施评估的行为主体，是组织、指导、实施和参与评估活动的个人或单位。作为评估的发起者，其主要工作是明确评估目的，提出评估问题，规定评估总任务和总需求，确定评估准则，界定约束条件，指定评估执行者和评估结果的使用者等。由于评估执行者对评估的质量和可信度有重要影响，因而要尽可能汇集具有专门知识和技能的专业评估人员。

（二）评估对象

评估对象是评估工作的行为客体，是接受评估方案的人、事物或单位，通常是同类事物（横向）或同一事物在不同时期的表现（纵向）。对于联合作战系统而言，评估对象可以是战区联指、任务部队、保障部队和其他单位。

（三）评估内容

评估内容是评估主体所要分析解决的各种具体问题，是根据评估目的，用于反映评估对象的某一（些）方面的特征。对于评估内容，一般要构建一系列相互联系的评估指标体系，来综合考察评估对象各个方面的情况，并通过确定指标之间的各自权重，来刻画各个指标相对于总目标的重要性或贡献程度。

（四）评估方法

评估方法是在评估理论指导下进行具体评估采取的途径、步骤、手段等。它是一种泛指，是评估主体对评估对象施加作用所采用的工具、仪器和设备等各种手段，既包括数据、算法以及数学模型、信息系统等软件工具，也包括基础设施、计算机、网络等硬件设施。一般分为定性方法、定量方法、定性与定量相结合方法 3 类，而具体采用哪一类的哪一种方法，还需要根据评估目的及评估对象的特点来选择或构造。

（五）评估结果

评估结果是评估主体利用一定的评估方法，对评估对象的某一（些）属性或效果作出的界定，它是评估主体、对象、内容、方法等结合在一起而开展的一系列操作活动后产生的成果。应该指出的是，评估结果通常只具有相对意义，即只能适用于对象性质相同并且约束条件又基本一致的推广应用，因而要全面权衡和综合分析，在此基础上再形成评估结论，提出有关的意见建议。

第三节　保障效能评估方法

军事设施体系保障效能评估方法是多种方法的组合，是根据军事设施体系保障效能评估的具体问题，选择多个合适的方法，相互配合使用，得到研究结论。效能评估的方法多种多样，结合当前国内外最新研究进展，基本上可归为统计法、解析法、仿真法和综合评价法 4 类方法。

第一，统计法。统计法以概率论为基础，通过多种应用数理统计学方法，对实战、演习、试验或者调查问卷等所获得的数据样本进行处理、分析和解释，并根据其总体特征得出评估结论。该方法不仅能直接给出指标的评估值，还能通过数据分布情况计算研究有关因素之间相互联系的规律性，并用图表等可视化形式展示各因素对评估指标的影响，提供定量基础数据。但前提是要根据评估问题，对有关资料数据进行采集和整理。常用的统计法主要有抽样调查、参数估计、假设检验、方差分析、回归分析、时间序列分析、灵敏度分析等。

第二，解析法。解析法是对反映其效能特征的实际问题作简化假设，用数学解析表达式来描述效能指标与设施系统特征向量之间数量关系的方法。解析表达式描述了效能指标与给定条件之间的函数关系，通常可根据现成的军事运筹学理论建立，也可以通过用数学方法求解所建立的效能方程而得到。该方法的特点是公式直观明了，便于理解，易于进行函数及变量之间的关系分析，可以清晰把握关键因素及其与作战效能之间的变化规律，且计算简单。其缺点是构建模型时往往要对实际问题作一定的简化假设，进行有目的的抽象，因而计算结果只在严格限定的假设条件下才适用。另外，它不能够考虑所有的影响因素，有些因素目前还无法建立有效的数学表达式。常用的解析法主要包括兰彻斯特方程、指数法、ADC 法、SEA 法、程度分析法、结构评价法、探索性分析法、量化标尺评价法、信息熵评价法等。

第三，仿真法。仿真法是以计算机仿真模型为实验手段，通过在给定条件下运行模型来进行大量的仿真实验，然后将实验得到的关于过程和结果的数据直接或经过统计处理后，给出效能指标评估值。该方法的优点在于能够真实再现作战过程，较为全面地描述系统之间复杂的交互作用，展现作战体系内所有的协同作用以及对抗行为，可以说它是除实战之外，能够有效提供在对抗条件下，以具体战场环境和一定规模的兵力为背景提供作战效能评估的主要手段。其缺点是需要大量可靠的基础数据和原始资料做依托，系统建模难度大、编程任务重，实验周期长、花费成本较高，当涉及因素特别多时，很难准确把握关键因素及其与作战效能之间的变化规律；另外，对于人的思维、行为、精神、意志等因素缺少有效的量化与仿真手段，对一些充满偶然性和不确定性因素的问题也有一定的局限性。常用的仿真法主要包括仿真实验和对抗推演方法。

第四，综合评价法。综合评价法是通过定性和定量相结合，多角度研究复杂问题的方法。对于备选方案中呈现出较为复杂的网络层次结构，有些较高层次的效能指标与其下层指标之间只有相互影响而无确定函数关系时，只有通过对其下层指标进行综合才能进一步分析其效能指标。该方法的优点是使用简单，评价范围广，适用性强；缺点是受人的主观因素影响较大。常用的综合评价法有层次分析法、模糊综合评判法和灰色综合评价法等。

以上各类方法都有自身的优缺点，因而在进行效能的实际评估时，要根据评估的目的、对象和具体要求，选择或设计较为成熟、相对合理的评估方法，既可采用基于数据、基于模型、基于专家知识进行单一评价，也可采用基于数据、模型、专家知识进行综合性评价，大多是要将这四种方法有机结合起来使用，从而使评估的整个过程更具客观性和科学性，所得出的评估结果结论和对策建议更具针对性和可操作性。

第四节　军用机场体系保障效能评估

军用机场体系保障效能评估是根据具体的评估任务，分析评估内容，选择评估方法，形成科学合理的评估结论。本节以军用机场体系保障效能评估为例,从实际需求出发,明确保障效能评估的概念、内容和指标，确定评估的思路和方法，构建评估指标体系，运用统计分析、解析计算、作战仿真实验和综合评价等方法,研究体系布局、保障容量、综合防护和设施建设，给出评估结论。

一、军用机场体系布局评估

军用机场体系布局评估是根据建设现状，衡量其总体规模、遂行作战飞机保障任务的辐射范围和完成预定保障任务的满足程度。军用机场体系布局评估的内容,主要是特定区域内机场的总体规模、作战覆盖范围和作战布势情况。

机场总体规模是指军事设施内各类性质的航空兵机场总体规模、所占比例和分布密度，具体包括空军、海军、陆军航空兵机场的数量和比例，永备、野战机场数量，常驻、预备机场数量，一线、二线、三线机场的数量和比例。作战覆盖范围是指军事设施内各个机场保障航空兵作战飞机作战区域的覆盖面积和覆盖度。作战布势情况是指当前军用机场布局能否满足作战飞机执行给定任务的保障需求，以及机场整体布势的优势和问题。

评估军用机场体系的总体规模，主要评估指定区域内我航空兵各类机场的总体数量、所占比例和分布密度等情况。

（一）评估指标

评估指标包括 5 个：一是体系机场数量和密度，二是军兵种机场数量和比例，三是按保障条件及用途分类的永备、野战机场数量，四是按运行使用状态分类的常驻、预备机场数量，五是按受敌威胁的配置地域距离分类的一线、二线、三线（纵深）机场的数量和密度，如图 18.4.1 所示。

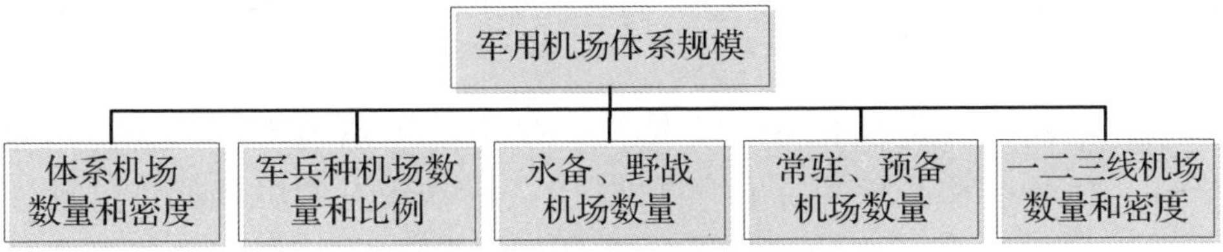

图 18.4.1　体系规模评估指标

（二）评估方法

评估各类机场的数量规模和所占比例。一是根据各个机场的地理坐标，在标绘系统中用军标标绘出机场体系内全部军用机场的具体位置。二是根据军兵种隶属关系、保障条件及用途、运行使用状态、受敌威胁的配置地域距离等情况，进行机场的分类数量统计及其所占比例计算，使用数据图表对计算结果进行可视化展示。三是基于统计图表和标绘的军用机场分布图，对机场布局进行综合分析，得出有关评估结论。对于一线、二线、三线（纵深）机场，主要按照机场体系所对应的战役方向和作战构想，结合我军航空兵主战飞机的作战特点，划分 3 类距离线，分别统计距离线带状区域内的机场数量。

机场的分布密度通过机场体系辐射区域内的实际机场数与地域面积、机种机型数量、作战任务需求点距离等考察因素的比值予以反映，其计算公式可表述为：

$$D_{覆盖} = N_{机场总数量} / A_{因素} \tag{18.4.1}$$

式中，$N_{机场总数量}$表示辐射区域内的机场总数量；$A_{因素}$表示保障区域的国土面积、所保障的作战飞机种类数量、与作战任务需求点的距离等因素；$D_{覆盖}$表示军用机场体系的保障能力覆盖度指标，说明单位因素上的机场密度。当$A_{因素}$为面积因素时，$D_{覆盖}$表示面积密度，即单位面积拥有的军用机场数（单位：个 / 万平方千米）；当$A_{因素}$为飞机因素时，$D_{覆盖}$表示作战飞机密度，即机场体系所保障的航空兵飞机机种机型及其数量（单位：个 / 架）；当$A_{因素}$为距离因素时，$D_{覆盖}$表示距离密度，即单位距离拥有的军用机场数（单位：个 / 千米）。

（三）所需数据

评估需要 3 类信息数据支持：一是机场体系内单个机场的地理坐标、机场名称、使用单位等数据；二是体系内各机场的设施状态信息，主要是飞行场地状态和专业用房及附属设施状态；三是机场体系所在主要战役方向、作战责任区规划、作战构想等数据。

（四）评估示例

根据不同的作战对象，分析相关地区军用机场的种类和数量，得到地区面积数量、军用机场数量、军用机场分布密度，可以用图形显示分布情况。

二、军用机场体系保障容量评估

军用机场体系保障容量评估是根据体系内各机场设施在机型起降、部队驻屯方面的保障能力情况，衡量军用机场整体保障航空兵部队和作战飞机的数量规模。通过对保障航空兵部队数量规模、保障作战飞机最大数量规模 2 个评估指标，对机场体系的保障容量情况进行综合度量。

保障航空兵部队数量规模是指军用机场当前所保障的航空兵部队数量，具体包括歼击机、轰炸机、运输机、特种机、直升机等各类航空兵旅 / 团的数量，以及办公生活用房能够容纳各类人员的数量；保障作战飞机最大数量规模是指整个军用机场最多能够保障作战飞机的数量，具体包括歼击机、轰炸机、运输机、特种机、直升机等各类作战飞机的最大起降数量和驻屯数量。

军用机场体系保障航空兵部队的数量规模主要评估该机场体系内各个军用机场所能保障各类航空兵部队的总数量和人数。

（一）评估指标

航空兵部队的数量规模评估指标有 3 个：一是保障航空兵部队总数量，包括歼击机、轰炸机、运输机、特种机、直升机等各类航空兵旅 / 团的个数；二是保障航空兵不同机种的部队数量，包括歼击机、轰炸机、运输机、特种机、直升机等部队的个数；三是人员办公生活容量，办公生活用房能够容纳的包括飞行员、机务人员和场站人员的人数，如图 18.4.2 所示。

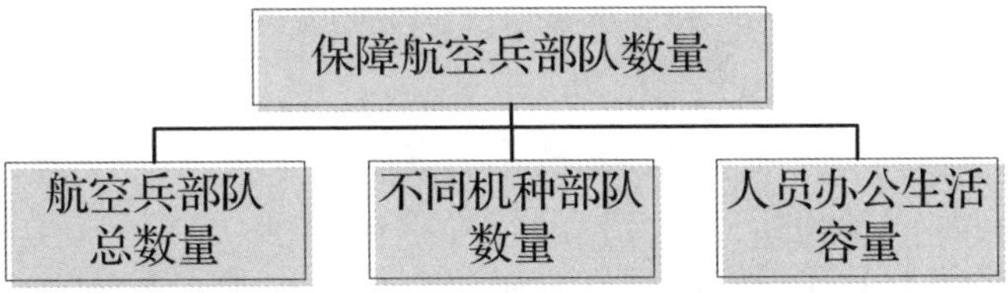

图 18.4.2　航空兵部队数量规模指标

（二）评估方法

评估的方法主要按照机场所进驻的航空兵部队类型，以旅 / 团为单位进行分类统计展示。

（三）所需数据

评估需要 3 类数据支持：一是机场体系内各个机场进驻的航空

兵部队数据；二是各机场所保障的任务机种机型数据；三是各机场的部队驻屯容量数据，主要是办公生活用房所能保障各类人员办公和生活的容纳能力数据。

（四）评估示例

分析某个作战方向的军用机场体系，根据航空兵部队数据、机场保障机型数据和人员办公生活容量数据，得到分析结果，通过图表展现。

三、军用机场体系综合防护评估

军用机场体系综合防护评估是根据体系内各机场设施在防护生存方面的保障能力情况，衡量军事设施能够为各类装备和人员提供防护工事的数量规模。军用机场体系的综合防护评估主要分析入库飞机总数量、各种库房地下化规模、指挥通信地下化规模和人员掩蔽部规模等内容。

入库飞机总数量是指军事设施飞机防护工事的总容机数量，具体包括各个机场的洞库、单机掩蔽库所容纳作战飞机的数量。各种库房地下化规模是指建有地下油库、军械库、航材库的机场数量及所占比例，具体包括建有地下各种库房防护工事的机场数量规模。指挥通信地下化规模是指建有地下指挥通信设施的机场数量及所占比例，具体包括建有指挥所、收发信台、电站等各类防护工事的机场数量规模。人员掩蔽部规模是指建有坑道式、掘开式或地道式等地下人员防护工事的机场数量及所占比例。

军用机场体系入库飞机的总数量是评估该机场体系内建有飞机防护工事的各个机场的总容机数量。

（一）评估指标

评估指标有 5 个：一是总容机数量，二是飞机洞库的数量，三是飞机洞库能够容纳作战飞机的数量，四是单机掩蔽库的数量，五是单机掩蔽库能够容纳作战飞机的数量，如图 18.4.3 所示。

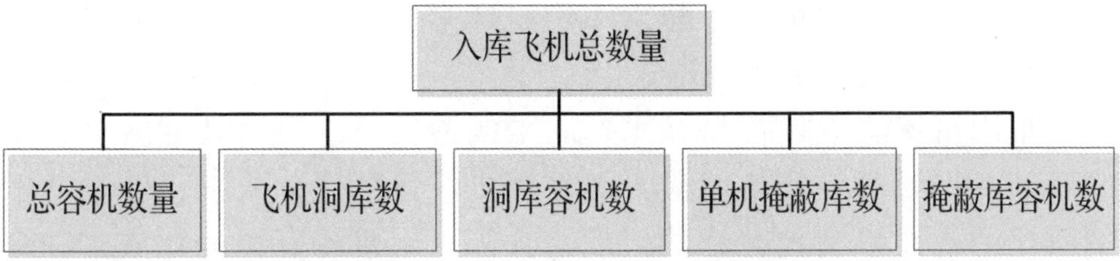

图 18.4.3　入库飞机总数量评估指标

（二）评估方法

评估方法是根据机场体系内各个机场的飞机洞库、单机掩蔽库的情况，按照各自的设计要求与停机要求，确定各机场飞机防护工事的容机数量，然后再进行统计分析，得出相关的评估结论。

（三）所需数据

评估需要的数据支持，主要是机场体系内各个机场的飞机洞库、单机掩蔽库等防护工事的战术技术性能数据，以及当前的使用状态情况。

（四）评估示例

分析某个作战方向的军用机场体系，根据飞机洞库和单机掩蔽库的战术技术性能数据，得到分析结果，通过图表展现。

四、军用机场体系建设评估

军用机场体系建设评估是根据体系内各机场存在的问题与不足，优化保障能力、机场位置和投资重点，提升军用机场体系保障效能。军用机场体系建设评估主要研究军用机场能力调整、建设选址和投资分配等问题，进而明确保障效能优化途径。

军用机场体系的能力调整是根据军用机场保障效能整体评估情况，分析某个（些）机场的单项或多项能力指标对整体保障效能的影响，研究能力调整后满足作战需求情况，实现子系统虽非最优但整体系统最优目的。

军用机场选址是根据军用机场体系保障效能最优要求，考虑自然环境、交通运输、基础设施和政策法规等因素，在经费、时空和技术限制等资源约束下，建立军用机场多目标选址模型，从多个备选方案中选出最佳机场位置。

军用机场建设投资是在军费有限的前提下，围绕要素齐全、功能互补、规模适度和价值最大的军用机场体系优化要求，建立基于费效比的建设投资效益评估模型，分析军用机场资源消耗成本和综合保障效能之间的关系，为科学合理地确定军费投资方向和投资重点，最大限度发挥军费投资效益提供辅助决策依据。

军用机场体系能力调整是着眼于机场体系的整体优化，力求实现机场能力虽非最优但体系能力达到最优的效果，或者局部子系统最优且整体系统也最优。

（一）评估指标

军用机场建设评估指标有 4 个：一是补齐能力短板的程度，如改进机场设施的战技术性能，提升原有的保障能力；二是提供新的能力要素的程度，如新建四代机的有关服务设施，拓展体系保障能力；三是提高体系运行效率的程度，如通过机场间有关设施信息的融合共享，提高体系的交互融合度；四是降低费用成本的程度，包括各类设施的工程建设成本和使用成本，如图 18.4.4 所示。

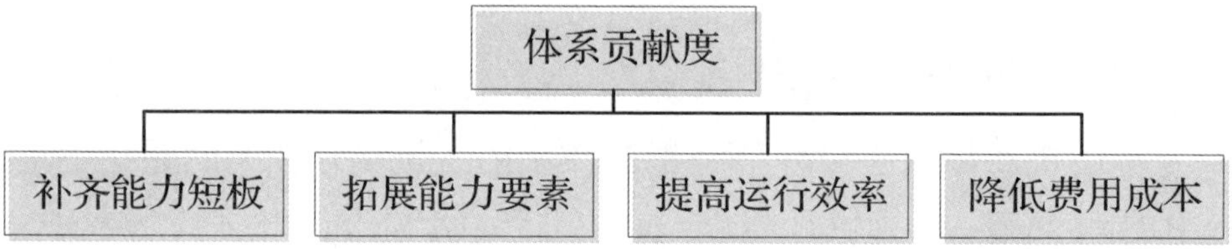

图 18.4.4　体系贡献度评估指标

四类评估指标中，拓展能力要素指标可用设施的新增战技术参数值来综合展现，提高运行效率指标可用提升概率表示，降低费用成本指标可用节约金额表示。补齐能力短板指标，可采用类似装备体系作战能力评估中常用的综合指数法，以无量纲的相对能力指数表示。

（二）评估方法

体系贡献度度量。贡献度的一般表达为各要素对体系整体能力所起作用的绝对值，即：

$$C_a = C_{ai} - C_{a0} \tag{18.4.2}$$

上式中，C_a 表示体系贡献度，C_{ai} 表示调整后的体系保障能力（可以为指数 I，也可以使用其他的物理量，如架次数），C_{a0} 表示调整前的体系保障能力。

当调整前的体系保障能力不为 0 时，可用调整前后的体系保障能力比较来表示体系保障能力增长的比例，即：

$$R_a = C_{ai} / C_{a0} \tag{18.4.3}$$

上式中，R_a 表示体系保障能力增长比例。

贡献度也可以表达为各要素对体系整体能力增长所起作用的绝对值，即：

$$r_i = c_i / c_{a0} \tag{18.4.4}$$

上式中，r_i 表示第 i 个机场的体系贡献率，c_i 表示单个机场产生的部分体系保障能力，c_{a0} 表示总的体系保障能力。

在此基础上，可用调整前后的贡献率变化来表示体系保障能力的增量，即：

$$r_c = r_i - r_0 \tag{18.4.5}$$

上式中，r_c 表示第 i 个机场的体系贡献率增量，r_i 表示第 i 个机场设施调整后的体系贡献率，r_0 表示第 i 个机场设施调整前的体系贡献率。

该方法是一个逐级细化深化、自下而上综合的过程：首先，从系统与要素的关系上，对单一机场产生的部分体系保障能力进行计算；其次，再从整体与部分的关系上，进行加权求和得到总的体系综合保障能力；最后，运用体系贡献度度量公式，对机场体系调整前后的相关能力进行对比，进而得出体系能力变化情况。

（三）评估示例

由甲机场、乙机场、丙机场组成的某机场体系能力调整分析。

该体系主要涉及机型起降能力、部队驻屯能力、防护生存能力和机场设施状态 4 个方面的内容。单个机场和机场体系的保障能力指数分别为：

$$I_{单个机场}=K_{起降}\times I_{起降}+K_{驻屯}\times I_{驻屯}+K_{防护}\times I_{防护}+K_{状态}\times I_{状态} \tag{18.4.6}$$

上式中，$I_{单个机场}$表示单个机场的保障能力指数，$I_{起降}$、$I_{驻屯}$、$I_{防护}$、$I_{状态}$分别为机型起降、部队驻屯、防护生存、设施状态的保障能力指数，$K_{起降}$、$K_{驻屯}$、$K_{防护}$、$K_{状态}$分别为各类设施保障能力指数相对于当前机场保障能力指数的权重系数。

$$I_{机场体系}=K_{甲}\times I_{甲}+K_{乙}\times I_{乙}+K_{丙}\times I_{丙} \tag{18.4.7}$$

上式中，$I_{机场体系}$表示机场体系的保障能力指数，$I_{甲}$、$I_{乙}$、$I_{丙}$分别为甲机场、乙机场、丙机场的保障能力指数，$K_{甲}$、$K_{乙}$、$K_{丙}$分别为各机场保障能力指数相对于整个体系综合保障能力指数的权重系数。

下面以补齐能力短板的体系贡献度进行计算。

确定权重系数。机场设施和各机场的权重系数（K），可组织有关专家直接打分，也可以结合层次分析法、逐一比较法、KLEE 法等计算求取。设最终确定的权重系数如表 18.4.1 所示。

计算保障能力指数。机场及其各类设施的保障能力指数（I），主要是基于各类设施的战术技术性能设计指标数据，并以该类设施的标准保障能力作为基准参照的评分值。另外，也可以通过所保障飞机的综合作战能力指数来间接地反映基建设施的保障能力指数。

按照指数法原理，针对机场设施的四类保障能力作如下设定：在机型起降能力方面，设定能保障二代机起降的能力指数为 1，能保障三代机起降的能力指数为 1.5，能保障轰炸机起降的能力指数为 2，能保障所有现役机型起降的能力指数为 3；在部队驻屯能力方面，设定可保障歼击机机型的能力指数为 0.1，可保障歼轰机机型的能力指数为 0.2，可保障轰炸机机型的能力指数为 0.4，可保障大型运输机的能力指数为 0.6，并结合相应机型的停机容量进行求积或求和；在防护生存能力方面，设定具备简易防护等级机场的能力指数为 1，具备一般防护等级机场的能力指数为 2，具备重点防护等级机场的能力指数为 3；在机场设施状态方面，设定机场专业用房、附属设施较差的能力指数为 1，一般的能力指数为 2，完好的能力指数为 3。

调整前的单个机场及机场体系保障能力指数，以甲机场、乙机场、丙机场目前的保障容量、综合防护情况和设施状态数据为基本依据。按照确定的权重系数和体系能力度量设定，调整前的保障能力指数计算结果如表 18.4.1 所示。

表 18.4.1　调整前的能力指数

机场	类别	设施保障能力	能力指数	单个机场	机场体系
甲机场	机型起降	大型飞机种类	K=0.1381，$I_{起降}=3$	K=0.4796 $I_{甲}=9.0031$	$I=6.3784$
	部队驻屯	可停放多种飞机	K=0.2746，$I_{驻屯}=27$		
	防护生存	大型坑道式洞库	K=0.0472，$I_{防护}=2$		
	设施状态	飞行场地道面破损严重	K=0.5401，$I_{状态}=2$		
乙机场	机型起降	满足各类飞机起降	K=0.1447，$I_{起降}=1.5$	K=0.1150 $I_{乙}=6.2870$	
	部队驻屯	各种类型飞机多架	K=0.3558，$I_{驻屯}=15.6$		
	防护生存	洞库和单机掩蔽库	K=0.0492，$I_{防护}=1$		
	设施状态	机场道面状况差	K=0.4703，$I_{状态}=1$		
丙机场	机型起降	可保障多种机型	K=0.1782，$I_{起降}=3$	K=0.4055 $I_{丙}=3.2984$	
	部队驻屯	各种类型飞机多架	K=0.1896，$I_{驻屯}=5.2$		
	防护生存	洞库和单机掩蔽库	K=0.0595，$I_{防护}=1$		
	设施状态	配套设施建设完善	K=0.5728，$I_{状态}=3$		

针对该机场体系目前存在的一些问题，可按照各机场所担负的战训保障任务，对个别设施进行扩、改、建等有针对性的调整。为提升机场体系的整体保障能力，假设在机场及其各类设施的权重仍然维持不变的情况下，分别提出 3 套能力调整方案：方案 A 为对甲机场的停机坪进行翻新，修复破损严重的道面；方案 B 为对乙机场质量状况较差的主跑道进行翻修，使其能够完全满足现有各类歼击机、轰炸机及大型运输机的起降要求；方案 C 为丙机场新建单机掩蔽库。调整后的保障能力指数计算结果，如表 18.4.2 所示。

表 18.4.2　调整后的能力指数

方案	类别	设施建设项目	能力指数	单个机场	机场体系
A	设施状态	翻新甲机场的破损道面	$I_{状态}=3$	$I_{甲}=9.5432$	$I=6.6374$
B	机型起降	翻修乙机场的主跑道	$I_{起降}=3$	$I_{乙}=6.5041$	$I=6.4034$
C	防护生存	新建丙机场单机掩蔽库	$I_{防护}=2$	$I_{丙}=3.3579$	$I=6.4025$

计算体系贡献度。运用体系贡献度度量公式，方案 A 中，甲机场的能力调整后对机场自身的能力贡献度为 0.5401，对机场体系的能力贡献度为 0.259，体系能力增长比例为 1.0406；方案 B 中，乙机场的能力调整后对机场自身的能力贡献度为 0.2171，对机场体系的能力贡献度为 0.025，体系能力增长比例为 1.0039；方案 C 中，丙机场的能力调整后对机场自身的能力贡献度为 0.0595，对机场体系的能力贡献度为 0.0241，体系能力增长比例为 1.0038。

评估结果分析。增加或减少机场体系内某（几）个机场的某（几）项设施能力，通过计算体系内各机场以及整个机场体系的保障能力调整前后的变化程度（即增量或减量），就可以比较出各调整方案的能力提升情况。从以上体系能力贡献度的计算结果看，3 套能力调整方案中，方案 A 对机场体系的能力贡献度最大，方案 B 和方案 C 的体系贡献度差别不大。需要指出的是，该结果仅考虑了补齐能力短板这一指标。如从拓展能力要素上看，方案B和方案C可能都比方案A更有价值；如再结合建设上的费用成本和运行效率提升的情况，将能够得到更加综合的分析结论，为建设决策提供参考依据。

第十九章

远程战略投送研究

远程战略投送是为达成战略目的，综合运用军队和地方的投送力量，对作战力量、装备、物资实施的远距离快速投送行动。它能够充分体现一个国家的综合实力。本章的内容主要包括远程战略投送的基本概念、远程战略投送方式、远程战略投送程序、远程战略投送系统、结构分析和环境分析，以及运载装备需求、投送路径选择优化、前沿预置建设等影响远程战略投送能力建设的问题。

第一节　远程战略投送概述

远程战略投送具有战略性、全局性和快速性等特点，能够达到化解危机、遏制并赢得战争的目的。远程战略投送的组织实施能够彰显国家意志和军事实力，对敌造成震慑，也可争取军事行动的主动权。

一、远程战略投送概念

远程战略投送是为达成一定的战略目的，综合运用各种运输力量跨区域、远距离投送兵力集团的行动。远程战略投送可用于战争行动，也可用于非战争军事行动。

从力量上看，远程战略投送是以军队建制力量为骨干，以动员民用力量为补充，军民整体参与和全社会共同投入，形成军民融合的战略投送力量体系。

从投送地域上看，远程战略投送地域跨度大，动辄数百千米、数千千米，甚至上万千米，既包括国家领土范围，也包括攸关国家利益的海外战略通道和重点、热点地区。

从所使用的运载工具分类看，可依据远程战略投送所使用陆路、海上、空中运输工具的情况，将其分为铁路投送、公路投送、水路投送、空中投送以及综合战略投送等。

从作战行动上看，根据敌情、我情、地形、作战样式和任务需要等，可将远程战略投送区分为定点投送、多向投送、直达投送、蛙跳投送、接力投送、预先投送、综合立体投送等多种方式。

从投送对象的类型上看，远程战略投送可分为兵力投送、装备投送、物资投送，或对其进行综合投送等。

二、远程战略投送方式

尽管远程战略投送方式的分类方法较多，但从远程战略投送系统的构成和实际组织实施情况进行分析，可依据所用运载工具的类别，将其分为空中投送、水路投送、陆路投送；其中，陆路投送可以分为铁路投送和公路投送，如图 19.1.1 所示。

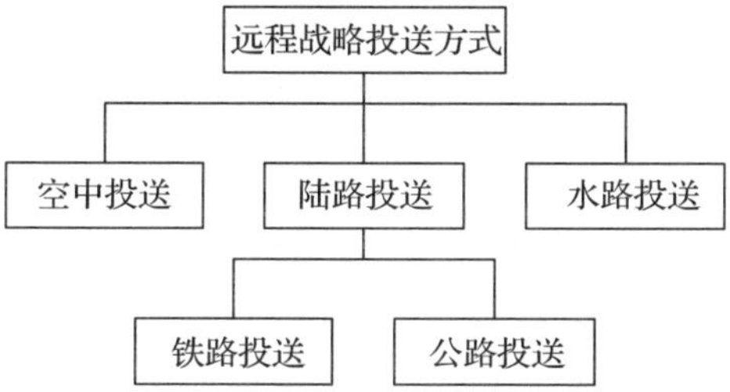

图 19.1.1　远程战略投送的基本方式

空中投送是依托航空交通运输设施、运用航空运输力量所进行的投送行动。空中投送的特点是速度快、越障能力强，是进行快速远程战略投送的主要手段。在远程战略投送行动中，通常是运用战略运输机实施远距离的投送，也可以运用战术运输机实施近距离的中转保障。也就是说，加强空中投送力量建设，既要增加战略运输机的数量，也要提高战术运输机的性能，从而形成远近结合、搭配合理的空中投送能力体系。作为现代战争中的一种重要输送方式和保障手段，空中投送构成力量是衡量军队快速反应能力和机动作战能力的重要标志。

水路投送是依托水上交通运输设施，利用河道或海洋天然航线，运输与军事活动有关的人员和物资的投送方式。尽管水路投送存在装载工作复杂、投送速度较慢的缺陷，但其运送重型装备和大量作战物资的能力，以及相对低廉的运输成本，是其他投送方式无可比拟的。由于适合在远程战略投送过程中承担重型装备的运载，在空中运输力量数量缺乏或使用受限的情况下，水路投送成为世界各国军队为遂行海岛登陆作战、执行海外军事任务、维护海洋权益和海上战略通道安全等军事行动，而采取的主要的兵力投送方式。

铁路投送是依托铁路干线实施的投送行动。其特点是运载量大、速度较快、持续力强、受天候影响小，是陆路投送行动中完成物资运输和重兵集团输送的主要方式。在远程战略投送行动中，该种投送方式主要适用于在国土范围内和海外陆上远距离衔接投送或转运。随着高铁的建设发展，在我国当前的战略投送体系中，铁路投送具有重要的支柱地位和作用。

公路投送是近距离战略投送的主要方式，特点是速度较快、机动灵活、便于组织。在运载重型装备如坦克、自行火炮、装甲车等履带式车辆时，需要大型平板车辆实施保障，由于拖车用量大、目标大、速度慢、防护力弱，不适合长时间、远距离投送。在进行远程战略投送时，可将其作为陆路投送衔接的主要方式。

在组织实施远程战略投送时，可能是采用单一的运输工具，也可能是综合运用多种投送方式。根据采用运载工具的不同，可细分为空中直达投送、水路远程战略投送、陆路衔接投送、陆海衔接投送、陆空衔接投送、空海衔接投送等方式。

三、远程战略投送程序

远程战略投送基本组织流程，按照明确投送需求、拟制投送计划、优化投送方案、动员投送力量、实施投送行动、评估投送效果的顺序进行，如图 19.1.2 所示。

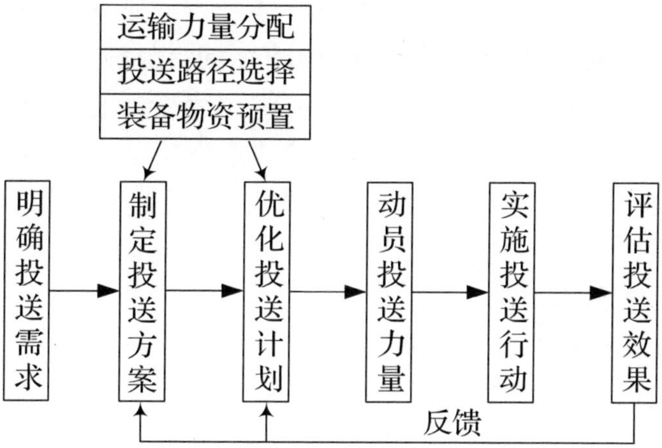

图 19.1.2　远程战略投送的组织流程

（一）明确远程战略投送需求

根据远程战略投送的目标、任务、态势及限制条件，了解和掌握与远程战略投送相关的各种信息，包括军事行动企图、编成、部署、任务等，从而明确远程战略投送的各项需求。在此过程中，需要采取定性与定量分析相结合的方法，分析军事行动对远程战略投送的要求，以及远程战略投送行动面临的社会环境、自然环境及可能受敌威胁的程度等，明确远程战略投送所需要采取的应对措施和相关准备工作。

（二）制定远程战略投送方案

远程战略投送方案是对投送方式和投送过程的设想，是优化完善投送计划的基础，是指挥员实施远程战略投送的基本依据。在领会军事行动企图和远程战略投送决心的基础上，从投送力量体系的能力现状出发，对投送目标和任务进行区分和综合权衡。明确远程战略投送的主要方向和力量部署，选择投送实施方法、投送路径、装卸载地域，预期投送结果和可能面临的困难等。远程战略投送方案主要内容，包括投送准备和保障、投送编组和序列、装卸载地域、行军路线、行动中可能发生的情况及处置预案等。

（三）优化远程战略投送计划

远程战略投送计划是远程战略投送方案的细化，是指挥员决心的具体体现。相关部队和保障力量可依据远程战略投送计划进行准备，进而组织实施相应的投送行动。优化完善远程战略投送计划，需要综合考虑投送对象的类别和数量、投送方式的选择、运载工具的技术性能、投送路径及周边环境等现实影响因素，对运输力量分配、投送路径选择、装备物资预置等环节进行优化设计，使之相对科学合理且易操作实施。

（四）动员远程战略投送力量

根据既定的远程战略投送方案，应迅速动员相关的投送力量，并为其明确任务，以确保远程战略投送行动准时实施。在本国范围内展开远程战略投送行动时，既要充分调动部队专业投送保障力量，也应全面动员民用运输力量；当远程战略投送行动途经其他国家或地区时，在需要的情况下，可依据相关的法规制度，动员国外的运输力量，以保障远程战略投送行动的实施。针对远程战略投送行动相对时间长、距离远的特点，特别是在采用空中投送和海上投送方式时，为降低人员的疲劳感、增大航行距离，会酌情减少各运载工具的运载量，相应地就要动员更多数量的投送装备。

（五）实施远程战略投送行动

按照远程战略投送方案规定的程序，组织部队进行集结准备、装载、投送和卸载等行动。集结准备主要包括人员的动员与集结，装备物资、运输工具、捆绑加固器材、装载场地及装卸机具的预先准备，投送保障、安全警卫和防护等工作准备；装载是投送过程中最重要、最复杂的环节，通常遵循先难后易、先重后轻、先装备物资后人员的原则，按照投送装备的性能完成相应的装载任务；投送是部队按照既定的投送计划向战略投送目的地输送被投送对象的过程；卸载是整个投送过程的最后环节，通常按照先易后难、先轻后重、先人员后大型装备物资的顺序完成。

（六）评估远程战略投送效果

远程战略投送行动组织过程极其复杂，无论事先确定的计划或方案有多么周密，在具体实施过程中都可能遇到很多意想不到的突发情况，使远程战略投送行动可能偏离原定的投送计划。评估的目的是通过对远程战略投送行动进行客观的评价，检查投送行动的质量和效果，分析行动是否达到预期目的；并依据评估结果或者新出现的情况，分析随后行动的可行性和合理性，判断是否需要对既定的远程战略投送计划方案进行优化。

第二节　远程战略投送的系统分析

远程战略投送的系统分析是运用系统科学的分析方法，对影响远程战略投送的所有要素及其构成的远程系统进行研究，从整体上认识远程战略投送系统的组成结构、各子系统的功能和相互关系，分析影响远程战略投送效能发挥的环境因素，并由此找出影响远程战略投送的主要问题，作为远程战略投送相关问题研究的着眼点。这样,将有助于从整体上对远程战略投送能力建设进行把握和指导。

一、远程战略投送系统概念描述

远程战略投送系统是与远程战略投送行动相关所有要素之间存在着直接或间接的相互作用，形成一个要素多元、相互关联、具有一定功能的有机整体。相比于其他军事系统，远程战略投送系统既有系统的共性，也有其自身的特性。总的来说，远程战略投送系统的特性体现在以下几个方面。

远程战略投送系统可看作一个可分系统。由系统的观点可知，系统可分解成若干相互关联的子系统。远程战略投送系统总体可分为指挥控制子系统、运输子系统、保障子系统、投送对象子系统等。每个子系统又由其下一级的子系统所组成。比如，运输子系统可分为运输设施、运输工具、装卸器械、信息保障等系统；若以其中的运输设施为例，又可分为铁路、公路、水路、航空和管道等工程设施。如此，可依据实践需要，将远程战略投送系统分解成多个层级的子系统。

远程战略投送系统可看作一个动态系统，远程战略投送系统的内部要素之间的相互作用及其外部环境都不是一成不变的。为了保持整体功能的发挥，远程战略投送系统的建设发展就需要不断适应内外部环境变化，进行自我调整和完善；而随着远程战略投送系统的发展，其外部环境和内部条件也将产生新的变化。如此循环往复，使得远程战略投送系统成为一个动态系统。

远程战略投送系统可看作一个大跨度系统。此处所说的大跨度，主要是指远程战略投送系统在地域、时间、涉及领域等方面存在较大的跨度。在地域上跨度大，是指远程战略投送通常在一个相对宽广的空间内实施，既可能在国土范围内，也可能跨越国界。从时间层面来看，远程战略投送的组织实施，在很多情况下需要运用不同的投送方式，或者运用同一种运载方式分批次输送，相对近距离的行军输送所需要的时间更长。从涉及领域方面来说，远程战略投送行动的筹划准备和组织实施，需要考虑军队建设发展、地方运输力量保障、相关法律法规等众多领域的相关影响因素。

远程战略投送系统可看作一个多目标系统。远程战略投送系统涉及军事、经济和社会的各个方面，其建设发展的总目标通常以军事效益、经济效益、社会效益等指标进行衡量。若同时提高这几种效益，其难度是非常大的。因为远程战略投送系统的各要素之间往往存在着“效益背反”现象，处理不当会导致总体效益的下降。为了保证达成远程战略投送的军事目的，在其他效益指标允许的情况下，应尽可能追求军事效益指标最大化。

作为一个复杂巨系统，远程战略投送系统的组成要素也呈现出大量化和多样化。各子系统的正常运转，需要对大量的人力、物力和财力资源进行科学整合,其中还贯穿着对各种保障信息进行传输、处理、利用，这个过程也是一个非常复杂的问题。仅就投送对象（或兵力集团）这个子系统来说，其本身就是一个复合体，具有系统的复杂性。为了更好地研究远程战略投送系统的特点规律，还需要用系统的观点对其结构组成、影响环境等内容进行研究和分析。

二、远程战略投送系统结构分析

对远程战略投送系统的结构进行分析，是为了明确系统功能目标，研究远程战略投送系统整体运转情况，分析各子系统及其构成要素相互之间作用，把握远程战略投送能力的生成规律。通过探寻影响远程战略投送能力提升的主要问题，对制约要素或子系统进行改进完善，进而促进远程战略投送系统的建设和发展。

（一）基本要素

远程战略投送系统涉及的因素很多，要素也十分复杂。这些要素纵横交织、相互影响，体现在远程战略投送行动的诸多环节之中。

若将远程战略投送系统的组成模式视为由输入、转换、输出 3 个部分组成，则其功能转换过程如图 19.2.1 所示。其中，“输入”部分主要是开展远程战略投送行动所需要的人力、物力、财力和信息的投入；“输出”是指系统整体形成的远程战略投送能力；输入与输出之间的转换，则是通过远程战略投送系统的各类主体共同完成的远程战略投送行动过程。

根据远程战略投送系统能力转化所涉及不同层面的相关因素，可将远程战略投送系统的组成区分为一般要素、功能要素、支撑要素、基础要素等。一般要素由人力、物力、财力、信息和投送对象等构成，是外部环境对远程战略投送系统的“输入”，在系统内以“人力流”“物力流”“财力流”“信息流”的方式存在，并且在远程战略投送系统各主体作用下，形成远程战略投送系统的“输出”。功能要素包括投送组织筹划、装卸载、投送管理、投送保障、信息活动等，是远程战略投送系统创造"空间价值"和"时间价值"的主体要素。支撑要素由规章制度、管理体制、运行机制、法律法规、行政命令、标准化要求等构成，是保障远程战略投送系统运行不可缺少的软件要素。基础要素由交通设施、运载工具、运输保障设备、网络信息设备等构成，是远程战略投送系统运行的根本要素。

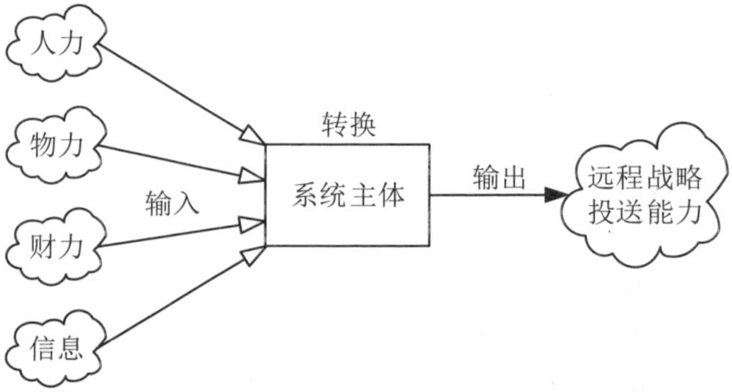

图 19.2.1　远程战略投送系统的功能转换示意图

远程战略投送系统的各类构成要素之间有机结合，相互之间存在着内在联系，且它们之间的相互作用影响着远程战略投送系统整体效能的发挥。

（二）结构组成

远程战略投送系统是多层次的综合体系，对于其结构组成的确定，根据不同的方法可划分为不同的形式。在此，我们从不同投送方式的角度，明确其下级子系统的组成；再从功能要素组成的角度，确定子系统的结构组成。

从投送方式的角度分析，远程战略投送系统由航空投送子系统、水路投送子系统、铁路投送子系统、公路投送子系统等组成。依照这一结构组成划分方式，可从整体上对远程战略投送系统进行分析，比较各种投送方式相互之间存在的"合作"与"竞争"作用，为筹划远程战略投送运力分配提供相关依据；也可单独对各种投送方式下的投送子系统进行研究，通过分析各投送子系统功能发挥情况，论证相应投送方式所对应运载装备的建设需求。从功能要素组成的角度分析，可将各子系统划分为运输网络子系统、运载工具子系统、运行管理子系统、信息支持子系统等，如图 19.2.2 所示。

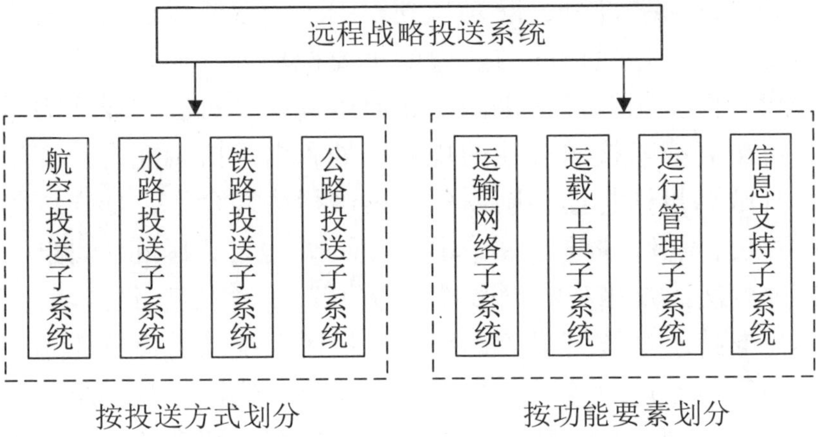

图 19.2.2　远程战略投送系统结构组成

运输网络子系统由各种交通方式的线路，以及线路上相应的站、场、港、交通枢纽和各类保障设施所构成。交通线路是联结运输网络中各交通枢纽的输送通路，主要包括空中航线、海上航道、铁路和公路等。交通枢纽是位于军事交通线上的车站、港口、码头、机场及配套的技术设备，通常作为输送集散地和中转场。保障设施主要为各类交通战备设施和军事运输设施，如交通运输地下指挥所、机车（车辆、船舶）检修基地、军用站台、大型装卸设备等。对运输网络子系统进行分析的重点，是对远程战略投送路径选择问题进行研究，以便提高远程战略投送行动的时间效益。

运载工具子系统由运输工具和装卸机械构成。运输工具主要包括运输飞机、舰船、机车、平板车、汽车等，其功能是实现人员、装备、物资的运送与集散。装卸机械是远程战略投送行动中不可缺少的装卸、搬运工具，主要包括输送机械、起重机械、搬运机械、装卸辅助装备等。在组织远程战略投送行动过程中，对于投送特种装备物资或装卸载条件不完善等情况，除了运载被投送的武器装备外，还应同时携带相应的专业装卸工具。

运行管理子系统主要包括战略投送机制、管理体制、规章制度、法律法规和方式方法等。该子系统所包含的内容是加强远程战略投送保障管理的重要部分，既是顺利组织远程战略投送行动的基本要求，也是远程战略投送能力建设的重要推动力。加强远程战略投送机制建设，健全组织指挥机制、交通运输动员机制和投送力量建设机制，可提高战略投送行动的规划计划和组织协调能力。如果组织实施海外战略投送行动，则需要开展国际协调合作，加强国际合作机制的建设，积极发挥外交的作用。相应地，也要将国际法、国际公约、合作国家的法律及相关的双边或多边协议等法律制度纳入考虑范围。

信息支持子系统可保障远程战略投送系统满足信息化条件下远程战略投送行动应具备的信息化、智能化、快捷化等要求。远程战略投送行动实现人员、物质、能源和信息有序流动的过程，主要是通过有效控制和协调信息流，完成对投送对象中的人员、物质、能量的传输和位移。为适应未来信息化战争要求，需要追随智能化信息技术发展的步伐，加强相关的理论研究、技术应用和人才储备。必要时，可设立相应的业务机构，专门保障远程战略投送系统信息支持子系统的开发、管理、应用和维护。

（三）各子系统之间的相互关系

为有效地推动远程战略投送系统的正常运转，需要厘清其中各子系统之间的相互关系。总体来说，远程战略投送系统中各子系统之间不是孤立的，而是按照某种内在规律与要求紧密联系在一起的，呈现出相互依存、相互制约的关系。

载运工具子系统依存于运输网络子系统，运输网络子系统为运载工具子系统的运转提供环境支撑。一方面，运输网络子系统效能的发挥受到运载工具容量和通过能力的限制约束，要实现战略投送运输工具的高效运行，必须合理布局运输网络系统。另一方面，远程战略投送线路上的交通运输布局，对运用何种运载工具有所影响，也决定着投送行动将采取何种投送方式。

运行管理子系统需要信息支持子系统为其提供相应的信息资源

保障。远程战略投送行动的组织指挥必须依据一定的信息指令，才能确保整个投送过程安全有序。若信息支持子系统发展变化，必定会给组织指挥工作带来影响，导致运行管理子系统需要进行相应的调整变化。

运输网络子系统、运载工具子系统的正常运转，都受到运行管理子系统的调控。为使远程战略投送系统与国家交通运输系统之间协调发展，必要时需对各子系统进行有效调整和干预。对运输网络基础设施和运载工具的建设发展进行统一筹划，在保证远程战略投送系统整体效能发挥的同时，能够避免由于各子系统之间的重复建设而产生资源浪费,使得远程战略投送系统始终处于良性发展状态。

三、远程战略投送系统环境分析

远程战略投送系统是一个庞大、复杂的系统，外部环境可为其输入信息、能量、资源等，是远程战略投送系统存在和运行的必要部分。影响远程战略投送系统功能发挥的外部因素有很多，有自然的和社会的，也有客观的和主观的，主要从自然环境和社会环境进行分析。

（一）自然环境

自然环境主要是指影响远程战略投送行动的自然因素。主要包括：地理空间位置、气象因素、水文因素等。

地理空间位置是指远程战略投送所到地区在地球上所处的位置。用地理学的术语可将其描述为地理坐标位置或投影平面直角坐标位置，及其海拔高度。地理位置与地理空间，体现了远程战略投送目的地与起始点的相对位置，决定了远程战略投送的距离；所经地区的不同地理环境，决定了运载工具和投送方式的选择。由此可说，地理空间位置对远程战略投送的需求时间有很大影响。

气象因素主要包括影响远程战略投送行动的气象条件，如雾、气温、气压、湿度、风、云、能见度、雷电、降水等。各类气象条件对于投送行动的准备、运载工具的使用、投送装备性能的发挥等方面都有不同程度的影响。

水文因素对远程战略投送的影响主要体现在海上投送过程中，涉及一些海洋、陆地水文自然环境的概念和计量单位，包括海风、波浪、潮汐、海流等。海风对远程战略投送产生的影响较大，会使舰船航行偏离预定航线，改变航速，影响海上编队队形；较大的海风还能使人员晕船、疲倦，降低工作效率和战斗力。波浪对远程战略投送的影响和风的影响效果基本相同；另外，大的拍岸浪对港口、码头设施和舰船靠泊作业等都有较大的影响，不利于投送编队的卸载和换乘。潮汐使海水水位不断发生周期性变化，改变沿岸水深和海滩状况，对海上投送的靠岸、卸载等环节影响较大。

（二）社会环境

社会环境主要指投送过程中所经地区的政治体制、经济基础、公众意志、战争潜力、传统文化、民族习俗等。通常在远程战略投送行动涉及跨国（境）时，才会着重考虑社会环境对其影响。总的来说，社会环境的影响因素可以从政治、经济、文化和外交等方面进行区分。

政治环境是指国家的综合实力、利益关系等因素及在此基础上形成的国际政治力量的相互关系。国际总体的政治环境决定着远程战略投送系统建设和发展的速度。如果总体态势趋向缓和，和平力量的增长超过战争因素，不影响国家的和平稳定发展，军队建设就可以按照和平时期的需要来发展。如果国际形势趋于紧张，国家在海外的利益可能面临威胁时，就要加速远程战略投送系统建设，增强军事行动保障能力，以防备和应对各种突发情况和危机，维护国家安全和海外利益。

经济因素对远程战略投送系统的影响，主要体现在其各子系统建设所需要的物力供给大多依靠生产部门来提供。由于国防和军队建设须在整个国民经济和社会发展统一计划下进行，因而远程战略投送系统的发展规模和水平，不仅要同社会发展的安全需求相适应，也必须限制在经济实力的许可范围内，以保证与国民经济协调发展。

文化要素对军事和战争影响较大，主要有社会制度、宗教信仰、传统风俗、价值观念、生活方式等。文化不仅感染和影响着人们的思想和行为，同时作为一种软实力，在国际关系中起着社会整合和社会导向的作用。在涉及跨国（境）的远程战略投送行动中，可能面临着多种文化之间的差异，需要综合考虑其对远程战略投送行动的影响。

外交环境作为一个重要的条件，对跨国（境）的远程战略投送行动具有很大影响。如果外交环境有利，远程战略投送行动需要途经的国家或地区都允许借道通行，不仅利于行动的达成，也可从中选择最佳路径，提高远程战略投送的时间效益。相反，如果外交活动失利，无法就借道通过问题与某些途经国家达成共识，就会影响到远程战略投送行动路径的选择，使得所用时间和费用成本增加，甚至可能导致远程战略投送行动无法实施。

第三节　远程战略投送能力建设研究

远程战略投送能力建设，需要在关键的环节和方面寻求改进突破，以达到提升远程战略投送能力的目的。本节着眼于加强远程战略投送前沿预置建设和远程战略投送装备发展，破解远程战略投送运载装备需求和路径选择优化分析的难题，主要阐述远程战略投送的运载装备需求、路径选择优化、前沿预置建设和装备建设发展分析等内容。

一、运载装备需求分析

远程战略投送运载装备需求分析，是根据投送任务对投送方式的要求和投送运载量，确定所运用的投送方式及运载装备的数量。不仅可以用于解决投送行动中运载资源分配的矛盾，也可以在一定程度上为远程战略投送系统的基础设施建设分析提供方法和数据支撑。

远程战略投送运载装备需求分析总体思路为：首先，在筹划远程战略投送行动之前，按照战时运输有关规定对各类运载装备的性能和装载要求，预计投送的人员和装备物资的数量，以及在各项投送任务中的运载分工，分别确定各种投送方式所承担的运输量。其次，根据各运载装备的典型装载方案、投送时限要求等限制条件，求得各投送方式所对应的运载装备数量。最后，对于远程战略投送运力分配问题进行优化，分析不同投送方式运载量的变化对于远程战略投送时间效益的影响，为制定投送方案提供科学依据。

在筹划远程战略投送行动时，相应的运载装备需求分析步骤，通常如图 19.3.1 所示。

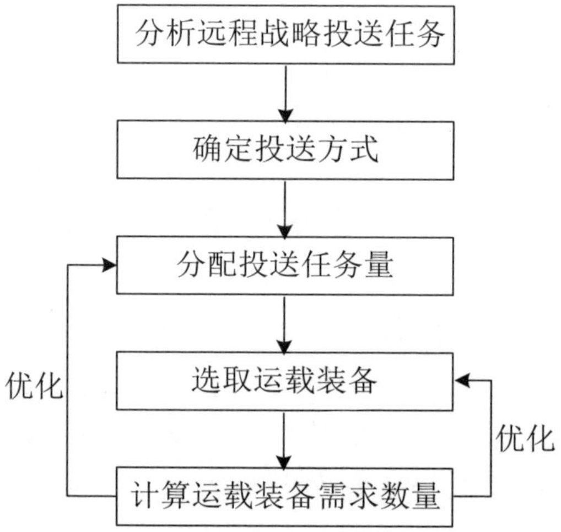

图 19.3.1　远程战略投送运载装备需求分析步骤

分析远程战略投送任务，就是对远程战略投送行动所涉及的投送对象、投送任务量、可选择的路径、可选用的投送方式及运输装备等内容进行整体分析，全面考虑影响远程战略投送任务的相关因素，如地理环境、气象水文条件、国际政治环境等，为科学合理地分配运载装备及制定远程战略投送计划方案做准备。

确定投送方式，是根据作战任务综合分析所需投送的部队类型及其规模数量、投送路径、装卸载地域的条件等，从航空投送、水路投送、铁路投送、公路投送这几种方式中，确定较为合适的投送方式。不同投送方式的优劣性对比情况如表 19.3.1 所示。确定投送方式的方法，有模糊物元分析法、层次分析法、灰色评价法、动态综合评价法、数据包络评价法等。

表 19.3.1　不同投送方式优劣性对比

投送方式	优点	缺点
航空投送	高效，迅速，适用于中长距离投送	单次运输量小，不能投送体积庞大的装备物资，易受天气因素影响
水路投送	运输成本低，可运载重量和体积较大的物资，也适合远距离、大批量投送	运输速度慢，运输时间长，且受天气、水文等环境因素影响
铁路投送	稳定、安全，不受天气影响，适合于中长距离大批量投送	线路固定，滞留时间长，不适宜紧急投送
公路投送	适应性强，速度较快，适合中短距离投送	运输费用较高，消耗能量多，不适宜大批量、长距离投送

分配投送任务量，就是明确各投送方式所承担的投送任务量，也为计算各投送方式所需的运载装备数量明确了前提条件。为各投送方式分配投送任务量，通常会将最终完成投送任务的时间作为一个重要的影响指标。由于不同运载装备运行速度不同，因而在投送距离相同的情况下，各投送方式所用时间相差较大。为此，科学合理地分配投送任务量，对于提高远程战略投送行动时间效益是很有必要的。

选取运载装备，就是根据所确定的投送方式及其承担的运载任务量，从相应的运载装备中选取适用的类型。选取的主要原则为：对于同一种投送方式，在远程战略投送条件允许的情况下，尽量选用运载量大、运行速度快、便于装卸载的运载装备。

计算运载装备需求数量，就是在明确某种投送方式所承担投送任务量及运用的运载装备类型的前提下，通过分析各运输工具的典型装载方案，运用相应的计算方法，确定该种投送方式所需各类运载装备的数量。

对远程战略投送运载装备需求分析结果进行优化，是为了确保运输资源得到合理的运用，在可完成投送任务的情况下，通过调整不同投送方式所承担的投送任务量及运载装备类型，改变初始条件，经多次计算后，将计算结果进行对比分析，选取最优的计算结果，从而确定相对科学合理的投送分配方式，实现远程战略投送行动实施效益的最大化。需要考虑的优化条件主要包括投送路径、投送时间、投送费用、能源消耗等因素。根据完成作战任务的需要，通常将投送时间作为最关键的因素指标。当考虑经济效益时，还需要将运输费用、能源消耗等因素指标加入到分析模型之中。

二、路径选择优化分析

在实施远程战略投送行动过程中，涉及航空、海运、铁路、公路等多种投送方式，不可避免地会面临路径选择问题。路径选择受到地理位置、社会环境、运载装备的性能和数量等众多因素的影响，直接关系远程战略投送行动的时间效用、经济费用和安全状况等评估指标，是筹划远程战略投送行动的一个重要环节。

远程战略投送行动路径选择优化问题，可简化地描述为：将一定数量的兵力从某一地域投送到远距离的一个或多个地域；途中可选择多个中转站点，任意相邻站点之间可运用多种投送方式；每种投送方式对应其特定的投送路径，在每个站点处可实现投送方式的转换，但转换过程需要消耗一定的时间和费用；如何选择相应的投送方式及其路径，使得远程战略投送行动所用时间最短，或费用最低，或安全性最高，抑或同时满足多个最优目标。

这是投送路径与投送方式集成的多站点、多路径优化选择问题，它们相互关联、互为影响，并从多个方面影响远程战略投送行动方案的决策。选定投送方式是选择相应路径的前提；同时，在某种投送方式下所选择的路径，又是衡量该投送方式优劣的重要依据。因此，远程战略投送行动路径选择需要结合不同的决策目标，如时间、费用、安全等，实现各节点间投送方式和投送路径选择的整体协调。

远程战略投送路径选择优化问题可遵循一般的建模规律，将现实问题抽象为要领模型，建立相应的数学模型求解，进而指导实践应用。具体分析步骤如图 19.3.2 所示。

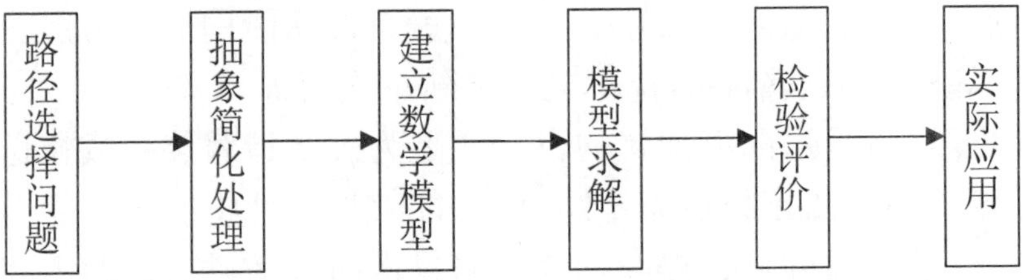

图 19.3.2　远程战略投送路径选择问题的建模分析过程

路径选择模型是把现实的路径选择问题抽象为数学问题，把起点、终点及中转站点所对应的交通枢纽或海上基地等抽象为节点，把不同投送方式所对应的投送路径抽象为线段，将实际问题转换为点、线问题。通过不同点与线之间的连接，构成战略投送问题中的投送网络概念模型。运用增加虚拟节点及线段的方法，将抽象的决策行为转化为网络元素，使复杂问题简单化。

把数学问题再转换为数学模型。运用网络分析方法，并区分中转点确定与中转点不确定两种情况，综合考虑时间、费用、安全性等因素的影响，权衡利弊，构建相应的路径选择评价指标体系，建立相应的数学模型，选择出满足多目标准则的最优路径，实现投送方式和投送路径的协同优化，为实现快速高效决策提供支持。

路径选择的标准因决策者偏好和环境不同而变化，在不同驱动因素主导下，体现为各评估指标的不同权重，选择的路径会有很大不同。对远程战略投送路径选择进行综合评估分析，主要解决在不确定环境中多视角决策问题，是对远程战略投送路径选择的进一步优化。

三、前沿预置建设分析

前沿预置是为了应对可能出现的危机或作战任务，在远域某特定的国家或地区驻守一定兵力，储备大量军事物资和装备，从而完成在该国家或地区的战略预置。前沿预置是实施远程战略投送行动的重要依托，既可以稳定补充渠道，又可以提供综合保障，在物资补充、人员休整、大型装备经停和维护等方面发挥积极作用。按地理位置，可区分为海上预置、陆上预置；按功能构成，可区分为海上浮动基地、海军军港、空军机场和陆军兵营等。

远程战略投送前沿预置的目的，是为破解运载装备或投送路径的制约，使得在既定投送力量约束下，能够快速地将所需装备、物资、器材等投送至目的地，提高远程战略投送时间效益。因此，在筹划远程战略投送能力建设时，可结合相关影响因素，加强前沿预置建设。

加强前沿预置建设，应根据军事斗争准备和国家利益拓展需要，重点考虑政治条件、地理位置和设施条件等几个方面。其中，政治条件是针对国境外地区而言，如要在某地区进行前沿预置建设，必须保证该地区具有稳定的国内政治环境，且与我国有共同的利益要求。地理位置是要求前沿预置建设地区为战略要冲，能够扼守或通达重要敏感地区。设施条件是要求前沿预置建设地区具有基本相关配套设施，能够保障部队长期驻扎和装备物资补给。

当有多个前沿预置备选点可用时，为将有限的军事力量实现最优化部署，需要选择前沿预置基地的建设地址，确保在时间、费用等方面取得最大的综合效益。为了很好地解决这一问题，可通过建立前沿预置基地建设的选址模型来进行相应的求解。

对于前沿预置基地选址，通过考虑相关的地理位置、政治环境等因素，确定前沿预置的可选择位置；之后，主要考虑前沿预置基地建设、运行以及供应装备物资产生的投送费用，从经济效益上考虑前沿预置基地的选址问题。

设 D_k $(k = 1,2,\cdots, p)$ 为前沿预置基地的备选点，所需建设费用为 C_k，A_i $(i=1,2,\cdots, m)$ 为负责向前沿预置基地供应武器装备的地区，由其提供送往前沿预置基地的装备物资量为 a_i，B_j $(j=1,2,\cdots, n)$ 为需要武器装备的国家或地区，由前沿预置基地向其投送的装备物资量为 b_j。v_{ik} 为供应区域 A_i 到前沿预置基地 D_k 的投送量，h_{ik} 为相应的单位装备物资投送成本；v_{kj} 为前沿预置基地 D_k 到需求地区 B_j 的投送量，h_{kj} 为相应的单位装备物资投送成本；x_{ikj} 为从 A_i 经 D_k 送至 B_j 的装备物资量，W_k 为前沿预置基地 D_k 的单位装备物资储备所需要的消耗费用，I_k 为 D_k 被选为前沿预置基地的结果。

若以建设前沿预置基地及完成投送保障任务所需要的费用之和作为目标函数，结合相应的约束条件，构建前沿预置基地选址的数学模型如下：

$$\min C=\sum_{k=1}^{p}\left\{\sum_{i=1}^{m}\sum_{j=1}^{n}\left[\left(h_{ik}+h_{kj}\right)x_{ikj}+x_{ikj}W_k\right]+C_k\right\}I_k \qquad (19.3.1)$$

$s.t.$

$$v_{ik}\leqslant a_i \qquad (19.3.2)$$

$$v_{kj}\leqslant b_j \qquad (19.3.3)$$

$$\sum_{i=1}^{m}v_{ik}=\sum_{j=1}^{n}v_{kj} \qquad (19.3.4)$$

$$\sum_{k=1}^{p}I_k=1 \qquad (19.3.5)$$

$$I_k=\begin{cases}1 & D_k\text{被选为前沿预置基地}\\0 & D_k\text{未被选为前沿预置基地}\end{cases} \qquad (19.3.6)$$

$$v_{ik}\geqslant 0,\ v_{kj}\geqslant 0 \qquad (19.3.7)$$

$$v_{ik}=\sum_{j=1}^{n}x_{ikj} \qquad (19.3.8)$$

$$v_{kj}=\sum_{i=1}^{m}x_{ikj} \qquad (19.3.9)$$

其中，公式（19.3.1）表示求取前沿预置基地建设、运行、投送所需要最小费用；

公式（19.3.2）为供应资源约束，表示供应区域 A_i 到前沿预置基地 D_k 的投送量不大于供应区域 A_i 的供应量；

公式（19.3.3）为需求约束，表示前沿预置基地 D_k 到需求地区

B_j 的投送量应该不大于需求地区 B_j 的装备物资需求量；

公式（19.3.4）表示从各供应区域到前沿预置基地 D_k 的投送量之和等于前沿预置基地 D_k 到各需求地区的投送量之和；

公式（19.3.5）表示只选一个前沿预置基地；

公式（19.3.6）表示由 I_k 的取值来判断 D_k 是否被选择为前沿预置基地；

公式（19.3.8）表示供应区域 A_i 到前沿预置基地 D_k 的投送量等于从 A_i 经 D_k 送至各需求地区的装备物资量之和；

公式（19.3.9）表示前沿预置基地 D_k 到需求地区 B_j 的投送量等于各供应区域到前沿预置基地 D_k 的投送量之和。

对于这个模型求解，可运用非线性 0–1 整数规划求解方法。

四、装备建设规划分析

远程战略投送装备建设规划，是根据国家安全和军事战略需求以及资源配置之间的内在关系，确定投送装备发展的类型和合理的数量值，以保证既满足作战任务的需要，并实现国防资源的科学统筹规划。

在论证远程战略投送装备建设规划时，一般情况下，远程战略投送装备的数量越多，越能够有效地保障远程战略投送任务的完成，但当其数量超过某一特定的、合理的数量值时，就会过度地消耗国防资源，造成不必要的浪费。对远程战略投送装备建设进行规划，应该考虑投送装备的运载量、建设费用等因素，科学合理地确定投送装备的类型和相应的数量，使其在保证完成既定投送任务的同时，又能以最少的费用完成投送装备的建设。

对远程战略投送装备建设进行规划，可以先在总体上区分空中投送装备、海上投送装备、前沿预置装备，再分别对各自相应的投送装备建设进行规划。以空中投送装备建设规划为例，构建远程战略投送空中投送装备建设规划的优化模型。

假定在一定时期内，向远域某一地区投送兵力，其中需要空中

投送的兵力数量为 A；可建造的运输机有 m 类，相应的运载性能为 $a_i(i=1,2,\cdots,m)$，建造成本为 $b_i(i=1,2,\cdots,m)$；可用的建设资金为 B。由于各种影响因素的作用，在某些情况下，特定的运载任务（设投送运载量为 C）由特定类型的运输机来完成，从而限制了某些类型运输机的数量。为了既能够以最短的时间完成投送兵力的运载任务，又能够实现建造成本最低，构建远程战略投送空中投送装备建设规划模型为：

$$\max f_1=\sum_{i=1}^{m}a_ix_i \tag{19.3.10}$$

$$\min f_2=\sum_{i=1}^{m}b_ix_i \tag{19.3.11}$$

$$s.t.\quad \sum_{i=1}^{m}a_ix_i\geqslant A \tag{19.3.12}$$

$$\sum_{i\in[1,m]}a_ix_i\geqslant C \tag{19.3.13}$$

$$\sum_{i=1}^{m}b_ix_i\leqslant B \tag{19.3.14}$$

$$x_i\geqslant 0\text{，整数} \tag{19.3.15}$$

其中，公式（19.3.10）为其中的一个目标函数，其含义为求得各运输机的最大运载量；

公式（19.3.11）为另一个目标函数，其含义为求得各运输机建造成本之和最小；

公式（19.3.12）表示所用的各类运输机的数量能够保障完成投送任务需求；

公式（19.3.13）表示承担特定投送任务的各型运输机的数量足以保障相应的投送任务；

公式（19.3.14）表示所用的各类运输机的建造成本要低于装备建设费用预算；

公式（19.3.15）表示待求的飞机数量只能是零或正整数。

对于这一模型的求解，首先应将目标函数转化为同求极大或者同求极小。如同求极小，可将目标函数（19.3.11）转化为：

$$\min f_1 = -\sum_{i=1}^{m} a_i x_i \qquad (19.3.16)$$

然后，通过给目标函数（19.3.10）和（19.3.11）分别加上一个权重因子 λ_1 和 λ_2，然后将其合并，简化成一个新的目标函数：

$$\min f = -\lambda_1 \sum_{i=1}^{m} a_i x_i + \lambda_2 \sum_{i=1}^{m} b_i x_i \qquad (19.3.17)$$

对于这两个目标强调的程度，可通过调整权重因子 λ_1 和 λ_2 的比例来实现。一般情况下，可设 $\lambda_1 + \lambda_2 = 1$；如果两个目标强调的程度相同，则可取 $\lambda_1 = \lambda_2 = 1$。

对于两个目标的量纲不同的情况，可认为在较长的时间段内，单架运输机增加一定的运载量可相应地增加一定比例的经济效益。如设第 i 类运输机的运载量与相应的经济效益之间的比例为 c_i，则目标函数变为：

$$\min f = -\lambda_1 \sum_{i=1}^{m} a_i c_i x_i + \lambda_2 \sum_{i=1}^{m} b_i x_i \qquad (19.3.18)$$

根据上述模型，就可对空中投送装备发展的种类和数量进行科学论证。同样，也可将该模型应用于海上投送装备和前沿预置装备的建设发展论证研究过程，以达到优化装备建设发展规划的目的。

以上只是对远程战略投送运载装备需求、路径选择优化、前沿预置建设、装备建设发展等问题进行分析。由于远程战略投送系统是个复杂的巨系统，影响其建设发展的相关因素繁多，对于如何全面提升远程战略投送能力，还需要从更多角度、更多层次进行全方位的研究分析。

参考文献

[1] 周赤非.军事系统学基础教程[M].北京：军事科学出版社，2012.

[2] 周赤非.军事系统学概论[M].北京：军事科学出版社，2013.

[3] 许国志.系统科学[M].上海：上海科技教育出版社，2000.

[4] 苗东升.系统科学精要[M].北京：中国人民大学出版社，2006.

[5] 霍兰.隐秩序：适应性造就复杂性[M].周晓牧，韩晖，译.上海：上海世纪出版集团，2011.

[6] 周赤非.新编军事运筹学[M].北京：军事科学出版社，2010.

[7] 路建伟.军事系统科学导论[M].北京：军事科学出版社，2007.

[8] 钟永光，贾晓菁，李旭.系统动力学[M].北京：科学出版社，2009.

[9] 江敬灼，郭嘉诚.国防系统分析方法学教程[M].北京：军事科学出版社，2000.

[10] 袁旭梅，刘新建，万杰.系统工程学导论[M].北京：机械工业出版社，2007.

[11] 吴今培，李学伟.系统科学发展概论[M].北京：清华大

学出版社，2010.

［12］李士勇，等．非线性科学与复杂性科学［M］．哈尔滨：哈尔滨工业大学出版社，2006.

［13］钱学森．创建系统学（新世纪版）［M］．上海：上海交通大学出版社，2007.

［14］钱学森，等．论系统工程（新世纪版）［M］．上海：上海交通大学出版社，2007.

［15］刘兴堂，梁炳成，刘力，等．复杂系统建模理论、方法与技术［M］．北京：科学出版社，2008.

［16］张最良，等．军事战略运筹分析方法［M］．北京：军事科学出版社，2009.

［17］姜大立，王丰，张剑芳．军事物流系统模型与应用［M］．北京：中国物资出版社，2006.

［18］宋贵宝．武器系统工程［M］．北京：国防工业出版社，2009.

［19］王精业．系统论与作战复杂性［M］．济南：黄河出版社，2008.

［20］胡晓峰，杨镜宇，司光亚，等．战争复杂系统仿真分析与实验［M］．北京：国防大学出版社，2008.

［21］沙基昌，毛赤龙，陈超．战争设计工程［M］．北京：科学出版社，2009.

［22］肖占中．军事信息管理［M］．北京：解放军出版社，2005.

［23］哈肯．高级协同学［M］．郭治安，译．北京：科学出版社，1989.

［24］舍伍德．系统思考［M］．邱昭良，刘昕，译．北京：机械工业出版社，2004.

［25］沈小峰，胡岗，姜璐．耗散结构论［M］．上海：上海人民出版社，1987.

[26] 魏宏森，宋永华. 开创复杂性研究的新学科：系统科学纵览 [M]. 成都：四川教育出版社，1991.

[27] 吴彤. 自组织方法论研究 [M]. 北京：清华大学出版社，2001.

[28] 刘豹，唐万生. 现代控制理论 [M]. 北京：机械工业出版社，2007.

[29] 施颂椒，陈学中，杜秀华. 现代控制理论基础 [M]. 北京：高等教育出版社，2005.

[30] 孙东川，朱桂龙. 系统工程基本教程 [M]. 北京：科学出版社，2010.

[31] 汪小帆，李翔，陈关荣. 复杂网络理论及其应用 [M]. 北京：清华大学出版社，2006.

[32] 王兴元. 复杂非线性系统中的混沌 [M]. 北京：电子工业出版社，2003.

[33] David S.Alberts， James Moffat. 网络中心战与复杂性理论 [M]. 郁军，责可荣，译. 北京：电子工业出版社，2004.

[34] 叶征. 信息化作战概论 [M]. 北京：军事科学出版社，2007.

[35] 陈森发. 复杂系统建模理论与方法 [M]. 南京：东南大学出版社，2005.

[36] 颜泽贤，范冬萍，张华夏. 系统科学导论：复杂性探索 [M]. 北京：人民出版社，2006.

[37] 顾基发，王浣尘，唐锡晋. 综合集成方法体系与系统学研究 [M]. 北京：科学出版社，2007.

[38] 陈建华，李刚强，傅调平. 舰艇战法实验与分析 [M]. 北京：国防工业出版社，2010.

[39] 申卯兴，曹泽阳，周林. 现代军事运筹 [M]. 北京：国防工业出版社，2014.

[40] 周献中，郑华利，田卫萍，等. 指控自动化系统辅助决策

技术［M］. 北京：国防工业出版社，2012.

［41］司光亚. 战略训练模拟系统原理［M］. 北京：国防大学出版社，2011.

［42］钱学森，戴汝为. 论信息空间的大成智慧［M］. 上海：上海交通大学出版社，2007.

［43］戴汝为. 社会智能科学［M］. 上海：上海交通大学出版社，2007.

［44］沙基昌. 数理战术学［M］. 北京：科学出版社，2003.

［45］马亚龙，邵秋峰，孙明，等. 评估理论和方法及其军事应用［M］. 北京：国防工业出版社，2013.

［46］周华任，张晟，穆松，等. 综合评价方法及其军事应用［M］. 北京：清华大学出版社，2015.

［47］孙儒凌，韩林，靳小风. 联合作战计算［M］. 北京：国防大学出版社，2014.

［48］罗鹏程，周经伦，金光. 装备体系作战效能与作战能力评估分析方法［M］. 北京：国防工业出版社，2014.

［49］蓝羽石，毛少杰，王珩. 指挥信息系统结构理论与优化方法［M］. 北京：国防工业出版社，2015.

［50］刘兴，蓝羽石. 网络中心化联合作战体系作战能力及其计算［M］. 北京：国防工业出版社，2013.

［51］李璟. 战斗力解析［M］. 北京：国防大学出版社，2013.

［52］刘继贤. 军事系统与综合集成方法的应用［J］. 军事运筹与系统工程，2007（4）：3–10.

［53］赵晓哲，郭锐. 军事系统的研究与复杂性科学［J］. 军事运筹与系统工程，2006（2）：3–6.

［54］江敬灼，叶雄兵. 军事系统复杂性分析及启示［J］. 军事运筹与系统工程，2007（4）：26–30.

［55］赵妹淳，张国宁，沈寿林. 信息化作战指挥中的复杂性思维模式研究［J］. 军事运筹与系统工程，2009（2）：76–80.

［56］李飞，马小平，陶学强，等.基于系统动力学理论的军事物资保障系统分析与研究［J］.物流技术，2006（7）：230-232.

［57］徐磊，汪文峰，杨建军.基于系统动力学的防空装备战时维修保障系统仿真［J］.空军工程大学学报，2009（8）：43-47.

［58］商长安，刘志杰，李国力，等.网络中心战的系统动力学模型研究［J］.现代防御技术，2006（10）：23-27.

［59］李耀东，崔霞，戴汝为.综合集成研讨厅的理论框架、设计与实现［J］.复杂系统与复杂性科学，2004（1）：27-32.